¡VIVE EN ARMONÍA!

James Arthur Ray

con Linda Sivertsen

¡Vive en armonía!

El secreto para atraer
la vida que deseas

U R A N O

Argentina – Chile – Colombia – España
Estados Unidos – México – Uruguay – Venezuela

Título original: *Harmonic Wealth® - The Secret of Attracting the Life You Want*
Editor original: Weinstein Books, New York
Traducción: Daniel Menezo

Copyright © 2008 *by* James Arthur Ray
All Rights Reserved
© de la traducción 2009 *by* Daniel Menezo García
© 2009 *by* Ediciones Urano, S.A.
Aribau, 142, pral. – 08036 Barcelona
www.edicionesurano.com
www.mundourano.com

ISBN: 978-84-7953-723-4
Depósito legal: NA. 2.544 - 2009

Fotocomposición: Ediciones Urano, S.A.
Impreso por Rodesa S.A. – Polígono Industrial San Miguel
Parcelas E7-E8 – 31132 Villatuerta (Navarra)

Impreso en España – *Printed in Spain*

Índice

Agradecimientos

Nunca se ha creado nada de gran importancia sin el esfuerzo colectivo de personas inspiradas que piensan igual que el autor. Ahora que este libro deja de ser una pura inspiración y se hace realidad, quisiera dar las gracias.

En primer lugar, y antes que nada, quiero expresar mi gratitud más sincera a la Fuente Creativa, esa energía que me sustenta y me inspira a ser cada vez más consciente de quién soy, quién eres tú y cuántas cosas somos capaces de hacer todos.

También quiero dar las gracias a todas las enseñanzas y a los maestros que han contribuido al sendero de mi vida, muchos de ellos mencionados en este libro, y muchos otros no.

A mis padres, que tanto me han querido, el doctor A. Gordon Ray, estudioso de la Biblia y un hombre de inmensa sabiduría, y a Joyce Elaine Ray, una verdadera santa, poseedora de una comprensión y un amor inmensos; ellos son mis primeros maestros y mentores. Este libro va dedicado a vosotros. Cada vida a la que afecte, grande o pequeña, es el resultado de vuestra influencia y enseñanza.

Papá, gracias por enseñarme cuando era tan pequeño el valor que tiene leer y estudiar; por ser un ejemplo tan firme de lo que significa vivir tu misión y tu propósito, y por ejemplificar lo que significa seguir el camino del corazón y la voluntad del Creador. Gracias por respaldar mi búsqueda de la verdad incluso cuando ésta difería de la tuya. Y muchas gracias por atender las incontables llamadas telefónicas que te hice (cuando te habías acostado hacía rato) para que me ayudaras a localizar las numerosas referencias bíblicas que necesitaba para este libro. Eres un ejemplo impresionante del principio masculino de la sabiduría en este universo.

Mamá, desde que era bien pequeño me dijiste que yo era alguien especial, y que tenía algo único que aportar a este mundo. Aunque durante mucho tiempo no creí en mí mismo, y por tanto no creía tus palabras, tú seguiste creyendo en mí y respaldándome. Independientemente de las veces que te decepcioné y caí, rehusaste renunciar a lo que creías. Ahora sé que todos somos especiales, y que todos tenemos un don único que aportar al mundo. Si todas las madres supieran esto con tanta pasión como tú, y lo pusieran en práctica en sus vidas como tú lo has hecho, quizá seríamos más los que alcanzásemos nuestro verdadero potencial. Eres un ejemplo viviente del principio femenino del amor y el respaldo incondicionales en este universo.

Gracias a todos los miembros de mi increíble equipo en James Ray Internacional. Sin vuestra capacidad, entrega y apoyo, no hubiera podido concluir este libro. Más concretamente, gracias a Megan y Josh Fredrickson, mi directora de operaciones y mi gestor de crecimiento laboral, respectivamente. Juntos formáis un equipo imparable. Cada día siento una gratitud sincera hacia vosotros, por creer en lo que para muchos era una visión alocada de impactar en el mundo de forma poderosa, incluso mucho antes de que existiera una evidencia física de mi progreso. Dejaréis en este mundo un legado que permanecerá mucho después de que ya no viváis en él.

Y gracias también a mi brillante socia y colaboradora, Linda Sivertsen. Linda, tu capacidad de asimilar mis pensamientos generales, mi tendencia a ser provocador, divertido e irreverente, y de encuadrarlo todo en un formato que se lea y «suene» como yo es insuperable. Es evidente que tu entrega a este proyecto va mucho más allá de lo que estipulaba nuestro contrato. Muchísimas gracias por tu energía y tu entusiasmo. Mi gratitud eterna.

Gracias a Bob Miller, Brenda Copeland y todo el equipo de Hyperion por apoyarme y por creer en mi trabajo. Es un honor trabajar con vosotros.

Por último, gracias a ti, lector. Por místico que te parezca, no creo que en este universo existan los accidentes. Todo está perfectamente orquestado para tu beneficio, crecimiento y evolución, tanto si eres consciente de ello como si no. Por este motivo, el hecho de que tengas este libro en las manos se debe a que estabas «destinado» a leerlo en un momento determinado de tu viaje. Esto quiere decir que tú y yo, en cierto nivel, somos espíritus afines, y que estamos aquí para completar un propósito especial y parecido en el mundo. Tú eres aquel a quien el mundo estaba esperando. Te doy las gracias por tu *re-membranza* («reunión con») de este concepto. Vayamos juntos a transformar el mundo.

Bienvenido

Todo está a punto de cambiar

Estás a punto de leer una lista de afirmaciones que contradicen la intuición, que conmocionarán tu mundo y alterarán todo lo que pensabas sobre la vida y sobre la riqueza. Mientras lees esta lista, pregúntate cómo cambiaría tu vida si cada una de estas palabras fuera cierta. ¿Avanzarías con más valor? ¿Te sentirías más libre? ¿Te tratarías con más respeto y te apreciarías más? ¿Andarías por el mundo sintiéndote menos culpable? ¿Experimentarías más alegría?

Resumiendo, ¿qué te atreverías a soñar para ti y para aquellos a los que más quieres? ¿Cómo cambiarían nuestros actos, nuestros hábitos y nuestros sentimientos, *toda* nuestra vida, si estas afirmaciones fueran completamente ciertas, sin asomo de duda?

1. El equilibrio es un mito, ¡y no lo quieres ver ni en pintura!
2. El pensamiento positivo no funciona, pero los optimistas consiguen más cosas.
3. Siempre obtienes lo que deseas —siempre—, incluso las cosas negativas a las que concedes tu tiempo y tu atención.
4. Todos los progresos significativos de la vida *deben* ir precedidos por una catástrofe.
5. Todas las metas son espirituales, incluyendo la abundante riqueza material y la actividad sexual espectacular.
6. Tu cuenta corriente actual no refleja quién eres, sino quién *fuiste*.
7. Si vas tras la grandeza, no esperes que otros te ayuden. Tú representarás el coraje, la fortaleza y la visión que ellos aún no tienen.

8. La máxima competición a la que te enfrentarás en esta vida es la que existe entre tu mente disciplinada y tu mente caótica. Debes estudiar, comprender y sumergirte constantemente en aquello que te aporta valor y poder, evitando a toda costa lo que te debilita.

9. Tu fuerza de voluntad *nunca* será más fuerte que tu mente inconsciente, pase lo que pase.

10. Sé tú mismo. Lo que reprimas se manifestará, más adelante, y de formas más desagradables.

11. Si no te amas a ti mismo, nunca atraerás a una pareja que realmente te ame, jamás. Cuando crees que no eres digno de amor, en cualquier faceta de la vida, en el fondo estás *enamorado* de esa versión tan negativa de tu persona, y tus relaciones no pueden por menos que reflejar ese hecho.

12. Suele pasar que los estudiantes que sacaban aprobados son ahora los dueños de las empresas para las que trabajan los que sacaban notables y sobresalientes.

¿Te parece que algunas de estas afirmaciones contradicen lo que te han enseñado o lo que crees? ¿Te han hecho sentir incómodo o incluso un poco angustiado? ¡Estupendo! Tengo el propósito de retarte… para que superes los límites autoimpuestos, conocidos también como «zona de comodidad». Ésa es la única manera de crecer. A menos que estés dispuesto a pensar, sentir y actuar de formas distintas a como lo has hecho hasta ahora, seguirás viviendo la vida que tienes con los resultados que ésta te proporciona. Puede que estés pensando: «Un momento, James, ¡algunas áreas de mi vida van la mar de bien!» Pero estoy seguro de que habrá al menos un área de tu vida (por no decir dos o tres) que debería proporcionarte más beneficios, y tú estás convencido de que es así. Si no fuera cierto, no hubieras elegido este libro. ¡Enhorabuena! Es cierto que te mereces más, y yo puedo ayudarte a conseguirlo. Pero debes estar dispuesto a mantener la mente abierta y a poner en tela de juicio tus pensamientos, creencias y suposiciones actuales.

Muy bien, volvamos a nuestra lista de doce afirmaciones que discrepan de la intuición. En este libro pienso demostrar que todas y cada una de ellas son ciertas. ¿Sientes curiosidad? Eso es lo que pretendo. Vivimos en la época más emocionante de la historia de la humanidad. Justo ahora. Es un momento en el que las tradiciones espirituales y los descubrimientos científicos han dejado de oponerse mutuamente, convirtiéndose en disciplinas hermanas. Los físicos cuánticos, los teóricos del caos y los biólogos modernos son los místicos del siglo XXI, que demuestran las verdades atemporales que los místicos y los ancianos espirituales nos vienen enseñando desde la Antigüedad. Y lo hacen por medio de la evidencia científica, pura y dura.

Pero, a pesar de todas estas emociones, también vivimos un punto de inflexión. La ciencia moderna demuestra que en nuestro mundo absolutamente todo está compuesto de energía. Lo que nos parece sólido (desde tu coche a tu casa, pasando por tu cuerpo), en el nivel cuántico es un 99,99999 por ciento energía o luz. Toda energía vibra, y a esa vibración la llamamos frecuencia. Los semejantes se atraen. Por tanto, es imperativo que sigamos fomentando nuestras vibraciones, algo que sólo podemos conseguir redefiniendo lo que significa realmente la espiritualidad, y revisando nuestros pensamientos sobre la riqueza en todo el mundo. Además, hemos de ponernos manos a la obra lo antes posible, no por miedo, sino porque ya está bien de no hacerlo.

Si piensas como yo, ya has superado por completo la creencia ancestral de que la vida es una lucha. ¿No te resulta sospechosa la idea de que las personas virtuosas, espirituales o religiosas —esas mismas personas en las que buscamos inspiración, altos ideales y liderazgo— tienen que sufrir como mendigos para justificar nuestra fe en ellos, por no mencionar la garantía de la cómoda eternidad que les espera tras la vida? ¿Te has tragado la píldora de que la vida es un asco y luego uno se muere? Lo siento, pero eso me parece una trola impresionante. Llevé esa pildorita encajada en la garganta durante muchos años, pero luego la escupí, y te ayudaré a hacer lo mismo.

Si algo de lo que he dicho hasta ahora te parece verdad, sigue leyendo. Tenemos muchas cosas de que hablar. Voy a enseñarte toda una nueva manera de pensar en la riqueza y de generarla en todas las facetas de tu vida. Cuando hayas acabado este libro, sabrás exactamente cómo crear una vida satisfactoria de verdadera riqueza, lo que yo llamo Armonía en la Riqueza. He estado más de veinte años viviendo y enseñando esta vida, y ya es hora de que tú la vivas conmigo.

No estoy de broma cuando digo que quiero que experimentes esta vida. Por supuesto, quiero que leas este libro, que lo disfrutes, lo sientas, lo creas y lo cuestiones, pero espero de ti algo más. Quiero que participes en él, que lo hagas tuyo, que ésta sea una conversación conmigo y un diálogo contigo mismo. Teniendo esto en mente, he ampliado el libro haciéndolo llegar más allá de sus tapas, de modo que lo que encontrarás en él es mucho más de lo que sostienes entre tus manos. ¿Te pica la curiosidad?

A medida que avances por estas páginas irás viendo el icono ❶ en muchas de las páginas. Este icono te indica que podrás acceder a más material de apoyo (hojas de trabajo, ejercicios, preguntas e indicaciones) en Internet, en la dirección www.harmonicwealth.com. Además del libro de ejercicios integrado, esta página web también contiene un vídeo especial creado exclusivamente para los lectores de *¡Vive en armonía!* Te invito a que utilices esos recursos para potenciar la experiencia de esta obra. O para más que eso: para intensificar la experiencia de tu vida.

La riqueza armónica es una experiencia de la vida que pocos han entendido, y que una vez se asimila se convierte en una segunda naturaleza. Estoy hablando de la plenitud en todas las áreas de tu vida, no sólo en una o dos. Esto es lo que tú y todos los habitantes del mundo deseáis de verdad, y estoy aquí para decirte, de una vez por todas, que sin duda te mereces que tu vida sea plena. Siempre te lo has merecido y siempre te lo merecerás… En lo más hondo de tu mente ya lo sabías, ¿no es cierto?

No hay tiempo que perder, así que empecemos.

1

Una búsqueda, Cinco Pilares

*La mente es su propio entorno, y por sí sola puede convertir
un infierno en un paraíso, y un paraíso en un infierno.*

JOHN MILTON

La armonía, un todo elegante

*Quizá conozcas a personas que ganan millones de dólares al año,
pero que no tienen relaciones satisfactorias ni buena salud. O quizá
conozcas a personas que se pasan la vida comprometidas con una
religión o con la espiritualidad, tocando literalmente el ámbito de
lo divino, pero que tienen agujeros en la suela de los zapatos. Todos
conocemos a personas con un intelecto afilado como una navaja,
pero que están en mala forma y aislados de los demás. Hay una
forma de vivir mucho más integrada y satisfactoria: yo la llamo Armonía en la Riqueza.*

La Armonía en la Riqueza no sólo tiene que ver con la abundancia
material, aunque ésta sea un componente divertido y muy necesario. Tiene que ver con la abundancia en todas las áreas de tu vida.
Piensa en la armonía de una ejecución musical, en la que diversos instrumentos se combinan para tejer un tapiz sonoro mágico.
Ahora, aplica este concepto a tu vida. ¿No te gustaría que todas
las facetas de tu existencia avanzaran hacia un todo elegante que
fuera más que la suma de sus partes? Eso es la Armonía en la Riqueza.

La mayoría de personas identifica la riqueza con el dinero. Si bien éste forma parte de la riqueza, es mucho más que eso. La verdadera riqueza es un estado de armonía y de bienestar. Conozco a personas multimillonarias que darían sin problemas la mitad de sus posesiones a cambio de tener más salud, unas relaciones más satisfactorias o un interés personal profundo por algo que no fuera ellas mismas. Un individuo genuinamente rico experimenta la armonía en todas las facetas de su vida: una sensación de plenitud y de bienestar que trasciende la felicidad momentánea que proporcionan los éxitos que se obtienen en sólo una o dos áreas de la vida a costa de no prestar atención a las demás.

Por tanto, estás a punto de saber cómo disfrutar de una abundancia de bienestar en las cinco áreas clave de la vida, lo que yo llamo los Cinco Pilares: económico, relacional, mental, físico y espiritual. Sin ellos, puede que llegues a ser rico, pero nunca sabrás lo que es la riqueza. Lo interesante es que he descubierto que cuanto más intentas alcanzar ese estado de *verdadera* riqueza, más dinero te llega a las manos… junto con todo lo que éste puede proporcionar. El universo se pone en tus manos, y respalda alegremente tu despertar.

La creación de Armonía en la Riqueza aporta una sensación general de bienestar, plenitud e, incluso, de unidad. Y es importante que entiendas que tus pilares son interdependientes: cuando prestas atención a uno de ellos, los demás se vuelven más fuertes. Cuando cuidas de tu salud haciendo deporte con regularidad y comiendo sano, obtienes múltiples beneficios. Tu mayor confianza y resistencia redundan en una mejora de las relaciones sexuales. El aumento de energía hace que rindas más en el trabajo. Espiritualmente, te sientes más alerta y receptivo. Más vivo. De forma parecida, el crecimiento espiritual se traduce en unas relaciones amistosas o románticas más profundas e íntimas, lo que hace que desees seguir manteniendo el mismo ritmo de intensidad en tu práctica diaria de ejercicio físico.

Hoy día la investigación sobre la evolución de la consciencia demuestra que el entrenamiento en múltiples áreas es la clave para el crecimiento exponencial. Éste es un concepto fundamental que tendremos muy en cuenta en nuestro viaje. Por medio de la revelación de historias personales y estudios de casos, del estudio de la sabiduría tanto antigua como reciente y de ejercicios sencillos pero poderosos, aprenderemos a sacar el mayor partido posible a esta forma de vida integradora. Lo que es más, revelaremos cómo, con la Armonía en la Riqueza, podemos crear una verdadera riqueza, cubriendo al cien por cien las cinco áreas esenciales de la vida. Esto de ir al cien por cien es lo que sucede cuando tus pensamientos, sentimientos y actos funcionan al unísono y al mismo tiempo. Te enseñaré a dar algunos pasos prácticos y efectivos que te resultarán muy fáciles y que son los mismos pasos que han catapultado al mundo mi vida y mi trabajo. Procuraré que te resulten útiles y sencillos, porque si tú te pareces a mí, querrás obtener resultados... ayer.

Por qué el equilibrio es un mito

Creo firmemente en la armonía, pero el equilibrio es un mito.

Muchos maestros hablan del equilibrio, pero ¿sabes una cosa?, ni uno solo de ellos está equilibrado. Lo sé porque yo me conté entre sus filas. Las únicas personas que están totalmente equilibradas se encuentran a dos metros bajo tierra, y a nosotros aún no nos toca estar como ellos. En este mundo no se puede alcanzar el equilibrio, de modo que olvídate del tema.

Piensa en una balanza. Cuando sus platillos están en un equilibrio perfecto, no pasa nada. No existe dinamismo, vida ni actividad. Ahora piensa en un grupo de jazz en plena actuación: la vida y el dinamismo se pueden palpar, ¿verdad? Los músicos de ese grupo se centran menos en ejecutar la melodía tal y como está escrita en la partitura que en improvisar. Insuflan vida a los matices, y la música va adquiriendo forma un instante tras otro. Eso es armonía. Las diversas partes no están equilibradas, porque a veces es el saxo el que dirige a los demás instrumentos. En otro momento será el bajo, la batería o la guitarra solista. Pero independientemente del instrumento que cobre relevancia en cada instante, todos contribuyen al proyecto común, todos crean eso tan maravilloso que es la música. Cada músico hace su parte en ese todo mágico y magnífico.

Quiero animarte a que pienses en tu vida en estos términos. Cuando estés en armonía, habrá días en que tu capacidad como padre o madre será la que dirija tu vida. Otros días será tu trabajo o tus estudios. En otras ocasiones, tu matrimonio ocupará el centro del escenario. A veces tendrás que ir tirando porque sólo has dormido un par de horas, o estarás sin cambiarte de ropa tres días. Puede que no resulte agradable, pero es posible que sea precisamente eso lo que te hace falta para concluir un proyecto laboral que te proporcionará unos buenos ingresos y el reparador descanso y relajación posteriores. Si hubieras mantenido un equilibrio perfecto, nunca hubieras trabajado tantísimas horas extras, y fíjate en todo lo que te habrías perdido. Así que, siguiendo la pauta que te indico, tendrás que acostumbrarte a la idea de que nunca vas a disfrutar de un equilibrio perfecto, porque además ni siquiera querrás hacerlo. El equilibrio perfecto es la muerte tanto de la mente como del espíritu.

Si se te da bien hacer viajes a la culpabilidad debido a tu falta de equilibrio, tengo la esperanza de haber aligerado tu carga. Es hora de que lo superes. Sabiendo que cuando estás equilibrado no sucede nada dinámico, ¿por qué vas a querer estarlo? La armonía está donde está, es dinámica y llena de vida, aunque tú te aventures a navegar temporalmente por mares picados. Si bien es cierto que no puedes controlar las olas, ¿quién ha dicho que no eres capaz de aprender a surfear?

Si sigues sintiendo la tentación de intentar encontrar el equilibrio, que conste que te he advertido de que se trata de un sueño imposible, y siempre lo será. Albergo la esperanza de que, a medida que avanzas por los capítulos, seas capaz de dejar de perseguir este espejismo.

Tú siempre tienes éxito en aquello que valoras

—James, ¡quiero tener más éxito! —me dijo por teléfono un hombre al que no había visto en mi vida—. ¿Puedes ayudarme?

—Claro —le respondí—. ¿En qué áreas tienes éxito ahora?

—¡No tengo éxito en ninguna! ¡Por eso necesito que me ayudes!

—Vale, muy bien —repuse—. Pero dime, ¿en qué áreas de tu vida tienes éxito ahora mismo?

—¡James, no me estás escuchando —dijo quejumbroso—. El motivo de mi llamada es que necesito tener éxito y no lo tengo.

—Interesante —le dije—. ¿Cómo te encuentras de salud?

—Bueno, nunca en mi vida había estado tan en forma como ahora —respondió.

—¿Y la relación con tu pareja? —inquirí.

—Mi esposa y yo acabamos de celebrar nuestro vigésimo aniversario. ¡Es la mejor! Nuestra hija mayor acaba de matricularse en Brown.

—Muy bien. Así que estás en buena forma, sano, tienes una relación de pareja muy buena y una hija feliz, ¿no?

—Sí, y ya veo adónde quieres llegar, James. Pero tengo un colega que vive calle abajo y está ganando diez veces más que yo, y no entiendo cómo lo hace. Acaba de comprarse el coche de mis sueños, un BMW nuevecito, ¡y eso me saca de quicio!

—Vaya, eso está bien. Debe de estar contento —dije—. ¿Y cómo anda de salud?

—Bueno, el año pasado tuvo un ataque al corazón que casi acaba con él.

—Interesante —repuse—. ¿Y sabes qué tal le va en su vida de pareja?

—Acaba de pasar por un divorcio difícil. Él y su ex esposa están luchando por obtener la custodia de los niños.

—Curioso. Entonces, ¿quién crees que tiene más éxito de los dos? —pregunté.

No estoy aquí para decirte qué camino en esta vida es bueno o malo para ti. Ése no es mi papel. Ahora mismo tú tienes la vida que has elegido, una vida fundamentada en tus valores y en los actos que has realizado para ponerlos en práctica… igual que mi interlocutor telefónico y su vecino. Vuelve a leer ese episodio. Incluso si no te gusta tu vida (y más tarde te explicaré por qué creo que en realidad te encanta), por el momento baste decir que has conseguido crear aquello que valoras. Es evidente que el hombre que vivía en aquella calle concedía a su trabajo más valor que mi cliente. Valoraba el materialismo más que a su familia y su salud. Por el contrario, quien me llamó valoraba más su salud y a su familia que su negocio. Siempre concentramos nuestras energías en las cosas que más nos llaman la atención. En nuestro universo existe una ley, respaldada por la física, que afirma: «La energía fluye hacia donde esté la atención». Nuestro reto consiste en centrar la atención en lo que realmente valoramos… y en no apartarla luego.

Si llevamos un paso más allá esta cuestión de la concentración, de la atención, veremos que cuando no dejamos de pensar «No lo tengo», el universo dice: «Tus deseos son órdenes», y seguimos sin tenerlo. Pero ésta es una historia que también dejaré para más adelante. Por el momento, debes saber que voy a ayudarte a transformar esa forma de pensar hasta el punto de que «pensar bien» seguido de «actuar bien» se convierta en tu estado natural… lo antes posible.

Somos energía, somos divinos

Me cuesta un poco aceptar la etiqueta *autoayuda*, aunque sea ésa la sección de la librería donde has encontrado este libro, porque parto de la premisa de que tú *ya* eres perfecto, magnífico y divino. Según mi forma de pensar, la autoayuda dice que tú estás roto y que necesitas ser reparado. Yo prefiero la transformación personal. Ésta dice que, por fantástica que sea tu vida, siempre puedes crecer, expandirte y expresarte más plenamente. Siempre hay lugar para recibir un poco más de las riquezas que el universo nos tiene reservadas. El hecho de que en estos momentos tengas problemas en algún campo de tu vida no quiere decir que no seas perfecto. Lo único que significa es que estás listo para introducir cambios. Por eso has elegido este libro.

Para realizar ese cambio, probablemente tendrás que redefinir tus ideas sobre Dios, la riqueza y la espiritualidad. Yo crecí en una familia cristiana muy fundamentalista, y mi padre es pastor protestante. Es uno de mis mejores amigos y mentores, y siempre me ha enseñado a estudiar y a tener una mente abierta. Así que, tranquilo, no vas a tener que escuchar el tedioso argumento de «para llegar al cielo hay que sufrir». Entre mis creencias no hay ni rastro de la idea de que para justificar la recompensa celestial haya que tener una vida insoportable. ¡Vaya tontería! Desde que yo era un crío lo cuestioné todo. En lo más hondo de mi ser sabía que uno puede crecer espiritualmente sin renunciar a los placeres de este mundo. Miraba a mi alrededor y me daba cuenta de que las personas que decían que no se podía tener éxito en la vida y una espiritualidad sana al mismo tiempo parecían no obtener grandes resultados en ninguna de las dos áreas.

Estamos en un nuevo milenio, y ya es hora de que definamos de nuevo lo que significa ser rico *y* espiritual. Por ejemplo, yo creo que tan espiritual es que LeBron James haga mates en una pista de baloncesto como que yo esté en mi casa meditando. Bill Gates, con su visión inspiradora, ha llegado a tantas vidas como cualquier maestro contemporáneo (si no a más). Cada persona contribuye y da al mundo conforme a su llamamiento y a sus dones únicos. La física cuántica, igual que las tradiciones espirituales, nos dice que todas las cosas proceden de una misma fuente.

No estoy criticando la meditación, ni mucho menos; yo medito todos los días, y compartiré contigo una historia impresionante sobre esta práctica. Dicho esto, he de añadir que es una tremenda hipocresía pasarse el día sentado en un cojín, conectado y tocando el cielo, y al cabo de una hora salir con el coche y conducir como un cafre. El cielo empieza en el interior, amigo, y la verdadera armonía se consigue tanto si hueles el perfume de las rosas como el de los vapores del gasóleo. Pretendo ayudarte a redefinir la espiritualidad en tu propia vida, mientras desvelamos tu propósito y te encauzamos en el camino correcto para disfrutar de una vida increíblemente rica en todos los sentidos.

Para comprender el concepto que tengo del espíritu, debes empezar asimilando lo que has leído en la bienvenida: que todo es energía. Todo: tú, yo y todas las cosas que nos rodean. Vivimos en un universo de vibraciones. Todos vibramos según nuestras propias frecuencias, generando un campo energético masivo a partir del cual, según nos dice la ciencia, se crean todas las cosas. Dado que todo lo que existe en el universo (desde una planta a un palacio, pasando por un planeta) está compuesto de la misma fuente energética, este campo tiene un potencial y unas posibilidades ilimitadas. Este campo de oportunidad sin límites recibe muchos nombres. Algunos científicos lo llaman *holograma cuántico*, algunos otros *plenum* o *campo de punto cero*. Algunos de los científicos incluso lo llaman *la mente de Dios*. Si les pides que te describan la energía, dicen algo así: «Bueno, la energía es omnipresente. No se crea ni se destruye. Todo lo que ha existido, todo lo que existirá, ya existe. Siempre está adoptando formas, que luego se trasforman para dar paso a nuevas formas».

Pregunta a un teólogo quién creó el universo y te hablará de Dios o del Creador; de la Fuente, de la Mente Universal, del Yo Superior o del Ángel de la Guarda, y la lista sigue y sigue. Pídele a ese mismo teólogo que defina a Dios y te dirá: «Dios es omnipotente, no se puede crear ni destruir, siempre ha estado ahí y adopta formas que luego transforma para adoptar otras nuevas».

¿Te has dado cuenta? ¿Hola? ¡Los dos dicen lo mismo! Por primera vez en la historia, asistimos al matrimonio entre ciencia y espiritualidad. Hemos de dejar a un lado esas distinciones artificiales entre lo material y lo espiritual. Depende de nosotros entender cómo se aplican estas verdades a nuestra vida cotidiana y cómo podemos integrarlas para acceder a la Armonía en la Riqueza en todas las áreas.

Pero tú y yo no vamos a vivir en medio de abstracciones místicas. Tenemos que hacer un trabajo muy real. Hoy día el dominio espiritual radica en la integración. Consiste en tener un cuerpo estupendo, un negocio, meditar, aportar algo a los demás y todo lo que conlleva tales cosas. Mi objetivo siempre ha sido elevarme al ámbito de lo místico, pero sin despegar los pies del suelo. Ya lo ves, soy un místico práctico. No tiene sentido que te enseñe cómo conectarte al campo de punto cero si luego no puedes traerlo de vuelta al mundo tridimensional e introducir en tu vida resultados tangibles. Tengo la intención de proporcionarte, mediante este libro, ideas, instrumentos y técnicas para que puedas generar los resultados impresionantes y sorprendentes que te mereces en todas las facetas de tu vida.

Confía en mí: el universo nos ayudará en esta empresa. Las leyes de nuestro universo vibrante son numerosas y dispares, pero también inmutables. Aunque parece que hoy en día la gente quiere encajar todo el universo en la Ley de la Atracción, nuestro universo se encuentra gobernado por otras leyes igual de poderosas, diferentes y definitivas. Cuando te alineas con ellas ganas, y cuando no, pierdes. Es así de sencillo.

Tu compañero de viaje

Por si aún no te has dado cuenta, soy ecléctico (aunque me gusta más el adjetivo «integrado»). Supongo que eso se debe a mi éxito en el ámbito místico extremo, y a que luego he podido ocupar roles directivos en el mundo empresarial, y he vivido de forma integrada entre ambos campos.

Aunque siempre he sentido un gran interés por las verdades espirituales y místicas, nunca he creído necesario renunciar al mundo de los negocios o a las sorprendentes alegrías que puede ofrecernos la vida. Para mí, el dominio espiritual integrado radica en abarcar ambos mundos con el mismo grado de entusiasmo y de compromiso.

El motivo de que me emocione tanto compartir contigo esta información es porque realmente es «lo mejor de lo mejor» de todo lo que he aprendido y conseguido; es como un mapa para llegar al éxito que he disfrutado en muchas facetas de mi vida y con el que he ayudado a mejorar las vidas de mis clientes.

En realidad, mi investigación en este campo empezó cuando aún estaba en el instituto de secundaria. Como era un lector voraz provisto de una enorme curiosidad, nunca me sentí satisfecho del todo con las respuestas que me daba la religión tradicional sobre el sentido de la vida. El modo estricto en que me educaron me proporcionó una perspectiva determinada de la vida, aunque mi padre siempre me animó a pensar por mí mismo. Dicho esto, a pesar de todo, resultaba bastante extraño que el hijo de dieciocho años de un pastor protestante se llevara a casa libros sobre budismo y meditación. ❶

La voracidad de mi búsqueda fue aumentando con el paso del tiempo, y empecé a viajar a los lugares sagrados de todo el mundo, trabajando con chamanes y diversos maestros. He tenido el privilegio de haber sido iniciado en tres órdenes chamánicas de la cultura inca como Mesayoc, «portador de poder», así como en la tradición sobrenatural Huna del antiguo Hawái.

Sin embargo, por mucho temor reverente que me inspiraron estas enseñanzas, y aunque fueron muchas las visiones que me proporcionaron, descubrí que muchas de mis preguntas seguían sin respuesta. Daba igual que estuviera en el bosque lluvioso de la Amazonía, en las montañas sagradas de Perú, en las islas del Pacífico sur o en los desiertos de Egipto; durante muchas ceremonias me descubrí pensando: «¡Estas personas son tan puras, tienen una mentalidad y una comprensión tan infantiles!» Eso por no mencionar que no me gustaba nada la idea de que, a menos que renunciase al dinero, la comida y el sexo, nunca podría conectarme plenamente con el poder presente en las prácticas meditativas orientales.

Aparte de mis preguntas espirituales, he vivido y he tenido éxito también en el mundo empresarial más tradicional. Fui uno de los máximos vendedores de AT&T durante cinco años, y pasé cuatro años trabajando como experto en desarrollo personal y laboral con la School of Business de AT&T. Estuve otros cuatro años trabajando con un escritor de *best sellers*, Stephen Covey, y durante trece años fui empresario y experto en desarrollo empresarial. Pero, a pesar de mi exitosa carrera laboral, sabía que no iba a estar completo hasta que integrase los dos mundos en los que transitaba y que eran tan diferentes. Diseñé mi agenda para que encajase con mis viajes, no a la inversa. Durante veinticinco años he dedicado muchas semanas a viajar y a hacer excursiones.

La pregunta que me ha inquietado durante años ha sido: «¿Cómo se aplican estos métodos antiguos al mundo occidental moderno?» En lo más hondo de mi ser había una sensación persistente que me decía que no estamos llamados a regresar a los viejos caminos, sino a introducir sus verdades en nuestro mundo actual. Me he pasado mucho tiempo estudiando la física cuántica, intentando traducir los arcanos de la ciencia en resultados prácticos. Este libro es la culminación de mis esfuerzos para hacerlo: *¡Vive en armonía!* expone principios para obtener el éxito, procedentes de todos los rincones del mundo, tanto del antiguo como del moderno.

Yo, como tú, sigo siendo un alumno que tiene defectos. He luchado con mis demonios, he combatido con mis dragones. Mis compañeros de viaje han sido la inseguridad, la falta de autoestima y la identificación con el dinero, pero he seguido adelante. Ser un buen estudiante consiste en comprometerse a bucear en lo más hondo y a practicar las disciplinas del dominio, en lugar de vagabundear de un lado para otro como un «turista» hasta que las cosas se ponen feas.

Para enseñar me mueve la pasión de intentar ayudarte a eludir los obstáculos contundentes con los que yo he tenido que bregar, que he superado y he vencido. Soy de los que piensan que admitir mis defectos y los retos a los que aún me enfrento es una fuente de fortaleza. Me gusta señalarlos, porque eso no sólo permite que tú aprendas de ellos y los evites, sino también que no tengo que vivir cumpliendo unos estándares tan elevados para complacer a nadie. (Además, si yo no soy el primero en alcanzarlos, ¡a lo mejor lo eres tú!)

Cómo usar este libro

Como verás, este libro se divide en cinco partes, cada una de las cuales está dedicada a uno de los Cinco Pilares: económico, relacional, mental, físico y espiritual. Cada sección está compuesta por capítulos que proporcionan hechos, teorías, anécdotas y ejercicios. No te limites a leer los ejercicios: *insisto* en que los hagas. Aunque la verdad sea dicha, en cuanto hagas el primero ya no tendré que ponerme duro para que hagas los demás. Te darás cuenta casi de inmediato de que son divertidos y muy distintos entre sí. No pienso recrear lo que ya has hecho en otros seminarios o al leer otros libros. Apostaría mi reputación a que hay al menos unos cuantos ejercicios que tendrás tantas ganas de hacer que apenas podrás estarte quieto.

La armonía comienza aquí

A estas alturas, es muy posible que te hayas dado cuenta de que me gusta empezar a lo grande. Así que respira hondo, arremángate y prepárate para meterte en faena. Te prometo que sin concentración y sin trabajar duro no conseguirás nada…, pero la recompensa merece con creces el esfuerzo.

Estás leyendo estas páginas porque quieres (y sabes que mereces) más. Más libertad económica, más amor, más dominio intelectual y emocional, más salud, conexión espiritual, alegría, juguetes..., lo que quieras. Todo es bueno y espiritual, desde un pino hasta un Porsche.

Hay muchas maneras de cruzar un río, pero como les digo a mis alumnos, «la única forma que conozco es la mía». ¿Hay otras maneras de alcanzar la Armonía en la Riqueza en esta vida? Seguramente, pero yo las desconozco; sólo conozco la mía, y te aseguro que funciona. Por tanto, dado que tienes mi libro en las manos, vamos a jugar según mis reglas. Reúnete conmigo dentro de cinco minutos, teniendo a mano un bloc o tu diario y despierto y listo para concentrarte, porque vamos a pasarlo muy bien haciendo un croquis de tu vida armoniosamente rica.

«James, ¿ahora me vienes con lo del bloc?» Si estás pensando: «Ya he pasado por esto, ya he hecho esto, no estoy de humor», ¡supéralo! Vuelve a hacerlo. Esto es diferente. Seguro que ya has escrito numerosas listas en otras ocasiones, quizás incluso hasta llegar a dolerte tanto la mano que te preocupaba desarrollar el síndrome del túnel carpiano. Pero ahora mismo vamos a descubrir en qué punto te encuentras exactamente en las cinco áreas de la Armonía en la Riqueza: económica, relacional, mental, física y espiritual, y qué has decidido sacar de cada una de ellas. Es importante saber bien lo que quieres —o lo que *piensas que quieres*— ahora, porque quiero que dispongas de un punto de partida. Nunca se debe empezar un viaje sin saber cuál será el destino. Además, quiero que disfrutes de la poderosa experiencia de ver cómo cambian las cosas una vez que hayas contemplado tu vida y tus objetivos desde las nuevas perspectivas creativas e innovadoras que irás obteniendo. Creo que te sorprenderán los resultados de este proceso. Por tanto, aun a riesgo de repetirme, vuelvo a decirte: hazlo. Luego te alegrarás.

¿Intimidado? Supera también esa sensación. Este enfoque disciplinado es para beneficiarte, sólo para eso. Resístete a cualquier enseñanza que te diga que puedes sentarte cómodamente a ver cómo se va transformando tu vida. La disciplina es siempre un paso previo para el dominio, y todo aquel que es verdaderamente rico lo sabe. Así que, aunque te suene a arenga de cabo chusquero, no te preocupes. Me gusta incitar, pinchar, estimular. Pero todo es en broma, y con el propósito de cambiar vidas; siempre tengo en mente tu beneficio. Me honra y me hace sentir humilde el hecho de que hagas este viaje conmigo. Dicho esto, el grado de transformación de tu vida será directamente proporcional al grado de dedicación a este proyecto. Es así de sencillo... o no. Tú decides.

Como ya he dicho, los resultados siempre tienen un precio. Cuanto más des, más recibirás. El maestro acepta el dolor y el placer en la búsqueda de tu visión, tus sueños, tu propósito. No desees una vida más fácil, porque es un espejismo. Desea una mayor capacidad y eficacia para avanzar por la vida con elegancia.

Me parece que te oigo decir: «Pero, James, ¿qué pasa si no estoy seguro de cuáles son mis anhelos más profundos?»

Me encanta esa pregunta porque, la verdad, la mayoría de personas no tiene ni idea de qué es lo que quiere realmente. Bienvenido al club. Llevo más de veinte años compartiendo esta información en seminarios, talleres y conferencias por todo el mundo, y te puedo asegurar que la mayoría de personas sabe mucho mejor lo que *no* quiere que lo que cree que les haría felices:

Yo: «¿Qué se te ofrece, oh, amable participante, en este seminario?»
Participante: «Verás, es que no quiero seguir siendo gordo. Ni quiero estar un minuto más sin tener un duro. ¡Y no soporto tener cuarenta y cinco años y estar soltero!»

¿Ves adónde quiero ir a parar? ¿Lo has hecho alguna vez? ¿Has respondido a la pregunta trascendental que te hace alguien con una respuesta divertida, ignorante, fruto del temor o directamente deprimente que condensa todo lo que odias, lo que no quieres, aquello que lastra tu vida? Te puedo garantizar que es normal, pero ¿es eso lo que quieres? ¿Ser normal? Yo no sé tú, pero la gente (con su elevado porcentaje de divorcios, obesidad y deudas) se enfrenta a unos retos importantes, y saber que eso es «normal» no ayuda mucho. ¿Cómo vas a poder entregarte al cien por cien a tu cónyuge, al cuidado de tu salud y a mejorar tu economía cuando *ni siquiera sabes lo que quieres realmente*? Nunca participarás plenamente en el lugar donde estés o en aquel al que quieras llegar si te conformas con ser normal. Un dato: nadie que haya sido normal ha hecho historia. ¡Así que libérate de esa fantasía que no es más que un pesado lastre!

Te estoy pidiendo que estés dispuesto a caminar por el mundo de una forma distinta, y voy a ayudarte. El mundo no es malo, la gente no es mala. Pero en este planeta detectamos una tremenda mentalidad de rebaño; se trata, si quieres, de un cierto grado de consciencia que hay que superar para alcanzar la Armonía en la Riqueza que tú deseas. Para romper esas cadenas, lo primero es saber quién eres y por qué estás aquí. La mayoría de personas se esfuerzan en darme detalles concretos sobre qué les motivaría a saltar de la cama por las mañanas. Dada la cantidad limitada de años de que dispones en esta encarnación, ¿no te parece una grave pérdida de tiempo?

Si sientes que te sudan las palmas de las manos y te martillea la cabeza, permíteme que te tranquilice diciéndote que donde has estado no es donde debes ir. Te puedo ayudar a descubrir qué es lo que quieres realmente ahora mismo, y a activar la Ley de la Atracción, así como algunas de las leyes del universo, para obrar maravillas en tu vida; así que quédate a mi lado.

Tú eres un visionario

Asumo que hace rato que tienes delante tu bloc de notas, ¿no? Es hora de que te tomes un par de minutos y anotes las cosas que pretendes introducir en tu vida. Cuando termines, yo te diré cómo conseguirlas. Espero que pienses armoniosamente, global, económica, relacional, mental, física y espiritualmente. ¿Cuáles son las cosas que quieres crear? Éste es el trato: no quiero que apuntes lo que *crees* que puedes conseguir, sino más bien lo que *te atreverías a soñar* si supieras que cualquier cosa es posible. Anótalo… ahora. Si quieres hacerlo de forma breve y a vuelapluma, tú mismo; más tarde ya tendrás ocasión de profundizar en el tema. Pero, por el momento, te ruego que te comprometas a responder las siguientes preguntas. **ⓘ**

Evalúa tu riqueza económica

- ¿Cuáles serían tus ingresos anuales ideales?
- ¿Cuál sería tu neto patrimonial ideal?
- ¿Cuánta libertad económica querrías tener? (Esto no significa tener un gran patrimonio pero estar cargado de deudas e hipotecas, dado que éstas suponen estar coartado por los pagos.)

Evalúa tu riqueza relacional

- ¿Pasas a solas momentos de calidad? ¿Te gusta estar solo?
- ¿Te tratas a ti mismo como quieres que otros te traten? Por favor, descríbelo.
- ¿Qué cosas haces que contribuyan a sentirte alegre y realizado?
- ¿Te concedes suficiente tiempo personal?
- ¿Sueñas con una pareja ideal?
- ¿Reconocerías a tu alma gemela si te encontraras con ella? Especifica cómo sabrías que era ella.
- ¿En quién tienes que convertirte para atraer a esa alma gemela?
- Si ya tienes a tu lado a tu alma gemela, ¿buscas momentos para disfrutar de tu relación a solas con ella?

Evalúa tu salud mental

- ¿Cuántos libros lees al mes?, ¿y al año? (Estoy seguro de que esa cifra cambiará una vez que hayas leído el capítulo dedicado al Pilar Mental.)

- ¿A cuántos seminarios tienes pensado asistir cada año para invertir en tu activo más importante, tu mente maravillosa? Quizás haya un camino que siempre has querido seguir y que llevas mucho tiempo posponiendo.
- ¿Eres el dueño de tus emociones o son ellas las que te controlan?

Evalúa tu salud física

- ¿Qué peso, talla de ropa o complexión te gustaría tener?
- ¿Cuántos días a la semana vas a hacer ejercicio para mantenerte en una buena forma física? Tú ya sabes cuál es tu buena forma. Sabes cómo te sientes cuando estás sano. ¿Qué flexibilidad quieres tener? Te garantizo que un cuerpo rígido es el reflejo de una mente rígida.
- ¿Tienes todos los «juguetes» que quieres, la casa que siempre has soñado, el coche que siempre has querido conducir?
- ¿A dónde te gustaría viajar? ¿Quieres tomarte una copa de vino en París, visitar la Gran Pirámide de Egipto...?

Evalúa tu riqueza espiritual

- ¿Has descubierto ya tu conexión personal con tu fuente creativa? ¿Cómo la definirías? Sé concreto.
- ¿Qué te inspira? La palabra *inspiración* proviene del término latino *inspiratu*, que significa «algo que ha recibido el aliento de un dios». ¿Te inspira la buena música, la lectura de los clásicos, un paseo en un entorno natural o correr en la playa? ¿O quizá prefieres un baño relajado con velas e incienso o una tarde en el hotel Four Season de Maui? ¿En qué faceta de tu vida te gustaría que una divinidad «echase su aliento»?

Te prometo que, cuando tu visión interior sea más atractiva y poderosa que lo que ves en el exterior, el universo estará a tus órdenes. Por tanto, sé específico, haz que sea real, y llena tu visión

de todos los detalles sensoriales que te sea posible. Si tuvieras lo
que anhelas, ¿qué sentirías?, ¿qué aroma, sonido, aspecto y gusto
tendría? Cuando al final logres hacer de tu intención una realidad,
tienes que estar listo para reconocerla.

Piensa a lo grande, a lo grande de verdad. No te pongas límites. He compartido esta poderosa estrategia con miles de personas
en todos los niveles de la escala de la felicidad, y cuando la gente
se olvida por completo de lo que cree que es posible y pone por
escrito los deseos de su alma, a menudo los resultados son espectaculares y trascendentales.

¿Podrás cumplir los proyectos que has anotado? La creación
de esa realidad te exigirá una enorme dosis de fuerza de voluntad,
más de la que tienes ahora mismo. Puede que me digas: «Pero,
James, si tú no me conoces. ¿Cómo puedes decir eso?» Sé que este
esfuerzo te exigirá más poder del que tienes ahora mismo *porque
aún no tienes esas cosas*. Si tuvieras el poder personal necesario
para atraer a tu vida tus objetivos y crearlos por tu cuenta, ya dis-
pondrías de los resultados. Pero asegúrate de poner por escrito tu
visión y concédete el crédito de confianza que necesitas; te felicito.
Si ya has hecho esta tarea, ya estás reforzando tu poder y tu energía, con cada página leída y cada ejercicio acabado.

No obstante, quizá seas una de esas personas que contemplan
la lista y piensan: «No soy capaz de responder a estas preguntas».
Relájate. Tengo una táctica creada especialmente para ti. Como ya
he dicho, quiero que te concentres por completo en lo que *quieres*,
pero si estás colapsado, la forma más rápida que conozco de erra-
dicar toda confusión y toda duda sobre los verdaderos deseos de
tu corazón es la de empezar con lo que *no* quieres.

En *The Oprah Winfrey Show* tuve la oportunidad de trabajar
con una mujer del público que me dijo que no tenía ni idea de
cuáles eran sus deseos más profundos ni su propósito en la vida.
Se sentía frustrada. Oprah y yo estuvimos de acuerdo en que el
dilema de aquella mujer era tan «grande» como frecuente. Quizás
al igual que te pasa a ti, ella no sabía cuáles eran las preguntas co-

rrectas que debía formular. A veces la ruta más sencilla y directa hacia el éxito está oculta a los ojos.

Coge tu bloc y anota en él todas las cosas que no quieres tener, todo aquello que no te gusta de la vida que tienes ahora: «No quiero arruinarme. No quiero tener sobrepeso. No quiero estar solo/a»..., lo que sea. Anótalo todo. Luego usa para beneficio propio la Ley de la Polaridad. Empieza a leer la lista y pregúntate: «¿Cuál es el polo opuesto de cada afirmación?» Escríbelo como si ya lo tuvieras. «No quiero arruinarme» se convierte en «Gozo de libertad económica»; «No quiero tener sobrepeso», en «Tengo el peso que me gusta», y «No quiero estar solo» se transforma en «Disfruto de una relación perfecta y amorosa». Si haces este ejercicio, tendrás muy claro cuáles son los deseos que quieres ver realizados en tu vida.

Tu vida «de antes»

¿Recuerdas aquellas marcas que hacías de pequeño en el marco de la puerta para ver cómo ibas creciendo a medida que pasaban los años? Ahora es el momento de evaluar tu grado de armonía actual en los Cinco Pilares de la Armonía en la Riqueza. ❶ Sólo tardarás unos segundos. Evalúate del 0 al 10 en cada uno de los Cinco Pilares de la Armonía en la Riqueza, interpretando que el 0 indica poca o ninguna satisfacción y el 10 el máximo grado posible. Traza luego una línea que vaya uniendo las casillas que hayas marcado en cada pilar, y no sólo tendrás una visión de conjunto de tu grado de satisfacción, sino que conocerás tu nivel actual de Armonía en la Riqueza.

Ahora formúlate las siguientes preguntas:

1. ¿En qué áreas tengo que trabajar más a fondo para armonizar mi vida?
2. ¿Por qué es importante esto para mi éxito general?
3. ¿Qué me dicen estos pilares sobre mí mismo, mis prioridades y mis valores?

4. ¿Qué debo hacer de forma distinta para mejorar la fortaleza de mis pilares?

5. ¿Cuál es el obstáculo que me impide alcanzar la Armonía en la Riqueza en cada una de las áreas de mi vida?

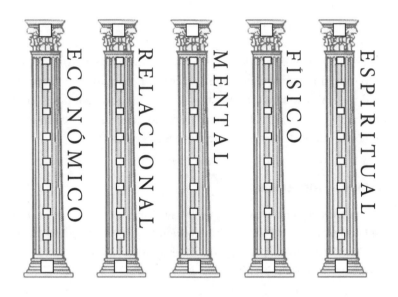

¿Te preocupa constatar que tus pilares tienen alturas muy dispares? Una vez más, no te inquietes. Piensa que si están todos perfectamente «equilibrados» es posible que sea porque hayas sido demasiado optimista (o porque quizás estés con un pie en la tumba). Pero, en serio, todo el mundo quiere o necesita tener pilares de alturas distintas, pues éstos dependen de cuáles son los valores que se tienen en cada momento, y éstos van variando a medida que avanza la vida.

Sin embargo, si alguno de estos pilares se vuelve demasiado frágil, la integridad de toda la estructura empezará a venirse abajo, ya sea de golpe o por partes. No se puede fortalecer la estructura limitándose a reforzar sólo los pilares más sólidos. En lugar de ello, tienes que concentrarte en los débiles, en las áreas más descuidadas. La diferencia clave es darse cuenta de que los Cinco Pilares de tu vida nunca serán en todo momento igual de fuertes. Date cuenta de que tienes que prestar un poco de atención a las cinco áreas al mismo tiempo, pero que no todas ellas exigen tu atención constante. ¿Lo has entendido? Si dedicas diez horas al día a un proyecto especial (¿recuerdas nuestro ejemplo, aquel de pasarse tres días trabajando sin ducharse?), no podrás dedicar el mismo número de horas al gimnasio o a pasar un tiempo de calidad con tus hijos. Eso sería imposible. Ya hablaremos de cómo gestionar esos dilemas tan reales en tu vida cotidiana, incluyendo el hecho de llegar a acuerdos contigo mismo y con otros, y organizarte para disfrutar de periodos limitados de concentración y relajación, pero sin caer jamás en el olvido absoluto.

Inevitablemente, al centrarnos en la armonía en todos los capítulos del libro, percibirás una mejora «armónica» clara en cada uno de los Cinco Pilares, o bien gozarás de una consciencia más lúcida y fortalecedora sobre cuáles son los que debes fortalecer en los diversos momentos en que tomes decisiones.

Coge tu mochila y pongámonos en marcha

Este libro pondrá en duda todo lo que te han enseñado. Enfrentarte a esas verdades alterará por completo tu vida. Lo sé porque llevo veinte años dando esta información anualmente a miles de alumnos, y he visto estas verdades en acción, unas verdades que hoy día verifican los físicos, y que empiezan a hacerse un hueco entre el público de a pie gracias a películas como *¡Y tú qué sabes!* y *El secreto*. Llegará un momento, en un futuro no muy lejano, en el que ese conocimiento «secreto» será aceptado como normativo. Pero mientras eso no sucede, sitúate en el camino más ventajoso. La gente observará tu vida y pensará: «¡Dios mío, es magia!» Y tendrán razón: tú habrás creado esa magia.

2
Mi viaje

*El camino de la vida tiene curvas y desvíos, y nunca es igual
ir en una u otra dirección. Sin embargo, obtenemos
nuestras lecciones del viaje, no del destino.*

Don Williams, Jr.

El depósito vacío

*La crisis tecnológica del año 2000 me hizo añicos. Me fui una noche
a la cama con la barriga bien llena de sushi, sintiéndome a gusto y
protegido, y a la mañana siguiente me desperté para descubrir que
estaba metido en un berenjenal. Hacía poco que había roto con la
mujer con quien había salido cinco años (fue más que una novia,
porque era mi brillante contable y directora de empresa), y junto a
ella había perdido mi identidad. Habíamos formado un buen equipo, pero al tener que trabajar juntos veinticuatro horas al día, siete
días a la semana, nuestra relación se fue deteriorando. Cada cena
romántica se convertía en un debate sobre cómo aumentar los activos y las adquisiciones de mi empresa, y durante un tiempo eso
estuvo bien, pero como en otras áreas no gozábamos de armonía,
nos fuimos distanciando. ¡Oh, claro! Teníamos los juguetes, la casa,
la Vida con mayúsculas, pero todo se había puesto rancio. Ahora,
además de bregar con el intenso sufrimiento emocional que acom-
paña a una ruptura, también me enfrentaba al hecho de que tendría
que asumir unas responsabilidades que no me resultaban nada fáciles. Durante los años que habíamos estado juntos, mi novia había*

gestionado eficazmente mis asuntos económicos, lo cual me dejaba libertad para concentrarme en mi docencia y en mi apetito siempre creciente de nuevos juguetes. Como no tenía que ocuparme de la administración del dinero, me centraba en lo que me gustaba hacer, y en hacerlo bien. Pero al enfrentarme a cargar con las obligaciones añadidas de la faceta fiscal del negocio, mi trabajo dejó de ser divertido. La aventura se había convertido en una carga, y el deseo en una obligación.

Me encontraba en un desierto espiritual. Me había quedado sin inspiración. Aunque sabía que estaba en este mundo para dirigir esa empresa, ya no me gustaba. Estaba en el peldaño más alto de la escalera, pero me apoyaba en la pared equivocada. Lo único que sabía era que un tremendo anhelo en mi espíritu me estaba apartando de todo lo que había construido, urgiéndome a que me aislara del mundo y ascendiera a un nuevo nivel. Es fácil imaginar que, con esos pensamientos en la cabeza, prestar atención a los detalles cotidianos de la administración de mis finanzas me resultaba imposible. Las cosas empezaron a cambiar rápidamente.

En un abrir y cerrar de ojos me encontré casi en la ruina y solo. Mi serenidad se esfumó al tiempo que mi cartera de valores. El cisma casi acaba conmigo.

Como no podía cubrir algunos de los gastos más importantes, tuve que vender la mayor parte de mis bienes, a precios tan bajos como si los hubiera salvado de un incendio. Se me llenaron los ojos de lágrimas cuando entregué las llaves de mi casa al agente inmobiliario y luego me daba un último baño en ella. Me despedí de mi biblioteca construida a medida —la plasmación de un sueño que siempre tuve—, y de un lienzo que había codiciado desde que conocí a uno de mis artistas favoritos. Como era un aficionado del gran arte, me sentía como si mi vida fuera un retrato pintado por Picasso en su periodo cubista: fracturada, desmembrada, cada pieza en un lugar equivocado. El día anterior había sido un hombre de negocios de éxito, conocido por ayudar a decenas de miles de personas a alcanzar sus sueños materiales en seminarios celebrados por todo el país. Al día siguiente no hubiera podido ni costearme la entrada a uno de mis propios seminarios.

Tendría que haberme dado cuenta antes, pero aparentemente me había vuelto adicto al consumismo. Aunque no era famoso, mi hermosa casa, que me costó muchísimos millones, estaba en un lugar algo más elevado de Soledad Mountain que la de Deepak Chopra, y fui lo bastante tonto como para pensar que eso significaba algo. Mi intelecto comprendía la futilidad de ese baremo del ego, pero eso no impedía que se me inflara el pecho de orgullo cuando pasaba por su calle en dirección a mi casa. ¿Quién era yo sin mis juguetes? ¿Quién era ese James Ray que ahora apenas podía pagar la electricidad que iluminaba con destellos las casas más humildes situadas más abajo?

Aquélla no era la primera vez que me enfrentaba a la ruina económica. De hecho, en cierta ocasión anterior ya había flirteado con la bancarrota. Pero de ese primer susto me había recuperado con rapidez, lo cual me había vuelto más confiado, listo y fuerte. Ahora que volvía a estar al borde del abismo, meneé la cabeza y solté una carcajada. ¿Qué era aquello, una broma? Y si lo era, ¿quién me la gastaba?

Enseñamos lo que más necesitamos aprender

Todo gran maestro espiritual ha dicho que la vida no tiene que ser una lucha. Jesús dijo: «He venido para que tengáis vida, y para que la tengáis en abundancia». Las Cuatro Nobles Verdades del budismo revelan la existencia del sufrimiento. Sin embargo, el término que se traduce de forma holgada como sufrimiento es *dukkha*, que en realidad significa un eje de carro descompensado o doblado. Las enseñanzas, básicamente, dicen que hay *dukkha*. El *dukkha* surge, cesa, y hay un camino más allá del *dukkha*.

Las enseñanzas dicen que el sufrimiento o la falta de armonía son cosas reales, pero que sin embargo hay un camino que permite superar esa falta de compensación. Esto recuerda otra gran enseñanza budista, que dice que no se nos castiga por nuestros pensamientos: son ellos mismos los que nos castigan. Yo seguía atado por el sufrimiento, encajado todavía en aquella postura familiar de arrastrarme a cuatro patas para beber de un charco sucio. Dejando el ego aparte, la verdad superior era que me enfrentaba a la peor crisis espiritual de toda mi vida, que debería resolver si quería experimentar algún tipo de alegría duradera o si pretendía ayudar a una sola persona más a alcanzar la verdadera riqueza. ¿Estaría a la altura? En aquel momento no estaba muy seguro. Lo que realmente quería era salir a toda máquina de Dodge.

Desde que era un crío, siempre había creído que se podía ser rico y espiritual a la vez. ¿Acaso todos los bienes materiales que había acumulado no eran una demostración clara de esa teoría? Después de todo, tenía una tremenda cantidad de cosas, y una dosis impresionante de libertad. Eso tenía que deberse a que meditaba cada día, ¿no? Había viajado a puntos geográficos que iluminaban el espíritu. Tenía amigos increíbles, poderosos, incluyendo líderes espirituales pertenecientes a otras culturas. Podía charlar sobre el concepto de Dios y de la espiritualidad con los mejores de ellos.

Por supuesto, también había pasado una parte de mi vida sin juguetes, pero entonces no estaba tan conectado espiritualmente… o eso me decía a mí mismo. Ahora que había experimentado aquella increíble revolución espiritual y había perdido todos mis bienes materiales, ¿cómo iba a ser mi vida? ¿Qué podría aprender de todo aquello? ¿Con qué contaba realmente?

Era hora de probar mis teorías en un terreno distinto, intentar realizar un experimento difícil lejos de casa. No tenía nada que perder.

A todos nos gusta la belleza, la cultura, el refinamiento. Tales cosas nos atraen no porque seamos codiciosos o superficiales, sino porque activan en nuestro interior, el corazón y el alma, quiénes somos de verdad. Esa elegancia y esa belleza abundan en la naturaleza, donde los alucinantes campos de flores silvestres, el verdor semejante a una alfombra de un bosque aparentemente infinito visto desde el aire o un banco de peces numerosísimo nos recuerdan la vastedad de la creación. También podemos encontrar tales características en cosas hechas por el hombre. No puedo observar la simplicidad aerodinámica de un transbordador espacial, la belleza del puente Golden Gate o la majestad de la Torre Eiffel y de la Estatua de la Libertad sin hacer una pausa para empaparme de esa visión, maravillado frente al genio creativo del espíritu humano.

¿Existe una diferencia espiritual entre las glorias de la naturaleza y las creaciones del hombre? Es cierto que nada de lo que haya hecho éste me ha proporcionado la misma sensación de amplitud, de verdadera riqueza como, por ejemplo, la contemplación de una montaña o del Gran Cañón. Pero ¿existe alguna diferencia entre lo que crea el hombre para su propio placer y lo que crea para el mundo, para los demás, para el bien superior? ¿Una catedral es más espiritual que un castillo? ¿Las ostentosas mansiones de McMansions en California son menos espirituales que los palacios centenarios construidos para resistir el paso del tiempo? ¿La riqueza que no desaparece de la noche a la mañana tiene algo de particular?

Estas preguntas, por importantes que fueran, me retrotrajeron a mi propia situación, me llevaron a darme cuenta de que era evidente que lo que yo estaba haciendo no funcionaba, al menos no del todo. Sentía que disponía de respuestas parciales, pero que una parte de la ecuación seguía siendo una incógnita. Tenía la mente cansada, pero los ojos abiertos. Mientras me daba la vuelta para alejarme de la vida que conocía, avanzando con mis piernas humildes en dirección al aeropuerto, anhelaba ver mi mundo —*el mundo*— desde una nueva perspectiva.

El llamado del espíritu

Mis viajes, tanto interiores como exteriores, no siempre han tenido sentido en el momento de hacerlos. Pueden parecer impetuosos, incluso alocados. Pero no creo que lo sean. A menudo el llamado del espíritu es totalmente ilógico. ¿Has oído la expresión «marchar al son de un tambor distinto»? Bueno, pues yo sigo el ritmo de mi propia orquesta, y aunque es potente, a menudo suelo ser el único que logra oír las instrucciones de marcha.

Verás, creo que en esta vida no hay nada más importante que ampliar la propia consciencia. También creo que cuanto más crecemos espiritual y mentalmente, más riquezas de todo tipo creamos en el plano físico. Por tanto, cuando siento que debo salir de la cinta continua que es mi vida y ampliar mi mente, mi energía, mi visión y mi capacidad creativa, me subo a un avión, incluso cuando apenas puedo pagar el billete. No quiero decir con esto que sea algo que tú también debas hacer; el camino de cada uno es distinto, y mi ecuación personal aún no contempla el factor de las responsabilidades familiares. Pero sí que te diré que nunca me he tenido que lamentar de pasearme por el mundo. Ni una sola vez.

De manera que, aunque estaba al filo de la ruina, a pesar de que todo el mundo me decía que debía quedarme donde estaba y concentrarme en las exigencias de mi negocio y de mi economía, decidí desafiar a la lógica y seguir los dictados de mi corazón. Me subí a aquel avión.

Durante varias semanas visité un museo tras otro, una catedral tras otra, en París y en sus alrededores. Me embebí de los colores chillones y del caos de los mercados callejeros. Paseé por las catacumbas, reflexionando sobre los difuntos cuyos cráneos y huesos se apilaban en sus nichos. Allí tenía una cultura vibrante, moderna, albergada en edificios de cientos de años de antigüedad. Allí la historia estaba viva. Fui al Jardín de Rodin y me senté en un banco, convirtiéndome en el pensador, mientras seguía con la vista los rayos de sol que se filtraban por la maraña de la fronda sobre mi cabeza. Escuché cómo el viento susurraba su canción apacible y recordé cómo la tradición esotérica cree que el arte es un mensaje del alma, que refleja la belleza y la divinidad que llevamos dentro. Podía sentir la presencia divina del artista que vivió en aquel lugar, porque su obra seguía emitiendo sus vibraciones sanadoras quizá con tanta fuerza como cuando él estaba vivo.

En el Louvre me decepcioné al ver por fin la *Mona Lisa*, tan pequeña y poco impresionante ahora que la tenía ante mí. Pero el cuerpo enorme, austero y blanco de la *Venus de Milo* me detuvo como si fuera una pared invisible. Me quedé hipnotizado durante una hora delante de aquella escultura tan sorprendente. Me emocionó tan profundamente que en mi interior algo cambió. Me pasé toda una hora incapaz de apartar la vista de aquella diosa del amor, y todavía no estoy muy seguro de cómo se puede descubrir su belleza ni del modo en que me habló. Yo tenía el corazón abierto de par en par, y me sentí como si ella estuviera sanando mi tristeza. Aquello era todo lo que necesitaba. No me atreví a experimentar nada inferior a aquella epifanía, un momento culminante más allá de toda descripción, de modo que me di la vuelta y salí del edificio.

Unos días más tarde viajé a Lisboa (Portugal) y le pregunté al recepcionista de mi pequeño hotel qué *tenía* que ver en aquella ciudad. Me dijo que había un castillo del siglo XVIII al final de una carretera zigzagueante en lo alto de una montaña, y que si me lo perdía no me lo iba a perdonar en la vida.

Contraté a un conductor que me llevó hasta el Palacio Pena, uno de esos palacios de cuento de hadas que hay en Sintra, una ciudad costera en las colinas portuguesas. Aquel lugar, rebosante de turistas y de gárgolas, me hizo sentir que había entrado en los exteriores de un rodaje. Desde que entré en el gran salón que hacía las veces de vestíbulo, sentí que empezaba a perder estrés. Por primera vez en varias semanas respiré hondo. Las salas eran tan elegantes que me dejaron sin respiración. Incluso el aire parecía más rico, fortificado por cientos de años de vida. Una sala tras otra me mostraba unos enormes espacios que ofrecían vistas panorámicas de unos vastos jardines verdes que se extendían en todas direcciones. Parecía que la amplitud y la altura de aquellos salones y tocadores tenían como único propósito ofrecer a la vista aquellos paisajes paradisíacos.

Mientras permanecía allí absorbiendo toda aquella grandeza, me sentí impresionado por la calidad de los detalles: todo estaba construido para durar, ejemplos exaltados de esplendor y de maestría sucesivos. Los muebles tallados a mano, las chimeneas de mármol, la orfebrería preciosa, los libros antiguos, los pasillos repletos de retratos de familia... cada esfuerzo era una obra de arte. ¿Unos arquitectos de ese calibre podrían haber imaginado la construcción de un minicentro comercial prefabricado en cada edificio norteamericano, o la invasión de millones de autopistas recubiertas de asfalto y de coches que vomitan contaminantes? ¡Si lo único que conocieron eran las carreteras sin asfaltar y los carruajes tirados por caballos! Estados Unidos no es más que un puntito en el radar de la historia, una república que existe desde hace mucho menos tiempo que el que lleva aquel edificio plantado sobre sus cimientos. *¡Si aquellas paredes hablasen!* ¿No habíamos cambiado el arte por el comercio, la destreza artística por la gratificación inmediata?

No era tan ingenuo como para idealizar el pasado; después de todo, el rey de aquel castillo había vivido rodeado de lujos mientras las masas vivían en la pobreza. A pesar de todo, no podía librarme de la idea de que algo profundo, algo más profundo e infinitamente precioso, había desaparecido del todo. La Revolución Francesa había garantizado que los nobles de antaño no siguieran disfrutando de su vida entre algodones. Aquello, por sí solo, enseñaba una lección poderosa a los gobernantes del mundo. Mientras los ideales democráticos iban ganando fuerza, apelando a la necesidad muy humana de ser libres, el pueblo llano elevó su calidad de vida y los excesos de la monarquía desaparecieron casi por completo. Por supuesto, en Estados Unidos hemos intentado convertir a los famosos en reyes, lo cual perpetúa el abismo entre ricos y pobres. Pero algo en mi interior sabía que en cada uno de nosotros hay una semilla de «realeza», una chispa de grandeza y de belleza que a veces resulta difícil de manifestar, pero que aun así se halla enterrada en cada espíritu humano individual.

A pesar de los muchos progresos del tiempo y de la consciencia, me pregunté cómo había afectado la pérdida de aquella rica herencia a nuestro espíritu, a esa parte de nosotros que anhela lo elegante y lo sagrado. La grandeza es nuestro derecho natural, pero cuando se levanta sobre las espaldas de los pobres, ¿podemos disfrutarla plenamente? Todo el mundo debería vivir rodeado de belleza, lujo y comodidad, no sólo los mandamases que viven en lo alto de la colina.

Definiendo la situación

No cabe duda de que aquél fue un momento trascendental, dado que toda mi vida me había llevado hasta aquel punto. Había ido a Europa pensando que estaba demasiado apegado a mis bienes, y así era. Dado que durante toda mi vida había estado inmerso en un viaje espiritual, darme cuenta de aquello fue como una epifanía natural, además de ser cierto. No es que hubiera permitido que mis pertenencias y mi estatus me definieran..., al menos no del todo. Pero tenía que admitir que habían contribuido enormemente a hacerme sentir quién era. A pesar de ello, aunque sabía que aquel conjunto de cosas no me definía, me había resistido a la idea de renunciar a ellas. Pero ahora en mi campo de visión entraba un elemento nuevo. ¿Y si el problema no estribaba en los juguetes, sino en la intención subyacente en ellos?

En aquel momento me invadió la sensación de que podría tener la casa que quisiera, incluso un palacio, pero si mi riqueza sólo existía para que me sintiera mejor al vivir en un lugar de la colina más alto que otros, sólo había una dirección en la que ir, y no era precisamente cuesta arriba.

Existe una línea fina entre estar agradecidos por lo que tenemos en la vida y querer más, por un lado, y *necesitar* más porque en lo más hondo sabemos que no lo merecemos o que vivimos como impostores..., muy por encima de nuestras posibilidades. Aunque había vivido a lo grande en aquella colina de La Jolla, me había creído mi propia publicidad, pensando que mi vida de multimillonario era algo muy importante. Sin embargo, toda mi mansión hubiera cabido en el vestíbulo de aquel palacio. ¿De qué iba todo aquello de querer más, siempre cosas más grandes y mejores?

En el mundo, pero no del mundo

En muchos lugares del mundo un hombre se considera afortunado si posee una camisa y un par de zapatos y tiene acceso a agua limpia. Es importante que sepamos esto, que lo asimilemos. Sin embargo, cuando ampliamos nuestro punto de vista para pensar en aquellos que tienen tan poco, el hecho de querer más puede hacer que incluso el mejor intencionado de nosotros se sienta ingrato y codicioso. ¿Cómo podemos justificar nuestros deseos cuando en nuestra misma calle hay alguien que lleva todas sus pertenencias en un carrito de supermercado? ¿Cómo nos atrevemos a pedir más?

Mi siguiente conclusión me golpeó como una ráfaga de viento tras una tormenta.

Me había sentido culpable por mi arrogancia y mi éxito, lo cual me llevó a pensar y a actuar en pequeño, pero en realidad debería haber pensado y actuado más a lo grande. No porque necesitara una casa o una biblioteca o una colección de arte más grandes (cuando arreglase mi forma de pensar eso vendría por añadidura), sino al pensar en el hombre en el que tendría que *convertirme* para sobrellevar esa vida más grande. Mi problema no radicaba en los bienes materiales. Mi problema estribaba en la identidad que me había forjado: que yo era mi casa, mi coche, mi cuenta corriente. Pero me di cuenta de que era muchísimo más que todo eso. Ya era hora de estar en el mundo, pero no ser de él.

La pérdida de mis posesiones sólo era un reflejo de mis pensamientos y actos pasados, un indicador de dónde había estado, no de a dónde pensaba ir. Sabía que tenía que curar mis heridas internas para introducir en el mundo un yo más pleno y realizado. No debía ser un yo codicioso, sino un yo ampliado e integrado, que pudiera enseñar con el ejemplo y contribuyera a proyectar luz sobre ese dilema material/espiritual con el que todos luchamos. Los maestros espirituales, a lo largo del tiempo, nos han advertido de que las cosas no nos hacen felices, y mi vida era una prueba de ello. Después de todo, sólo somos administradores temporales de nuestros bienes. No tiene sentido apegarse demasiado a ellos. ¿Había alguna manera de poseer cosas sin convertirme en su esclavo? ¿De tener riqueza sin acaparar recursos? ¿De celebrar todo lo que Dios nos ha dado sin perder de vista al dador? Las respuestas a esas preguntas eran los dones de mi debacle, las bendiciones por las que me sentía agradecido. Llevaba metido en una búsqueda espiritual desde que era un crío, y cada vez era más consciente de que para amar a Dios no era necesario sufrir. Además, amar a Dios no significaba privarse de disfrutar de un estilo de vida agradable. De repente me invadió una oleada de gratitud: estaba aclarando mis pensamientos.

En busca de lo sagrado

Lo que yo necesitaba, lo que todos necesitamos, es una renovación espiritual, un retorno a lo que hay de elegante y sagrado en nuestras vidas cotidianas. Pero esta renovación no se puede centrar de forma exclusiva en lo externo; debe concentrarse en una consciencia superior. Estamos a punto de entrar en una era totalmente nueva. Ésta no puede nacer del sometimiento o del temor al pasado, y una vida de excesos no la puede producir. Esta nueva era sólo puede derivarse de la celebración, el reconocimiento y la consciencia de ese bien expansivo que es la verdadera riqueza en todas sus manifestaciones. Sólo puede proceder de un nuevo comienzo. Sólo puede nacer de la Armonía en la Riqueza.

Entender la pérdida de mis bienes materiales como una oportunidad para que apareciese una consciencia más grande me ayudó a confiar en que la sintonía de mi vida estaba divinamente orquestada, que aquel accidente había conseguido despertarme.

La verdad es que hasta hacía bien poco no me había dado cuenta de hasta qué punto estaba apegado a todo aquello. (Si hubiese sido consciente, podría haber prestado más atención al estado de mi economía.) Anhelaba lo sagrado, la inspiración del espíritu. Había edificado mi carrera sobre la premisa de conseguir cosas más grandes y mejores, pero para formar parte de algo importante y contribuir a un nivel superior, debía hacer algo más que obtener juguetes. Quería tener una influencia duradera y profunda sobre mi propia vida y sobre las de aquellos cuyas vidas tocase.

Fue durante ese viaje cuando el concepto de los Cinco Pilares de la Armonía en la Riqueza —algo en lo que llevaba trabajando varios años— adquirió una definición más nítida. Me di cuenta de que, por sí solos, estaban incompletos, pero que como conjunto eran totalmente necesarios.

Necesitaba tiempo y trabajo de campo para someter a prueba mi teoría de la Armonía en la Riqueza, pero primero necesitaba recuperarme de los últimos años. El dolor psicológico que me había causado la montaña rusa económica y emocional en la que había estado subido era tan agudo que no podía avanzar. Entendía que el dolor es una señal para seguir adelante, no para sufrir, y creía que podría salir de esa tragedia personal más poderoso que nunca. A pesar de ello, desde mi punto de vista en aquel momento, la cosa pintaba muy mal. Tenía incontables responsabilidades económicas, y al mismo tiempo estaba sometido a la presión de reestructurar mi enseñanza y mi forma de pensar. Estaba asustado. Conociéndome, la próxima vez seguro que me exigiría a mí mismo llegar más lejos. No estaba en condiciones de abordar una empresa así en cuestión de poco tiempo.

Aunque estaba bastante convencido de que estaba destinado a pasar por el reto de superar mis obstáculos financieros para poder luego ofrecer a mi propia vida y a las de mis alumnos aquel patrón de trabajo, en aquel momento lo que más deseaba era huir. Quería hundirme más en mi interior. Cerrar del todo mis heridas. Dado que lo que me había llevado a aquella situación era mi actitud hacia mis bienes materiales, sabía que no había más remedio que renunciar a ellos. Decidí que ya no quería poseer nada, ni siquiera una bicicleta. Quería sentir cómo era vivir como un caracol, con la casa a cuestas. Empecé buscando a un sabio kahuna en Hawái y a un chamán peruano que vivía a cinco mil metros de altura en los Andes, porque me sentía muy atraído por la sabiduría ancestral. Había examinado muchas tradiciones religiosas y culturales durante mis años de estudio, y me parecía que las enseñanzas de los profetas desde que la historia de nuestro mundo se había puesto por escrito no habían cambiado mucho. Quería retroceder a ese principio, de vuelta a la fuente, al chamanismo antes de que la sabiduría se hubiera aguado. Quería encontrar la verdad.

La verdadera riqueza

Ahora el alumno era yo. Me dejé crecer el pelo y una perilla, y dejó de darme igual lo de impresionar a la gente. «Soy ciudadano del universo» se convirtió en mi lema. Mi ex se quedó con la mayor parte de mis bienes. Conservé un apartamento alquilado en el centro de San Diego, donde había poco más que un sofá y una cama. «Menos es más —me dije—. Un guerrero no tiene ni necesita nada.» Al desprenderme de la mayoría de mis responsabilidades, cancelé la mayor parte de mis talleres. Cuando fuera necesario ya volvería a Estados Unidos para enseñar y cumplir con mis obligaciones, regresando al estatus de ermitaño temporal lo antes posible.

Acurrucado entre los brazos de la sabiduría antigua, viviendo en una tierra salvaje con el vasto cielo sobre mi cabeza, lentamente recuperé mis fuerzas. Se me mostró todo un mundo de sabiduría más sencilla y profunda de lo que mi mente lograba asimilar a menudo, y mi primera gran lección fue que todo lo que había en mi mundo lo había creado yo. Todo. Aquello fue estupendo. Por supuesto que hacía años que los gurús de la autoayuda venían diciendo esto, pero cuando me lo dijo el chamán peruano, con

aquellos ojos antiguos como el mismo tiempo y con su voz tan
pura como el viento, la verdad contenida en este aserto me golpeó
en lo más hondo. No me quedaba más opción que llegar a lo más
hondo, examinar mi vida y preguntarme: «¿Cómo he podido crear
todo este sufrimiento para mi vida? ¿Cómo he podido desviarme
tantísimo del camino?»

Me había considerado el rey del mundo, y los pensamientos
campesinos de mi propia ignorancia me habían destronado. Había creído que, por haber estudiado con entusiasmo textos espirituales y haberme embarcado en tantos proyectos espirituales
había evolucionado, pero ahora que me miraba con ojos sinceros
me daba cuenta de que no había progresado tanto como pensaba. De hecho, empecé a pensar que en vez de *evolucionar* había
involucionado. Entonces fue cuando lo entendí todo: no son las
búsquedas las que nos hacen espirituales, sino la comprensión y
la aplicación correcta. Yo no vivía como una persona espiritual.
Sólo había *pensado* que lo era. Además, el error no estribaba en mi
teoría de ser rico y espiritual al mismo tiempo, sino en mis actos y
en la intención subyacente en ellos. La verdadera sabiduría no es
lo que tenemos, sino aquello que nos queda cuando todo lo que
teníamos se ha esfumado. Quizá la lección sea que, cuando empezamos a pensar que somos «la bomba», el universo nos quiere
tanto que nos deja caer.

¡Bum!

CREA RIQUEZA EN TODAS LAS ÁREAS DE TU VIDA: ECONÓMICO, RELACIONAL, MENTAL, FÍSICO Y ESPIRITUAL

Pilar I.
Económico

Siempre he sido muy místico, pero al mismo tiempo muy, muy práctico. Me encantan las evidencias científicas sólidas, y también hacerlas aplicables, de manera que se puedan coger con las manos y utilizarlas. Uno de mis maestros peruanos, don José Luis, me dijo en cierta ocasión: «Santiago, el poder es una vasija vacía hasta que hace crecer el maíz». En realidad, éste es el objetivo de este libro. Tú serás capaz de estudiar todas las teorías sobre física cuántica, espiritualidad, psicología, filosofía o cualquier otra disciplina que te enseñe cómo acceder a tu poder, pero si no lo usas para crear resultados en tu vida, todo será inútil, una pérdida absoluta de tu tiempo.

La intención que tengo al escribir este libro es proporcionarte ideas, herramientas y técnicas para obtener los resultados espectaculares y sorprendentes que te mereces en todas las áreas de tu vida. Éste no será un mero libro de «anota tus objetivos», sino uno que aborde el grado fundamental de vibración y de consciencia que introduzca profundos y duraderos cambios en tu vida.

El dinero no es más que una metáfora de lo físico, material y tangible. Tu capacidad de atraer dinero a tu vida es un reflejo de tu capacidad para manifestar en la vertiente física el poder divino que tienes. Mi intención última es que dispongas de suficiente dinero y bienes materiales en tu vida, de modo que ya no malgastes un solo momento precioso más en preocuparte por ellos. Pero la idea consiste en más que tener tales cosas, en saber que, pase lo que pase, posees en tu interior el poder y la capacidad necesarios para crearlas (y para crear cualquier otra cosa) una y otra y otra vez. Mereces esto…, es tu derecho natural. Eso es algo que sé bien.

¿Por qué centrarse tanto en el dinero? Porque éste cambia todas las cosas, al magnificar tu situación, tendiendo a hacer que los problemas (o las alegrías) de otras facetas de la vida sean incluso mayores. El dinero, por sí solo, no proporciona la plenitud, pero la Armonía en la Riqueza, sí. Si adviertes que siempre te estás preocupando por este pilar, te resultará muy difícil (por no decir imposible) concentrarte en los otros cuatro pilares de la riqueza. Así que controlemos éste y sigamos adelante. ¿Estás listo?

3

La grandeza es nuestro derecho natural

Mira todas las cosas como si las estuvieras viendo
por primera o por última vez. Entonces el tiempo
que pases en la tierra será glorioso.

BETTY SMITH

Las creencias limitadoras

Cuando somos niños, aprendemos la mayor parte de nuestras creencias limitadoras sobre el dinero. Recuerdo vívidamente al menos una cosa que me dio un disgusto. Tengo ocho años y estoy sentado en el primer banco de la iglesia de mi padre, la Red Fork Church of God, en Tulsa (Oklahoma), cuando escucho, allá en el fondo de mi mente, unas palabras que durante los siguientes años resonarían como el sonido irritante de un ascensor: «Es más fácil que pase un camello por el ojo de una aguja que un rico entre en el reino de Dios».

«No puede ser», pensaba yo. Sentía la ira que iba aumentando en mi pecho, haciendo que mi camisa pareciera dos tallas más pequeña, lo cual probablemente era cierto, dicho sea de paso. Mis padres no tenían dinero para comprarme ropa bonita. De hecho, éramos tan pobres que no teníamos ni casa propia, y vivíamos en el espacio dedicado a oficina adosado a la iglesia. Lo más difícil de mi infancia fue comprender cómo mi padre ponía el corazón en su trabajo, cómo ayudaba a tantas personas, y sin embargo no podía permitirse pagarnos el barbero a mi hermano y a mí para que nos cortara el pelo. Mi madre se sentaba en el porche con nosotros y nos pasaba la maquinilla eléctrica, mientras los otros chicos del barrio pasaban por delante de casa y se reían.

Una tarde, mi padre estuvo muchas horas ayudando a un grupo especialmente numeroso de personas que no paraban de entrar por la puerta, y pensé: «¡Qué narices! ¿Qué clase de Dios es el que toma tanto y da tan poco a cambio? ¿Cómo es posible que un Dios amoroso no permita que yo entre en los Cub Scouts porque mis padres no pueden pagarme el uniforme? ¿Cómo un Dios de amor puede hacer que un guante de béisbol sea tan caro para mi familia? ¿Qué está pasando?»

Me sentía un completo fracasado.

«Dios, ¿qué pasa si algún día quiero ser rico?» ¿Esa frasecita sobre el camello significaba que Dios no me dejaría cruzar las puertas celestiales si me hacía rico? Incluso a aquella edad yo sabía que quería ver mundo. Pero mis padres me dejaron claro que coger un avión suponía un desembolso importante de un dinero que no teníamos.

—¿Podemos ir a Disneylandia? —pregunté, ansioso e impaciente como sólo puede estarlo un chiquillo—. Greg se ha perdido una semana de colegio porque ha ido con su familia, ¡y dice que es una pasada!

—Ahora no puede ser, hijo —dijo mi padre como si tal cosa, con aquel tono tan típico de alguien que había aprendido la disciplina y los límites en la Marina.

—¿Y al Empire State Building? —insistí yo—. Hemos visto unas fotos en clase y la señora Davis dice que mide cuatrocientos metros, ¡y que todos los años suben a la azotea millones de personas!

—Tampoco nos lo podemos permitir, cariño —repuso mi madre, dándome palmaditas en la cabeza. Parecía triste. Lo más curioso es que era mi amada madre la que siempre abogaba con más fuerza por esa postura de escasez. Hoy entiendo que ese temor y esa mentalidad de carestía era fruto de su educación, extremadamente estricta. Los hijos y las hijas heredan los pecados de los padres y de las madres. Este ciclo sin fin se perpetúa a lo largo de las generaciones.

—¿Y toda la gente que sube es más rica que nosotros? —quise saber.

—Bueno, eso ya no lo sé —contestó mi madre—. Pero ya sabes que los predicadores no ganan mucho. Tu padre hace la obra de Dios.

Así empezó mi confusión acerca de Dios y del dinero, y ése fue el motivo de que me plantease por qué ambos conceptos se consideraban mutuamente excluyentes cuando yo sentía en los huesos que no lo eran.

Por tanto, ¿de dónde nacía la confusión entre ambos? ¿Cuándo empezó a ser pecado en nuestra sociedad, sobre todo entre las personas piadosas, querer dinero? Más tarde, después de enterarme de las tremendas circunstancias de quienes viven en las calles, llegaría a pensar siguiendo más la línea que marcaba una cita de George Bernard Shaw: «La falta de dinero es la raíz de todos los males». Cuando era niño y comparaba la comodidad y la libertad de las que gozaban algunos parroquianos adinerados en la iglesia de mi padre (y cómo regresaban de sus vacaciones en las islas con un moreno envidiable y chillonas camisas hawaianas) con la tristeza y las enormes limitaciones de la gente que hacía cola para comer sopa gratis, me parecía que allí estaba obrando algo distinto a la oposición entre la justicia e injusticia o el bien y el mal. ¿Mis conclusiones? Esto es lo que sé: ser pobre es pecado.

Amaba a Dios con todas mis fuerzas. También quería y respetaba a mi padre. ¡Estaba tan orgulloso de él! Si alguien merecía tener dinero, era él. A diferencia de aquellos que se pasan la vida corriendo para obtener una recompensa, el corazón de mi padre siempre estaba centrado en la pureza de su amor por la divinidad. Eso se veía de lejos.

Quizá por ser solidario con el padre al que reverenciaba, o acaso tan sólo para evitar volverme loco, en aquel momento tomé la decisión de resolver ese rompecabezas: redefinir, digámoslo así, la relación entre la espiritualidad y el dinero. Era posible, incluso probable, que no lo resolviera a tiempo para que mis padres, mi hermano menor y yo nos calásemos las orejas de Mickey Mouse y bajáramos a toda velocidad por el Matterhorn, o nos mareásemos como marineros borrachos en las Tazas de Té (¡sobre todo porque el comentario sobre «el ojo de la aguja» no paraba de darme vueltas a la cabeza!), pero seguro que algún niño, en algún lugar, se beneficiaría. Lo haría por él.

Ten en cuenta que aquello era más una resolución interna general que un «plan» definible. Es decir, ¿cómo se lo monta uno para planificar la descripción del trabajo de quien «contribuye a ampliar la consciencia de las masas»? En aquella época no tenía ni la más remota idea de dónde me estaba metiendo, pero sí sabía que ya era hora de hacer que conseguir grandes cantidades de dinero fuera algo bueno, incluso un objetivo espiritual, y de demostrar a todo el mundo que Dios nos respaldaba plenamente, sin restricciones.

Fallar el blanco

Todos tenemos nuestras complejas historias sobre el dinero, y no ayuda mucho que exista una consciencia de pobreza que penda sobre nuestras cabezas como un grueso estrato marino, susurrando: «La vida es dura y luego te mueres, así que agarra lo que puedas, siempre que puedas, antes de que lo haga otro. El que se muere con más juguetes, gana».

Mi impulso de dedicarme a la docencia iba aumentando su inercia cuando cumplí los veinte años, pero cuanto más miraba alrededor, más me amedrentaba aquella tarea que me había impuesto. Las mentiras sobre el dinero están por doquier, como sábanas de niebla que nos rodean y se filtran por los resquicios más indetectables, desde las ventanas de los áticos a las puertas de los sótanos, colándose en los corazones y las mentes de jóvenes y viejos. Nadie es inmune. «No se puede ser espiritual y amar el dinero.»

Mentira. «El dinero no crece en los árboles.» Mentira. (¿De dónde piensas que sale el papel?) «Los mejores llegan los últimos.» Mentira. «El éxito tiene muy poco que ver con la realización personal, y casi todo que ver con el trabajo duro.» Mentira. «Los mansos heredarán la tierra.» Mentiras, mentiras, mentiras.

La humanidad, al unísono, monta guardia, respaldando voluntariamente los «hechos» que mantienen en su sitio estas medias verdades. Por ejemplo, notemos la diferencia entre el sueldo de un actor y el de un maestro. Todos estaremos de acuerdo en que valorar más nuestro entretenimiento que nuestra propia evolución, transformación y crecimiento es, como mínimo, extraño. Pero la verdad es que uno de los indicadores de lo que más valoramos es cuánto tiempo pasamos haciéndolo. Según ese baremo, es muy evidente qué valora más nuestra sociedad: el ocio. Como verás dentro de poco, cuando hablemos de la diferencia entre actividades placenteras y resultados positivos, *siempre* invertimos nuestro dinero en las cosas que realmente valoramos.

Cuando me enteré de que el término *pecado* es de origen griego y que se utilizaba en el campo del tiro con arco, con el significado de «fallar el blanco», se me encendió una bombillita en la cabeza. Tenía la prueba que necesitaba para estar seguro de que la mayoría de personas, incluyendo mi propia familia, alimentaba sin saberlo aquellas mentiras al fallar el blanco en lo relativo al dinero. Si lo hacían mis padres, que eran bienintencionados, honrados y generosos, ¿quién tendría alguna posibilidad de eludir nuestro neblinoso condicionamiento social? No es de extrañar que no suponga un problema ofrecer a los ases del deporte, con sus pantalones elásticos, muchos millones de dólares cada año para que sigan persiguiendo pelotas por el campo, mientras que a la gente que enriquece la mente de nuestros hijos (por no mencionar a nuestros maestros espirituales) les pagamos tan poco que muchos tienen dos trabajos para llegar a fin de mes. ¿Me están tomando el pelo? La mentira la llevamos dentro. Hemos organizado una lógica incorrecta y la hemos etiquetado de evangelio. ¡Dios santo!

El cielo es expansión

A medida que fui creciendo y empecé a estudiar historia, las religiones del mundo, la metafísica y el mundo de los sistemas financieros, me quedé fascinado por el origen de nuestras creencias, y por el modo en que se organizaron y manipularon de una forma tan magistral o, al menos, se malentendieron mucho.

En cuanto a la frase bíblica «Es más fácil que un camello pase por el ojo de una aguja que un rico entre en el reino de Dios», que me había dado tantos problemas, me quedé de piedra cuando me enteré de que la palabra *cielo* procede del término griego *ouranos*, que significa «expansión». Entonces recordé que cuando Jesús habló del reino de Dios utilizó parábolas sobre el pan que leuda y la proliferación de la semilla de mostaza, y cosas similares. Todo el mundo sabe que el pan crece, *se expande*, cuando se hornea; de igual manera, las diminutas semillas de la mostaza se mueven con el viento, *ampliando* su radio de alcance. Entonces, ¿no pudiera ser que el cielo sea la expansión y el crecimiento de la consciencia, la evolución de quienes somos? Después de todo, Jesús nunca habló del cielo como de un lugar físico. En realidad, se refirió a él como un «ser interior» que «estaba cerca». Por tanto, hablamos del reino de la expansión interna, no de mansiones en las nubes. Jesús nunca prometió una mansión en las nubes, ni que tendríamos alas y un arpa y caminaríamos por calles de oro. Todo eso lo inventaron las personas que intentaban controlarnos mediante el miedo y las promesas sobre el futuro.

Pensemos en la frase «En casa de mi Padre hay muchas moradas». Una vez más, cuando recurrimos al griego que significa *casa*, encontramos que la palabra es *oikos* («residencia familiar»). Si buscamos *mansión* encontramos *mone* («morada» o «lugar de residencia»). Una traducción podría ser: «En el mundo de mi Padre hay muchos lugares de residencia, o muchas habitaciones», quizás incluso «muchos caminos» y «puntos de vista». Para mí eso quiere decir que hay espacio para todo el mundo. Coloca tu corazón, tu mente y tu alma en el espacio correcto y únete a mí en el interior, donde está el cielo para todo el mundo. Todos los caminos llevan a Roma.

¿Y qué pasa con el pobre camello? Resulta que «el ojo de la aguja» era en realidad una puerta que necesitaba nuestro camello para entrar en la Ciudad Antigua de Jerusalén. Los mercaderes accedían por esa puerta cuando llegaban con sus productos a la ciudad, entrando sólo lo que podía cargar un camello. Según cuentan, la puerta era tan baja que los camellos tenían que ponerse de rodillas para pasar por ella. Eso cambia las cosas, ¿no?

Por tanto, examinemos más de cerca el versículo 19, 24 del Evangelio de san Mateo. No nos dice que es imposible que un rico llegue al cielo, sólo que es más fácil que no llegue. Piensa en ello la próxima vez que ensilles tu camello cargándolo con sacos llenos de objetos de cerámica, lino y joyas, y mantén en mente esa imagen porque es una metáfora de lo tremendamente fácil y seductor que resulta enamorarse de los bienes y el dinero que uno posee. Cuando te pase eso, a menudo detendrás tu expansión y tu crecimiento, porque quedarás seducido por todas esas cosas externas que se compran con dinero: los *gadgets*, el poder, la fama y demás.

Si te concentras en los objetos materiales durante tu viaje cotidiano, pronto creerás que tu alegría reside fuera de ti, en las *cosas*. Te perderás los placeres sencillos de estar vivo. Créeme…, tengo una experiencia de primera mano. Todos hemos visto la diferencia que existe entre un niño de corta edad que juega alegremente con una cuchara de madera y un adolescente «aburrido» en una habitación repleta de videojuegos y de lujos materiales. Es la misma idea.

El amor al dinero es la raíz de todos...

Los juguetes, el poder, la fama y todo lo que se puede comprar puede ser fantástico, y si eso es lo que tú quieres, deberías experimentarlo. Pero el «movimiento Darth Vader», como yo le llamo —la transición de un hombre de la luz a un monstruo de las tinieblas— puede suceder en cualquier nivel. Independientemente de cómo crezcas y evoluciones, puedes caer. Esto es incluso más fácil cuando las tentaciones están por todas partes. Debes protegerte contra esto como si de ello dependiera tu vida. No importa cuánto crezcas y te expandas; el atractivo de la riqueza y de la fama crecientes es siempre una realidad seductora, que serpentea en torno a tus tobillos, lista para atacar en un abrir y cerrar de ojos. Incluso a mí me resulta atractiva, y eso que sé contra qué precaverme y tengo siempre el antídoto a mano, porque uno se siente realmente bien cuando le adulan y le regalan cosas, los pertrechos típicos del éxito. Detener nuestra expansión (nuestro cielo interno y externo) es un desvío fácil cuando nos vemos atrapados en las celadas físicas de esta vida, y giramos bruscamente a la izquierda, alejándonos del camino que nos lleva a nuestra alma. El «amor al dinero» se convierte así en «la raíz del mal» cuando la gente empieza a amar el dinero y a utilizar a las personas. Yo prefiero amar a las personas y usar el dinero.

Para que las cosas sigan igual de interesantes, diré que *infierno* procede del término griego *hades*, que significa «invisible» o «ciego». Somos ciegos cuando adoramos lo externo a costa de las amplias riquezas de lo interno. Somos ciegos cuando dejamos de expandirnos. El reino de los cielos está en nuestro interior. Cuando ponemos el sentido de nuestra identidad en lo externo, nos aísla de nuestro corazón, centrándonos en el efecto en lugar de en la causa.

Encuadremos este «amar el dinero y usar a las personas» en un contexto moderno. Piensa por un instante en la imagen clásica de una hermosa joven que se casa con un hombre rico, pero mucho mayor que ella. La mujer que tiene es despampanante; él, por el contrario, parece un pámpano reseco, pero tiene millones. La gente que rodea a la pareja comenta que «se ha casado con él por el dinero», y que «la cartera de ese hombre es el mejor tratamiento estético». Y ciertamente, al cabo de unos pocos años de matrimonio, aquella chica a la que votaron en el instituto como «la candidata más probable a ir a la universidad para obtener su título de bien casada» abandona a su marido, mete un grueso fajo de billetes en la guantera de su flamante Mercedes y se marcha.

¿Y qué te parece la siguiente historia? ¿Has oído alguna vez hablar de aquel estudiante de medicina sin recursos que se casa con una mujer que cumple con su deber de respaldar económicamente sus estudios, trabajando en dos empleos y criando a los hijos? Una vez que ese hombre es un médico bien situado que gana mucho dinero y vive a lo grande en una zona residencial vallada, abandona a su mujer por otra más joven y guapa e inicia una nueva familia.

Todos hemos visto estos dos patrones en la práctica, ya sea en la vida real o en los medios de comunicación. Aunque no todo el mundo se casa por dinero ni abandona a su cónyuge para irse con algún modelo, la realidad es que los estereotipos existen porque las personas pueden ser el medio para alcanzar un fin. La gente puede ayudarte a avanzar por la vida. Algunos olfatean esa buena oportunidad y van a por ella como si fuera el primer día de las rebajas en unos grandes almacenes. Pero actúan basándose en una premisa falsa: la antigua verdad de que no hay suficiente dinero para todo el mundo, de manera que es mejor competir con todas las demás bocas hambrientas en este planeta superpoblado.

Éste es un paradigma mental viejo y cansado. Aceptemos una nueva realidad basada en la expansión y en la integración. Creemos nuestro cielo aquí y ahora. Cuando amplías tu capacidad de recibir más de todo lo que quieres, no sólo vives en armonía, sino que liberas esa armonía en el mundo, respaldando la riqueza emocional, mental, física y espiritual del planeta.

Por tanto, si tú, como yo, fuiste ese niño que se preguntaba por qué Dios creó todas esas cosas tan estupendas (las casas en la playa, los coches deportivos, las mansiones *y* las vacaciones familiares), pero, de alguna manera, no quería que disfrutásemos de ellas con el entusiasmo de un niño la mañana de Navidad, entonces estás en el lugar correcto. Si tú, como yo, has sentido siempre en lo más hondo de tu ser que podrías ser inmensamente rico y al mismo tiempo entrar en el cielo por la puerta grande, bienvenido a casa. Estoy aquí para informarte de que los días de la lógica errónea están llegando a su fin. Mientras lees esto, esa lógica se está dispersando para ir a buscar otra presa en el desierto. *No dejes que el camello mítico deje caer su carga de excrementos en tu vida.* A pesar de todo, habrá gente que intentará que te vistas con la túnica blanca y subsistas a base de legumbres y arroz mientras quemas salvia en tu búsqueda de la verdadera espiritualidad. Puede que eso funcione. He estado allí y he hecho cosas así, y aún me vibran los tímpanos gracias a los golpes del gong. Pero si prefieres vestirte de Armani y dar saltos en la primera fila del concierto de U2 en Berlín, ¡sigue leyendo, amigo!

4
El dinero es un recurso espiritual

*Cuando se habla de dinero, todo el mundo
es de la misma religión.*

Voltaire

Vamos a arreglar las cosas

*Después de irme de casa y de iniciar una búsqueda espiritual por
todo el mundo, mi padre no me lastró con una carga de culpabilidad por haberme rebelado contra el sistema, gracias a Dios. Creo
que confiaba en que mi rebelión y mi búsqueda eran, en esencia, un
intento de fortalecer mi relación con el Todopoderoso. Él siempre
ha sido una persona que, sorprendentemente, no ha juzgado a los
demás. Su fe en mí se sobreponía a todo, y alimentaba mi propia fe
en mis búsquedas. «Mantén la mente abierta —me decía—. Eres
una buena persona, y tus instintos son puros.»*

A medida que iba profundizando en mi pasión para redefinir la
espiritualidad y el dinero, leí libros como *Piense y hágase rico*, *The
Science of Getting Rich* y *Bible Mystery, Bible Meaning*, todos ellos
verdaderas obras maestras del siglo xx que hoy día siguen siendo
populares. Esos libros no sólo me proporcionaron ideas interes-
santes, sino también la información necesaria sobre la disciplina y
la práctica del éxito. Después de devorarlos, me di cuenta de que
tenía la oportunidad de hacer mi contribución única al mundo.
Me había pasado años estudiando el componente perdido de la fí-

sica que fue evolucionando durante las décadas transcurridas desde que escribieron esos autores, y también percibía cómo había que fortalecer *las otras áreas clave* de la vida (relacional, mental y física) para que esa combinación Dios-dinero fuera armoniosa. Por ejemplo, me di cuenta de que no lograba meditar si me dolía la cabeza o si tenía una gastritis vírica. Que cuando estaba por los suelos, emocionalmente hablando, no era el mejor momento para irme a entrenar. Lo interesante es que, cuando no estaba en forma, no sentía la misma motivación para trabajar o, ya puestos, para meditar. Por primera vez advertí cómo las cinco áreas clave, que acabarían convirtiéndose en los Cinco Pilares, son interdependientes. Tuve claro que si quería conservar el dinero y que Dios siguiera en mi vida esas cinco áreas debían estar en armonía.

Cuando empecé a juguetear con la idea de los Cinco Pilares, descubrí que en uno u otro momento ya había experimentado retos y problemas con cada uno de ellos. ¡Y a menudo en más de una ocasión!

Pensemos en los pilares físico y relacional. ¡Madre mía, si iba dando saltos de un extremo a otro! Recibí una educación increíblemente estricta. No probé ni una gota de alcohol hasta que tuve veintiocho o veintinueve años. Fui virgen hasta los veinticinco, y luego me casé con mi novia porque había tenido relaciones prematrimoniales y me sentía muy culpable por ello; no hace falta decir que el matrimonio no duró mucho. Mi hermano y yo empezamos a salir por ahí y las cosas se nos fueron de las manos. Yo y el tequila iniciamos una relación muy estrecha, y con mi hermano, comencé a ir a discotecas cada fin de semana, «haciendo muescas» por cada pieza cobrada; por entonces pensaba que la monogamia era un tipo de madera. Cuando era un crío, había sido un empollón flacucho, un atleta frustrado (lo cual, me imagino, decepcionó a mi padre, el Señor Guantes de Oro), así que me puse a hacer culturismo de competición y lo convertí en mi nueva religión.

Por lo que respecta al Pilar Espiritual, pasé de asistir fielmente a la iglesia protestante de mi padre a estudiar de todo, desde el budismo hasta los dioses del antiguo Egipto. No recuerdo otro momento de mi vida en que para mí fuese tan importante saber cómo funcionaba el universo y cómo asimilarlo. Leía libros sobre misticismo, otros de Shirley MacLaine, Seth y Ruth Montgomery. Me sentía atraído por ese mundo interno y ese misticismo debido al sufrimiento que me causaba no ser aceptado en el mundo, pero al mismo tiempo entendía que existía una gran incongruencia entre mis creencias y mi forma de actuar en la vida.

Descubrí que cuando existe falta de armonía entre nuestro mundo interno y externo, atraemos el caos a nuestra vida; ésta es una gran lección. No creo que fuera casualidad aquel accidente de moto que tuve a finales de la década de 1980. Recibí un golpe muy fuerte en la cabeza y me pasé varios meses haciendo recuperación. En un abrir y cerrar de ojos, pasé de pesar 109 kilos de puro músculo (que me había ganado a pulso haciendo culturismo) a quedarme con 77. Pero aquel tremendo sufrimiento me hizo un gran regalo: me obligó a examinar mi vida, a dilucidar quién era yo y qué era lo verdaderamente importante.

En lo que respecta al Pilar Económico, parece que también tenía que irme de un extremo a otro: primero viví rodeado de lujos materiales, y de repente me quedé casi sin nada, como si tuviera que poner a prueba las ideas de mis padres sobre el dinero comparándolas con las mías propias. ¿Sabes una cosa? ¡Creo que siempre tuve razón! Dios quiere que tengamos más, que seamos más grandes y mejores, y que consigamos alcanzar el potencial que nos ha otorgado, pero sólo si podemos administrarlo con humildad y con buenas intenciones. Ahora estoy convencido de que ser pobre no es el camino que hay que seguir; de hecho, creo que el camino es ser siempre más rico. ¡Lo que es diferente es la *relación* que tengamos con la riqueza!

Aunque sigo enfrentándome a retos (¡soy humano!), el hecho de ir de un extremo a otro en todas las áreas de mi vida me ha convencido de la necesidad de que exista una armonía entre ellas, si queremos crecer y desarrollarnos. En lo que respecta al Pilar

Económico, aún tengo mis problemas, pero son más bien del tipo «Mi negocio crece más rápidamente de lo que puedo asimilar», y no del de «No sé si este mes podré pagar las nóminas».

Piense a lo grande

A menudo la gente me dice: «James, ¡el dinero es el máximo reto!» o «Si tuviera más dinero, todo lo demás encajaría en su lugar». Y yo respondo: «¡Tú y el resto del mundo!»

El dinero revela nuestras inseguridades y temores como ninguna otra cosa. De hecho, se encuentra en la raíz de la mayoría de discusiones e inseguridades, incluyendo las guerras..., *sobre todo* las guerras. Aunque sólo constituye la quinta parte de la ecuación para la Armonía en la Riqueza, el dinero es un recurso muy importante, y afecta a los otros pilares. Seguramente has oído decir que el dinero no da la felicidad. Cuando escucho eso respondo: «¡Claro! Seguro que tu nevera tampoco te acerca al supermercado».

La idea es que el dinero no está destinado a hacerte feliz, ni tampoco te hará sentirte seguro nunca. De hecho, según un libro de Ervin Laszlo, *The Chaos Point*, una encuesta que realizó en el año 2000 un banco privado norteamericano descubrió que el 64 por ciento de los estadounidenses que tenían una riqueza media de treinta y ocho millones de dólares ¡se sentían inseguros económicamente! El hecho de sentirse feliz, realizado y seguro nace del interior. Por otro lado, el dinero hace que la vida sea más cómoda, y te proporciona más opciones. En el mundo actual necesitarás dinero para desarrollar otras áreas de tu vida.

No caigas en la trampa de pensar que puedes crecer espiritualmente, estar sano y en forma, ser emocionalmente estable, conservar la agudeza mental y disfrutar de relaciones armoniosas si no dispones de cierta cantidad de dinero, ¡porque no es verdad! Fue Gandhi quien afirmó: «En este mundo hay gente tan pobre que Dios no se les puede aparecer, excepto en forma de pan».

Ahora bien, es posible que estés intentando encontrar la manera de pagar las facturas y disponer de un excedente que te permita añadir un poco de diversión a tu vida; o quizá te vaya bien en el terreno de la economía y estés dispuesto a mejorar incluso más. Sea cual sea tu caso, te prometo que dentro de poco nos meteremos en el terreno práctico. Pero esta información, que pone los cimientos, es esencial para llevarte adonde quieres ir y más allá. Siempre puedes decir qué altura alcanzará un edificio en construcción si observas la profundidad de los cimientos. Excavemos hondo.

¿Te acuerdas cuando al principio de este capítulo te decía que no hay nada más importante que expandir tu consciencia? Bueno, pues para ganar cien mil dólares al año hay que ser más grande que para ganar diez mil. Por favor, entiéndeme: no hay que ser *mejor*, sólo *más grande*. En esta vida no hay nadie «mejor» que nadie; nuestro Creador nos ha otorgado a todos algún don. Pero hace falta ser un pensador más grande, asumir riesgos más grandes, hacer cosas más grandes, entender mejor cómo funciona el universo y sus leyes. De igual manera, hace falta ser más grande para ganar al año un millón de dólares que para ganar cien mil dólares. Por tanto, si estás dispuesto a poner esos cimientos y a ir a por todas, entonces tienes en tus manos el libro correcto.

Las creaciones cuánticas: recoge el botín

Prueba lo siguiente: si quieres ganar más dinero, aprende un poco sobre física. Si entiendes cómo opera en tu vida un pequeño subapartado de la física llamado «física cuántica», aumentarás tu capacidad para atraer y conservar la riqueza.

Si recuerdas alguna cosa sobre física de cuando estabas en el instituto, seguramente será la sólida y antigua física newtoniana: todo lo que sube tiene que bajar (gravedad); cada acción tiene su reacción, opuesta y de igual intensidad, etc. Es la física del mundo tangible: todo es observable y todo sigue fielmente las reglas del juego. Pero la física cuántica es un juego muy distinto, con unas reglas diferentes. Las cosas suceden en varias dimensiones. Estamos tratando con partículas/ondas que son demasiado pequeñas como para intentar verlas, de modo que las reglas convencionales sobre el tiempo, el espacio y la capacidad de observación (el concepto de que los estados internos se pueden conocer mediante su manifestación externa) dejan de ser útiles. Esto ya basta para que se nos fundan los plomos. Mientras que la física newtoniana es la física de lo tangible, la física cuántica es la ciencia de lo inasible. Podríamos decir que la física newtoniana es la del mundo físico, y que la cuántica es la del mundo espiritual.

Sé que esto resulta confuso y que puede parecer irrelevante. A ver, no es necesario saber cómo funciona la aspirina para que se nos vaya un dolor de cabeza, y pocos tenemos una idea clara de cómo funciona la electricidad, pero eso no nos impide accionar un interruptor en una habitación a oscuras. Por tanto, ¿es imprescindible que entendamos la física cuántica para generar riqueza material?

No, no es absolutamente necesario, pero ayuda. A mí me ayudó mucho. Sobre todo cuando, en mi vida, todo parecía irse a la izquierda mientras yo pretendía que fuera a la derecha. Comprender el fundamento físico que subyace en la creación de la riqueza me ha ayudado a confiar en las leyes que gobiernan el universo, y ha hecho maravillas en la confianza en mí mismo. Al ser capaz de olvidarme de los espejismos, mi cuerpo y mi mente han sintonizado más con la recepción de la riqueza en todas las facetas de mi vida. Éste es el quid de la cuestión: todas las grandes mentes, desde las de la ciencia moderna hasta las de las tradiciones espirituales, están de acuerdo en que todo lo físico y lo tangible procede del ámbito espiritual, no físico e intangible.

El choque entre la física newtoniana y la cuántica

No soy científico, y aunque en el colegio odiaba la física (ni siquiera lograba mantenerme despierto durante una clase de media hora), una vez que comencé a aprender física cuántica y a entender cómo ésta se relaciona con la riqueza, todo lo que leí me supo a poco. De hecho, hace más de diez años que meto la nariz en todos los libros de física cuántica que encuentro. Me acuerdo de una vez que iba en un avión leyendo libros como *Wholeness and the Implicate Order*, *El tao de la física* y *The Self-Aware Universe*, y el tipo que llevaba al lado me preguntó: «¿Qué lee?», y yo le dije: «Pues mire usted, ¡no tengo ni idea!» Muchas veces me descubrí leyendo y releyendo la misma página diez o veinte veces. Lo único que sabía era que allí había algo valioso para mí. Un día todo adquirió forma en mi mente y me di cuenta de cómo todas las distintas teorías se relacionaban entre sí.

La mayor parte de las ideas de la física cuántica aparecieron en la década de 1950, pero sólo ahora están llegando al público general. Como ya dije, estoy convencido de que la física cuántica, los teóricos del caos y los biólogos de hoy día son los místicos del siglo XXI.

El mundo de la física newtoniana conlleva una causa y un efecto directos, un pensamiento lineal y un enfoque mecanicista frente al mundo familiar y tridimensional que vemos a nuestro alrededor. El ámbito cuántico es no lineal, opera con energías sutiles que muy a menudo se intuyen más que se miden, en dimensiones que no podemos detectar con nuestros cinco sentidos. Para alcanzar la verdadera Armonía en la Riqueza, tienes que saber cómo trabajar al mismo tiempo en dos ámbitos: respetar los resultados lineales, newtonianos, que puedes ver con tus ojos y, a la vez, admitir lo que sucede en un nivel cuántico no lineal, en el ámbito espiritual.

Créeme, mantener unidos estos dos mundos es una de las misiones más difíciles a las que tendrás que enfrentarte, pues resulta tentador decantarse hacia uno u otro extremo. La mayoría de personas prefiere el concepto newtoniano, pensando que tienen poca o ninguna incidencia en el mundo que les rodea. Al vivir basándose en la vista, no en la visión, se consumen dentro de un paradigma mecanicista de causa y efecto físicos, haciendo, haciendo y haciendo, intentando que «las cosas pasen», hasta el punto de bloquear el flujo natural y abundante que les llega directamente del mundo invisible. Otros se meten demasiado en el mundo cuántico, y se convierten en lo que yo llamo «surfistas de techo». Una vez almorcé con una persona que me anunció que iba a transformar las moléculas de su pizza en una ensalada. ¡Venga ya, hombre! Esto supone llevar un principio hasta tal extremo que se vuelve ridículo. Con ello sólo conseguirás decepcionarte.

La física newtoniana es la de las mentes pequeñas de los hombres. No estoy desacreditando la tercera dimensión: me encanta cómo es. Pero debemos acceder a la verdadera magnitud de nuestro poder y capacidad totales, convirtiéndonos en señores del reino cuántico, pero medrando al mismo tiempo en el mundo newtoniano de la acción. Cuando domines ambos mundos, serás imparable.

Todo, incluyendo el dinero, es energía

Vivimos en un universo vibrante. Lo que nos parece un espacio vacío es la sede de una energía ilimitada. El dinero que quieres, las relaciones que deseas tener, cualquier cosa, desde un Porsche hasta un pino, procede de lo que los físicos cuánticos llaman el campo de punto cero. Esta etiqueta, cuyos primeros proponentes fueron Albert Einstein y Otto Stern en 1913, recibe otros muchos nombres dentro de la ciencia. También se le llama el *campo subatómico*, el *holograma cuántico* o el *plenum*, que significa «plenitud». Un teólogo lo llama Dios, la fuente de todas las cosas. Algunos valientes académicos llegan incluso a llamar el campo de punto cero la *mente de Dios*. Da igual cómo lo llamemos, porque los nombres no suponen una gran diferencia. La palabra *agua* no moja. Por tanto, te animo a que elijas el nombre que más te apetezca.

Todo lo que parece sólido está compuesto en un 99,9999999 por ciento de luz o de energía. Todos y cada uno de los objetos de tu mundo, desde este libro hasta la ropa que llevas puesta, no son más que luz estable condensada en el campo de punto cero. Esto es lo que dice la física cuántica. Punto uno: todo lo que quieres —el dinero, el o la amante, el cuerpo, el intelecto— está compuesto de luz en un 99,9999999 por ciento. Punto dos: la luz (o la energía) vibra; tiene una resonancia o frecuencia. Comprender esto es la *clave* para conseguir todo lo que quieras, lo que sea. Si crees que lo único que haces es correr en círculos como una personalidad atrapada en un vestido de carne, vuelve a pensarlo. Eres un campo energético que opera dentro de un campo energético mayor, y tu campo de energía vibra. Punto tres (y éste es importante): nunca atraerás las vibraciones de elevada energía —conocidas como «resultados»— si tienes un recipiente de energía baja.

El campo de punto cero conecta todo el tiempo y el espacio desde lo finito a lo infinito, como una red vasta e invisible. Mira a tu alrededor ahora mismo —venga, hazlo, lo digo en serio—, mira. Lo que te parece un espacio vacío es en realidad un lugar rebosante de potencial y de posibilidades ilimitadas. De ahí es de donde tú procedes: eres ilimitado e infinito. Toda la energía que necesitas existe en el campo de punto cero que te rodea ahora mismo. Eso eres tú. ¿Lo captas? Según algunos científicos, existe suficiente energía en un metro cúbico del campo de punto cero como para hacer que hiervan todos los océanos del planeta. Todo lo que hay en tu universo está compuesto de esta misma fuente energética, y sin embargo, ¿tú piensas que no tienes energía? «Pues mira, James, por la mañana si no me tomo un café no soy nadie.» ¡Venga ya! ¡Tú procedes de ese campo! ¡Eres energía!

Asumamos que a ese campo quieres llamarlo Dios. Ahora mantén una mente abierta. Si procedes de ese campo y estás formado por la misma energía, ¿no significa eso que tú y Dios sois la misma persona? ¿Qué crees que quería decir el profeta del cristianismo con «Mi Padre y yo somos uno» (Juan 10, 30)? La única diferencia es que uno de los dos tiene forma y el otro no. La física cuántica nos dice que todas y cada una de las cosas proceden del campo de punto cero. Las tradiciones espirituales nos dicen que todo procede de Dios. Todo es la misma materia, y eso te incluye a ti. La única diferencia entre tu cuerpo y un BMW es la frecuencia de vibración.

Por supuesto, tú no eres la totalidad de Dios ni del campo de punto cero (ni tampoco lo es tu BMW), pero es el culmen de la arrogancia decir que tú y Dios sois diferentes. La gran tradición esenia afirmó que el mayor pecado del hombre es cuestionar su divinidad. Permíteme ofrecerte un ejemplo.

Tengo una casa en la gran isla de Hawái. Si cojo un vaso y lo sumerjo en el océano Pacífico enfrente de mi casa, es evidente que tendré un vaso de agua del océano Pacífico. Podría llevarme ese vaso en avión a miles y miles de kilómetros, y cuando llegase a Kansas City o a Shanghái, el contenido del vaso seguiría siendo una parte del océano Pacífico.

Imagina por un instante que ese vaso de agua pudiera pensar y hablar (échale imaginación). ¿No sería muy arrogante que ese pequeño vaso de océano empezara a pensar, a creer y a sostener que no formaba parte del Pacífico? ¿No sería una muestra flagrante de ignorancia que creyera que estaba aislado y que era distinto por el mero hecho de estar en un recipiente diferente en un lugar geográfico distinto? ¿Captas la metáfora?

El océano es el océano. El aislamiento es una ilusión. Supera el pensamiento ignorante/arrogante de que tú y Dios sois cosas distintas. Debes entender que tú y todo lo demás sois lo mismo, literalmente. La única diferencia entre tú y todas las demás cosas es el índice de vibración. Eso es todo. No olvides esto: cuando quieras atraer un nuevo resultado en cualquier área de tu vida, recuerda que… ¡ya estás en ella! Lo único que debes hacer es entrar en armonía con esa área. Reflexiona a fondo sobre esta idea.

Tú y yo apenas hemos arañado la superficie de lo que somos capaces de ser, hacer y crear en nuestras vidas. Este libro pretende, en última instancia, recordarte tus poderes creativos ilimitados, y permitirte experimentar niveles superiores de tus capacidades divinas para crear resultados impresionantes en cada área de tu vida…, incluyendo la económica, naturalmente.

5

Ya estás aquí

Los bolsillos vacíos nunca retienen a nadie.
Eso sólo pueden hacerlo las cabezas y los corazones vacíos.

NORMAN VINCENT PEALE

Un universo dualista

Lo cierto es que vivimos en el momento más emocionante de la historia del mundo. Cuando las mentes científicas ascienden el monte de la verdad y llegan a su cima, se encuentran al místico sentado en ella, comiéndose un bocadillo, que les dice: «¿Se puede saber por qué habéis tardado tanto?» Esto está generando una liberación visible de confusión y de culpabilidad por todo el planeta, y millones de seguidores cantan las alabanzas de esta nueva manera de relacionarse con la vida. Las películas como ¡Y tú qué sabes! y El secreto han despertado a la humanidad a muchas cosas, incluyendo la noticia increíble de que la ciencia y la religión ya no se oponen entre sí. Pero debido al hecho de que nuestro universo es dual, las ideas que atraen el entusiasmo apasionado de algunos son las mismas que suscitan la ira, el miedo y las críticas de otros. No esperaba nada distinto. Si algo es amado, también será odiado. Todo aquello que genere un gran entusiasmo creará también un temor gigantesco.

A lo largo de la historia, cada vez que una idea «nueva» (o una vieja que se ha descubierto o vendido de nuevo) se opone a la corriente de la forma de pensar, se originan tres fases predecibles. Primero, se ridiculiza la nueva idea. Segundo, es objeto de una violenta oposición. Tercero, se acepta como un hecho y se vuelve obvia, evidente…, lo que suele ocurrir cuando ya nadie se opone a ella.

Puede que ya hayas oído el relato que voy a contar a continuación, pero creo que merece la pena repetirlo tantas veces como sea necesario, pues lo que narra es algo que se viene repitiendo a lo largo de nuestra historia. De modo que, aunque sólo sea por unos instantes, imagínate en el siglo XVI, una etapa impulsada principalmente por la reverencia hacia las instituciones religiosas, que presentaban determinadas formas de pensar rígidas. No estoy emitiendo ningún juicio, me limito a describir lo que había. En aquella época, la Tierra era el centro de nuestro universo heliocéntrico. Nos considerábamos la máxima creación de Dios. Y, por supuesto, para rematar la jugada, el Sol giraba en torno a la Tierra. ¿Cómo no iba a hacerlo?

Cuando Nicolás Copérnico estudió los cielos y se dio cuenta de que era la Tierra la que giraba alrededor del Sol, sabía que su descubrimiento se consideraría una blasfemia, de modo que dispuso que se publicase sólo después de su muerte, realizando así una estrategia de *marketing* impresionante que originó un revuelo considerable. Por si acaso en aquellos momentos él ya estaba relajándose con los pies en el cielo, tras la publicación de sus estudios la Iglesia católica lo condenó rápidamente al infierno. ¡Ayayay! Aquí es donde la estrategia de *marketing* reventó. Unas décadas más tarde, un científico llamado Giordano Bruno confirmó la revelación de Copérnico, y siguió removiendo el tema cuestionando el nacimiento virginal. A Bruno enseguida lo quemaron en la hoguera. No hay nada como llegar al infierno ya bastante cocido. Cuando en 1610 Galileo publicó un escrito que era favorable a Copérnico, ordenaron su encarcelamiento, y se pasó el resto de su vida bajo arresto domiciliario. Por último, en el siglo XVII, cuando sir Isaac Newton declaró categóricamente que la Tierra gira en torno al Sol, la idea se aceptó como un hecho evidente.

Y aquí está el resto de la historia:

En 1992 el Vaticano publicó una disculpa formal, liberando oficialmente a Copérnico del infierno. ¡Apuesto cualquier cosa a que Copérnico está muy cabreado por todo el tiempo que tuvo que pasar esquivando carbones al rojo vivo y tridentes dirigidos a sus posaderas! ❶

Las últimas conclusiones de la física cuántica y el poder que otorga a tu mente, tu corazón y tus manos son una idea radical si la comparamos con el paradigma tradicional. Como ya vimos antes, todo lo nuevo tiende a provocar temor. Cuando Edison inventó el primer telégrafo grabador en 1871, la gente que escuchaba sus propias voces grabadas lo consideró un fraude o un caso de magia negra. Cuando la electricidad daba sus primeros pasos, era tan peligrosa que las bonitas pantallas de las lámparas se revestían de paneles de cristal para mantener a salvo a los usuarios.

Por tanto, cuando te digo que algunos de los más importantes físicos y pensadores de nuestra era postulan que posees un potencial infinito para crear todo lo que desees dentro del campo de punto cero, que en este sentido no es diferente al Creador del universo, que tú y la divinidad sois una sola cosa, mantén la mente abierta. Si tu forma de ver el mundo presupone la humildad ante el Creador, te ruego que comprendas que estas nuevas teorías no te piden nada distinto. Los físicos cuánticos se limitan a utilizar nuevos instrumentos y teorías pioneras para dotar de fundamento científico a lo que nos han enseñado las tradiciones y los maestros espirituales desde la Antigüedad.

Los cambios radicales en la forma de pensar tienen lugar a una velocidad cada vez mayor, y ya afectan a todas las facetas de su vida, desde su salud física hasta su bolsillo, pasando por su relación con el Espíritu. Quiero que estés preparado para circular a esa velocidad.

¿Todas las ideas nuevas son buenas? Por supuesto que no. En la ciencia hay tantas creencias erróneas como verdaderas. ¿Y cómo nos las vamos a arreglar para distinguir entre las buenas y las malas ideas? A medida que vayas avanzando por este libro, irás adqui-

riendo la capacidad de escuchar a tu «*intro*ición», y de permanecer
alerta a la inteligencia universal en todos los campos, sin exponerte
a ser víctima de la última idea extravagante que salga al mercado, lo
cual puede ser tan peligroso como cerrarse en banda a las novedades. Todos conocemos a personas que cambian de dirección como
las veletas y se dejan llevar por las últimas tendencias como una cometa por el viento. Resulta sencillo darse cuenta de lo ridículo que
es aferrarse a una idea por el mero hecho de que es nueva. Pero los
que se cierran a todo lo nuevo son igual de ridículos: no creen nada
en absoluto a menos que se lo pongan justo delante de sus narices.

Ha llegado el momento de expandirse

La vida no deja de expandirse... Todo aquello que no crece muere. Aferrarse a creencias falsas o negarse a abrir la mente a nuevos
paradigmas obstaculiza la expansión personal. Tener una mente
abierta y un espíritu pionero son componentes esenciales para vivir en la vanguardia, que es el sitio que más me gusta frecuentar.
Piensa en ello: Colón obtuvo grandes beneficios de su creencia de
que la Tierra era redonda. El hecho de que no se cayera por el borde del mundo y que pudiera regresar a casa cuando todo el mundo
pensaba que el planeta era plano le convirtió en un hombre muy
rico, que gozaba del favor de la reina, mientras al mismo tiempo
abría las fronteras del mundo a todos los demás: mató dos pájaros
de un tiro. Colón no sólo proporcionó valor al mundo y tuvo una
gran aventura inspiradora..., sino que, además de hacer historia, se
enriqueció. Quienes se aferraron a una vida plana se quedaron sumidos en el aburrimiento, sentados sobre sus monederos vacíos.

Nadie que haya sido normal ha hecho historia.

Por tanto, si vas por ahí con ideas falsas e información caducada, te arriesgas a quedarte atrás, en la llanura, mientras los demás
acceden a panorámicas ilimitadas. Acabarás teniendo menos que
dar a otros, y disfrutarás de menos oportunidades para prestar un
servicio al mundo y tener valor para él.

La ciencia de la ley de la atracción

Seguramente has oído hablar de la Ley de la Atracción, con la que he trabajado y que he enseñado durante más de veinte años. Esta ley afirma, sencillamente, que las vibraciones parecidas se atraen, y las que son dispares se repelen. En otras palabras, nunca atraerás la prosperidad a tu vida si no dejas de emitir ondas de pobreza y de carestía. No hay forma de darle la vuelta a esto. Como afirmé antes, si tienes un recipiente de baja energía no podrás atraer resultados de alta energía.

Los anuncios de los medios de comunicación consiguen que nuestra Ley de la Atracción, que es algo muy real, suene a pensamiento mágico, a un puñado de ilusiones. ¡Qué fácil resulta burlarse de alguien que dice: «Reparte tu energía y recibirás más cantidad de ella que antes»! Pero permite que comparta contigo algunas evidencias sacadas de la práctica que demuestran no sólo que hay algo que «escucha», sino que actúa activamente a tu favor. Es posible que estas teorías de cómo funciona el universo no se hayan demostrado al cien por cien (aunque nadie ha demostrado que sean falsas), ¡pero fíjate en quiénes son las personas que trabajan en ellas! Se trata del tipo que acuñó los términos «agujeros negros» y «agujeros de gusano», el pionero de la fisión nuclear, John Wheeler, y del hombre que descubrió la nanotecnología y ganó el Premio Nobel por su trabajo en electrodinámica cuántica, Richard P. Feynman. ¡Vamos, hombre! No estamos hablando de parias, de elementos marginales de la sociedad. Son científicos de renombre que hacen cosas sorprendentes.

A pesar de que me he pasado años intentando descifrar la ciencia de lo invisible, no pretendo ser un experto. Pero mi cuasi obsesión con este tema me ha permitido relacionar entre sí algunas de estas teorías de un modo que hace que tener una vida más rica y plena me haya emocionado más que nunca. ¿Qué puede ser mejor que descubrir que no sólo tenemos a Dios de nuestra parte, sino también a la ciencia?

El tiempo está de tu parte, y de tu otra parte, y de tu otra...

En la física cuántica hay un concepto que se llama «tiempo vertical». Einstein dijo que el tiempo, tal y como lo conocemos, no existe: «Para los físicos creyentes, la distinción entre pasado, presente y futuro es sólo una ilusión, por pertinaz que sea ésta». El futuro, el pasado y el presente coexisten simultáneamente ahora.

Tendemos a pensar que el tiempo es horizontal: el pasado ha quedado atrás y el futuro lo tenemos delante; el tiempo se va desplegando siempre ante nosotros, siguiendo esta secuencia. Si estuviera escrito como una línea en una página, de izquierda a derecha, diríamos (al menos en la cultura occidental) que el pasado está a la izquierda y el futuro a la derecha.

Pero en el caso del tiempo vertical, tienes que imaginar lo que es trazar una línea en una hoja de papel que represente el ahora; entonces, justo encima, debes escribir otro «ahora», y encima otro, y así sucesivamente, siguiendo la vertical. «Ahora, ahora, ahora, ahora, ahora…» va sucediendo en todas estas dimensiones distintas.

Algunos físicos han propuesto la teoría M (esta eme significa «membrana» o «magia»), que dice que existen de forma simultánea once dimensiones. Dentro del contexto del tiempo vertical, esto quiere decir que todos nuestros «ahoras» subirían y bajarían atravesando al menos once dimensiones distintas. ❶

Una de las leyes más fundamentales de la física afirma que la energía no se crea ni se destruye; se limita a cambiar de forma. Muy bien, ahora sígueme de cerca… Primero tenemos el tiempo vertical, y luego la teoría de múltiples mundos de Everett-Wheeler-Graham (la interpretación de múltiples mundos). ¡Casi nada!, ¿eh? De forma resumida, esta teoría vuelve a subrayar que existen múltiples «ahoras», universos o existencias que coexisten simultáneamente. Todo lo que haya existido o *pueda* existir *ya está aquí*. El físico cuántico John Wheeler postula que al decidir (ahora) qué universo queremos observar, lo que hacemos es elegir nuestra realidad, decidiendo «participar» en el universo de nuestra elección. Según esta teoría, ahora mismo podría existir un universo en el que tú fueras multimillonario. Ahora mismo podría existir un universo en el que tú estuvieras disfrutando de un cuerpo perfecto y de la pareja de tus sueños. Tú eres el que elige (o no) por medio de tu acto de intención y de atención. La energía fluye hacia donde centramos nuestra atención. Al elegir tu intención, y fijar luego la atención en tu objeto, has elegido (y sigues eligiendo) participar en el universo en el que ahora mismo participas. ¿Cuál eliges? Y, lo que es más importante, ¿cuál elegirás?

Piensa en ello. Todas estas teorías sugieren que tú existes simultáneamente en muchas formas diferentes, en distintas dimensiones y tiempos, que estás en todas partes y en ninguna, en el lugar exacto donde quieres estar y donde no. Sé que esto es difícil de asimilar. La teoría de las múltiples realidades quedó ejemplificada en la película *Dos vidas en un instante*, donde trabajaba Gwyneth Paltrow. En una realidad Helen, interpretada por Gwyneth, se mete en el metro en el último momento, conoce a un hombre llamado James y llega luego a su casa, donde descubre a su novio engañándola con su ex novia; ella le abandona y se va con James. En la otra realidad, Helen pierde el metro, la asaltan, va a parar al hospital y al final llega a su casa, donde encuentra a su novio solo en la ducha, con lo cual no descubre su infidelidad y, por tanto, sigue ligada a una relación infeliz. Entonces, en la película, ambas realidades avanzan juntas, como un tándem, pasando de una a otra. Lo que más me gusta de esta teoría de los universos paralelos es que no creamos nada en absoluto. Dios lo creó todo. El campo de punto cero lo creó, y nosotros optamos por entrar en escena.

El denominador común de todas las teorías de física cuántica eres tú, observador y participante. Con tu intención claramente definida, y tu atención inflexible e invariable, eliges en qué mundo deseas participar.

¿Sabes?, tu deseo, bien entendido, no es codicia, ni mucho menos; es tu yo superior, que te llama, te incita, te reta a ascender a un nivel de desarrollo más elevado.

Las partículas del deseo

La teoría de la absorción de Wheeler-Feynman (otro bocadito de física cuántica) se propuso originariamente para explicar la acción de las partículas cargadas, como los fotones. Apliquemos esta teoría a las partículas de tu deseo. ⓘ

Supón que la partícula parte de una fuente (tú) y puede interactuar con uno de los dos detectores (posibilidades futuras). Cuando la partícula sale de la fuente, envía hacia delante en el tiempo una onda de probabilidad de la fuente (llamada *onda de oferta*) dirigida al detector. A esa onda la llamaremos *intención*. Cuando la onda llega a uno de los detectores, éste envía una *confirmación* u *onda eco*, que retrocede en el tiempo, afirmando básicamente: «¡Eh, señal recibida!» Estas dos ondas que van hacia delante y hacia atrás pueden interactuar de varias maneras en el momento presente: pueden anularse, combinarse o hacer algo intermedio en el continuo espacio-tiempo. En otras palabras, tú tienes ondas de probabilidad (pensamientos, sentimientos y acciones) que van hacia delante y hacia atrás entre el ahora y el futuro, y estas ondas pueden intersecarse e interactuar en cualquier punto del recorrido, en lo que se denomina *patrón de interferencia*.

¿Recuerdas que dijimos que todo aquello que parece sólido no es otra cosa que luz estable? Bueno, pues estos patrones de interferencia de ondas son los que estabilizan la luz. La ciencia nos dice, literalmente, que las cosas que observamos en nuestro mundo exterior no son más que una proyección de nuestro mundo interno. Vale, ahora respira hondo y vamos a traducir todo esto en términos prácticos.

Imagina que tu deseo, tu onda de oferta para el futuro es: «¡Oye, quiero ganar doscientos mil euros!» A tu deseo en el futuro lo llamaremos la onda eco, que es tu yo superior que te llega desde el futuro, retándote y diciendo: «Esto es lo que quiero para ti». Esos deseos presentes y futuros pueden encontrarse e interactuar para crear un patrón de interferencia, anulándose o bien combinándose. La clave son los pensamientos, sentimientos y acciones que tú proyectes ahora.

Si das los pasos necesarios para intentar obtener lo que deseas (los doscientos mil euros), es decir, si no dejas de pensar en ello, de sentirlo, de actuar en esa dirección, entonces las ondas se refuerzan mutuamente y el dinero comienza a tomar forma. Por el contrario, si prestas atención a los doscientos mil euros, pero luego empiezas a preocuparte por la factura de tu Visa, diciendo a tus amigos lo mal que andas de dinero, y compadeciéndote de ti mismo, las ondas se anulan mutuamente, y el universo afirma: «Tus deseos son órdenes». ¿Sabes una cosa?, de ambas maneras te conviertes en un profeta, pero que acabes beneficiándote o no depende de ti.

Cada vez que piensas, sientes o actúas como si estuvieras en la ruina, o sufres el síndrome «no me lo puedo permitir», envías una onda de oferta que acabará anulando el eco de calidad superior procedente de tu futuro.

En el instituto, cuando estudiabas cómo interactúan las ondas, seguramente aprendiste que dos ondas positivas pueden combinarse y duplicar su potencia, o que una onda negativa y otra positiva pueden chocar y anularse, de modo que acabas obteniendo un cero patatero. En otras palabras, las únicas ondas que pueden estar en armonía son aquellas que están en consonancia. ¡Y nuestros deseos funcionan igual!

Podemos crear nuestra realidad basándonos en el punto en que elegimos participar: nuestra onda de oferta. Es en este campo donde intentar conseguir los tres de tres (pensamientos, sentimientos y acciones) es esencial. Supón que mi deseo, la onda de confirmación que procede de mi yo superior en el futuro, dice: «Muy bien, colega, vamos a por ello. Es hora de salir en el *show* de Oprah, convertirte en millonario y estar en buena forma física». Pero si la onda de oferta que emito dice: «Estoy sin un duro, no tengo talento y estoy gordo», esas dos ondas no armonizarán. Mi presente y mi futuro no estarán en armonía. Se intersectarán, pero se anularán. Todo es energía, y los índices de vibración no estarán sincronizados.

Éste es el fundamento científico de la Ley de la Atracción. Ahora entenderás cómo manifestar tu deseo (intención) en el presente, es decir, crear tu onda de oferta, equivale al modo en que optas por participar en el universo. Pero lo más importante de todo es que debes mantener ese deseo siempre en el punto de mira (tu atención), ¡sin importar lo que pase! Si lo que ofreces no tiene la misma resonancia o no armoniza con lo que viene del futuro, no podrás crearlo. Te convertirás en tu peor enemigo. Serás Aladino, con tu genio metido en la botella, y un genio personal siempre concede los deseos. Lamentablemente, en este caso anuncia: «Tu deseo de no tener y de estar limitado es una orden para mí». Conseguirás quedarte en tu universo cansado, solitario y roto.

Por eso es esencial tomar decisiones fundamentadas en «a dónde quieres llegar», no en «dónde estás». Si consigues lo que yo llamo «conectar con el futuro», ese deseo que vibra a un nivel elevado, te darás cuenta de que no tienes que crear nada. *Ya está creado.* Y lo único que tienes que hacer es conectarte con ello. Ya está ahí fuera, en ese universo alterno en el que tú eres la estrella. Si no tuvieras el potencial de ser esa persona, ¡ni siquiera te llegaría el mensaje! Por tanto, armonízate con él, empieza a dar pasos basados en él, en lugar de fijarte en dónde estás ahora, y observa cómo va desarrollándose.

El deseo en contraposición a la fantasía

Si analizas la raíz latina de la palabra *deseo*, verás que el término es *de-sidere*, que quiere decir «de las estrellas o los cuerpos celestes». Como ya hemos visto, cuando deseas algo, quien te habla, incita e impulsa a crecer es tu yo superior. Tu Creador no quiere que *tengas* juguetes y bienes. Tu Creador no quiere que *hagas* determinadas cosas. Tu Creador quiere que *te conviertas* en la persona necesaria para *tener* y *hacer* tales cosas. En otras palabras, tu Creador quiere que crezcas, que constantemente intentes llegar a las estrellas.

Recuerdo que hace unos años uno de mis mentores me dijo: «Decide ser millonario, no para coleccionar rectángulos de papel de colores, sino para ser *quien tendrás que llegar a ser* para conseguirlos». Eso es lo que estamos haciendo juntos: ampliando quién eres en todas las facetas clave de tu vida, de modo que puedas transformarte en la persona que pueda crear todo lo que quiera. Lo que realmente desea tu yo espiritual no es la consecución del fin, sino el crecimiento que tiene lugar durante ese proceso.

Te prometo que nunca tendrás un deseo, un verdadero anhelo, por algo que no puedas conseguir. Nunca te ha pasado ni jamás te pasará. Cuando sientas un verdadero deseo, es porque tu yo superior te está diciendo: «Venga, eres capaz de algo así; esto es lo que te he preparado». Es tu yo más grande, el más desarrollado, que te sirve de eco a través del tiempo. ¿Qué te parece? Ahora la única pregunta es: ¿prestarás atención al llamado? Fue el gran especialista en mitos Joseph Campbell quien dijo: «La gran pregunta es si estará usted dispuesto a decir un rotundo sí a su aventura». Bueno, ¿qué piensas hacer tú?

Muchas personas me dirán: «A ver, James, eso no es cierto, porque yo solía tener el deseo de ser jugador profesional de baloncesto y nunca lo conseguí». Y yo les respondo: «No, no tuviste ese deseo, tuviste una fantasía, que es distinto». Si realmente has sentido el deseo de hacer algo, sólo hay dos motivos por los que no lo has conseguido: 1) No lo has perseguido el tiempo suficiente, has tirado la toalla; o 2) No has creído en ti mismo, por lo cual no has hecho el intento... o no te has esforzado lo suficiente. Si no fue por ninguno de estos dos motivos, es que no era un deseo genuino.

Vivimos simultáneamente en tres niveles: espiritual, mental y físico. Sabiendo esto, lo que debes hacer también presenta tres niveles: primero, debes crear un Prototipo Espiritual, perfilando la voluntad que te pondrá en el futuro, el deseo-eco del futuro. En cuanto lo has perfilado *ya* existe en el plano espiritual, en otra dimensión, porque has enviado una onda de oferta. Aún no estás en la tercera dimensión, pero eso no importa, porque sigue siendo real. Segundo, si eres capaz de anotarlo con detalle y describirlo por escrito u oralmente, lo insertarás en el plano mental. Si no lo tuvieras en el plano mental, no podrías describirlo. Ahora piensa en ello... ¡Ya lo tienes en dos de los tres planos de tu existencia! En el mismo instante en que lo visualizas y lo describes con precisión, ya has recorrido dos terceras partes del camino. ¿Me entiendes? Por eso precisamente quiero que hagas el ejercicio de la introducción, para empezar a plasmar sobre el papel tus deseos más profundos. Una vez que los tengas bien definidos, habrás aceptado la onda de oferta de tu deseo. Lo único que necesitas es una irrisoria parte de la ecuación: la física. Por último (y ésta es la parte más difícil), tienes que pensar, sentir y actuar de acuerdo con ese prototipo espiritual, pase lo que pase.

Tendemos a pensar: «Si hago tal cosa, obtendré tal efecto», pero esto no es exacto. Tu acción no es más que una confirmación de tu voluntad futura. Eso no quiere decir que tu acción carezca de importancia, porque es esencial. Pero lo que genera los resultados no es la acción, ésta te confirma cuál es el universo en el que has decidido participar. ¿Me sigues?

Cuando obtenemos el deseo (nuestra voluntad futura que procede de nuestro yo superior, que ya ha diseñado y elegido nuestro mejor resultado), nuestra misión consiste en actuar en consecuencia con esa voluntad futura, preparándonos para recibirla. Permíteme que me repita, porque esto es importante. La acción es crítica, pero lo que crea el resultado no es realmente la acción: ésta no hace más que confirmar que estás en el universo adecuado, que estás en el camino correcto para alcanzar tu objetivo. Por tanto, a medida que pienses, sientas y actúes en consonancia con tu deseo, no tendrás más que esperar que se vaya desarrollando por medio de la secuencia de acontecimientos, para llegar al tercio final de la ecuación, el mundo físico.

Los resultados: el momento de la cosecha

Tener el coraje y la paciencia suficientes para seguir emitiendo esas ondas de oferta es lo más difícil que harás en tu vida, porque tu sólido y fiable paradigma newtoniano del mundo te ha enseñado a confiar en tus sentidos físicos, y éstos a menudo te dirán que estás loco. Creo que por eso Jesús dijo: «No juzguéis según las apariencias» (Juan 7, 24). Las apariencias sólo te dicen quién *eras*, no a dónde vas ni en qué te estás convirtiendo.

Tu nivel actual de resultados, tus apariencias, no son más que la consecuencia residual de tus pensamientos, sentimientos y actos pasados. Son los patrones de onda de oferta y de eco procedentes de tu pasado. *Esto no tiene nada que ver con aquello de lo que eres capaz, ni con aquello en lo que te estás convirtiendo,* a menos que tú juzgues según las apariencias y sigas tomando decisiones basadas en esos resultados. Si lo haces, lo único que conseguirás será generar más de lo mismo.

Éste es el verdadero obstáculo, y algo de lo que hablaremos cuando toquemos el Pilar Mental: muchas de las ondas de oferta que emitimos (que crean ahora nuestro universo holográfico) ¡son *inconscientes*! Se originan en lo más hondo de nuestra mente subconsciente como cuestiones emocionales no resueltas. Pero no desesperes; yo te enseñaré cómo llevar a la luz esos pensamientos inconscientes para que puedas enviarlos a deslizarse sobre las ondas de oferta positivas.

Puedo pasar un cuarto de hora contigo y decirte qué has estado haciendo los últimos cinco años: lo que has pensado, sentido y hecho. Puedo observar tu cuerpo, tu cuenta corriente, tu casa, tu coche, tus relaciones, tu alegría o tu falta de ella, y percibir lo que has estado ofreciendo, porque tus resultados no son más que un mecanismo biológico de *feedback*, un espejo de quién eres. Piensa por un instante en un espejo: no juzga, no dice nada bueno ni malo, no corrige ni borra; un espejo se limita a reflejar lo que está delante. Captas la metáfora, ¿verdad?

Tu espejo universal es emocionante porque cuando obtienes lo que habías deseado descubres que estás haciendo las cosas bien. Cuando obtienes resultados algo menos que satisfactorios, es el universo el que refleja dónde está la oportunidad de aprender, amar y crecer. Inquietarse o enfadarse por obtener ciertos resultados es contraproducente, porque es sólo el universo cariñoso que te dice: «¿Hola? Este ya es tu decimotercer matrimonio... ¿Vas a abrir los ojos?», o bien: «¡Eh! Vuelves a estar sin un duro. ¿No piensas cambiar la manera de hacer las cosas?»

¿Que si alguna vez me he enfadado al obtener resultados insatisfactorios? ¡Puedes apostar que sí! Aquel chico que creció queriendo una vida más grande, más rápida y más lejos también lo quería todo para ayer, y encima quería hacerlo todo a su manera. Pero la humildad es una fuerza poderosa que nos aborda de la forma que mejor capte nuestra atención, ya sea mediante un fracaso económico, un divorcio, un accidente de moto, ¡o todo junto! La humildad nos lleva de vuelta al corazón.

También ha habido momentos en mi vida en los que pensaba que era tan espiritual que podía desligarme de los deseos del plano físico. Me tragué ese anzuelo, con sedal y caña incluidos, ¡y fui *taaan* sumamente espiritual! Sin embargo, la realidad era que cuando negué las riquezas del mundo material, no daba pie con bola en este mundo. El libro *A Course on Miracles* dice: «Todas las cosas son ecos de la voz de Dios». Cuando realmente entiendas esto, descubrirás el bien y a Dios en todas las cosas, incluyendo el dinero. Caerás dentro de una cadencia, de una danza elegante, y la experiencia total se tornará armoniosa y plena de sentido. De una vez por todas te hallarás en un lugar imbuido de un grado tan elevado de temor reverente, de maravilla y de alegría que sabrás, por fin, qué significa ser rico. Eso, amigo mío, es la Armonía en la Riqueza.

Por favor, créeme cuando te digo que tú y tus deseos son las ondas-eco de Dios, que te llaman a un futuro de capacidades ilimitadas. *Ahora, tomemos esos deseos, esas ondas de oferta, desde el alma de tu corazón y démosles alas.* Como una majestuosa águila que se eleva aprovechando una corriente ascendente de aire cálido, ha llegado el momento de que tú vueles alto.

6

Tus resultados son un reflejo de tu persona

Por el placer se hace el banquete, y el vino alegra a los vivos;
y el dinero sirve para todo.

ECLESIASTÉS 10, 19

A cada uno lo que merece

¿Vives pendiente del día en que cobras? ¿Te gastas todo el sueldo en el alquiler? ¿Pagas el mínimo de los gastos de tu tarjeta de crédito cada mes? No estás solo. La familia estadounidense media debe casi diez mil dólares que se ha gastado con la tarjeta de crédito. Según una encuesta Nielsen reciente, casi una cuarta parte de los estadounidenses se queda sin un centavo después de haber cubierto sus necesidades más básicas. Tienes que salir de esta rutina. Quieres disfrutar del éxito en los negocios, ¿no? Te garantizo que, si no haces algo radicalmente distinto a lo que estás haciendo ahora, dentro de un año estarás en el mismo sitio que hoy, con dos excepciones: serás un año mayor y estarás el doble de frustrado. Así que abre tu mente y contempla la posibilidad de cambiar algunas maneras de hacer las cosas. Tienes la capacidad de tener mucho dinero y, lo que es más importante, podrás convertirte en alguien capaz de administrar tanta riqueza. Este capítulo te enseñará cómo hacerlo.

Crea tu propia lotería

¿Cómo es posible que un 70 por ciento de las personas que ganan un premio de azar estén arruinadas y sean infelices al cabo de pocos años? ¿Cómo es posible que ganar grandes cantidades de dinero a menudo conduzca a la bancarrota, el divorcio, peleas familiares e incluso a la muerte prematura? ¿Por qué un 82 por ciento de los atletas de la Liga Nacional de Fútbol despilfarra sus ahorros y se declara en la ruina a los dos años de jugar su último partido? ¿Es porque son manirrotos inconscientes? Por supuesto que no. Es porque todavía no son el tipo de persona que deben ser para asumir una vida plena de riqueza material. Siguen viviendo con la mentalidad de la lotería. Piensan que la creación de riqueza es un acto pasivo: han tenido la suerte de que les haya tocado el premio gordo. En lo más hondo de su ser no creen merecer la buena mano que les ha repartido el destino, de modo que suelen acabar haciendo lo que creen que merecen: nada. No se han convertido en los creadores que deben ser para generar y conservar la riqueza.

Todo aquello que recibas en este universo y que no tengas la capacidad de crear acabará desapareciendo.

Uno de mis clientes tenía un tío que ganó un millón de dólares en el casino, y que pocos años después no tenía casa y tenía que vivir con su mujer y sus hijos en el coche. El dinero no había cambiado ni un ápice quién era aquel hombre. Sólo amplificó sus temores, su creencia de que no era digno, de que no podía bajo ningún concepto merecer aquel tipo de felicidad que tienen las personas que manejan tanto dinero. Sentía una compulsión aplastante de actuar de acuerdo con el modo en que se sentía, y despilfarró el dinero en un tiempo récord. Dios no le estaba castigando: sencillamente, aquel hombre era incapaz de conservar algo que no tuviera dentro. Nuestros resultados son siempre un reflejo de quiénes somos.

¿Te has dado cuenta de que la mayor parte de los ricos que pierden una fortuna suelen volver a amasar otra y, algunos, en un periodo de tiempo sorprendentemente corto? Las cosas que se originan en sí mismas se conservan y, si es necesario, se reponen con mucha más velocidad. Pero si no sabes cómo originarlas ya de entrada, no sabrás cómo conservarlas, aunque te caigan en las manos. Si no sabes crearlo, no sabrás conservarlo, es así de sencillo.

Quizá pienses que quieres recibir una gran herencia, pero a menos que desarrolles la capacidad de crear tú mismo esa suma de dinero, créeme cuando te digo que recibirla sería para ti una pesadilla. Pondría tu vida patas arriba, como un tornado que arrasa una chabola. Hace poco les dije a mis padres que quería que se gastaran hasta el último centavo de su dinero antes de que abandonen este plano de la existencia, porque yo estoy creando mi propia riqueza.

No desees ni esperes que nada o nadie cree riqueza para ti. Decide ahora mismo que vas a salir ahí fuera y a hacerlo solo. Recuerda: no se trata de amasar rectángulos de papel, sino de conseguir ser la persona que necesitas ser para crear ese grado de abundancia económica.

Una buena amiga mía, Patricia Fripp, me dijo en cierta ocasión: «Desde mi más tierna infancia mi madre me decía que creciera y me casara con un millonario». Tras una breve pausa, añadió: «Siempre pensé que tenía mucho más sentido convertirme en millonaria por mi cuenta».

Crea tu propia lotería. Conéctate al flujo incesante de dinero procedente del enorme océano que fluye en torno a este mundo. Sólo entonces dejarás de preocuparte por rascar los boletos de la Loto. Dame un respiro.

El dinero es un amplificador

Si quieres atraer el dinero a tu vida, debes ser consciente de que éste es un amplificador, que hará que destaquen tus rasgos de personalidad, tanto positivos como negativos, buenos y malos. Si te preocupan los problemas financieros, te pasarás la vida inquieto por la nueva riqueza adquirida. Si eres pesimista, te encontrarás rodeado de personas a quienes les molestará que seas rico, en lugar de alegrarse por ti. Si eres generoso, entenderás la riqueza como una ocasión de dar más. Tienes que ser lo bastante fuerte como para soportar el escrutinio de esa lupa, porque, si no, los rayos del sol que pasen por ella te convertirán en un churrasco.

¿Quieres vivir a lo grande? Entonces tienes que ser grande.

La gente dice: «Quiero ser millonario». ¿Tú también has recitado este mantra? Si es así, plantéate si estás preparado para asumir los retos a los que se enfrentan los millonarios. Amigo mío, la recompensa siempre tiene un precio.

Para ganar cien mil dólares al año hace falta ser una persona mayor (no mejor) que para ganar diez mil. Si no estás seguro de esto, usemos a Donald Trump como ejemplo. Hace poco estuve en Nueva York y vi que en una zona determinada de la ciudad casi todos los edificios llevan el nombre de Trump. Pensé: «¿No sería genial ser el dueño de una tercera parte de Nueva York?» Bueno, pues sí y no. Como todo lo que sucede en este plano, no podemos eludir la Ley de la Polaridad o de la Dualidad. No puede haber luz sin oscuridad, y no hay dinero sin responsabilidad. Piensa en ello: ¿quién crees que tiene más problemas inmobiliarios, tú o Donald Trump? ¿Quién crees que paga más impuestos, tiene más problemas de recursos humanos o más cortapisas gubernamentales, tú o Bill Gates?

Muchos piensan que el éxito es el resultado del azar o de la suerte. Respuesta incorrecta…, ¡pero gracias por concursar! La creación y la conservación de la riqueza económica significa que tienes que estar dispuesto a expandirte, a matar a tus demonios, a aceptar riesgos, a dar pasos importantes y a ocuparte hasta del detalle más ínfimo. Para conseguir esto, hace falta tenacidad y responsabilidad, y no todo el mundo está a la altura de este reto. También hay que tener un tremendo valor, porque el dinero siempre da relevancia a los problemas, siempre.

Cuando su mente dice: «Pero ¿de dónde sale el dinero?», la sabiduría y el coraje dicen: «De donde está». Pero eso no quiere decir que tengas bula para sentarte todo el día sin pegar sello y con la cabeza en las nubes. Tienes que hacer cosas valientes para convencerte a ti mismo y al universo de que estás donde has elegido estar. De entre todas las opciones, has escogido tu onda de oferta específica y, aunque se hunda el mundo, vas a cabalgarla. La fortuna favorece a los valientes.

Para ganar debes crecer

A menudo, en nuestra sociedad, tenemos opiniones descompensadas. Pensamos que vivir en la riqueza económica debe de ser un chollo. Creemos que, cuando la alcancemos, nos pasaremos todas las mañanas hasta las doce en la cama y planificaremos los días como más nos apetezca. Eso no se parece en nada a la realidad. ¿Que algunos días será así? Sin duda. Pero a medida que vayas aumentando las apuestas, te enfrentarás a retos cada vez mayores. Conozco a muchísimos multimillonarios, y sin excepción todos están ocupados. Pensar cualquier otra cosa es un espejismo. Tendrás más dolores de cabeza, más emergencias, más cosas que proteger, más cosas que perder. De hecho, cuanto más dinero tengas, más oportunidades tendrás... de perderlo. Es posible que tu abogado se convierta en la persona mejor pagada de tu vida. ¿Qué crees que requiere más energía, mantener una casa o dos, un Volkswagen o un Porsche? Pero anímate, eso no quiere decir que tu vida no será fantástica. Sólo quiero prepararte con una buena dosis de realidad.

El éxito es complicado, pero la vida también lo es. ¡A por él, que la pobreza es más complicada!

Cuando vayas rompiendo los límites antiguos y limpies tus pilares, habrá días en que avances mucho, y otros en los que descubras que has retrocedido en tu camino. Te sentirás fatal y querrás renunciar a tus sueños. Eso le pasa a todo el mundo. Pero en lugar de resistirte a los desafíos que plantea el crecimiento, tu misión consiste en desarrollar una mayor capacidad para navegar con elegancia entre los obstáculos y los baches de la vida. A eso se le llama evolución. Aporta armonía, alegría y éxito.

Debes ser realista y saber que si no logras superar tus límites con los retos de un *mil-onario*, te derrumbarás al entrar en contacto con los de un millonario. Te lo digo en serio. Pero puedes cambiar esto, empezando ahora. Puedes crecer, y tus resultados reflejarán tu crecimiento.

Al hacerte más grande, te darás cuenta de que cuando más creces es cuando estás en la frontera entre el orden y el caos. Esto queda demostrado por todos los estudios científicos, así como por la psicología. ¡De vuelta a vivir en ese filo que tanto me gusta!

Hace poco hice una ruta por la zona vinícola de California, y me fascinó enterarme de que, en el proceso de elaboración del vino, las uvas son sometidas a determinadas «presiones». Los cuidadores procuran no dar a las vides demasiada agua, a pesar de que las cultivan a pleno sol, y también intentan que la sombra sea mínima. De esta forma mantienen a las vides justo en el borde entre la supervivencia y la sequía y la muerte, y las uvas que sobreviven son las que producen el mejor vino. Aquí vemos una metáfora: no quieras tener una vida más fácil. Desea tener la mejor vida que puedas. Igual que el mejor vino, el más caro, procede de las uvas más resistentes, tú también crecerás en proporción directa a la resistencia que puedas soportar.

Mi intención es llevarte hasta la frontera entre el caos y el orden al mostrarte lo que sabemos hoy día gracias a los estudios sobre el cerebro, la psicología, la biología e incluso la metafísica.

¿Estás listo para crecer?

Esto de crecer está en tu naturaleza. De hecho, es la naturaleza del universo. Nuestro universo crece y se expande mientras estamos aquí sentados. Las galaxias se alejan unas de otras, creciendo a más velocidad que nunca en toda la historia del mundo. A una escala más reducida, piensa en una flor. Se trata de crecer o morir, alcanzar su propia y colorida expresión de la naturaleza, o ajarse y entregarse a la tierra. En nuestro universo hay una ley que afirma: «Si no creces, es que te estás muriendo». Nada se queda siempre igual. Podrías decirme que te sientes satisfecho con cómo son las cosas. No me lo creo. Si estás satisfecho, es que estás muerto, esperando que caigan un par de paladas más de tierra. Existe una gran diferencia entre estar agradecido por cómo te van las cosas ahora y quedarse atascado en la muerte de la complacencia.

Lo que puede hacer el caos

El físico belga Ilya Prigogine ganó el Premio Nobel de Química en 1977. Gracias a su trabajo en estructuras disipadoras, nos enseñó que crecemos en proporción directa a la cantidad de caos que podemos soportar y disipar. Lo que eso significa es que los sistemas más grandes son los que pueden soportar el flujo de la máxima cantidad de caos sin caer en la fusión nuclear. Esto explica por qué no debemos temer el caos. De hecho, debemos darle la bienvenida e incluso estarle agradecidos (sí, lo digo en serio), porque a cuanta mayor cantidad de caos nos sometamos, más pruebas tenemos de que estamos creciendo. Cualquier sistema, humano o no, que esté vivo y medre es dinámico; la rigidez y la naturaleza previsible son la muerte.

Resulta muy fácil hacer de Buda sentado en tu sala de estar a solas. Todas esas frases tan viejas y pegadizas que has escuchado tantas veces («Cuidado con lo que deseas», «Dios nos castiga respondiendo a nuestras plegarias») son ciertas.

Cuando uno desarrolla cierto nivel de dominio y comprensión, accede a un estado de gratitud profunda, incluso por la caca (acrónimo de «concordia anímica cumplidamente asimilada»). ¿Lo captas? Cuando consigas ese estado, habrás llegado a la meta.

El caos te dice: «Eh, estoy llevando a cabo lo que puse en movimiento». Por eso, en la tradición oriental, el loto de mil pétalos, que representa la iluminación, nace del fango. En la tradición esotérica, la piedra filosofal (otro nombre para la iluminación) se encuentra siempre en un montón de estiércol.

Pensemos en lo que dijo Prigogine, que en cualquier sistema constantemente está entrando energía nueva y saliendo la vieja. En vez de «sistema», digamos «ser humano», «relación» o «negocio». El sistema permanece en un estado armonioso mientras el flujo de entrada y salida de energía conserve un equilibrio. Cuando sale menos energía vieja de la que entra nueva, el sistema se sume en la falta de armonía, en el caos. En este momento trascendental tiene dos opciones: o bien se desintegra y muere, o pasa a un nivel nuevo de capacidad y habilidad; el fallo o el progreso.

Déjame que ponga un ejemplo práctico: en mi actual negocio hemos pasado a un nivel nuevo de progreso. Los teléfonos se vuelven locos. El servidor no puede asumir la enorme cantidad de tráfico de llamadas. No tenemos personal suficiente. Carecemos de las mesas necesarias, y si las tuviéramos, nos faltaría espacio donde colocarlas. Se produce un tremendo aporte de energía nueva. Tengo que expulsar o dejar que se vayan (que mueran) las cosas que se han gastado, que se han quedado más de lo necesario. Hasta el punto en que esté dispuesto a hacer eso, pasaré o no a un nuevo nivel de capacidad y de habilidad. Lo que realmente me cautiva de la obra de Prigogine es que cualquier sistema que pasa por esos momentos tan caóticos y no muere accede siempre a un nivel nuevo de capacidad y de progreso. Nunca retrocede, jamás. Muere o, literalmente, da un salto cuántico.

Aquí va otro ejemplo: una olla que hierve en un fogón. Si subimos el fuego, el líquido hervirá, salpicará y lo pondrá todo perdido. Eso es la muerte y el caos. Sin embargo, pongamos la misma olla a fuego lento y empezará a hervir suavemente, haciendo burbujitas, y tendrá lugar la transmutación a un nuevo nivel, el vapor, con una elegancia natural.

Las abejas ya no me pican

Creo que la presión que conlleva el crecimiento es el motivo de que tantos de nosotros no alcancemos nuestro máximo potencial. Lo que debemos tener en mente es que el maestro acepta el dolor y el placer en la búsqueda de su visión y de su intención. Una vida fácil es un espejismo. Cuando forjemos nuestros sueños, siempre habrá algo de la creación que no sea lo que hubiéramos preferido. Eso forma parte del juego. Siempre tendremos retos, dudas sobre nosotros mismos, incertidumbre, fracasos, dolor y placer. La verdad es que, si alguna vez llegásemos «a la meta» en todas las áreas, nos aburriríamos como piedras.

Una vez, un amigo me preguntó: «James, ¿alguna vez tienes un mal día?» Le respondí rápidamente: «No tengo días malos. Me gustan los desafíos porque forman parte de la vida y del crecimiento, pero no los defino como "malos". Son oportunidades. Hacen que la vida sea más interesante». La persona que tiene poca consciencia ve todo lo que hay en la vida desde una perspectiva dualista, como una bendición o como una maldición. Quien domina la vida ve que todas las cosas son oportunidades.

Ni siquiera la iluminación promete la ausencia de retos. ¡Al contrario! Tenemos la creencia incorrecta de que existe ese magnífico estado final que se llama iluminación donde «las abejas ya no me pican», «el cristal roto no me corta», «no se me cae el pelo», «tengo los dientes brillantes» y «defeco sin que huela». Perdón por los ejemplos, pero es que todo esto de la iluminación es una tontería. La verdadera iluminación consiste en tomar las riendas de la vida, hasta tal punto que, pase lo que pase a nuestro alrededor, nos encontremos en un estado de armonía o equilibrio.

Esta mentalidad de «se supone que la vida debería ser así» es un espejismo de la vida moderna, una mentira que ha perjudicado a muchas personas (puede que a ti también), haciendo que se detuvieran antes incluso de tener ocasión de empezar. No lo sigas creyendo ni un segundo más. Es hora de recuperar tu poder y hacerte cargo de tu vida. Es hora de aceptar la dualidad, dejando de huir de los retos, el sufrimiento o el caos. Las cosas que consigas te resultarán fáciles sólo hasta el punto en que crezcas más que ellas. Vuelve a leer esto. Larry King me dijo: «¡Caray!, eso parece difícil, James… Requiere mucho trabajo, ¿no?» Yo le contesté: «Es un trabajo duro, Larry, pero no tener un duro y estar hundido también es duro».

Mira, tú vas a invertir tu vida en algo, de manera que lo mejor es invertirla en algo que te haga ir a mejor. El maestro siempre mantiene la vista fija en el premio, sabiendo que la presión crea oportunidades. La presión fomenta el crecimiento. Y el crecimiento, ¿a dónde conduce?

Al dinero.

Crecemos de dentro hacia fuera

La gente rica, y estoy hablando de las personas que son realmente ricas en todas las áreas, no permite que otros determinen la calidad de sus vidas. Nunca permiten que las circunstancias o que otras personas decidan cuánto ganan o su grado de armonía en relación con su vida espiritual, su salud, sus relaciones o cualquier otra cosa.

Para tener más, tú debes ser más. Si tu intención es lo bastante grande, debes crecer para alcanzar el tamaño de esa idea. De igual manera, si tienes una idea que no te permite crecer, es que no te conviene. En otras palabras, la intención y el deseo correctos tienen que hacer que tú te expandas.

El crecimiento es una tarea interna. Una vez que empiezas a meterte dentro de ti mismo —una «involución»— y a crecer, los resultados que consigas en el exterior —la evolución— son inevitables. Profundizar te conduce a hacer cosas diferentes; tu objetivo empieza a tomar forma y, al final, se convierte en un resultado en tu vida.

Cuando alcanzas el resultado que deseabas, ¿qué sucede? Lo que sucede es un «Y ahora, ¿cuál es el siguiente?», ¿verdad? El principio básico de la vida, del espíritu, es la expresión y la expansión más plenas. Tus resultados se convierten en el trampolín hacia una expresión más completa, que a su vez aporta ideas y objetivos más grandes y emocionantes a tu vida. ¿Me sigues?

Una vez que alcances la siguiente idea o deseo —la intención—, tendrás que crecer más para ponerte a la altura de la nueva idea, de modo que la involución vuelve a comenzar. Empiezan a suceder cosas nuevas, y tu idea nueva comienza a tomar forma. Obtienes nuevos resultados, y así sucesivamente. Es realmente sencillo, pero así es como funciona el proceso creativo: de dentro hacia fuera, la involución siempre va antes que la evolución.

Piensa de nuevo en alguna meta que hayas alcanzado, y verás que tuvo lugar este ciclo. Tuviste una idea, un deseo, y tuviste que crecer para alcanzarlo. Quizá fuera cuando obtuviste tu primer préstamo para un coche o la primera hipoteca. Ahora bien, si aquel pago te obligó a crecer, tuviste que ampliar tu visión de ti mismo, ¿verdad? Tuviste que verte capaz de alcanzar más de lo que tenías antes. Tuviste que volver a alinear tus posibilidades para abarcar el tamaño de la idea.

Lo que necesitabas no era más dinero, sino más crecimiento. Todos lo necesitamos. El dinero no es más que un baremo de nuestro crecimiento.

Ahora presta atención, porque esto es importante: tus resultados siempre serán proporcionales al grado de tu crecimiento. Reflexiona a fondo sobre esta verdad. Tus resultados siempre serán proporcionales al grado de tu crecimiento. Todo cambio en nuestro universo procede primero de una alteración en la consciencia, y si quieres recibir más, tus pensamientos, sentimientos y acciones tendrán que ser mayores.

Esto hace que el hecho de profundizar en tu vida sea más urgente, ¿a que sí? No hablamos simplemente de ideas filosóficas antiguas y positivas. No. Hablamos de tu capacidad para hacer realidad tus objetivos, aquí y ahora. La gente verdaderamente rica entiende que sus negocios, sus relaciones y su economía mejoran en proporción directa con su mejora *como personas.*

¿Hasta qué punto es importante el crecimiento para ti?

INTENCIÓN

INVOLUCIÓN

RESULTADOS

EVOLUCIÓN

Sé el éxito que andas buscando

Tu vida, tu negocio, tu cuenta bancaria, tu neto patrimonial son consecuencias de quién eres. Tu mundo es un reflejo directo de tu persona, de lo que llevas dentro. Por eso te reto a que te hagas más grande, como ejemplo de la conducta que quieres observar en el mundo que te rodea. Para conseguirlo, debes aceptar la responsabilidad plena por tu vida, y dar cuentas de tus resultados. Esos resultados son la consecuencia directa de tus pensamientos, sentimientos y conducta coherente. Para hacerte con el control de tu destino, debes empezar a ser plenamente responsable de todo lo que hay en tu vida. Los responsables no son el presidente del gobierno, tus padres o tu tío, ¡eres tú! Más claro, el agua.

Puede parecer simplista, y es posible que ya hayas oído esto antes. Pero te prometo que si cada habitante de este planeta se hiciera totalmente responsable de su vida y de sus resultados, el mundo cambiaría y, además, de forma radical.

Da lo mismo quién seas o lo que te hayan enseñado: estás diseñado para el proceso de querer más y satisfacer esa necesidad, a pesar de que te hayan programado para creer lo contrario. Recuerda que un objetivo legítimo, aquel que te motive y sea digno de ti, conlleva siempre crecer. Elige algo grande y valiente y te harás más grande y osado. Sé el éxito que buscas; encárnalo con cada pensamiento y palabra. El universo no verterá su energía en un recipiente que no la trasvase, de modo que toma decisiones basadas en adónde vas, no en dónde has estado. Así es como se controla el destino.

Por tanto, cuando te digo: «Decide ser millonario, no por los rectangulitos de papel, sino por la persona en la que tendrás que convertirte para obtenerlos», ¿te pone nervioso o te sirve de estímulo? ¿La idea de expandirte te amedrenta o te induce a aceptar el reto? Cuando uno de mis mentores me desafió a permitir que la riqueza económica entrase en mi vida para descubrir de qué era yo capaz, decidí aceptar el reto. Ahora soy yo el retador.

«Pero, James, no soy lo bastante listo, ni lo bastante rico, y no tengo los contactos necesarios, ni soy lo bastante joven para hacer lo que quiero.» Ah, ¿en serio? Dile eso al coronel Sanders. Ese hombre estaba ya en el tercer acto de su vida cuando empezó a vender lo que se convertiría en la receta de pollo más famosa del mundo. Cuando yo tenía cuarenta y un años, estuve casi en la ruina, y en estos últimos años he amasado una fortuna. ¿Se supone que debía haber tirado la toalla porque «no lo había conseguido» en un tiempo determinado? En realidad, ¿quién controla el tiempo? Quiero que tú controles tu propio reloj, configurado según tu zona horaria personal.

En este punto, es imperativo que seas realmente honesto contigo mismo, que te enfrentes a los hechos tal y como están en este instante, no para darte latigazos, sino para animarte. Considera la próxima sección como una llamada de alerta un tanto divertida.

Lo quiero todo ¡ahora! Las actividades placenteras y los resultados agradables

Algunos de nosotros hacemos que nuestro crecimiento sea más difícil de lo que debería. Conoces a personas así, ¿a que sí? Sus hábitos autodestructivos o su mala suerte hacen que trastabillen y retrocedan en cuanto han adquirido un poco de inercia. Por lo general, cuando les observamos de cerca, en algún punto de su ecuación descubrimos una falta de voluntad a la hora de hacer lo necesario. La pereza y el deseo de gratificación inmediata son un peligro en nuestra sociedad, igual que lo son las drogas y el alcohol. De hecho, a menudo estas cosas van juntas, pero dejaremos esa historia para el capítulo sobre el Pilar Mental. Los enemigos de la riqueza vienen disfrazados de muchas maneras. Pocos de nosotros estamos dispuestos a ver lo prisioneros que somos de los hábitos que nos inducen a perder tiempo. Pero tú no eres así, ¿a que no?

«¡Lo quiero ya!» ¿Cuántas veces has escuchado a los niños decir eso? «No quiero esperar, ¡lo quiero ya!» ¿Alguna vez has tenido la idea de hacer algo, te has impacientado casi de inmediato y no has invertido el tiempo necesario para hacerlo?

¿Por qué no puedo tenerlo ya?, ¡maldita sea!

Un amigo mío solía ir siempre con la cabeza llena de guiones de cine: argumentos muy detallados, un material impresionante. A pesar del hecho de que siempre había querido formar parte de la industria del cine, nunca se tomó el tiempo necesario para anotar sus sueños. Estaba demasiado ocupado haciendo cosas divertidas: ir al gimnasio a jugar al baloncesto con sus amigos antes de llegar tarde al trabajo; pasar el rato en la playa los fines de semana, y ver programas de deportes en la tele todos los ratos libres. Al final, todos aquellos guiones tan complejos se le escaparon, se esfumaron de su mente. ¿Imaginas qué pasó luego? ¡Sorpresa, sorpresa! Dejaron de ocurrírsele guiones. ¿Quizá los «descargó» alguna otra persona? ¿Alguien que los puso por escrito? El universo dijo: «¡El siguiente! Nada de incitaciones de futuro para ese tío, está dormido». No lo sé. Tampoco sé si sus ideas se hubieran convertido en películas de éxito. Pero él tampoco lo sabrá jamás.

Cuando doy un seminario o al final de alguna conferencia, con frecuencia se me acercan personas que me dicen:

—James, quiero hacer lo que hace usted.

—Estupendo —respondo.

—¿Me puede dar algún consejo?

—Claro. Compre mi sistema, estúdielo, asista a mis conferencias, estudie todo lo que hago, cada película, o haga lo mismo con cualquier otra persona que respete dentro de este negocio. Encuentre a alguien que pueda hacerle de mentor, lea cuatro o cinco libros al mes, invierta en usted mismo durante un mínimo de tres a cinco años, apúntese a un club de oratoria y busque las circunstancias en que pueda enseñar el material de otra persona, hasta el punto de que se haya desarrollado tanto que pueda crear su propia enseñanza. Entonces estará en el camino correcto.

El entusiasmo se desvanece de su rostro. *¡Pero lo quiero ya!* No les gusta mi respuesta, porque desean la gratificación inmediata, recorrer el camino menos arduo. Quieren obtener los máximos beneficios con la mínima dosis de sufrimiento. Sí, es cierto que muchas de esas personas quieren crecer, pero quieren despertarse con un entendimiento pleno y con la capacidad de transmitirlo todo por arte de magia. ¿Te resulta familiar? Vivimos en un mundo que es adicto al concepto de máximo beneficio a cambio de mínima inversión: es una epidemia. Espero que tú no estés afectado.

Mira, no estoy acusando a nadie, porque yo también caí en la misma trampa unas cuantas veces hace años. ¿Cómo crees, si no, que sé que no funciona?

El universo quiere para ti exactamente lo mismo que tú deseas. Recuerda que tu yo superior no deja de llamarte y de retarte para que avances: ésa es tu onda-eco procedente del futuro. Lo único que tienes que hacer para armonizarte con la llamada del futuro es captarla y concentrarte en ella. Debe suceder: es sólo cuestión de tiempo.

Ya sé que antes he hablado del tiempo vertical y de las dimensiones paralelas. También hemos comentado que cuando hayas avanzado espiritual y mentalmente habrás recorrido dos tercios del camino. Estás subido a la onda de oferta, y tienes que cabalgarla. Vale, pues el tercio pendiente es el plano físico, y en la tercera dimensión hay una cosita que se llama gestación. En realidad, forma parte de la Ley del Género, que afirma que todo pasa por un periodo de gestación, un lapso de tiempo que debe transcurrir antes de que las cosas adopten su forma definitiva. Si plantas una semilla de zanahoria, el brote tardará unas siete semanas en salir de la tierra. El bambú, que puede crecer más de cuatro metros en una sola semana, tarda hasta siete años en asomar a la superficie. Pero durante siete largos años, da la sensación de que allí no hay nada plantado. Eso sí que requiere paciencia.

Todos sabemos que la gestación humana comprende nueve meses, lo cual tiene mucho sentido cuando vemos todo lo que sucede cuando el bebé va creciendo en el seno materno. Nadie en su sano juicio diría que hemos de interferir en ese proceso para acortarlo. Tenemos que contemplar nuestros deseos con la misma sabiduría y entendimiento. A menudo tenemos la tendencia a subestimar lo que podemos hacer en un año y a sobreestimar lo que podemos hacer en diez. Siempre hay un motivo tras el periodo de tiempo que tardamos en alcanzar un objetivo. El motivo puede ser el deseo de darnos tiempo para crecer y convertirnos en personas preparadas para alcanzarlo.

¿Cuánto tiempo hace falta para que crees la riqueza material que deseas? No estoy seguro. Pero hay una cosa que sí puedo prometerte: cuanto mayor sea tu intención, mayor tendrá que ser tu compromiso. Puedes estar seguro de que tus deseos te llegarán en el momento y de la forma correctos.

Es más fácil tener coraje y confiar en el proceso cuando uno siente que está avanzando. El dominio no consiste en perseverar cuando se ve la luz al final del túnel. El verdadero dominio consiste en perseverar cuando aún no se ve la luz. Pronto hablaremos sobre cómo coger tus grandes ideas y objetivos y desmontarlos en unidades más pequeñas y fáciles de manejar. Pero antes, tenemos que averiguar cómo gastas o inviertes tu tiempo.

¿Eres una persona «ahora» o una persona «luego»?

Si te preguntase qué tipo de persona eres, una «ahora» o una «luego», ¿qué me dirías? Voy a darte un respiro. Las personas «ahora» se sienten atraídas constantemente por las actividades placenteras, y se pasan el tiempo perdidas en la tele, el sexo, la comida, la pereza…, ya sabes, todas esas distracciones que son placenteras en el momento de hacerlas. Por otro lado, el grupo del «luego» se siente atraído por los resultados satisfactorios, y a menudo participa en actividades que en el momento de hacerlas no son muy placenteras. Invierten su tiempo en cosas como ir al gimnasio, trabajar muchas horas, leer buenos libros, asistir a seminarios sobre transformación personal y salir con personas que amplían su pensamiento siguiendo la pista de lo que hacen, arriesgándose, sintiéndose cómodos con la incomodidad. ¿Cuál de estos dos grupos de personas crees que experimenta la verdadera libertad? ¿En qué categoría encajas tú? Sé sincero.

Para que conste, cuando nos fijamos un récord nunca nos sentimos cómodos. Las zonas de comodidad pueden hacerte caer en la complacencia, como si fuera un hoyo lleno de arenas movedizas. El dominio procede de hacer actividades poco agradables que son necesarias para facilitar la consecución de nuestros objetivos a largo plazo. Cuidado con dejarse seducir por lo que yo llamo la trampa de Siga su Placer, o por la mentalidad «sólo quiero hacer las cosas que me hacen sentir bien». Aunque ser feliz es importante (ya llegaremos a eso), encuentra felicidad y alegría en hacer las cosas que crean la vida que tú mereces.

Hace poco, un amigo mío que es escritor me dijo: «Es domingo. Hoy no me apetece hacer el trabajo de mi puñetero curso *online*». Sé cómo se sentía. Pero cuando esos pensamientos se cuelan en mi mente, he aprendido a poner mi atención en otras cosas. Si me imagino en una tumbona en Hawái tomando algo fresco o relajándome en una playa mientras el resultado del trabajo presente genera lo necesario para alimentar esa libertad, me siento más motivado. Otras veces hago una pausa y aprovecho para pensar en todas las personas a las que ayudará el proyecto en el que estoy trabajando, y entonces me inspiro.

Busca cualquier idea que te inspire para hacer que tus actos sean más emocionantes. Descubrirás la verdadera alegría al hacer realidad tu potencial, en lugar de traicionar tus creencias y dejar de crecer.

Los ganadores dan los pasos que otros no dan. La mayoría de personas se siente seducida por lo que sucede a su alrededor, siendo incapaz de hacer el trabajo duro. Se encuentran fragmentadas o sumidas en conflictos; sus palabras y su conducta se contradicen. La integridad (término que procede de la misma raíz que *integrado*) llega cuando las palabras y la conducta de una persona son coherentes entre sí.

La verdadera integridad —la auténtica prueba del carácter— consiste en vivir lo que dices que es importante para ti, incluso cuando no te apetece; vivir tus valores por encima y más allá de tu estado de ánimo.

La televisión, o «la droga que se conecta», no me engancha. Pero hay otras cosas que sí. Gastar dinero a espuertas en viajes y juguetes caros ha sido siempre uno de mis vicios, como ahora ya sabes. El mero hecho de que estés pensando en prosperar no quiere decir que tengas que salir mañana de compras y agenciarte tres trajes de Armani. Si es una visión que acelera el cumplimiento de tu visión, el riesgo puede resultar pertinente; eso se llama inversión. Pero si es algo que simplemente alimenta tu ego o tu apetito, olvídate.

Piensa en ello desde este punto de vista: si me oyeras enseñar una cosa, pero luego me vieras hacer exactamente lo contrario, ¿no te resultaría difícil tomarme en serio? Tómate en serio a ti mismo y a tus deseos, y vive tus valores. A largo plazo serás tú quien se beneficie.

Sigue tu felicidad... Pero ¿eso qué significa en realidad?

Richard Branson se ha convertido en uno de los hombres más ricos del mundo por seguir su felicidad. Hace poco, él y yo hablamos en la misma conferencia y me dijo: «¿Sabes una cosa? Nunca he hecho nada pensando que iba a ganar dinero. Mi criterio siempre ha sido: "¿Será divertido?"»

No puedo estar más de acuerdo. Pero lo cierto es que sé perfectamente que Richard Branson sudó como el que más para crear sus imperios de grabación y de transporte aéreo. Apostaría mi patrimonio a que posiblemente cada día dedica tiempo a hacer algunas cosas que no son sus actividades favoritas. Pero la imagen global que él tiene es que su trabajo le divierte. El trabajo que desempeñas debe ser tu alegría, un amor manifiesto en tus actos.

La advertencia que tengo que hacerte es: cuidado con convertir la diversión en una condición sine qua non. «No puedo hacerlo si no es divertido. Para mí no es divertido estar hasta medianoche estudiando.»

Nunca he sido un gran entusiasta de los deportes, pero los atletas que he conocido entienden el concepto de seguir su felicidad relacionándola con el trabajo duro. Nadie puede entrenarse por ellos. Nadie puede levantar pesas por ti. Los mejores atletas no desperdiciaron las horas de su infancia sentados, jugando ante una consola de videojuegos. No, ellos salían a entrenar, entregándose por completo a la práctica de su deporte, incluso después de que anocheciera y sus compañeros se hubieran ido a casa a cenar. ¿Crees que les resultaba divertido levantarse a las seis de la mañana para viajar al pueblo de al lado para hacer un *scrimmage*? ¿O meterse en bañeras de agua helada cuando se lo exigían sus lesiones? Yo no lo creo.

Hace unos años escuché a Dan Millman, escritor y ex atleta olímpico, que contaba cómo de niño se levantaba a las cuatro de la mañana para entrenar antes de ir al colegio. Tenía un gran lema:

«La disciplina produce excelencia, y la excelencia nos hace libres». Las personas que rodeaban a aquel niño de siete años podrían haberle considerado fácilmente un esclavo de su entrenamiento. Pero esa disciplina aportó a Millman un grado de notoriedad y de disciplina que le llevaría a una vida de éxito, riqueza y libertad creativa. ¿Eso te parece a ti esclavitud? Bueno, pues déjame que te asegure que sólo hay un lugar en este universo donde obtienes tu recompensa antes de pagarla: un restaurante. En cualquier otro lugar, primero hay que pagar.

Sé honesto contigo mismo cuando evalúes si eres una persona «ahora» o una persona «luego». Si estás dispuesto a pagar el precio antes de recibir tu llamado de futuro, a mantener tu intención y seguir adelante, en tus días abundarán las cosas buenas. Puedes cambiar si es necesario. Puede que no te sientas inspirado, pero este libro puede ayudarte en este sentido. Si actualmente eres una persona «ahora», quizás obtengas la felicidad que buscas durante un momento o dos, pero nunca descubrirás la armonía y la alegría verdaderas. Las personas «luego» saben que hacer lo necesario, cueste lo que cueste, les aporta la riqueza que buscan, y los maestros hallan riquezas en el viaje. Sienten respeto por el tiempo, por cuánto tardan en gestarse las cosas. Por supuesto, la ironía estriba en el hecho de que en el camino de la disciplina se encuentra el verdadero gozo. Puede que de vez en cuando no nos lo parezca, y que tengamos la sensación de que las recompensas internas no se pueden medir a corto plazo, pero fíjate en el destello de paz y de alegría en el rostro de una persona «luego». Sus poderosas recompensas externas hablan por sí solas.

Cuando hayas acabado con este pilar, espero que sientas un nuevo respeto por el tiempo tridimensional. ¿Sabes?, no cesa de transcurrir. Sólo hay dos cosas que se pueden hacer con el tiempo: gastarlo o invertirlo. Si lo gastas, ya no volverá. Cuando lo inviertes, creas un poso que dura toda la vida. Me pregunto si alguna vez habías pensado en el tiempo desde esta perspectiva.

Ganar doscientos mil dólares al año: un ejercicio para analizar la realidad

Ésta es una manera creativa de evaluar cómo estás gastando tu tiempo *y* tu dinero, y lo digo literalmente.

Un cliente llamado Bob vino a verme para intentar que sus ingresos anuales pasaran de cincuenta mil a doscientos mil dólares. Tras unas pocas preguntas introductorias para conocer su agenda y sus hábitos cotidianos, su principal problema económico destacaba como un cartel de neón. ¿El culpable? El hábito peligroso de pasarse cinco horas diarias viendo la tele, una adicción que Bob defendía con vehemencia, de maneras creativas, pero inútiles.

«Mis amigos y yo vemos los mismos programas. Eso nos une.»

«Así es como consigo relajarme tras un largo día de trabajo.»

«Aprendo mucho con la televisión; me ayuda a ver el mundo, dado que no puedo viajar.»

«Mis colegas del golf son fanáticos del deporte. Si no conozco las puntuaciones de los últimos partidos, no puedo seguir la conversación.»

—Todo el mundo lo hace. ¡No me digas que tú no ves *American Idol*!

Y así siguió un rato. Bla, bla, bla, bla, bla.

—Tienes exactamente el grado de éxito que deseas —le dije—. Tu forma de pasar el tiempo ya me dice todo lo necesario.

Bob empezó a defender su postura hasta que le dejé las cosas claras mediante el siguiente ejercicio. Empezaré enseñándote cómo lo aplicamos a tu objetivo de ganar doscientos mil dólares al año. Te animo a que luego hagas tú el ejercicio, introduciendo tus propias cifras.

Bob cogió una hoja de papel y anotó en la parte superior su objetivo económico de ganar doscientos mil dólares al año, y teniéndolo en cuenta, sacamos un calendario y una calculadora e hicimos los siguientes cálculos:

Primero le demostré cómo, restando dos semanas de vacaciones de los 365 días anuales, a Bob le quedaban 351 días para ganar los doscientos mil dólares.

Luego me enteré de que quería dejar de trabajar los fines de semana, de modo que restamos de la ecuación los sábados y domingos. A Bob le sorprendió descubrir que convertir la semana laboral en una de cinco días suponía eliminar 100 días del año. Ahora nos quedaban 251 días laborales de los 365 del principio.

Por último, cogimos su objetivo, los doscientos mil dólares, y los dividimos por los 251 días restantes. Ésta es la prueba definitiva: para que Bob ganase doscientos mil dólares en 251 días, tenía que ganar unos ochocientos diez dólares diarios. Eso quiere decir que no podía ponerse enfermo un solo día, ni perder un solo día de trabajo por imprevistos.

—Si reducimos esto a dinero por horas, ¿a cuánto sale? —le pregunté, y le pedí que lo calculase en función de un horario de ocho horas diarias. Tras hacer el cálculo se quedó en silencio unos instantes.

—¡Dios santo! —exclamó—. ¡Sale a más de cien dólares por hora!

—Sí. Más de lo que esperabas, ¿eh? —pregunté. Él asintió—. Bien, y teniendo todo esto en cuenta, ¿crees que te puedes permitir pasarte cinco horas diarias viendo la tele? Eso supone que gastas más de quinientos dólares diarios en ver tus programas favoritos, lo cual representa dos mil quinientos dólares semanales, sin incluir los fines de semana. —(Ten en cuenta que esto no se acerca mucho a la media nacional, de siete horas diarias de televisión.)

—¡Madre mía! Nunca lo había visto así —dijo—. Sabía que estaba perdiendo el tiempo, pero no tenia ni idea de cuánto. —Como me había ocurrido en otras ocasiones con cientos de clientes anteriores, percibí que en Bob algo hacía clic—. Ver cinco horas de televisión es como tirar quinientos dólares por la ventana —comentó.

—Exacto —dije—. ¿No serías mucho más productivo si no estuvieras enganchado a la tele? —pregunté.

—Sí, ya lo capto —repuso meneando la cabeza.

Piensa en tu propia vida. No sé cuánto quieres ganar, pero un gran porcentaje de las personas que vienen a mis seminarios tienen la fantasía de ganar un millón al año. Eso supone ganar 4.000 dólares diarios, amigo mío, ¡o 500 por hora! ¿Inviertes tu tiempo como lo haría una persona que gana esta cantidad?

Aunque sólo pretendas ganar 75.000 dólares anuales, lo cual es admirable, eso sigue implicando ganar 303 dólares al día. ¿Actualmente tienes los hábitos propios de una persona que pueda mantener ese ritmo un día tras otro? ❶

Para ganar esta cantidad anual, tendrías que ganar...

CADA AÑO	CADA DÍA	CADA HORA
100.000	405	50
200.000	810	101
500.000	2.024	253
1.000.000	4.048	506

Volvamos con Bob.

Él, como muchas personas —puede que como tú—, no sólo estaba perdiendo con sus hábitos inútiles un tiempo precioso que podía dedicar a ganar dinero, sino que el tiempo que le quedaba libre lo empleaba en tareas sin sentido. Bob, padre soltero de una hija adolescente, se pasaba cinco horas a la semana limpiando la casa, haciendo lavadoras y cuidando el jardín. Le comenté la posibilidad de contratar a una mujer que le hiciera la limpieza una vez por semana y a un jardinero.

—No me lo puedo permitir —dijo—. ¡No me sobra el dinero!

—Y si sigues pensando así, nunca te sobrará —contesté—. Tú no eres tu cuenta corriente; eso es quien eras antes. Fíjate en el objetivo que has anotado: actualmente ganas más de doscientos dólares diarios, y tu objetivo es ganar ochocientos. ¿De verdad crees que no te puedes permitir obtener una ayuda, ni ahora ni en el futuro, aunque sea limitada, por diez dólares la hora?

Las personas ricas saben que siendo gente que gana más de 100 dólares la hora, no pueden permitirse no contratar a una asistenta, a un jardinero o a un ayudante por 10 dólares la hora. Saben que nunca se harán ricos si tienen que hacer esas tareas para las que pueden contratar a otra persona sin tener que pagar mucho dinero. Cada uno de nosotros dispone de un tiempo limitado, y tenemos que ser inteligentes para planificarlo, de modo que aprovechemos al máximo lo que tenemos. Si crees que invertir tu tiempo en actividades de 10 dólares la hora te permitirá ganar un millón al año, plantéatelo de nuevo.

Las personas ricas también conocen sus límites, y no desperdician un tiempo precioso intentando dominar una tarea que otra persona podría hacer con el doble de rapidez y mayor eficacia. Los ricos han llegado a la conclusión de que, si quieren tener un impacto importante sobre su vida y sobre el mundo —algo que puede conseguir todo el mundo, desde un maestro de escuela hasta un dirigente mundial—, tienen que preguntarse: «¿Cómo puedo invertir sabiamente mi tiempo y mis energías?»

Muchas veces, cuando hago este ejercicio con alguien, me dicen: «Bueno, a usted, James, le resulta fácil ganar mucho más dinero que yo». Puede que sea cierto, pero ¿cómo crees que he llegado hasta aquí? Entonces les digo: «El motivo de que eso sea así es que, cuando no lo ganaba, puse en práctica este principio». Si esperas a contratar a una asistenta hasta que pienses que puedes permitírtelo, nunca lo harás.

Para este momento nuevo hemos de pensar de maneras también nuevas. En el mundo actual a ti y a mí se nos pide que hagamos las cosas de otra forma, cada vez más rápido. Lo que nos llevó al éxito en el pasado no nos garantiza que triunfemos hoy. Las cosas que funcionaron en el pasado pueden llevarnos al mayor fracaso en estos momentos. Acepta el cambio y busca ayuda para que puedas seguir en la vanguardia de tu vida.

Durante mi primer año en el negocio, casi gané 200.000 dólares, lo cual me situó en la categoría de 800 dólares diarios. En aquella época dedicar una hora a cortar el césped (equivalente a 100 dólares) parecía ser un obstáculo para alcanzar la meta de ganar un millón al año. Podría haber pensado: «Bueno, aún no me puedo permitir contratar a nadie», pero intuí que lo que era imposible era no hacerlo. Así que, mientras el chico del instituto me cortaba el césped por poco dinero, yo ponía los cimientos en mi empresa para ganar millones de dólares.

Así es como edifiqué un negocio multimillonario: contratando sin cesar a gente estupenda que 1) hace las tareas a las que sé que no me puedo dedicar y/o 2) las hace, sin duda, mejor que yo.

Las personas a las que asesoro en mi trabajo me dan siempre dos motivos por los que aún no están listas para contratar a quien les ayude. El primero es una cortina de humo. El segundo hay que sopesarlo cuidadosamente.

El primer argumento dice: «No me siento bien si le pido a alguien que saque la basura o me vaya a comprar. Son cosas que debería poder hacer yo solito».

¿En serio? ¿Y eso te funciona? ¿Cómo te va ganando menos dinero del que quieres o necesitas? ¿Cómo es eso de estar quemadísimo al final del día, cuando deberías estar accesible para tus amigos y tu familia? ¿Cuánto tiempo personal inviertes en ti mismo?

No voy a hablar mucho de la culpabilidad de nadie, dado que eso la justificaría, pero es evidente que es una forma de pensar sin sentido, pasada de moda, incorrecta. Vayamos al grano. Renuncia a la culpabilidad, de lo contrario, la riqueza económica siempre estará fuera de tu alcance. Lo siento, pero esto es lo que hay.

En segundo lugar, si eres secretario, maestro o alguien que gana menos de 40.000 dólares anuales, ya percibo tu reticencia a contratar ayuda. O quizá ganas más dinero, pero gastas más de lo que ganas, con lo que pones en peligro cada mes la economía familiar. Quizá tú y tu pareja tenéis deudas con la tarjeta de crédito y, claro, aunque tú no paras de decir: «Necesitamos una asistenta», él/ella no se baja del burro. Tranquilo.

Cada situación es diferente, y todo se reduce al tipo de persona que seas. Los pensamientos son energía, y aquello en lo que te concentres crecerá, de modo que no te conviene hacer cosas que te hagan sentirte más nervioso. A algunas personas la expansión las motiva, y contratar a alguien les permitirá invertir las ocho o diez horas que se pasarían limpiando en fortalecer su negocio y dejar de endeudarse. Otros se estresarán tanto que hasta dejarán de rendir y de ganar dinero. Recuerda la fórmula del «tres de tres». Debes controlar constantemente tus pensamientos, sentimientos y actos, y mantenerlos a raya y alineados.

Si tienes deudas, crea un plan para pagarlas todas y asegúrate de que el asunto está controlado. Calcula cuánto puedes pagar cada mes y, siempre que sea posible, pasa el recibo por el banco. Olvídate de la deuda, ya se encargan otros. Ahora concentra toda tu energía y esfuerzo en crear la riqueza que deseas y mereces.

Tienes que vigilar siempre cómo te afectan las cosas emocionalmente. En última instancia, si contratas a una limpiadora cuando todavía tienes problemas económicos, tendrás que comprometerte a aprovechar al máximo el tiempo libre, invirtiéndolo en la creación de nuevas fuentes de ingresos, algo de lo que hablaremos enseguida. Tienes que estar dispuesto a ser flexible. Si lo intentas por una vía y no creas armonía dentro de tu entorno familiar, o eso te hace polvo emocionalmente, tendrás que ser capaz de alterar tu forma de hacer las cosas. Si decides que todavía no estás listo para recibir ayuda externa, convierte en un objetivo el deseo de obtenerla. Entonces dispondrás de un plan de acción. Pero debes estar siempre listo para expandirte, y no retrases las cosas, porque la demora te hará sentir un tanto incómodo. Recuerda, la incomodidad forma parte del crecimiento, sea cual sea el peldaño de la escalera en el que te encuentres.

7

Ganar dinero, un trabajo interior

El éxito es el hijo de la audacia.

Benjamin Disraeli

Las estrategias de acercamiento o alejamiento

Ha llegado la hora de dejar de reaccionar y empezar a crear. Si lo único que haces siempre es reaccionar —¿Cómo voy a pagar la factura? ¿Cómo puedo salir de este callejón sin salida que es mi trabajo?—, no te concedes la energía ni la libertad que necesitas para crear la riqueza que deseas. Estás demasiado ocupado conduciendo mientras clavas la vista en el retrovisor.

Hay dos estrategias claras que determinan por qué haces lo que haces, y la armonía general en tu vida (o la ausencia de ella) te dirá rápidamente cuál de las dos empleas. O bien te vas acercando a tu objetivo de tener libertad económica, o bien te alejas de algo que te causa sufrimiento.

La estrategia de alejamiento funciona de la siguiente manera, más o menos: «Voy a demostrarle algo al mundo». Este enfoque suele ser fruto a menudo de una infancia insegura o de un trasfondo que lo haya sido, quizás el de aquel chico delgaducho del que se reían todos, o la chica que no encajaba con las demás, o la persona que nunca era demasiado buena según sus padres. Esos individuos tienen mucho que demostrar. Lo sé porque a mí me pasó. Recuerdo que una vez entré en un gimnasio, a mis veintipocos años, y le dije al propietario:

—Uno de estos días me presentaré a una competición de culturismo.

—No, no competirás en tu vida. No tienes el físico adecuado; es una cuestión genética —me contestó.

«¡Maldita sea, te lo demostraré!», pensé mientras me alejaba. Y lo hice. Me machaqué levantando pesas, participé en un montón de competiciones y gané. Pero ésa no es una buena forma de vivir, ni mucho menos. Me estaba alejando de mi miedo al fracaso. Esta estrategia proporciona muy pocas alegrías.

Lamentablemente, de alguna manera, sea la que sea, la mayor parte de nuestra sociedad está motivada por la estrategia del alejamiento. La gente no suele cambiar, si es que lo hace, hasta que pasan por un grado determinado de sufrimiento o por un acontecimiento extremo que les cambia la vida. Las investigaciones del psicólogo social Morris Massey revelaron que pocas personas introducen cambios significativos en su vida una vez cumplidos los trece años. A estas alturas de la vida, según Massey, los valores esenciales y las estrategias de una persona están fijados, y apenas cambian, o no lo hacen en absoluto, a menos que el individuo experimente lo que Massey define como un «suceso emocional importante». Este tipo de acontecimiento hace que la persona dé un paso atrás, haga inventario de su vida y potencialmente elija una nueva dirección o estrategia. En mi caso, un accidente con la moto me obligó a dar un paso atrás y dejar de correr hacia ese don nadie de 77 kilos que creía ser, para empezar a avanzar hacia la curación y hacia el descubrimiento de que era más que mi cuerpo. Imagino que, en el caso de Richard Branson, al menos en este punto de su vida, está avanzando hacia su misión de encontrar fuentes alternativas de combustible. Como su trabajo parte de una zona de abundancia para llegar a otra de necesidad, tiene repercusiones en todo el mundo.

Abraham Maslow hablaba de dos tipos de necesidades: *las deficiencias* y *las necesidades del crecimiento*. Las deficiencias provienen de los vacíos: «Tengo que ganar más dinero porque no tengo suficiente», «Tengo que encontrar pareja porque mi vida es una pena»... Este tipo de necesidades son una estrategia de alejamiento. Las necesidades del crecimiento se originan en la plenitud, ese lugar donde la vida está tan completa y es tan estupenda que siento la necesidad de expresarla, porque soy un ejemplo del potencial contenido en la raza humana. Soy un ejemplo para otros de su propio potencial, del potencial que tiene la especie humana, y tengo que actuar porque mi copa está más que rebosando. Esa sí que es una buena manera de vivir. En apariencia, podemos tener la sensación de que los individuos de la deficiencia (alejamiento) y los individuos del crecimiento (acercamiento) están haciendo lo mismo. Quizás unos y otros estén muy activos en el mundo. Pero, por dentro, unos viven en un estado de falta de armonía y los otros no.

¿Sin un título no soy nada? El crecimiento mediante el aprendizaje

¿Sabías que el 85 por ciento de los millonarios que se han hecho a sí mismos no tienen un título universitario? ¡Un 85 por ciento, incluyendo a Bill Gates! Yo tampoco tengo un título, y a Bill y a mí nos va bien.

Durante mucho tiempo creí que como no tenía un título universitario no podía tener éxito. ¿Crees que eso fue un obstáculo? ¡No lo sabes tú bien! Me tuvo atascado durante mucho, mucho tiempo. Pero entonces me di cuenta de que hay por el mundo muchos doctores que no tienen un duro, así que lo superé. También empecé a darme cuenta de que muchos de los estudiantes de notable y sobresaliente a los que conocía trabajaban para jefes que siempre obtuvieron aprobados. Compruébalo por ti mismo: descubrirás que tengo razón. La mayoría de personas que hacen cosas radicalmente nuevas en el mundo no encajan en el molde común. Eso *sí* que me ayudó a superar esta cortapisa. Recuerda, nadie que haya sido normal ha hecho historia.

Howard Gardner, profesor de la Escuela de Graduados en Educación de la Universidad de Harvard, dice que nuestros sistemas educativos son disfuncionales; a menos que uno quiera ser un profesor competente de matemáticas o de lengua inglesa, en la escuela no aprenderá un montón de cosas valiosas para su vida cotidiana. Siempre hay excepciones, pero las personas que están a la vanguardia del pensamiento (y que a menudo se convierten en nuestros mayores empresarios) parecen entender esto, al menos inconscientemente, a medida que avanzan por el sistema educativo. Como se toman su tiempo antes de dejar huella, aprenden a no permitir que las malas notas les definan. Muchos usan la escuela como un instrumento para aprender a llevarse bien con otras personas, lo cual es una cualidad imprescindible para ganar dinero. Por si no te has dado cuenta, Dios no llama a tu puerta y te entrega un cheque. Puede que la inspiración te haya ayudado a conseguir tu trabajo, pero quienes firman los cheques son personas.

El filósofo y pionero social Eric Hoffer escribió: «En los momentos de cambio, quienes aprenden heredan la tierra, mientras los eruditos se encuentran perfectamente preparados para vivir en un mundo que ya no existe». En resumen, sal del pasado y sitúate en la vanguardia de los pioneros. Sitúate entre el caos y el orden.

Por supuesto, si eres alguien que ha obtenido uno de esos títulos espectaculares también podrás hacerte inmensamente rico. Es posible que tengas que enfrentarte a una serie de retos distinta. Por ejemplo, quizá tengas que trabajar más duro para superar la programación social que te han inculcado.

Todos tenemos nuestros retos.

Da lo mismo en qué lado de la valla te encuentres, no hay manera de eludir ese aprendizaje que dura toda la vida. Todo el que me conoce sabe que siempre leo cinco libros a la vez, que me relaciono con mentes brillantes y formulo incontables preguntas. Quiero aprenderlo todo sobre todo, aunque, como es lógico, sé que eso es imposible.

En esta época que cambia con tanta rapidez, el modo en que aprendemos a menudo es sinónimo de nuestro grado de éxito. ¿Aprendes mirando constantemente atrás para comparar y analizar los resultados de otros o los de tu propio pasado? ¿O actúas siempre de manera osada (siguiendo tu intuición) y vas realizando los ajustes necesarios? Aunque ambas estrategias tienen su valor específico, recuerda que en este universo que se expande con tanta rapidez es posible que las viejas respuestas no te aporten nuevos resultados. De hecho, la mayoría de personas apenas piensa. Como veremos al hablar del Pilar Mental, el pensamiento genuino es instantáneo. La deliberación y el análisis se encuentran afianzados sobre el condicionamiento social. Vuelve a leer esto. Fue Einstein quien, sabiamente, afirmó que no podemos encontrar la solución a nuestros problemas desde el mismo nivel de pensamiento que los originó. ¿Diriges los resultados o es al revés? Para tomar el control de nuestro destino debemos empezar siempre controlando nuestra forma de crecer, aunque ahora mismo nos sintamos atascados. Recuerda siempre que tus resultados son un reflejo, un mecanismo de *feedback* biológico, de quién eres. Cambia el interior y alterarás el exterior.

Una vez más, todo radica en un cambio de consciencia. La sociedad nos programa para buscar el cambio de dentro hacia fuera. Pero en cada uno de los pilares de los que hablaremos verás que toda riqueza, todo progreso, es una labor interna.

¡Socorro! Estoy atrapado en un trabajo sin salida

¿No te gusta tu trabajo? Tendrás más cosas que amar cuando ames lo que tienes. Una vez más, todo radica en la forma como miras las cosas y en dónde fijes tu atención. Recuerda que todo, incluyéndote a ti, es energía. ¿Prestas atención a lo positivo de tu trabajo, o lo consideras una carga insoportable? Los pensamientos son direccionales: te conducen a un destino concreto. La energía fluye hacia donde concentramos la atención. Como una radio, lo único que debes hacer es sintonizar la emisora correcta y no moverte de ella. ¿Qué emisora has sintonizado, un muro de granito contra el que chocas y que te pone tenso, o algo que te invita a bailar?

Aquí va un pensamiento: el dinero es una idea. Una buena idea. Te doy permiso para que avances hacia ella. Eso es, desde hoy tienes carta blanca.

El dinero también es indicativo de la consciencia. Si ahora mismo no estás ganando montones de dinero, es que pasa una de las siguientes dos cosas: o bien te estás conteniendo, haciéndote pequeño, o bien no estás concediéndole al mundo el valor suficiente.

La gente no para de venir y decirme: «Quiero buscar un trabajo nuevo, necesito una profesión nueva», pero desempeñan con desgana su trabajo actual, pensando «¡Para lo que me queda!» Si tienes esta mentalidad, te deseo buena suerte, porque la vas a necesitar.

En este universo nunca serás feliz mientras seas menos que el puesto que ocupas ahora. Nunca llegarás a nada si dedicas a tu trabajo poca energía o productividad y esperas grandes beneficios a cambio de tus «esfuerzos».

Para avanzar con paso firme por la vida, tienes que crecer más que tu puesto actual. Esto lo consigues amando lo que haces y dominándolo a la perfección, y cuando hayas dominado a fondo tu actividad laboral, no tendrás más remedio que ampliarte buscando otra. ¿Cuántas veces has visto a alguien invertir muy poco pensando que va a obtener mucho a cambio? Pero es que no funciona así. En nuestro universo hay una ley que dice que cuanto más damos más recibimos. ¿Es así en tu economía? Por supuesto. También lo es en tus relaciones personales, tu forma física, tu salud y todo lo demás. (Pero que quede claro, no estoy hablando de que haya que dar de una copa emocional vacía, como el tipo del principio, que volatilizó todo lo que había ganado en el casino.)

Cuando salí de la AT&T School of Business, era de los mejores. Durante un año tras otro fui de los máximos productores. Sabía que algún día tendría que irme y hacer algo más grande, pero mientras estuve en mi puesto lo di todo. Cuando dejé AT&T School of Business, había tocado techo.

Cuando hayas crecido más que el cargo que ocupas, el universo (ese llamado futuro del que ya hemos hablado) te expulsará de tu nido, para que puedas volar.

Si estás trabajando en algo que no te gusta, otra de las cosas que debes hacer es concentrarte en las habilidades que empleas o en los contactos que haces en tu trabajo «de segunda», porque podrían ayudarte a aterrizar en el «de primera». En AT&T aprendí cómo formar a grupos de personas, sin tener la más mínima sospecha de que algún día usaría esas habilidades para hablar en estadios llenos de gente. Aquellos años tuvieron un valor incalculable para mí. Nunca consideres una pérdida de tiempo ni uno solo de los pasos que des en tu viaje.

Recuerda que todo es energía, y que ésta vibra. Dentro de un universo energético, todo se centra en las vibraciones. No podrás vibrar al máximo de tus posibilidades si estás atascado, de modo que es hora de renunciar a las mentiras que sigues conservando sobre la riqueza. Mi objetivo consiste en ayudarte a deshacerte de esas tenaces ideas que se han enquistado en hechos en tu mente. Por ejemplo, si creciste teniendo una opinión limitadora de tus propias capacidades, ahora es el momento de borrar esas cintas. Muchos de nosotros vivimos creyendo que somos tontos o incapaces de hacer muchas cosas tan sólo porque hemos tenido experiencias negativas, incluso por culpa de algunos episodios absurdos de nuestro pasado, como aquella vez que nos dormimos en el pupitre y nos perdimos el examen de matemáticas. O aquella otra vez que nos pillaron pasándole una nota de amor a la monada que se sentaba al otro lado del aula, cuando se suponía que estábamos leyendo. Podría ayudarte a hacer una lista de los episodios de tu pasado que siguen haciendo estragos en tu mente, disfrazados de hechos. Expúlsalos y exponlos a la luz del día.

El éxito es un juego interior. Lo que determina tu éxito, tu riqueza y tu progreso no es lo que haces, sino la manera de hacerlo.

Fíjate en dos personas que trabajen juntas: una está reventando el techo de sus objetivos y la otra apenas consigue cumplir con sus obligaciones. Sin embargo, en el mundo físico parece que hacen lo mismo, pero las apariencias engañan. Hay gente que me ha dicho: «¡Si pudiera pasar una semana contigo, James, seguro que aprendería qué tengo que hacer para tener éxito!» Bueno, yo no quiero decepcionar a nadie, pero si alguien pasara una semana conmigo, me vería respondiendo *e-mails*, desarrollando programas nuevos, recibiendo llamadas para dar conferencias, resolviendo cuestiones laborales y hablando con abogados (insertando un almuerzo, un entrenamiento en el gimnasio y un poco de meditación entre esas actividades); o sea, nada espectacular. Pero la diferencia radica en el juego interior.

El éxito no radica ni en el trabajo duro, ni en lo que produces, ni en el servicio que prestas

Hay una mentira que pulula por este mundo, que dice que el éxito tiene muy poco que ver con la realización, y que se basa en el trabajo duro. ¿Conoces a alguien que trabaje muchísimo, que le dedique a su profesión incontables horas? Es posible que esa persona tenga varios trabajos, y que, aun así, le cueste llegar a fin de mes. Si el éxito dependiera de trabajar mucho, tendríamos millonarios en cada esquina. Hay muchas, muchísimas personas a quienes se les da estupendamente el mundo de la acción (trabajar, trabajar, trabajar, más y más, más y más, a por todas), y sin embargo no llegan a ninguna parte, excepto a la frustración y a un infierno en vida.

Otra mentira sostiene que el éxito y la realización en el trabajo se fundamentan en el producto o el servicio que se ofrece. En realidad, a gran escala, esto no es así. Conozco a muchas personas de diversos lugares del mundo que tienen productos y prestan servicios impresionantes que no arrojan resultados positivos, y he conocido a otras que tienen productos y servicios normales y se están forrando.

El éxito no depende de la habilidad

Si analizas el caso de una persona a la que le vaya muy bien el negocio (digamos que gana 250.000 dólares al año) y lo comparas con el de alguien que no gana tanto (imaginemos que unos 25.000 anuales), ¿es que el que gana la cantidad más elevada es diez veces más capaz que el que gana 25.000 dólares? ¡Ni por casualidad! Si comparas sus habilidades, puede que descubras una diferencia nimia. Sin embargo, si comparas a las personas basándote en la forma en que suelen pensar, sentir y actuar, ¿detectas una gran diferencia? ¡Por supuesto! Si observas el modo en que invierten y aprovechan su tiempo, ¿a que hay una diferencia abismal? Sin duda alguna.

Muchas veces, si no tienes cuidado, puedes convencerte a ti mismo de que hay determinadas cosas que no puedes conseguir porque no has nacido con la habilidad necesaria para ello. Esa forma de pensar es peligrosa. A lo largo de la historia, muchas personas alcanzaron lo que parecía inalcanzable motivados por el deseo y la determinación necesarios, comprometiéndose a fondo para destacar. Cuando la intención está clara, el método aparece solo.

Las intenciones claras e inflexibles son curiosas: parecen crear constantemente sus propias oportunidades, al tiempo que aportan sus propias habilidades. No estoy diciéndote que el trabajo intenso, la capacidad y los buenos productos y servicios no sean importantes; lo único que digo es que no son el factor impulsor primario. Tus dones únicos son la base sobre la que edificar y hacer fuerza, no son límites. El hecho es que cuanto más único seas, menos probable es que encajes en el molde de los demás.

Thomas Edison suspendía en el colegio. Beethoven compuso algunas de sus piezas más impresionantes después de quedarse sordo. Se dice que cuando iba a la escuela no sabía tocar bien el violín, y que en lugar de mejorar su técnica prefería tocar sus propias composiciones. Su maestro afirmó que nunca llegaría a ser un buen compositor.

Podría ofrecerte incontables ejemplos de personas que han superado la adversidad. Posiblemente tú tengas tu propia lista. Así que un aviso: conoce, aprovecha y utiliza tus talentos únicos, pero que tu singularidad nunca te limite. Mejora tus talentos, aprovéchalos al máximo, y no dejes de concentrarte en ofrecer cada vez más valor.

Si no me crees cuando te digo que tener una forma de pensar adecuada es mejor que disponer de las habilidades pertinentes, haz este magnífico ejercicio que te propongo.

Anota tres de tus mayores éxitos hasta el momento. ❶ Aunque algunos de los ejercicios que haremos los podrás realizar mentalmente, éste es mejor que lo hagas por escrito. Es importante, así que no dejes de hacerlo.

Tu éxito pudo ser acabar el instituto o la universidad, obtener un puesto en una empresa competitiva o casarte con la persona de tus sueños. Aunque no creas que tus logros sean impresionantes si los compara con los de otra persona, estamos hablando sólo de ti.

¿Ya has encontrado tres éxitos de tu vida? Por favor, anótalos antes de seguir adelante. No hay inconveniente en que te remontes incluso a tu infancia. Como aquella vez que te dieron el premio al mejor disfraz de la fiesta, o cuando tu gol hizo ganar el partido a tu equipo. O, quizás, el día en que ayudaste a tu abuela a mudarse de casa, sacando del garaje cuarenta años de trastos acumulados.

Una vez que hayas escrito esas tres cosas, quiero que observes la lista y elijas el acontecimiento que más sensación de triunfo te proporciona, aquel que realmente te hizo sentir como si hubieras abordado y conquistado algo que valía mucho la pena.

Ahora quiero que vayas anotando, como si fuera una tormenta de ideas, una lista de las cualidades y características que te llevaron a obtener ese triunfo. ¿Cómo pensabas? Puede que te vengan a la mente cualidades como la determinación, la pasión, la concentración, la confianza en ti mismo; o quizá sean la visión, la persistencia, la bondad, la paciencia, la honestidad o el entusiasmo. Anota todas las cualidades y características que puedas. Hazlo antes de continuar.

Ahora viene la parte divertida. Repasa tu lista y al lado de cada cualidad anota si está más relacionada con el pensamiento o con la habilidad.

¿Has descubierto algo interesante? Apuesto a que la mayoría, si no todas, de las cualidades que anotaste en tu lista eran estados mentales, no habilidades físicas. ¿Entiendes adónde quiero ir a parar? El éxito, la riqueza e incluso la realización personal tienen muy poco que ver con la capacidad, la inteligencia o incluso el producto que ofrezcas. Todos los atletas olímpicos están preparados, pero muy pocos obtienen el oro. Todo se centra en la mente. Por eso hay veces en las que triunfan las personas que menos te esperas, mientras tú te rascas la cabeza preguntándote cómo lo han hecho. Es porque entienden cómo utilizar el poder de su mente. Quizá podríamos decir que saber cómo hacerlo es su habilidad más importante.

Esto es algo que aprendí al principio de mi carrera, cuando formaba a vendedores a nivel nacional para una empresa del grupo Fortune 500. Viajaba por todo el país para enseñar a grupos de personas las mejores y más recientes técnicas como vendedores. ¿Sabes de qué me di cuenta? Sólo unas pocas de todas aquellas personas saldrían al mundo y, literalmente, cambiarían sus vidas con lo que les había enseñado, lo cual dispararía sus resultados y sus ingresos. ¿Qué crees que hizo la mayoría de la gente? Pues sí: nada de nada. Volvieron a sus despachos e hicieron exactamente lo mismo que siempre habían hecho, así que obtuvieron los mismos resultados deslucidos.

El éxito se basa en el servicio: da más para recibir más

No puedes dar lo que no tienes; si quieres dar más, tendrás que ser más. No dejes de invertir constantemente en ti.

Luego te sugiero que si te concentras en conseguir tu primer millón, o el segundo, en última instancia no tendrás una vida armoniosa y realizada. En lugar de eso, concéntrate en ofrecer un servicio que valga un millón de dólares (diez veces más valor del que tú pides a cambio), y entonces tendrás la vida de tus sueños. Las personas ricas de verdad siempre dan diez veces más valor del que piden. De hecho, en muchos casos en los que una persona interactúa con ellas, siente que no ha pagado el verdadero precio de los servicios, el producto o las ideas que ha recibido. Las personas genuinamente ricas son grandes dadoras, y eso es así en cualquier campo. Se centran siempre en ofrecer más y más, dando más y más valor. ¿Cómo puedes hacer tú eso en tu campo laboral?

Henry Ford nos dijo hace muchos años: «La riqueza, como la felicidad, nunca se alcanza cuando es nuestro objetivo. Es un subproducto de la oferta de un servicio».

Lo único que quiero es dejar clara una idea muy sencilla. Cuando pienses en ofrecer más valor, no tiene que ser algo realmente complicado. A menudo la gente piensa que, para ofrecer más valor, tienen que invertir mucho dinero o hacer algo espectacular. Pero quiero que recuerdes este principio: las cosas pequeñas que se hacen por norma en lugares estratégicos tienen un gran impacto.

Por consiguiente, cuando pienses en ofrecer valor, pregúntate simplemente: «¿Cuáles son las pequeñas cosas que puedo hacer que los demás percibirán como un aumento del valor?» ¿Qué cosas puedes hacer para edificar tus relaciones, de modo que cuando otros piensen en tu producto o tu servicio, se acuerden también de ti?

La idea es que en muchos casos las cosas enormes que puedas hacer no son las que aumentan tu valor; son las pequeñas cosas que hayas hecho en el lugar y el momento precisos las que tienen un impacto importante. Esto es cierto en todas las áreas de la vida, tanto personales como profesionales. En tu vida personal, lo que marca la gran diferencia no son las grandes vacaciones ni los grandes regalos que hagas o recibas, sino esos pequeños «te quiero», «gracias», esas formas humildes de respaldar a tu pareja, ¿a que sí?

Los beneficios psicológicos frente a los beneficios económicos

La gente me pregunta: «La Ley de la Atracción, ¿funciona?» ¡Por supuesto que sí! Pero eso supone formular la pregunta incorrecta. La pertinente es: «¿Cuál es mi propósito único, y cómo puedo emplear la Ley de la Atracción para proporcionar valor al mundo?» Cuando hayas definido la verdadera dirección de tu vida y camines siguiéndola, vivirás el verdadero secreto.

Una de las mentes más brillantes de toda la historia humana, Albert Einstein, dijo: «No todo lo que puede contarse cuenta para algo, y no todo lo que tiene un peso específico se puede pesar». Me gustaría que a partir de ahora vieras tus ingresos desde otro punto de vista. Hay dos tipos de beneficios: los psíquicos y los económicos.

¿Cuántas veces has participado en una actividad de tu iglesia, como voluntario o, si tienes hijos, en proyectos del colegio o de la asociación de madres y padres de alumnos? Quizás hayas invertido parte de tu tiempo en causas dignas, y no hayas recibido a cambio ningún beneficio monetario o material. Déjame que te pregunte: ¿por qué dedicaste una parte de tu precioso tiempo a algo que no te iba a proporcionar beneficios económicos? Ya sabes la respuesta: lo hiciste porque a cambio recibiste algo que formaba parte de un todo superior pleno de sentido. Estabas contribuyendo, dando a un nivel superior. Eso es un beneficio psicológico, y es el más importante que puedas recibir en tu vida.

Todos y cada uno de nosotros sentimos la profunda necesidad de contribuir, de devolver algo, de formar parte de algo importante, y así es como tú y yo vamos a definir nuestros ingresos psicológicos. Los beneficios psicológicos son los más importantes que te embolsarás en esta vida.

El dinero no es más que un instrumento neutro. Es como un cuchillo: puedes usarlo para cortar el pan o convertirlo en un arma. El instrumento no es bueno ni malo; sólo lo define la intención de quien lo usa. Por este motivo, hablemos de cómo podemos crear un beneficio económico que permita que se desarrolle nuestro beneficio psicológico. Te sugiero que generes en tu vida la cantidad suficiente de dinero, de modo que no tengas que preocuparte de él. Cuando el dinero quede fuera de la ecuación, podrás concentrarte en las otras áreas clave de tu vida: tus relaciones, tu intelecto, tu salud y tu vida espiritual. ¿A que suena bien?

¿Por qué estoy aquí? ¿Cuál es mi propósito?

La gente no deja de preguntarme: «¿Cómo puedo encontrar mi propósito en la vida?» o «¿Cómo se puede encontrar la inspiración?» Empieza prestando atención. Mi maestro de la tradición huna me dijo: «En la vida siempre hay que prestar atención. Cuando no prestes atención a algo, tendrás que pagar el precio en sufrimiento».

Vuelve a pensar en tu infancia, porque desde buen principio allí estaban todas las pistas. Larry King le dijo al periodista Jean-Noel Bassior que, de niño, iba corriendo hasta el campo de béisbol después de un partido de los Brooklyn Dodgers, se acercaba a uno de los jugadores y buscaba respuestas, no autógrafos. «¿Por qué ha golpeado la bola levemente en el tercer *inning*?», le preguntaba a algún deportista que se cernía sobre él como un coloso, puliendo sus habilidades deportivas allí mismo, en la pista. Un amigo de su infancia, Herb Cohen, recuerda que cuando Larry iba en tren a veces se acercaba de repente a un desconocido y le preguntaba: «Hola, ¿adónde va?»

¿Sabía aquel muchacho que algún día iba a entrevistar a cientos de las personas más poderosas del mundo? Intuyo que se limitaba a prestar atención a lo que le parecía interesante.

En mi vida ha habido muchos momentos en los que he escuchado una canción que me ha hecho derramar lágrimas. Aprendí a prestar atención a aquellos momentos en los que me sentía tan emocionado, ya fuera leyendo un libro, viendo una película o escuchando música. Cuando eso sucede, hago una pausa y me pregunto: «¿Qué está pasando? ¿Por qué me involucro tanto emocionalmente?»

Durante la película *Braveheart*, cuando vi que el personaje que encarna Mel Gibson grita «¡Libertad!» con toda la fuerza de sus pulmones justo antes de morir, me vine abajo. Me conmuevo sólo al pensar en esa escena. ¿Por qué? Porque una parte de mi propósito en esta vida es ayudar a las personas a liberar esa parte de sí mismas que les permita recordar quiénes son y a disfrutar de una verdadera libertad, abundancia y alegría. Al ver a aquel personaje, apenas pude contenerme. Eso me dijo algo acerca de mí.

Ésos son los momentos en los que te habla tu propósito, tu inspiración. Los tuyos serán distintos a los míos, y los míos distintos a los de la persona que tengo al lado. Pero ahí es donde debes empezar a concentrar tu atención.

Cómo no trabajar un solo día en tu vida

En cierta ocasión me pregunté: «¿Hay alguna fórmula mágica para ganar dinero mientras te lo pasas bien y eres libre? ¿Cómo se puede hacer lo que quieres y encima que te paguen bien?» Busqué respuestas en aquellas personas que ya estaban haciendo algo así.

A menudo, cuando entrevistan a una celebridad, oímos que dice cosas como: «No he trabajado un solo día de mi vida». Aunque eso suena a exageración, he llegado a comprender por qué lo dicen. Cuando uno gana dinero haciendo lo que le encanta hacer —algo que no sea el sueño que tienen otros para él—, resulta más sencillo ver que la parte dura del trabajo forma parte del oficio. El hecho de comprender que en esta vida nadie se libra de esforzarse permite considerar los obstáculos como parte del recorrido. Pero a veces a la gente hay que recordarle esto.

Una clienta muy conocida que tuve empezó a enfadarse cuando la gente la detenía en algún lugar público cuando iba con prisas o cuando no se había maquillado. Yo le recordé que ella siempre había querido ampliar el círculo de su influencia, y que había mantenido esa intención firme durante años. Todo tiene su precio, y el éxito que buscaba requería que tuviera que soportar que la abordasen personas en cualquier momento de su vida.

Francamente, entiendo que se sintiera mal. Por aquella época se había publicado *El secreto*, y descubrí que me impacienté cuando una tarde me pararon algunas personas cuando salía del gimnasio y tenía el tiempo justo para llegar a una cita. Pero le dije a mi clienta que para dominar el instante debemos hacer una pausa, respirar hondo y darnos cuenta de que los retos son la prueba de que estamos forjando la vida que queremos tener. Todas esas noches que nos quedamos sin dormir para estudiar y prepararnos, todas esas fiestas que nos perdimos mientras nuestros amigos se iban de marcha estaban dando resultado. Nuestras intenciones se habían vuelto una realidad.

Al concentrar su punto de vista en la gratitud, mi clienta fue capaz de entender que los aspectos menos agradables de su trabajo no eran más que un florecimiento constante, hermoso, divino, de su manera de manifestarse y expresarse en este mundo. Ése es el paradigma de alguien que no ha trabajado ni un solo día en su vida a pesar de pasarse trabajando más horas que un reloj. Actualmente viajo más de doscientos días al año. A menudo alguien me pregunta adónde voy a la semana siguiente. Una vez que les he respondido, me suelen decir: «¿Por negocios o por placer?» Siempre les contesto lo mismo: «Por ambas cosas». Mark Twain lo clavó cuando dijo: «El secreto del éxito es convertir tu vocación en tu vacación».

Esta forma de pensar, con su naturaleza positiva, es contagiosa. La podrás apreciar en nuestros máximos filántropos. Al hacer las cosas que les apasionan, elevan el mundo. Pensemos en Richard Branson, Bill Gates, Oprah Winfrey…; no podemos apartar la vista de ellos.

Por otro lado, es posible fijarse en alguien diez segundos y ver si es realmente feliz con su manera de ganarse la vida. No vamos a decir nombres, pero no es difícil detectar al tipo que se ha forrado basándose en su ego, acarreando sobre su espalda una energía herida, competitiva, repulsiva, que todo el mundo ve y que cada vez le distancia más y más de todo. «Ya puestos, podrían cargar una valla publicitaria donde anunciasen sus miedos», afirma la consejera Rhonda Britten. ¿Llevas tu propia valla publicitaria? Si es así, ¿qué dicen de ti esas enormes letras de molde?

Una determinada cantidad de riqueza económica puede ayudarte a desarrollar también tu capacidad espiritual. Te permitirá visitar lugares sagrados, leer libros, asistir a reuniones y disfrutar de la belleza que puede ofrecerte el mundo, y que resulta inalcanzable cuando no se cuenta con los beneficios del tiempo y del dinero. Para el desarrollo de la espiritualidad, el espíritu requiere una sola cosa, nada más: una expresión y una expansión más plenas de la consciencia. Eso quiere decir sumergirse en el tipo correcto de energía y de información.

Da lo mismo lo que hayas creído en el pasado, o lo estancado que creas hallarte desde el punto de vista económico: puedes darle la vuelta. Tus resultados actuales son un reflejo directo de la persona en que te has convertido hasta este punto. Pero eso no es ni una fracción de quién eres. Por pobre o sorprendente que pueda resultarte tu situación económica actual, ni siquiera se acerca a tu capacidad. ¡Ni de lejos, vamos!

A medida que vayas leyendo este libro, quiero que mantengas la intención de crecer, de hallar tu identidad única y vivir una vida de Armonía en la Riqueza, compartiendo con el mundo esa nueva persona en la que te convertirás. ¿Quién eres? ¿Cuál es tu misión única? ¿Cómo compartirás tu belleza por medio de los servicios que ofreces?

Una vez más, volvemos a la filosofía fundamental de que la riqueza no es el resultado de ganar dinero. No, hacer dinero es el resultado de la riqueza: la riqueza de las relaciones, del conocimiento, de la salud, del espíritu. Cuando nos convertimos en individuos armoniosamente ricos, el dinero llega como un subproducto de quiénes somos en el mundo. ¿Qué podría ser más gratuito que esto?

8

Tocar de pies a tierra

La felicidad no radica en la mera posesión de dinero:
se encuentra en la alegría del logro,
en la emoción del esfuerzo creativo.

FRANKLIN D. ROOSEVELT

Fijemos objetivos e intenciones

Vale, voy a contarte algunas cosas que seguramente ya habrás es-
cuchado otras veces, pero ¿sabes una cosa?, los estudios demues-
tran que a menudo hace falta escuchar algo cincuenta veces antes
de asimilarlo. La repetición es la segunda ley del aprendizaje y
de la transformación. El reconocimiento es la primera. Nunca te
transformarás ni crecerás a menos que admitas que necesitas ha-
cerlo.

Si en algún momento durante la lectura de este capítulo te descubres pensando «Ya lo sabía», formúlate una pregunta justo después de ese pensamiento: «Pero ¿lo hago?» Si no lo estás poniendo
en práctica, entonces es que sabes de qué va, pero no lo *sabes* de
verdad. Saber algo hace que lo saquemos de nuestra mente y lo
situemos en el corazón y, en última instancia, en los pies (para
ponerse en marcha). El motivo de que sean tantos los autores que
hablan de lo mismo —fijar metas, crear paneles de visión, establecer hábitos positivos, administrar el uso del tiempo— se debe
a que tales cosas funcionan. A mí me encanta conocer tiendas

donde venden de todo. No quiero que vayas corriendo en busca de otros libros para descubrir cómo se hace esto. Quiero que este libro te proporcione todos los instrumentos que necesitas para crear la Armonía en la Riqueza. Eso es eficacia.

Te prometo que te voy a explicar algunos giros inesperados en temas que seguramente le resultarán familiares; te diré cosas que nunca has oído antes. Estas estrategias no sólo harán que las ideas cotidianas resulten más emocionantes, sino que te ayudarán a obtener resultados más significativos.

Sigue conmigo...

Fijar objetivos es casi tan automático como respirar. No podrías evitar hacerlo, aunque lo intentaras. Una vez un amigo me dijo: «James, no me he fijado una sola meta en toda mi vida». Esto significa ignorar una verdad fundamental. Piensa en ello: cada vez que has cambiado, mejorado o conseguido algo, partiste de fijarte algún tipo de objetivo, ¿no es verdad? Querías aprobar secundaria, así que fuiste a todas las clases y lo conseguiste. Querías ganar dinero, de modo que te presentaste candidato para un empleo, te eligieron y empezaste a trabajar. Querías mantener una relación sentimental, así que saliste al mundo y empezaste a quedar con gente. Por la mañana no podrías ni levantarte de la cama si no fuera porque decides hacerlo. Consciente o inconscientemente, tomas decisiones cada día sobre lo que pretendes hacer. Cuando tienes un motivo lo bastante sólido en tu interior para alcanzar tu intención, consigues hacer cosas, ¿verdad?

Mucha gente habla y escribe sobre esto de fijar metas. Yo prefiero forjar la intención. La intención de crear algo es mucho más poderosa que fijar una meta. La intención conlleva resolución, disciplina y compromiso. Los objetivos son las líneas de meta, pero la intención es el proceso de consecución.

Establecer una intención clara es importante, porque dota de dirección a la mente inconsciente. Recuerda que tú das forma a tu mundo mediante la intención, y lo cohesionas mediante tu atención. Tu intención es la dirección que eliges, el sistema direccional para tu atención. Entender esta verdad te otorga una ventaja adicional; ponerla en práctica te enriquece.

Todos los objetivos son espirituales

Fija las intenciones que realmente quieres y mereces, no las que a otros les suenan bien, ni las que son humildes o cumplen los sueños que tuvieron tus padres para ti. No tienes que justificar ante nadie tus deseos. Cuando alguien te mire con mala cara y te diga: «¿Por qué quieres eso?», tu única respuesta debe ser: «Porque sí». Algunas personas te tacharán de egoísta o de avaricioso por querer cosas para ti mismo; ese es su problema, no el tuyo. No dejes que las palabras de otros te detengan ni un instante. Puede que ellos aprendan de tu ejemplo, o puede que se queden como están.

Pero admitamos que los objetivos tienen una cara oscura, una faceta secreta. Montones de personas persiguen sus metas para demostrar algo, para superar a alguien, incluso para fastidiar a alguien. Si es así como tú actúas ahora, admítelo. Tener un elemento motivador negativo puede ser muy poderoso a la hora de ponerse en marcha. Es válido recurrir a él, pero existe una vía superior, una manera mejor de hacer las cosas. ¿Acaso hacer algo que hace que te cante el corazón no es un poco más atractivo que huir del sufrimiento? Piensa en ello.

Aunque buena parte del tiempo perseguirás los objetivos físicos, tangibles —un coche nuevo, una casa, un ordenador—, admite que en realidad lo que te motiva no es lo material. Te impulsa el ser espiritual que llevas dentro, que desea expandirse y expresarse, de modo que puedas convertirte en la persona que necesitas ser para crear esa intención. Tu yo superior y el universo saben lo que hacen. Confía en ellos.

La idea básica es que el tiempo es finito, pero la energía no lo es. Me da lo mismo si has dormido dos u ocho horas. Me es indiferente si te has tomado ya el café o no. El único motivo por el que no estás totalmente vibrante, vital y vivo es porque estás haciendo algo para aislarte de tu fuente y del llamado futuro de tu destino. Entonces, ¿no será ya el momento de alinearte con tu espíritu y volver a conectarte?

El poder de tu anti-intención

Cuando algunos de mis licenciados anotan sus intenciones, también les hago definir su anti-intención. ❶

¿Perdón?

Una anti-intención es el polo opuesto (que a menudo se interpreta como el aspecto negativo), las secuelas derivadas de cuando me centro en mi intención y en mis metas. Si mi objetivo es «me emociona y me siento agradecido al ganar 5.000 dólares extras cada mes», mi anti-intención es «acepto el desafío de expandir mi empresa, tengo menos tiempo que perder e invierto más esfuerzo en la planificación financiera».

El 1 de enero de 2007 dije: «Este año quiero tener más influencia y aparecer en televisión al menos doce veces». Al pensar en mi anti-intención tuve que preguntarme qué precio tendría que pagar para alcanzar ese objetivo. El precio, como ya he dicho antes, es elevado: paso más tiempo en la carretera; tengo menos momentos de tranquilidad; hablo en más sitios de los que mi equipo puede gestionar; en mi agenda hay muchas más personas y cosas que intentan conseguir tener un hueco. Pero conocer mi anti-intención evita que me cieguen los efectos de mis intenciones, y además (y aquí viene lo más gordo), cuando éstas se cumplen, me siento agradecido en lugar de permitir que me frustren. Las anti-intenciones son los indicadores de que mi intención está adoptando una forma definida.

Si recordamos la física cuántica y la Ley de la Polaridad, los sucesos negativos son una prueba positiva del bien que estamos creando. La buena noticia es: soy rico. La mala noticia es: soy rico.

Si lo que deseas obtener son montones de dinero, tu anti-intención sería que los cheques más «abultados» generaran mayores demoras o complicaciones, más deudas y más responsabilidades. Cuando aceptas las complicaciones y sientes gratitud por su abundancia, el hecho de firmar cheques más cuantiosos y enfrentarte a retos mayores no te hará perder el control. Será una señal de que has entrado en el gran escenario.

Tormenta de ideas

Carguemos a tope el poder de la anti-intención. Analiza tu anti-intención en profundidad, preguntándote cuál es la consecuencia de la consecuencia. Muy a menudo nos impedimos recibir lo que queremos porque tememos que el precio será muy alto. Pero ¿qué pasa si nuestros temores están amplificando y distorsionando las pequeñas preocupaciones?

Una de mis clientas tenía miedo del éxito porque pensaba que su hermana mayor estaría celosa de ella, y que su marido podría sentirse amilanado. Pero tras superar el temor y ganar más dinero que cualquiera de los dos, su hermana se alegró muchísimo —lo celebraron en Bali— y su marido estaba encantado, porque pudo encontrar un trabajo peor pagado, pero que le gustaba más. Al final resultó que los miedos de mi clienta no eran más que películas.

Si tienes este tipo de paranoias, has de saber que ya es hora de abandonarlas, que más vale que las tires por la ventana. Cambia de canal.

Sin embargo, si tus miedos siguen pareciéndote válidos, pregúntate: «¿Cómo puedo abordar creativamente este reto?» Concede a tu maravillosa mente inconsciente la tarea de encontrar una solución.

Éste es un gran instrumento que he utilizado durante años para activar el subconsciente. Haz una tormenta de ideas sobre todas las maneras que empleas para solucionar un problema. Anótalas todas, desde la más sencilla a la más compleja, desde la más ridícula a la más realista. Entonces deja a un lado la lista y permite que se ponga en marcha tu subconsciente. Que sí, que sí, que te olvides de la lista, pero presta atención cuando empiecen a surgir respuestas. Confía en tu mente: cuando le encargas una misión, tu subconsciente nunca deja de trabajar hasta proporcionarte una respuesta. Por poner un ejemplo, cuando te olvidas del nombre de una persona y te esfuerzas por recordarlo, la mayoría de las veces no lo consigues, ¿a que no? Pero diez minutos después, cuando ya has tirado la toalla, el nombre te viene a la mente. Las tormentas de ideas funcionan de una manera muy parecida. Una vez que comiences ese proceso, prepárate para recibir respuestas en cualquier momento y en cualquier lugar. Te recomiendo tener a mano un bloc de notas, en tu bolso, en el coche, al lado de tu cama, de modo que puedas anotar enseguida tus nuevas soluciones. Te sorprenderá ver cómo surgen de la nada las alternativas creativas.

Sitúa tus intenciones en la autopista

Cuando pregunto a mis clientes «¿Sabes cuáles son tus intenciones?», suelen decirme: «Sí». Entonces les digo: «Enséñame tu lista». «No, las tengo todas en la cabeza», me dicen. Y ahí es precisamente donde van a quedarse a menos que las anoten. Nunca se harán realidad. Tú ya sabes que nadie tiene un deseo al azar, porque sí, a menos que también tenga la capacidad para convertirlo en realidad. Y ese proceso empieza al anotarlo, concretando su intención, movilizando la energía en el campo de punto cero para ayudarte a alcanzar tu meta. Por tanto, ¿cómo escribir eficazmente tus intenciones?

Una meta es una responsabilidad cuando puede medirse

Antes que nada, tus objetivos deben ser específicos y mensurables. Sólo entonces sabrá tu mente qué hacer para convertirlos en realidad.

Ahora pongámonos científicos por un instante.

Ya sabemos que todo está compuesto de energía, y que ésta vibra, y a eso le llamamos frecuencia. ¿Vale? Bueno, pues en este universo hay un ejército de frecuencias o vibraciones, desde las más rápidas a las más lentas. Por ejemplo, las ondas ultravioletas tienen una frecuencia de 1.014 ciclos por segundo, mientras que la de las ondas cósmicas es de 1.024 ciclos por segundo. Muy bien, ¿y qué? Bueno, pues que, en contraste, la mesa de tu cocina tiene una frecuencia de sólo unos ciclos por segundo, igual que tu coche. ¿Y cuál es la idea? Para trasladar las cosas del ámbito no físico del espíritu al ámbito físico de la forma tienes que ralentizarlas... mucho. Y esto se consigue cuando consigues que sean específicas y mensurables.

Seamos realistas: si no es concreto, ¿cómo sabrás que ya has alcanzado tu objetivo? Si dices: «Quiero tener una relación mejor con mis hijos», ¿cómo puedes medirla? ¿Cómo sabrás que has obtenido una «mejora»? «Quiero ganar más y trabajar menos.» ¿Eso qué quiere decir?, ¿ganar un dólar más por una hora menos? Pero si escribes algo así: «En las próximas tres semanas iré una vez a Disneyland con mis hijos» o «En las próximas dos semanas voy a subir mi sueldo diez dólares la hora y voy a reducir mi jornada una», eso sí que es específico y mensurable, ¿no es cierto?

No hay momento como el presente

Existe una manera incluso mejor de plasmar tu objetivo específico y mensurable: ponlo en tiempo presente.

Escribe esto: «Soy muy feliz y me siento muy agradecido de poder pasar este día tan estupendo en Disneyland, paseando en la canoa y empapándome con mis hijos». ¿Te ves allí? ¿Sientes la alegría y la humedad? ¿Necesitas una toalla? Cada vez que leas o digas estas palabras, descubrirás que imaginas la cantidad de cosas que harás después del viaje en canoa: dejarte caer en el ascensor de la casa encantada, ver las luciérnagas y escuchar a los piratas borrachos cantando mientras su barco te lleva por el recorrido de Piratas del Caribe, comiendo helado de vainilla en un cono de barquillo y disfrutando de cada mordisco.

«Quiero perder cinco kilos» te dice tu subconsciente a ti que necesitas perderlos, y tú acabarás necesitando continuamente perder esos kilos. Cuando siempre quieres y nunca tienes, tus deseos son órdenes. En lugar de eso, escribe: «Me siento feliz por estar sano y lleno de energía, con mis cincuenta y siete kilos y con mi talla treinta y seis de tejanos» (asumiendo que esos cincuenta y siete kilos sean cinco kilos menos de los que quieres pesar). ¿Percibes y sientes la diferencia que supone escribir tu deseo como si ya se hubiera hecho realidad ahora? El genio es imparcial, y siempre dice: «Tus deseos son órdenes», de manera que asegúrate de que tus afirmaciones son concretas, positivas y están en tiempo presente. Define tus deseos como si ya se hubieran hecho realidad.

La emoción es la energía en movimiento

Cuando empieces a escribir, comienza diciendo «Me siento tan feliz y agradecido por...». «Me siento...» coloca tu objetivo en el tiempo presente. («Seré...» te mantiene deseando y sin tener nunca.) Todo deseo afirma una ausencia. Piensa en esto un buen rato.

Aquí van unos cuantos ejemplos eficaces para que empieces. Saca tu bloc de notas y apunta diez intenciones que sean importantes para ti. ❶

«Me siento tan feliz y agradecido porque este mes he ganado 5.000 dólares extras.»

«Me siento tan feliz y agradecido porque soy el dueño del despacho de abogados más rentable de la ciudad, que ofrece muchísimos beneficios y ayuda a cientos de personas.»

«A mi familia y a mí nos encanta vivir en la casa de nuestros sueños, junto al lago.»

«A mi esposa y a mí nos entusiasma conducir nuestro nuevo Mercedes con la capota baja, sintiendo el viento en el pelo. Volvemos a ser como niños.»

Usar términos como *feliz*, *emocionado* y *encantar* introduce el elemento emocional que es tan esencial. La emoción no es nada más que la energía en movimiento. La emoción es la puerta a la motivación. Una de las emociones creativas más poderosas es la gratitud. Cuando te sientes agradecido, emites el mensaje: «Gracias, envíame más». Todo el mundo puede sentirse agradecido al recibir algo; el maestro está agradecido de antemano. Convierte tu intención en algo que te motive y te impulse, no sólo en algo que crees poder conseguir. Existe una línea muy fina entre expandirse y ser un blandengue. Una buena prueba consiste en leer en voz alta tus intenciones. Podrás decir en un instante si a tu voz le falta pasión; cuesta más fingir cuando se habla que cuando se escribe. Opta por el coraje: márcate objetivos que te impulsen a expandirte y a crecer, haciéndote sentir fuerte, capaz y atractivo. El espíritu humano no invertirá en la mediocridad.

Apunta alto..., pero sé realista

Apunta lo bastante alto como para inspirarte a crecer en esta nueva vida, pero busca metas creíbles. Que sean importantes, pero factibles. No quieres fracasar, ¿verdad?

Por ejemplo, conozco a una mujer que recortó la foto de una revista donde se veía a una joven espléndida en bikini, que era unos treinta años más joven que ella, y la pegó en la puerta de la nevera. Algunas palabras o imágenes que te parecen exageradas harán que te digas: «Ya, bueno, eso nunca me va a pasar». Si no puedes expandir tu imaginación para creer que obtendrás esa imagen, busca otra que te resulte más creíble.

Tienes que fijarte metas tangibles, razonables. Ten en cuenta que, a pesar de que estamos hablando del Pilar Económico, en realidad lo que tú quieres no es dinero, sino lo que crees que éste te aportará. ¿Cómo visualizas un millón de dólares? ¿Cuántos montoncitos de papel son? Sin embargo, pensar en una casa o en un cuerpo de un millón de dólares traerá a tu mente unas imágenes claras. Visualizarlas con todo detalle es la clave para vivirlas.

Ah, y déjame que te cuente un pequeño secreto (bueno, no es tan pequeño): muchas personas que han visto *El secreto* o que han estudiado la Ley de la Atracción han oído que el universo no distingue entre las metas grandes y pequeñas. Aunque eso es cierto, lo que no tienen en cuenta es la Ley del Género, que afirma que todo tiene un periodo de incubación o de gestación. Cuesta más hacer crecer un roble poderoso que un sauce. Así que, si cultivas robles, prepárate para ser capaz de mantener el rumbo hacia tu meta, pase lo que pase. Tu «tres de tres» tiene que fijarse en un blanco y mantenerlo. Precisamente el esfuerzo que supone mantener la vista fija en un blanco es lo que más induce a la gente a renunciar. Se ponen un objetivo enorme y controlan su atención durante un tiempo, pero cuando no obtienen resultados de la noche a la mañana, dicen: «¡Este sistema no funciona!» Como siempre, el genio responde: «Tus deseos son órdenes».

Una vez más, a menudo sobrestimamos lo que podemos hacer en un año, y subestimamos lo que se puede hacer en una década. Recuerdo que hace algunos años mi negocio estaba en las últimas —en serio, en paro cardiaco—, y como resultado de ello, yo también estaba así, casi no podía cubrir los gastos de cada mes. Mi novia de aquella época, en un momento de frustración, me dijo: «¿Cuándo van a cuajar tus ideas? ¡Llevamos así un año y medio!» Me limité a reírme y le aseguré que estaba en camino, y le recordé que estaba cultivando robles, no sauces.

Descúbrelo, siéntelo, hazlo

Cada mañana cuando te levantes, que es cuando tu subconsciente está más receptivo, imagina tu intención incluso antes de levantarte de la cama. Si puedes verla y sentirla, tu subconsciente también podrá hacerlo. Éste gobierna el cuerpo, de modo que levántate y haz algo.

Sal al balcón de tu casa nueva; contempla los patos deslizándose por la superficie del lago, los venados pastando en las hierbas altas a tu izquierda. Mientras bajas a tomarte el zumo en la hamaca con vistas al agua, donde el neumático que sirve de columpio a tus hijos se balancea pendido de un alto roble, huele el rocío en el ambiente. Escucha a los pájaros cantando en las ramas, y siente la brisa en la piel. Tus hijos se despiertan y bajan corriendo, junto a su golden retriéver, para saludarte con sus firmes y cálidos abrazos, barbotando esas palabras que nunca te cansas de escuchar: «¡Mamá, papá ha preparado el desayuno!» Vale, vale, quizás esta última parte es pasarse un pelín, pero ya captas la idea, ¿no? Por la noche revive tu visión, plantando la imagen en tu subconsciente mientras concilias el sueño. Esto empezará a generar una fuerza activa y magnética que no se parece a nada que puedas imaginar. Fíjate en este principio esencial: lo último en lo que piensas antes de irte a dormir será aquello en lo que trabajará tu subconsciente durante toda la noche. Todo aquello en lo que trabaja constantemente tu subconsciente te incita a avanzar hacia allí. Según la Ley de la Atracción, viene hacia ti.

¿Que es muy difícil? Mira, ahora mismo tú ya piensas y sientes algo, te lo garantizo. Simplemente, entrénate para convertirlo en algo que realmente desees y merezcas.

La gurú de las finanzas Chellie Campbell dice que demasiadas personas «se fijan» metas, pero pocas las «alcanzan». Hazte un favor poniendo en esta empresa tu corazón y tu alma. Ella sugiere que añadamos a nuestras intenciones observaciones juguetonas, del tipo «El dinero viene a mis manos sin esfuerzo, fácilmente», o «A la gente le encanta darme dinero». Nunca me ha gustado recurrir a las afirmaciones porque sí, pero creo que resultan de gran ayuda siempre que vayan unidas a la acción. Ésta es una que llevo años usando: «Fluyen hacia mí mares de dinero, en una cantidad cada vez mayor, un alud de abundancia, porque soy uno con Dios, y Dios lo es todo». Crea unas cuantas afirmaciones propias.

9

Si das los pasos correctos, serás imparable

La acción sin pensamiento es necedad,
y el pensamiento sin acción es hipocresía.

AYN RAND

Al universo le gusta la velocidad

En tu cuerpo tienes más de un billón de células, cada una de las cuales desarrolla una potencia eléctrica de 1,17 voltios. Piensa en ello: eso es más de un billón de potencia eléctrica que tú tienes a tu disposición. Cuando prestas atención y actúas basándote en tu llamado futuro, más de un billón de soldados con un billón de voltios dicen: «Adelante». Por eso es prácticamente imposible tener éxito en algo que no te gusta, porque todas y cada una de las células de tu cuerpo te dicen «No» o «Tú mismo...». Conozco a un hombre que hace trabajos de bricolaje, pero a quien su trabajo no le gusta nada, de manera que no deja de atraer experiencias «no». Le salen malos clientes de debajo de las piedras; muchos no le han pagado o le han espetado que su trabajo debía de ser una broma. ¡Pues vaya broma!

Personalmente, me gustan las grandes intenciones. «El filo de la navaja», las llamo yo; son esas que me hacen sentir como si estuviera al borde de un acantilado de ochenta metros de altura.

No siempre he sido tan valiente.

Mi maestro y yo estábamos sentados en silencio en la ladera de una montaña en Cutimbo, el cementerio de todos los grandes chamanes peruanos, cuando le pregunté:

—¿Cómo sabe cuándo un sendero es el correcto, don José?

—Cuando no me siento preparado para caminar por él —me dijo.

¡Bingo!

Eso es lo que necesitaba oír. Sus palabras me dieron permiso para saltar cuando estaba aterrado, para avanzar sin garantías. Permite que hagan lo mismo en tu vida.

Si te parece estrambótico confiar en un chamán que vive a medio mundo de distancia, permite que mi certidumbre supere tus dudas. Si lees biografías de personas ricas y famosas, descubrirás que la mayoría de ellas caminaba en las tinieblas, igual que tú, durante buena parte del camino recorrido hacia la cumbre. Captaban atisbos de lo que se suponía que debían hacer, y a menudo lograban ver su destino, pero los pasos cotidianos eran misteriosos, y sólo se les iban revelando uno tras otro, a medida que progresaban con valor. ¿Se sentían totalmente preparadas para crear o recibir las cosas que perseguían? Pocas veces. Asciende a una cima y estarás lo bastante arriba como para ver la siguiente. Si esperas el momento perfecto para actuar, dentro del marco perfecto de las circunstancias… Venga, por favor, ¡no me hagas acabar la frase! Supéralo.

Nadie está totalmente listo para el éxito. Te lo prometo: por muy bien que creas haber planificado las cosas, no saldrán conforme a lo previsto. El gran éxito te prepara para el gran éxito. Da lo mismo que estés o no preparado, porque a medida que avances por el camino lo tendrás todo más claro. Aparecerán personas y circunstancias que vendrán en tu ayuda en virtud del mero hecho de que estás en movimiento. Por tanto, si tu corazón te dice «Adelante», sigue avanzando un paso tras otro, aunque sean pasos de bebé, aunque tengas que arrastrarte.

Una de mis frases favoritas de *El secreto* dice: «Al universo le gusta la velocidad». ¡Qué cierto es! La otra cara de esto es que, si no actúas con rapidez, probablemente no actuarás jamás, lo cual quiere decir que tus ondas de eco futuro y de oferta no armonizarán. Es importante que actúes dentro de las primeras veinticuatro horas en que hayas establecido una nueva intención. ❶ No lo hagas, y no lograrás alcanzar todo tu potencial. A la mayoría de personas les pasa. No es que el universo no quiera ayudar, de ninguna manera. Lo que tú quieres te quiere. Lo que buscas te anda buscando. Pero, dicho en pocas palabras: imagina que el universo fuera un tren, si tú no actúas con rapidez, llegarás a la estación cinco minutos demasiado tarde, confiando en que el tren te esté esperando en las vías y que el conductor te salude alegremente y haga un ademán para invitarte a subir bordo... ¡Anda ya! ¡Eso sólo pasa en los dibujos animados!

Seis al día: la fórmula para la magia práctica

La siguiente historia es sorprendente. Ya es muy conocida en algunos círculos, así que es posible que la hayas oído; si es así, vale la pena que la escuches de nuevo, y si no, conocerla puede cambiarte la vida: créeme.

Voy a reducir el diálogo, dado que yo no estuve allí (gracias a Dios, porque entonces sería *realmente* viejo), pero el meollo de la historia es el siguiente:

A finales del siglo XIX, un hombre llamado Ivy Lee se reunió con Charles M. Schwab, presidente de Bethlehem Steel. Su objetivo era vender todos sus servicios a Schawb, y ayudarle a ser más eficiente. Pero éste le dijo que su personal ya sabía muy bien lo que debía hacer: su problema estribaba en conseguir que lo hiciera. Por lo tanto, no se mostró interesado en los servicios de Lee.

—Imagínese que pudiera ofrecerle un instrumento, una acción que le garantizase que sería más eficiente. Eso sí que le interesaría, ¿no? —preguntó Lee—. Mejor aún —prosiguió, detectando la resistencia de Schwab—, ¿qué tal si le doy la idea y dejo que la use durante veintiún días? Si funciona, compártala con sus empleados. Entonces me envía un cheque por el valor que crea que tiene.

—De acuerdo, muy bien. ¿De qué se trata? —preguntó Schwab.

—Al principio de cada día o, mejor aún, al final de cada día, antes de la siguiente jornada laboral, coja un trozo de papel y anote las seis cosas más importantes que tiene que hacer para alcanzar sus objetivos de ese día —dijo Lee—. De hecho, ya puede empezar a hacerlo ahora mismo.

Schwab pensó unos instantes y luego anotó en un papel seis proyectos para el día siguiente.

—Ahora colóquelos en orden de importancia: el uno será el más importante, el dos el segundo más importante, y así sucesivamente —continuó Lee.

Schwab lo hizo.

—Mañana, a primera hora, empiece con la tarea número uno. No pase a la dos hasta que haya completado del todo la primera. Luego prosiga con el resto de proyectos. Si llega al final de la jornada y no ha completado todos los proyectos anotados en la lista, pase los pendientes al día siguiente. Si un día se queda con las tareas cinco y seis, pasarán a ser la uno y dos del día siguiente. Use este sistema todo el tiempo que quiera, y si al final considera que tiene algún valor, me envía un cheque por ese importe.

Menos de un mes después, Ivy Lee recibió por correo un cheque por un importe de veinticinco mil dólares. Llevaba una nota que había escrito Charles M. Schwab: «Éste es el instrumento más eficaz para el desarrollo que me haya enseñado alguien en toda mi vida, y aquí le adjunto una fracción de lo que vale».

En aquella época Bethlehem Steel era una empresa relativamente desconocida, pero en el plazo de cinco años fue creciendo hasta convertirse en el principal productor de acero del mundo. Schwab ganó cien millones de dólares y pasó a ser el empresario del acero más poderoso y famoso del planeta. La inversión de veinticinco mil dólares se convirtió en muchos millones, en una época en la que los ingresos medios de los trabajadores estadounidenses eran de dos dólares diarios.

Desde entonces, muchos empresarios poderosos han atribuido su éxito a esta técnica. Por tanto, si es lo bastante buena para ellos, ¿adivinas qué es lo que te voy a pedir que hagas cada día, empezando por hoy? ¡Ajá! Haz lo que yo llamo los Seis Esenciales. Pero eso sólo si deseas obtener resultados espectaculares.

Si no es así, no te molestes.

Mantente centrado

Hay demasiadas personas que tiran la toalla antes de que sus sueños adopten una forma física. ¿Qué pasaría si fueras jardinero y llevaras seis años regando la tierra donde has plantado bambú, pero como tus vecinos no dejan de reírse de ti («Pero, ¿qué narices haces?»), dejaras finalmente de hacerlo? Define tus actos, tus Seis Esenciales cada día, relacionados con tus intenciones y con tus valores; ponlos en orden de prioridad y comprométete de verdad y ten el coraje necesario para llevarlos a cabo. ❶ Las cosas que hayan quedado pendientes pásalas a la cabecera de la lista para el día siguiente. La única excepción para no hacer este traspaso es que surja algo de mayor importancia que tengas que hacer al día siguiente.

Sé honesto contigo mismo y comprométete de verdad; te lo repito una vez más: sigue trabajando incluso cuando parece que no pasa nada. Tendrás que enfrentarte con distracciones mientras trabajas: el teléfono, los *e-mails*, los amigos y compañeros de trabajo y los miembros de tu familia, que te machacarán con sus exigencias. La actividad no es sinónimo de progreso, de modo que, por muchas que sean las cosas que compiten para llamar tu atención, mantente centrado. A menos que te induzcan a acercarte a tu objetivo, ignora las distracciones.

Pon un post-it en esta página y vuelve a releerla dentro de una semana. Cuando lo hagas, pregúntate: «¿Estoy anotando cada día mis Seis Esenciales y colocándolos por orden de prioridad? ¿De verdad los estoy cumpliendo? ¿Hay algún proyecto de mi lista que podría delegar o contratar a otros para que lo llevaran a cabo?» No caigas en la trampa de distraerte con las tareas secundarias. Ir a la oficina de correos o al supermercado puede suponer un descanso y un cambio de escenario, pero ¿es la manera más eficaz de gestionar tu tiempo?

Crea el hábito de preguntarte antes de hacer algo: «¿Lo podría hacer algún otro por mí?» Si la respuesta es sí, aunque ahora mismo no estés en posición de contratar a nadie, debes tener claro que ésa no es una actividad prioritaria, así que comprométete a dedicar menos tiempo a actividades de ese tipo.

La buena noticia es que ya dispones de las habilidades necesarias para hacer la mayor parte de lo que necesitas para alcanzar tus objetivos. A menudo el aprendizaje consiste en recordar lo que uno ya sabe. Lo que quiero decir es: ¿no hace ya mucho tiempo que sabes muy bien qué es lo que tienes que hacer?

Lo que quiero es que pienses que alcanzar tu objetivo es divertido y emocionante, y que además se te va a dar bien. ¿Y qué pasa si te salen más de seis cosas importantes que hacer al día siguiente? Es probable que te suceda. Redúcelas a un máximo de seis. Aquello que no esté alineado con tus intenciones debe quedarse fuera. Sí, ya sé que hay que fregar los platos y sacar a pasear al perro, pero no debes hacer estas cosas durante tu mejor momento creativo.

¿Cómo se puede hacer?

Cuando actúes, concéntrate tu intención y mantén la atención fija en lo que deseas crear. Cada vez que surja una duda, pregúntate: «¿Cómo lo puedo hacer?» Mientras te mantengas concentrado en lo que puedes hacer, tu mente se mantendrá en la zona creativa. Ser innovador y creativo pone en marcha la Ley de la Atracción.

Tienes que dar rienda suelta a tu mente maravillosa, eliminar cualquier limitación. Los pensamientos son poderosos. Recuerda la semilla de zanahoria enterrada; si no esperas que salga algo, no la regarás. Las expectativas unidas a la acción atraerá lo necesario para alcanzar tu meta: más tiempo, talento, dinero, ayuda, educación. Tus expectativas serán recompensadas. La providencia se moverá, y las cosas obrarán en tu favor.

¿El universo te proporcionará *feedback*? No lo dudes. Pero te advierto de que a veces te sentirás rechazado. Quizá te parecerá que no eres lo bastante capaz. Puede que te sientas un fracasado, pero eso es un mero espejismo. No es un fracaso, sólo *feedback* y aprendizaje. Sólo se te concede lo que puedes asimilar, y sólo fracasas cuando cometes el mismo error una y otra vez, esperando que cada una de las veces el resultado sea distinto.

La programación antigua intentará mantenerte en tu zona de comodidad. Pero desconecta del pasado. El pasado te cuenta mentiras sobre tu futuro. ¡Pero, hombre, si hasta tu presente miente! Cuando analizas tus resultados actuales para definir tu futuro, estás pensando al revés. Estás avanzando hacia el futuro marcha atrás, mirando al pasado, definiendo la vida según lo que ves en el retrovisor, en vez de mirar al frente por el parabrisas. Pero sé que ahora ya piensas con mayor claridad. Se acabó lo de conducir marcha atrás.

Piensa en esto: la gente que quiere ser perfecta en cuanto empieza (o en cualquier otro momento, ya puestos) son las personas que tienen menos probabilidades de tener éxito. ¿Por qué? Porque ser perfecto es imposible. Piensa en ello; si siempre pretendes ser perfecto, tienes una excusa estupenda para no hacer nada, ¿no? No dejarás de decirte que nunca vas a llegar a tu meta, así que ¿para qué esforzarte? Es fácil, ¿verdad?

Hagas lo que hagas, e independientemente de cómo pinte la cosa, *no cambies tu intención*. Refínala, clarifícala, mejórala, haz lo necesario para iluminarla, y asegúrate de que la pasión que le profesas es más fuerte que nunca. Sé el jardinero entregado, que nunca se olvida de regar sus semillas.

Las tarjetas de intención

Quiero que compres un paquete de tarjetas de cartón y las cortes a una medida que quepa perfectamente en tu cartera o en tu bolsillo. Serán tus «activadores de intención», y este sencillo hábito arroja resultados importantes.

Quiero que cada mañana anotes tu principal objetivo u objetivos en una cara de la tarjeta. Quizá prefieras anotarlo bajo la forma de una afirmación de propósito, manteniéndolo en tiempo presente; conviértelo en algo que tengas ganas de escribir y luego leer. Que sea algo que puedas asociar con una imagen mental clara, en lo que te puedas concentrar constantemente. Por eso tiene que ser tangible. Recuerda, no puedes visualizar un millón de dólares (ni yo tampoco), pero sí lo que te dará ese millón. ¿Lo entiendes?

En la otra cara de la tarjeta de intención, haz una lista con las seis acciones más importantes para el día. Lleva la tarjeta contigo a todas partes. No salgas nunca de casa sin ella, porque te mantendrá en el camino correcto. Cuando vayas al baño, lee la tarjeta. Tócate el bolsillo de vez en cuando para sentir que está allí. Cuando llegues a un semáforo, te subas al metro o entres en un ascensor, saca la tarjeta y léela. Mejor si lo haces en voz alta. Da lo mismo lo que piensen los demás. Verbalizar tu objetivo potencia tus emociones y te hace participar más. Recuerda que la energía fluye hacia donde está la atención. Estas tarjetas y actividades son lo que yo llamo «captadores de atención», y te mantienen centrado.

Cada noche dejo la tarjeta en mi mesita de noche; es lo último que veo cuando me voy a dormir y lo primero cuando me despierto. Haz lo mismo. Te prometo que me darás las gracias.

Visualiza sin cesar

¿Recuerdas lo que dijimos sobre el poder de los juegos mentales de las personas? Puede parecer que una persona está dedicada a actividades anodinas cuando, de hecho, está ocupada levantando un imperio en su corazón y en su mente.

La gente de mi ramo solía decirme: «Nunca saldrás en *Oprah*, eres demasiado moderno, no eres lo bastante convencional». A pesar de eso, salir en *Oprah* y en *Larry King Live* eran dos de mis mayores objetivos, y no permití que nada ni nadie me apartase de mi camino.

«Yo represento la nueva tendencia convencional», respondía, y ellos se burlaban, desconcertados por mi seguridad. Yo sabía que la consciencia mundial se estaba expandiendo, y que mi mensaje cada vez estaba en boca de más personas; los grandes medios de comunicación eran la evolución natural de mi trabajo.

Durante seis años visualicé aparecer como invitado tanto en *Larry King Live* como en el programa de Oprah, recreando las sensaciones propias de estar allí. Veía a Larry formular preguntas a los entrevistados, y fingía que esperaba que fuera yo quien contestase, de modo que lo hacía. Me sentaba en el sofá de Oprah, riendo e interactuando con ella. Sentía la emoción en la boca del estómago, además de la sensación de llegar a millones de vidas.

Usaba mis pensamientos y mis sentimientos: dos de tres. Para conseguir tres de tres, tenía que añadir la parte de la acción. ¿Cogí el teléfono y llamé a la CNN o a Harpo Productions para decirles: «Oigan, pónganme en el programa»? No, y tampoco les envié tarjetas ni cartas. El modelo antiguo, consistente en agobiar a alguien hasta que nos dan lo que queremos, ha pasado a la historia. Las veces que funciona, que son pocas, uno se crea demasiados enemigos. Es mucho más eficaz atraer lo que uno quiere. El *marketing* atractivo es lo más poderoso. En mi caso, lo único que sabía hacer era esforzarme por ser más capaz, entendido y atractivo. Seguí avanzando hacia mi meta leyendo, estudiando, creciendo, expandiéndome, viajando, ofreciendo valor, dando más, volviéndome mejor persona, y sin dejar de visualizar y de saber que existía un universo en el que yo había alcanzado mi objetivo. Lo único que tenía que hacer era llegar a él y permitir que se desarrollase.

¿Y sabes qué pasó? En noviembre de 2006 me llamaron de la oficina de Larry King, y salí en el programa dos veces. Me plantearon preguntas de alguien que había telefoneado o estaba entre el público y yo las respondí, igual que lo había imaginado. En enero de 2007 me llamaron de Harpo Productions, y aparecí en el programa *Oprah* dos veces. Oprah y yo nos reímos juntos y compartimos unos momentos fantásticos en su sofá, como yo había visto en mis visualizaciones.

La visualización es la clave para la realización

La visualización, que usan todas las personas de éxito (de forma natural o mediante una disciplina consciente), es la clave para la realización. Tu subconsciente impulsa la conducta, y no conoce la diferencia entre algo que se imagina vívidamente y algo que ha sucedido en el plano físico. En resumen, tus pensamientos y sentimientos lo hacen realidad.

Una y otra vez, la gente me dice que se ven en sus visualizaciones, pero que no consiguen resultados. Sólo hay dos motivos para esto: o no están haciendo nada práctico (la imaginación sin acción puede ser divertida para los niños, pero es infantil para un adulto), o bien sus visualizaciones no son correctas. (Se ven como proyectados en una pantalla de cine lejana, en vez de ver lo que quieren con sus propios ojos, oliendo los aromas, sintiendo las sensaciones, escuchando los sonidos.) Pongamos que tu meta es realizar un máster en administración de empresas. No te limites a imaginarte recibiendo tu diploma una vez finalizado el curso; escucha y siente tus zapatos resonando sobre el parqué del escenario, mientras el decano extiende hacia tus manos la pesada funda negra que contiene el diploma. Contempla al público desde el centro del escenario, mira a tu padre sacando fotos y dedícale tu sonrisa más orgullosa. Fíjate que, aun a pesar de la distancia, puedes ver a tu madre llorando emocionada. ¿Notas la diferencia?

Una amiga mía pasaba por un mal momento y aceptó un trabajo como dependienta en una tienda de lencería fina donde acudían clientes adinerados; fue una mala experiencia hasta que se pasó las jornadas visualizando. Mientras colgaba en las perchas las batas de cachemir, imaginaba la sensación de envolverse en una de ellas tras un relajante baño en su *jacuzzi* (futuro, aunque ella lo imaginaba en el presente). Cuando cerraban la tienda, caminaba como una modelo por la tienda, apretando contra su cuerpo delante del espejo los saltos de cama de algodón turco, probándose unas mullidas zapatillas de felpilla, imaginando que venía a esa tienda, pero como clienta con dinero.

Muchas veces pensaba en París, donde se veía tomando un café con su novio antes de ir de compras. Al cabo de pocos años era propietaria de un *jacuzzi*, tenía una doncella que le lavaba la lencería de seda y había contratado su primer viaje a Europa.

Los activadores de intención y los captadores de atención: si lo ves, puedes tenerlo

Repasemos algunas de las cosas que hemos dicho. La física cuántica nos dice que cohesionamos nuestro mundo por medio de nuestra atención. De hecho, el principio más ampliamente aceptado en la física cuántica se llama el «efecto del observador». Sin complicarnos demasiado, diremos que este efecto sostiene, en esencia, que uno obtiene aquello que busca.

Piensa en ello. Si quieres referencias en tu mundo de que la gente es mala, peligrosa, egoísta, ¿puedes encontrarlas? Por supuesto que sí. Por el contrario, si deseas hallar pruebas de que la gente es cariñosa, bondadosa y amable, ¿las puedes encontrar? Claro. Está todo ahí, y la idea central es que obtendrás lo que busques. Ése es el efecto observador.

Ahora bien, asumo que has elegido tu objetivo. De modo que el segundo paso, el más difícil, consiste en dirigir y controlar dónde fijar tu atención. Por eso necesitas activadores de intención y captadores de atención, para evitar salirte de la vía. Estos elementos hacen que tu visión interior sea más poderosa que las meras observaciones externas.

¿Cuándo es el mejor momento para visualizar? Cualquiera. Cada ocasión que se te presente. La mente piensa en imágenes. Punto. Me da lo mismo lo que te hayan dicho: tu mente piensa en imágenes.

Algunas escuelas de pensamiento afirman que hay personas más auditivas, que otras dependen más de los sentimientos, y que hay otras más visuales. Esto es cierto, pero, independientemente de ello, todos y cada uno de nosotros pensamos en imágenes. Por tanto, haz que tus metas sean incluso más creíbles rodeándote de imágenes que capturen tu atención. La imagen de tu objetivo planta una semilla en el jardín de tu subconsciente, que entonces hace dos cosas: 1) envía la onda de oferta al futuro y 2) pone tu cuerpo en movimiento.

Ya hemos hablado de un activador de intención, la tarjeta de las intenciones. Esta pequeña tarjeta capta tu atención y es un recordatorio visual y constante de adónde vas y en quién te estás convirtiendo. Vamos a hablar de otro activador que te ayudará a concentrar tu intención y a controlar tu atención.

Los paneles de visión

Seguramente a estas alturas ya habrás oído hablar de los paneles de visión, porque la mayoría de gente ya los conoce. Desde mediados de la década de 1990 he estado enseñando este concepto, e incluso he hecho que los participantes en mis seminarios los hagan en mis sesiones en directo. Pero ¿tú has hecho alguna vez uno? Ha llegado el momento, y tengo unos cuantos trucos y ases en la manga que estoy seguro que todavía no conoces. ❶

Necesitarás un trozo grande de cartulina o un tablero de corcho. Ahora reúne imágenes de todo lo que quieras atraer a tu vida: usa fotografías, ilustraciones, fotos de revistas o imágenes impresas de Internet. Diviértete con el proyecto, como si volvieras a ser un niño en la clase de manualidades de parvulario. Si tienes hijos, conviértelo en un proyecto familiar: que sean ellos quienes recorten las imágenes y las peguen en tus cartulinas. O también puedes hacer un panel para toda la familia. ¡El dinero y los juguetes que te proporcionará no tienen por qué ser asuntos tan serios e importantes! Pon a todo volumen la música que más te inspire, y que incluso puede animarte a bailar. Bautízalo como «Mi mapa del tesoro» o cualquier nombre que te estimule. Pero tiene que ser divertido. Recuerda que tus sentimientos son vibraciones que envían una fuerza de atracción poderosa al universo.

Y si te da vergüenza que otras personas vean esos paneles, o bien te parecen demasiado extravagantes para dejarlos a la vista, o no quieres exponer algo tan personal a las personas negativas que (todavía) tienes en tu entorno, haz cartulinas pequeñas y déjalas en tus cajones o armarios personales, los que abres con más frecuencia. En cierto sentido, esto es mejor que hacer un gran panel. Cuelga una de las cartulinas en la cara interna de la puerta del armario del baño, de modo que te lleves una agradable sorpresa cada mañana y cada noche. La energía fluye donde se centra la atención, y tú necesitas controlar constante y coherentemente tu atención. Por eso los captadores de atención son esenciales. Debes ponerlos por todas partes, de modo que durante todo el día tengas alguno a la vista.

Te explicaré cómo se puede hacer que una idea normal se convierta en una buena idea. Haz tu panel tridimensional. Recorta imágenes tridimensionales de tu propia cara y de las personas a las que quieres (incluye a tus perros, si te apetece) y pégalas en el cuerpo de personas que hacen cosas que tú quieres hacer. Por ejemplo, pega tu cabeza en el cuerpo de un esquiador. Allí estás, tumbado en una playa, o abrazando a tu pareja delante de la Torre Eiffel, jugando al golf en Augusta, posando con tu familia y con tus mascotas delante de tu cabaña estival… ¿Ya captas la idea, no? Luego pega cosas sacadas de tu vida cotidiana: una caja de cerillas del restaurante que te gustaría frecuentar más a menudo; el folleto de la casa rural que te apetece visitar o comprar; las flores secas del ramo de tu boda (para contribuir a fortalecer su matrimonio)... No te limites a cosas sacadas de una revista, incluye objetos de tu mundo tangible que significan algo para ti.

Entonces (y esto es clave), cuando veas esas imágenes situadas en diversos lugares, un día tras otro, imagina que ya has tenido esas experiencias y que esos carteles son tus álbumes de fotos. Cierra los ojos y revive esos momentos viéndolos en primera persona. Si eres capaz de verlos y sentirlos, estarás avanzando a toda velocidad hacia el momento en que los tendrás. Como siempre, ¡ponte manos a la obra!

Los activadores de la intención

También puedes crear activadores de la intención que puedas llevar en el bolso o poner en tu mesita de noche, para echarles un vistazo antes de quedarte dormido. Personalmente, me encanta tener a la vista imágenes poderosas que emitan altas vibraciones. Una de mis amigas tiene las suyas enmarcadas, y quedan muy bien. Captan su atención durante una llamada o incluso cuando necesita desconectar del ordenador y concentrarse en otra cosa, aunque sea sólo un minuto.

Haz fotos de tu cartel más grande o de otros activadores de intención que te hagan sentir abundante, y cuélgalas por todas partes. He tenido clientes que han hecho carteles plegables, portátiles. Ve al salón del automóvil, siéntate en el coche de tus sueños y que alguien te haga una foto allí sentado, o de lo que se ve desde la ventanilla del conductor, mirando por encima del salpicadero y con las manos en el volante. ¿Entiendes lo que estamos haciendo?

Las citas y los dichos también inspiran. Mi amiga Linda paseaba perros cada mañana en su vecindario, junto con su vecina, Brooke, que estaba embarazada de su segundo hijo. Brooke lo estaba pasando fatal con las náuseas matutinas. Se sentía fea, gorda y culpable por no tener ni una pizca de energía para mostrarse romántica con su esposo. Para aliviar la carga de Brooke, Linda usó su máquina de etiquetar para imprimir pegatinas inspiradoras que su amiga pegó en el espejo de su cuarto de baño. Mientras se lavaba los dientes o la cara, o cuando se peinaba, Brooke veía estas palabras a la altura de sus ojos: «Esto es sólo un instante en mi larga y hermosa vida», «Nuestro bebé es feliz y está sano; es un miembro nuevo y esperado que pasará a formar parte de nuestra cariñosa familia», «Estoy en forma. Soy fuerte. Soy hermosa... ¡y mi marido es muy fogoso!»

Aquellas pegatinas consiguieron que Brooke sonriera cada día y la ayudaron a hacerla sentirse bien y a concentrarse durante un momento difícil de su vida. Aquella época algo difícil, en realidad, sólo era un instante. El dolor era real (la hija de Brooke nació prematura, diez semanas antes de lo previsto), pero ahora es fuerte, está sana y es un torbellino: un miembro nuevo y esperado por la familia. Brooke se apuntó a Pilates, adquirió una forma física estupenda, y hace poco que ella y su esposo han regresado de pasar unas vacaciones juntos, donde volvieron a enamorarse otra vez.

La idea es que, cada vez que mires las imágenes de tus sueños, éstas capten tu atención y te ayuden a concentrarte en tu objetivo más grande: la riqueza, la salud y la plenitud. Además, también mantendrán tu armonía interna y externa. Cada vez que mires esas imágenes, la idea de que estás dando un paso más te acercará a esa realidad.

Experimentar los detalles sensoriales, dejarse embargar por los sentimientos como si ya estuvieras en tu meta es una técnica que entronca con uno de los instrumentos más poderosos de la mente. Un periodista abordó en cierta ocasión al sobrino de Walt Disney, cuando se inauguró el EPCOT Center, y le comentó: «Es una lástima que su tío Walt no llegara a ver esto, ¿verdad?» Roy Disney respondió enseguida: «Oh, mi tío Walt sí que lo vio. Por eso lo está viendo usted ahora».

Haga lo que la gente rica hace ahora mismo

Éste es otro activador y captador que te prometo que funciona.

Hace unos años escuché a un conferenciante afirmar que siempre había que llevar en la cartera un billete de cien dólares. Yo tenía poco más de veinte años, y en esa época cien dólares era mucho dinero. Fui al banco, saqué los cien dólares, sujeté el billete con un clip sobre un fajo de billetes de un dólar e inmediatamente me sentí millonario.

Nunca gasté esos cien dólares, sólo los billetes que había debajo. Eso me dio la posibilidad de experimentar la sensación de que siempre tenía dinero en el bolsillo. Más adelante empecé a llevar más dinero, retomando la idea de que, si era una persona que quería ganar ochocientos dólares diarios, tendría que llevar encima al menos esa cantidad.

A medida que crecía el fajo, entraba en mi tienda favorita, buscaba algo caro y sabía que en aquel mismo momento me lo podría comprar. No es que lo hiciera, ni mucho menos, pero entraba en la vibración de la abundancia económica por el mero hecho de saber que podía hacerlo. ¡Me sentía genial! ¿Ves la diferencia respecto a llevar en el bolsillo unos pocos billetes arrugados que remueves de vez en cuando como si fueran hojas de lechuga mustias? «¡Buf, buf, quiero tener abundancia!» Eso no pasará. Veo a la gente que va a comprar con esa expresión tensa en el rostro, como si hubieran chupado un limón, y me entran ganas de decirles: «¡Venga, colegas, relajaos! Estáis ahuyentando el dinero».

Cada vez que metes la mano en el bolsillo y sientes que tienes dinero envías un mensaje poderoso a tu subconsciente: «¡Eh, tengo pasta!» Aquí tienes un proyecto para el fin de semana. Entra en tiendas que te gusten con la «misión» de gastar ese dinero que llevas en el bolsillo…, pero sólo «imagina» que te lo gastas. No tienes que hacerlo, te bastará con saber y sentir que puedes hacerlo. Pruébate esos trajes de Armani de tres mil dólares, imaginando que dispones del dinero para comprarlos en ese mismo momento.

Pruébatee algún Rolex, alianzas de Tiffany y trajes de noche de alta costura, con la expectativa de ser su dueño. Esto elevará tu energía.

Cambia tu mentalidad y prepara tu intención

Siéntate a la sombra de algún árbol en un parque agradable y siente cómo aumenta tu bienestar. Ésta es una manera estupenda de cambiar tu mentalidad sin que medie el dinero. Si el parque está demasiado lleno de gente o de distracciones, ve con el coche al otro lado de la ciudad y siéntate bajo un olmo frondoso desde donde puedas ver jugar a los niños, que tienen todo el tiempo y el amor del mundo. Date una vuelta por un museo y disfruta del buen arte, o siéntate en una biblioteca espaciosa, rodeándote de la sabiduría de todas las épocas, o visita el vestíbulo de un hotel de lujo.

Lee las autobiografías de personas famosas; a menudo tienen historias fascinantes de cómo pasaron de la pobreza a la riqueza. Lee esas historias y usa tu imaginación para hacer un boceto de tu propia autobiografía. Si te parece conveniente, visita un palacio, como yo hice. Existen infinitas posibilidades: sé creativo. El truco consiste en aceptar la realeza que llevas dentro dondequiera que estés, incluso si lo único que haces es quedarte en tu casa recortando fotos de la revista *US Weekly*.

Otra cosa que te sugiero es que prepares tu objetivo de antemano. Si necesitas una secretaria, prepara su mesa de trabajo y conecta el teléfono que usará. Busca posibles candidatas, aunque pienses que aún no puedes permitirte contratar a ninguna. Empieza el proceso de entrevistas. Llama a las universidades locales a ver si puedes conseguir a una estudiante que quiera ganar puntos o dinero trabajando para ti, gratis o cobrando un sueldo simbólico, así los dos saldréis ganando.

10

Tu rutina como generadora de riqueza

Una vez que aprende a rendirse, se convierte en una costumbre.

VINCE LOMBARDI

Los hábitos armoniosos

Los hábitos son esas cosas que hacemos de forma natural y automática, sin pensar. Nos han condicionado para hacerlas, y proceden directamente de nuestra mente inconsciente. Para cambiar nuestra vida, debemos empezar cambiando nuestros hábitos, nuestras respuestas automáticas.

Los científicos behavioristas nos dicen que podemos re-condicionarnos o forjar un nuevo hábito en un plazo aproximado de veintiún días. El éxito no se debe al azar, a la suerte o algún dios caprichoso que tira los dados del gran éxito y elige al albur a los favoritos. (*Suerte* puede ser un buen nombre para un perro, pero es una mala explicación para el éxito.) El éxito radica en los hábitos sanos, en esas pequeñas cosas que se hacen bien con el paso del tiempo, que se convierten en grandes objetivos alcanzados. La ausencia de hábitos buenos y positivos puede derribar incluso el pilar más sólido.

Comprométete a desarrollar buenos hábitos, independientemente de las circunstancias que te rodean, incluso cuando te enfrentes a alguna tragedia.

Saber abandonar

En el periodo posterior al 11 de septiembre de 2001, muchas industrias se sumieron en el caos. Siendo como soy un orador público que depende de los viajes, mi negocio se resintió sensiblemente en octubre, y durante las semanas siguientes perdí en torno a sesenta mil dólares en reservas. Muchas personas se encontraron en la misma tesitura, y recuerdo que algunos colegas hablaban de lo mal que estaban las cosas, y aventuraban que seguramente seguirían empeorando. Sin embargo, un puñado de personas insistía en que esa forma de pensar no nos iba a llevar a ninguna parte.

Un amigo mío, Bill Bachrach, que forma a los máximos productores de la industria de servicios financieros, empezó a decir que lo que tenían que hacer los quejosos era callarse y volver al trabajo. Puede que no tuviera en mente la Ley de la Atracción, pero él y yo defendíamos el mismo punto de vista: mantente firme en crear los resultados que quieres y haz el trabajo que sabes que debes hacer, sabiendo que a la larga dará resultados.

Me quedé tan conmocionado como cualquier otra persona por los acontecimientos del 11-S, y conscientemente opté por trabajar la parte espiritual, intangible, de la ecuación. Sí, es cierto que la pérdida de dinero fue un revés para mi negocio, pero opté por considerarlo algo transitorio. También comencé a buscar la consciencia superior presente en aquella tragedia. Es decir, hablando en serio, ¿neoyorquinos ayudándose unos a otros? ¡Menuda idea! Aquella destrucción tan impactante no tenía por qué ser absurda.

Los científicos subatómicos han descubierto que cualquier interacción consiste en la destrucción de partículas originales y en la creación de otras nuevas. Los positrones y los electrones que chocan se aniquilan mutuamente, pero de esa destrucción nacen más positrones y electrones, más de los que había antes. Esto nos enseña que el proceso creativo es el proceso mediante el cual lo antiguo se destruye (se abandona) con mayor rapidez.

En mi propia vida he descubierto que cuantas más cosas abandono —dejo de controlarlas y empiezo a confiar— en el campo de las relaciones, los negocios, el dinero y demás, más rápidamente avanzo. En mi mundo (y recuerda que mi mundo no es la realidad de todas las personas), la tragedia del 11-S fue el indicador de un cambio. Lo consideré parte de un plan mayor. Esperaba que las personas estuvieran más abiertas a dar un paso atrás para observar sus vidas, para introducir cambios y para darse cuenta de que quizá la vida no sólo consiste en el dinero y en el materialismo. Nos habíamos subido al tren del consumismo, cuando ese terrible suceso nos dejó a todos en vilo. A la mayoría la indujo a recapacitar. Por supuesto, fue todo un símbolo que el icono de nuestro poderío económico yaciera convertido en ruinas.

Llegué a pensar que ese suceso fue una llamada de alerta, no para que la gente viviera sumida en el miedo, sino para que entendiera que el poder económico, a pesar de su importancia, no es lo único que hay en esta vida. Como resultado, pensaba yo, la gente estaría más abierta a recibir el mensaje que yo estaba transmitiendo. Aunque seguirían deseando la riqueza económica, adoptarían un punto de vista más armónico e integrador. Como concentré mi intención y mi atención en el desarrollo de mi negocio desde esa plataforma, aquel año me fue muy bien. Me creas o no, mis ingresos de seis cifras ascendieron a siete. ¿Sabes?, lo mejor de todo no fue el dinero, sino escuchar las historias y ver los rostros de todas las personas que por fin entendían y alcanzaban la Armonía en la Riqueza.

Cuidado con aceptar sin más el pensamiento colectivo. A veces las masas no piensan con claridad. A veces ni siquiera piensan. Don José Luis me dijo en cierta ocasión: «Puedes participar en el juego, pero nunca te lo creas». Buen consejo.

Sí, sí que tienes tiempo

Cuando empiezan a intentar alcanzar sus metas, casi todos mis clientes tienen la misma queja: «¿Cómo voy a poder hacerlo? ¡Si no tengo tiempo!»

Hay un hecho claro: cuando tienes la intención suficiente, *siempre* encontrarás el tiempo y la energía necesarios para hacer realidad tus deseos. Podrás presentar excusas para no hacerlo, pero aferrarse a esas «películas» es tan sólo otra manera de desperdiciar un tiempo precioso.

—James, ¡tengo muchísimas ganas de escribir! —me dijo una mujer en uno de mis seminarios—. Pero tengo dos hijos pequeños, y soy madre soltera y trabajadora.

—Si tu intención fuera lo bastante grande, encontrarías momentos para escribir —le dije—. Escribe en los márgenes del día.

—¡Pero si mi día no tiene márgenes! —me dijo cruzándose de brazos.

No es que no me identifique con las personas y sus retos, que son muy reales. Pero sigue en pie una pregunta: «¿Qué vas a hacer para superarlos?»

«Escribir en los márgenes del día» es una expresión literal de Toni Morrison. Toni, madre soltera de dos hijos pequeños, escribía siempre que podía: de madrugada; por la mañana temprano en la mesa del desayuno, salpicando las páginas de cereales con leche; mientras hacía cola en el supermercado… Aprovechaba todos los minutos libres del día. Es verdad que encontró algo más que minutos sueltos, porque cuando uno busca momentos aislados encuentra más de los que esperaba. Los resultados hablan por sí solos: Toni ganó el Premio Pulitzer de Novela y el Premio Nobel de Literatura. ¿Es que J. K. Rowling, madre soltera que vivía del paro, hubiera inventado a Harry Potter si no hubiera creído tanto en su capacidad creativa y en su intención de que su personaje viera la luz? Venga, piensa en ello.

La historia está repleta de gente increíble que, en los tiempos anteriores a la televisión (buen tema, ¿eh?), criaban a nueve hijos, administraban una granja, cuidaban de un progenitor moribundo, se presentaban voluntarias para luchar en las guerras y escribían obras de veinte volúmenes. La idea es que no tenían ni el tiempo ni el dinero ni el respaldo, ni siquiera el entorno adecuado, para conseguir lo que hicieron, pero a pesar de todo lo hicieron, porque era lo que les importaba.

Un 80 por ciento de los estadounidenses encuestados sostiene que algún día querría escribir un libro; sin embargo, sólo un 2 por ciento de ellos lo hace. Como le dije a aquella mujer en mi seminario, Toni Morrison estuvo dispuesta a pagar el precio de su recompensa, porque su objetivo le apasionaba. Sabiendo lo que quería, fijar las metas diarias para convertirlo en realidad fue tan natural como respirar. Más de cuarenta años después, no está sentada sobre un rimero de excusas vacías, sino afianzada sobre un legado literario construido una página tras otra.

Tu suministro energético, un don divino

La inspiración y el entusiasmo tienen una importancia tremenda. ¿De verdad te vas a quedar despierto de madrugada para dedicarte a algo que no te inspira? El sueño es una droga demasiado poderosa... y a menudo se infravalora. Pero cuando se está inspirado, se trasciende el tiempo y el espacio. Cuando se está inspirado, las ideas alientan a nuestros cuerpos. El tiempo está sujeto a la gravedad. La inspiración y el espíritu, no. Cuando recuerdes que tus objetivos y tus deseos son espirituales, superarás tus limitaciones y accederás a tu suministro energético otorgado por Dios.

En Oriente, *yoga* significa «unión», la fusión con el universo, convertirse literalmente en Dios en forma humana. Una forma de yoga llamada *bhakti* consiste en enamorarse tanto del objeto de tu deseo que te fusionas con él. En esos momentos el individuo entra en un estado intemporal de inspiración, y es consciente de la divinidad de todas las cosas. Pongamos un ejemplo.

Una amiga mía raras veces logra dormir siete horas seguidas, y a menudo se pasa semanas enteras durmiendo entre dos y cinco horas diarias; incluso llega a pasarse veinticuatro o cuarenta y ocho horas sin pegar ojo, al menos una vez al mes, para concluir sus obras de arte. Está tan enamorada de su trabajo que esto potencia al máximo sus resultados y la hace sentirse estupendamente. Puede pasarse cinco horas sentada, dedicada a su trabajo, sin tan siquiera levantar la vista. Gracias a su capacidad de trabajar toda la noche y de dormir a menudo durante los márgenes del día, la mayor parte del tiempo está disponible para su familia. ¿Crees que tiene aspecto de estar cansada? A veces, pero no muy a menudo. La gente le suele echar treinta y pocos años, cuando en realidad tiene diez más.

Ya sabes lo que pasa cuando uno se enamora, ¿no?, que no necesitas comer ni dormir. Eso se debe a que el cuerpo funciona basándose en su propia dopamina. La obra de mi amiga genera una especie de dopamina para ella. ¿No sería estupendo que el trabajo al que tú te dedicas tuviera los mismos efectos en ti?

El tiempo, el precioso tiempo

Los buenos hábitos y el tiempo son inseparables, ¿a que sí? Si mantienes una relación antagónica con el tiempo (te quejas de sus leyes), seguramente tus hábitos serán erráticos.

El tiempo es un lujo sagrado, precioso, que todos necesitamos, desperdiciamos, con el que luchamos e intentamos negociar. Napoleon Hill dijo que el tiempo no tolera la indecisión. En resumen, es nuestro mejor aliado o nuestro peor enemigo.

Primero, entendamos una cosa: eso de administrar el tiempo es una tontería. Nunca lo conseguirás. Lo único que puedes hacer es administrar la manera en que te relacionas con el tiempo.

Oigo a mucha gente que dice: «Cuando me lo paso bien, el tiempo vuela». No es cierto. «¡Es que no tengo tiempo!» Una vez más, no es cierto. El tiempo es tiempo. Un día es un día, veinticuatro horas. Una semana es una semana, un mes es un mes, un año es un año. El tiempo es coherente. No se puede ahorrar tiempo: sólo se puede gastar o invertir. Tictac, tictac.

Lo cierto es que tú dispones de todo el tiempo del mundo. Todos lo tenemos, de modo que deja de luchar contra él. Cuando, por ejemplo, dices que no tienes tiempo para hacer deporte, lo que realmente dices es que el entrenamiento físico no es lo bastante importante para ti cuando lo comparas con el resto del menú cotidiano. El modo en que inviertes tu tiempo, al igual que la manera en que gastas tu dinero, me dice qué es lo que más valoras.

Si realmente tu objetivo te apasiona, concentrarás tu tiempo en él, a menudo excluyendo otras actividades. Si te pasas media hora diaria escuchando el buzón de voz, una hora leyendo *e-mails* y dos horas yendo con el coche ida y vuelta al trabajo, ¿crees que todo ese tiempo te acercará más a tus metas? Sólo tú lo sabes, pero a lo mejor quieres empezar a prestar atención a este hecho…, ¿O prefieres arriesgarte a pagar con angustia?

Si eres una de esas personas que tiene que responder al teléfono cada vez que suena o hablar con todas las personas que se dejan caer por tu despacho, una vez que empieces a trabajar con tus Seis Esenciales diarios, te darás cuenta de que cuanto menos te desvíes de tu lista, más pronto alcanzarás tus objetivos. De repente (y afortunadamente) esas actividades menores cada vez te resultarán menos fascinantes, porque verás que te roban tus sueños, un momento precioso tras otro.

Los ladrones de tiempo

Prueba esto, a ver qué tal te sienta: a menudo hago que mis clientes anoten en un bloc qué hacen cada uno de los minutos del día. ❶ A la mayoría le fastidia tener que hacerlo, y se quejan mucho. Pero se quedan pasmados al ver cuánto tiempo pasan hablando por teléfono, mirándose al espejo, buscando cosas, mirando películas, repasando el correo basura, etc. Sé sincero e identifica cuáles son tus ladrones de tiempo personales. ¿Recuerdas cuál es tu valor por hora? ¿Cuánto dinero estás malgastando en estas cosas? He descubierto que a muchas personas les daría lo mismo ir conduciendo por la autopista con la ventanilla bajada y lanzando puñados de billetes de cien dólares. Al menos seguro que entonces encontrarían un destinatario que los necesitara más que ellos.

Si tu argumento es: «Pero es que tengo que relajarme, pasarlo bien», que sepas que nadie te está diciendo que no descanses. Pero pregúntate esto: ¿realmente te relaja tener una lista de cosas pendientes? Nadie dice que no puedas divertirte. Yo me lo paso de muerte. Pero ¿de verdad te lo pasas bien cuando apoyas los pies en la mesa mientras los detalles de tus sueños quedan relegados a mañana, o pasado, o al otro? Aprende a divertirte haciendo las cosas que convierten tus sueños en realidad.

La alquimia del tiempo

Hablemos de la alquimia. La alquimia es la transmutación de una cosa a otra, el acto de hacer que algo pase de un estado evolutivo a otro. Eso es lo que vamos a hacer con tu tiempo. Contrariamente a lo que piensa la gente, una vida disciplinada y organizada es, en realidad, una vida liberada. Mediante tu disciplina, estás transmutando lo que antes era caótico y azaroso en algo organizado y dirigido. Esta nueva energía dirigida puede concentrarse, como un láser, en la creación de lo que tú desees.

Como decíamos antes, la mayoría de personas se engaña diciéndose que pueden conseguir que un roble crezca en el tiempo en que tarda en hacerlo un sauce. ¿Sabías que si te levantaras una hora antes de lo que sueles hacerlo cada día tendrías nueve semanas más de cuarenta horas al año? ¿No es impresionante? ¿Te gustan los regalos? Pues acabo de hacerte uno, con papel de colores y lacito incluidos. Si te dedicas a las ventas, ¿qué pasaría si hicieras cinco llamadas más al día o pudieras celebrar una reunión más? Si eres escritor, ¿te imaginas escribir una página más al día? En un año eso supone 365 páginas, todo un libro. ¿Ves cómo los pequeños cambios aportan unos resultados impresionantes?

Una de las maneras más sencillas de aumentar tu efectividad consiste en distribuir tus Seis Esenciales en momentos concretos del día: en grupos de dos, tres o incluso cuatro horas. Empieza a concentrarte en las cosas que son más importantes para ti, y no permitas que nada te interrumpa. Yo lo consigo dedicando las dos primeras horas de mi mañana a las tareas más importantes, la lista de mis proyectos esenciales cotidianos. ¿Qué pasaría si no contestaras las llamadas telefónicas que recibes de once a doce de la mañana y te dedicaras a responder tus *mails* sólo una o dos veces al día?

Debes estar preparado para cambiar la forma de pensar, porque los aspectos más importantes de tu vida raras veces son urgentes, y sin embargo la urgencia nos arrebata el tiempo y la vida, ¿verdad? Nos convertimos en esclavos de las minucias, mientras dejamos que las cosas vitales se nos escurran entre los dedos. Que eso no te pase a ti.

Cuatro preguntas para coger impulso

Sigue avanzando, no te detengas nunca. Estás creciendo, ampliándote, igual que tus resultados. Sin embargo, es bastante probable que te encuentres con algunos obstáculos frecuentes, que ralentizarán tu progreso.

«Pero, James, ¡me cansaré de apuntar todo esto!» Sí, estoy seguro de que sí. Yo también me canso; parece redundante. Pero tienes que agarrar a tu intención por el cogote. Además, ¿qué podría ser más importante ahora mismo que desarrollar hábitos nuevos, nuevas formas de pensar y de actuar? Las personas ricas tienen la capacidad de darse una orden y luego cumplirla. Ésta es una prueba fidedigna de integridad y valor personales. La promesa más importante que puedas cumplir en tu vida es la que te hagas a ti mismo. ¿Cuánto valor tendrás si no eres sincero contigo mismo? Si no puedes contar contigo mismo, ¿cómo puedes esperar que otros te respeten y te valoren? ¿Cómo vas a controlar energías universales si no puedes controlar ni la tuya propia?

Si aún no estás seguro de cuándo avanzar, formúlate estas cuatro preguntas:

1. ¿Me siento totalmente preparado? (Recuerda que la respuesta correcta en este caso es «no».)
2. ¿Esta decisión/acción está alineada con mi visión?
3. ¿El hecho de tomar esta decisión acelerará la consecución de mi intención/visión/meta?
4. Si la cuestión no fuera el dinero, ¿tomaría esta decisión?

Cuando descubro que digo que no a la primera pregunta y que sí a las otras tres, actúo con valentía. El destino favorece a los osados. Otra forma de examinarme consiste en preguntarme: «¿Qué haría en esta situación la persona en la que aspiro convertirme?»

Cuando se toman en conjunto, estas cuatro preguntas crean una fórmula insuperable, liberando una energía ilimitada. Tú pretendes conseguir tres de tres: tus pensamientos, sentimientos y acciones crean un campo magnético poderoso e innegable.

Las personas ricas —hablo de las que disfrutan de la Armonía en la Riqueza— no pierden el tiempo sabiendo lo que quieren para, al cabo de un instante, recaer en el miedo o en las dudas. Eso sólo consigue atraer la confusión y la angustia. Los grandes triunfadores se concentran de forma exclusiva en sus visiones, y se dedican a ellas con sabiduría, valor y compromiso, independientemente de sus circunstancias actuales. Saben que sólo es cuestión de tiempo que sus visiones adquieran una forma física. Saben que, cuanto más fuerte sea su creencia, con más rapidez atraerán los resultados que desean, sustituyendo así su antigua programación.

El camino se irá abriendo solo. No te quedes atrapado en la semana que viene. Ni siquiera te atasques en mañana. Sumérgete por completo en el hoy. Tienes tu visión, tienes tu imagen: ahora dedícale toda tu atención. Súbete a la ola y cabalga en ella.

Al comprender las leyes universales, no tienes que confiar, no tienes que creer: lo sabes. Que tu sueldo sea tu boletín de calificaciones. Como dice Richard Branson: «El dinero no es más que una forma cómoda de evaluar los beneficios». Deja que te diga algo: creer y confiar son un estupendo punto de partida, pero *saber* lo es más.

«Y en todas las cosas, todo aquello que pidáis en oración creyendo lo recibiréis» (Mateo 21, 22). ¿Lo ves? No me estoy inventando nada.

Recapitulando, para conseguir tres de tres, tendrás que:

1. Tener clarísimo qué es lo que quieres; contémplalo en 3-D. Míralo, siéntelo, huélelo, pruébalo, escúchalo y conviértelo en algo específico y mensurable.
2. Potencia esos sentimientos, piensa en por qué quieres lo que quieres. ¿Cómo te sientes al obtenerlo? ¿En quién te has convertido?
3. Haz cosas cada día, pero basadas en adónde vas, no en dónde te encuentras. Debes saber que lo que quieres también te quiere.

Bienvenido a la Tierra Prometida

Supongamos que has empezado a alcanzar algunas de tus metas. No dejas de ver otras nuevas que son específicas y mensurables. Visualiza y reflexiona sobre tu visión interna. Tienes tus activadores de intención y tus captadores de atención repartidos por todas partes. Cada día escribes tarjetas de intención para mantenerte concentrado. Practicas la alquimia del tiempo, distribuyendo las actividades en eficaces bloques cronológicos. Practicas unos hábitos de riqueza impecables para mantener el rumbo correcto. En otras palabras, digamos que has llegado a la Tierra Prometida y que ya tienes asegurado el Pilar Económico. Ahora, ¿qué debes hacer para conservarlo mientras trabajas en los otros cuatro pilares de la Armonía en la Riqueza?

¡Deshazte del trampolín y levanta el Partenón!

Mira, sé que hay algo que tú haces como nadie más. Tienes unos dones únicos, y la pregunta a la que quiero que empieces a dar vueltas es: «¿Cómo puedo proporcionar valor sin que sea necesaria mi presencia? ¿Cómo puedo condensarlo, embotellarlo, meterlo en un libro o en un DVD, envolverlo de alguna manera, revestirlo con una forma, una moda, para que llegue al mayor número de personas?»

Las personas ricas disponen de múltiples fuentes de ingresos; para abreviar, llamémoslas MFI. Cuando yo estaba en AT&T, tenía una única fuente de ingresos, lo que llamo «un trampolín». Un trampolín tiene un punto de contacto. Si ese punto se rompe, ¿qué le pasa al trampolín? Que cae al agua y tú puedes verte intentando agarrarte al aire. Así pues, mi trampolín me proporcionaba mucha inseguridad y dudas acerca de mí mismo.

Como no me gustaba vivir en la incertidumbre económica, tomé como modelo de mis finanzas el Partenón. Hoy día, si uno (o dos o incluso varios) de mis pilares se viene abajo, la estructura —mi economía— sigue en pie.

Tú quieres abandonar ese trampolín precario y construir una morada económicamente segura. ¿Cómo hacerlo? El primer paso es abrir tu mente a la posibilidad.

Una vez leí un estudio de la riqueza en Norteamérica que decía que el 3 por ciento de la sociedad, los que más ingresos tienen, gana 315 veces más que el 97 por ciento restante. ¿De verdad crees que ese 3 por ciento tiene 315 veces más talento o inteligencia que el resto? ¡Ni de casualidad! Déjame que te pregunte una cosa: ¿ese abismo entre ambos grupos se está reduciendo o va a más? El motivo de que cada vez sea más ancho se debe a que ese 3 por ciento está usando su tiempo para influir en otros, está poniendo los cimientos que le permitirá luego concentrar más atención en sus ingresos psíquicos. Tú sólo dispones de una cantidad limitada de tiempo para obtener los ahorros de tu vida. Cuando tu potencial para ingresar va unido a cambiar tiempo por dinero, en determinado nivel siempre estás limitado. Me da lo mismo cuánto dinero ganes, estás atascado en el modelo del trampolín.

Observemos la manera habitual en que las personas cambian tiempo por dinero. Da lo mismo cuál sea tu sueldo (cincuenta mil, cien mil dólares anuales, lo que sea), ¿no estás cambiando cuarenta, cincuenta, sesenta horas semanales por ese dinero? El 96 por ciento de la población hace lo mismo. Independientemente de lo mucho que trabajes o de lo brillante y creativo que seas, tal y como están las cosas, ¿sólo sigues «valiendo» treinta mil, cincuenta mil o cien mil dólares anuales?

Te estoy diciendo que vales mucho más que eso. El valor humano no está vinculado con el patrimonio. Vuelve a leer esta frase las veces que haga falta.

Cambiar tiempo por dinero como estrategia única es el peor plan de acción del mundo; de hecho, es prácticamente imposible amasar riqueza de esta manera si sólo se dispone de una fuente de ingresos.

En esta vida sólo hay tres cosas que puedes vender: tu habilidad, tu conocimiento y tu producto. La habilidad es la peor, porque requiere tiempo. El conocimiento y el producto precisan un tiempo inicial, pero cuando se consigue un ingreso residual, se gana dinero mientras se duerme, sin que ello exija una gran gestión. Cuando se tiene suficiente de ambas cosas, puedes hacer lo que te guste tanto si te pagan como si no. ¿Lo entiendes? ¿Sigues funcionando?

Las MFI no son diferentes. En última instancia no pueden exigir que inviertas una gran cantidad de tiempo, porque tú sigues cambiando tiempo por dinero. Al principio me costó invertir concentración y tiempo, pero ahora vendo cursos *online*, sistemas de aprendizaje, libros, DVD y CD, productos que no requieren mi presencia para generar ingresos. Recibo postales, *e-mails* y cartas de todo el mundo, de lugares donde nunca he estado físicamente, de personas que me cuentan que mis programas les han influido e impactado. No pasa un solo día en que no recibamos algún cheque por correo. El «dinero del buzón» es el que manda. Quiero que empieces a pensar en cómo podrías crear tu propio «dinero de buzón», sin tener en cuenta cuál sea tu campo profesional.

También tengo algunos inmuebles, que me administran otras personas. De no ser así, el dinero que ganase requeriría mi presencia física, lo cual sería una pesadilla con los alquileres impagados y llamadas telefónicas a horas avanzadas de la noche: «¡Oh, mi grifo pierde agua!», o «Mi nevera se ha estropeado». ¡No, gracias!

Piensa creativamente en lo que haces. Por ejemplo, un maestro podría escribir un libro. Un masajista terapéutico o alguien que haga tratamientos de estética puede elaborar cremas, aceites o lociones. Un hombre de negocios puede grabar sus programas de formación. Un jardinero puede vender semillas tipo Heirloom. Un cocinero puede elaborar diversas salsas para pasta o imprimir tarjetas con recetas. En lugar de quedarte atorado en el producto que podrías vender o en el servicio que podrías ofrecer, la pregunta clave es: «¿Qué servicio único y qué valor tengo en mi interior que puedo ofrecer al mundo sin que ello requiera mi presencia?» Concéntrate en la pregunta y ya irán surgiendo las respuestas.

Si miras por la ventana de tu casa, es bastante posible que ninguno de tus vecinos esté haciendo esto. Como muchas de las cosas que enseño, esto no va destinado necesariamente al ciudadano medio. Estoy pidiendo a la gente que supere la media. Recuerda que nadie normal ha hecho nunca historia.

Celebra tus éxitos

¿Estás tan ocupado que al final del día te sientes como si no hubieras concluido nada? Eso se debe a que te concentras en las cosas que están rotas y que precisan que las arreglen. Cuando empieces a celebrar tus éxitos, comenzarás a ser consciente de cuántas cosas has conseguido en realidad.

El número de junio de 2007 de la revista *O: The Oprah Magazine* contenía un artículo titulado «Es mejor celebrar que compadecer», en el que la doctora Shelly L. Gable escribía que las parejas que celebran los acontecimientos felices de su cónyuge (como los ascensos o las subidas de sueldo) manifiestan una mayor satisfacción en su relación, y tienen menos probabilidades de separarse que aquellos que sólo ofrecen su apoyo durante los momentos difíciles.

Todos llevamos dentro necesidades del «ahora». Todos tenemos una faceta impaciente. Animo a mis clientes a celebrar sus éxitos, tanto individualmente como con otros. Seguro que lo has oído antes: lo que cuenta es disfrutar del proceso; en eso consiste la verdadera riqueza. ¿Cuántas veces has oído hablar de personas que se han pasado cuarenta años trabajando intensamente y que luego han fallecido justo antes de jubilarse? De verdad que espero que durante ese tiempo disfrutasen un poco de la vida.

Cuando tu esposo obtenga un gran éxito, da saltos de alegría, manifiesta una emoción auténtica. Hazle reír bailoteando como un pollo por el salón. Cuando alcances un objetivo importante, sal a cenar con tu esposa. Cómprate algo bonito como recompensa. Sal de excursión a la montaña o ve a pasear a la playa. Tengo amigos en Los Ángeles que casi nunca ven el mar; ¿cómo es posible? Están tan ocupados trabajando que siempre posponen las cosas que les gustan, reservándolas para el momento en que estén menos ocupados. Ya, ¡cómo no!

Trátate bien, satisfaciendo tu necesidad de gratificación inmediata de una forma armoniosa. ¿De acuerdo?

Practica la gratitud

Dentro de un universo compuesto de vibraciones, como vimos antes, una de las fuerzas magnéticas más poderosas que puedes utilizar es la gratitud. ¿Quieres que tus sueños se hagan realidad? Intenta atraerlos hacia ti como si fueras una aspiradora de gratitud. La gratitud potencia la energía, te hace sentir bien y logra que lo que deseas corra hacia ti más rápidamente.

¿Comparas tu vida con un estándar superior y te centras en lo que te falta? Eso supone mostrar ingratitud. Todo es relativo, ¿no es verdad? Puede que tu sueldo parezca una miseria comparado con el de un abogado o un médico, pero ¿qué pasa si lo comparas con el salario medio en Bangladesh (mil ochocientos dólares anuales)? Puede que no tengas un cuerpo espectacular, pero ¿tus pulmones funcionan? ¿Y tus riñones? La gente sometida a diálisis te diría que tu vitalidad física no tiene precio.

Dado que todo tiene una correspondencia en el mundo de las vibraciones y que las vibraciones semejantes se atraen, la falta de gratitud acarrea malos resultados. Los estudios recientes demuestran que los médicos y las enfermeras pasan más tiempo con los pacientes que demuestran gratitud, con lo que aumentan la calidad de la atención que reciben. Un amigo mío se sometió a cirugía maxilar y no podía hablar, pero escribió mensajes de alabanza entusiasta a sus médicos y enfermeras en el hospital, usando un bloc de notas grande. Sus hijas se quedaron asombradas al constatar que, de alguna manera, todos los doctores y enfermeras, por muy ocupados que estuvieran, encontraban un hueco para acercarse a su habitación a visitarle, o a sentarse durante horas con su familia en la sala de espera, o a pasar el rato en su despacho hablando de su pronóstico, pero compartiendo también sus propias esperanzas, sueños, temores, hablando de sus familias. Esto a pesar de tener una cuenta corriente astronómica y de trabajar en uno de los hospitales más prestigiosos del país.

El agradecimiento te proporciona un mejor servicio. Te consigue muestras gratis y descuentos. Tu peluquera cancelará lo que tenga entre manos cuando tengas que asistir a ese acontecimiento de última hora donde tienes que estar espléndida. El departamento de atención al cliente de la tienda de informática te colocará el primero de la lista, o trabajará hasta tarde para satisfacerte. Tus amigos y familia te tratarán mejor. La gratitud no sólo hace que el universo responda, sino que también induce a ello a las personas que hay en tu vida.

Existen dos niveles de gratitud: las cosas por las que estás agradecido ahora (que ya están presentes en tu vida) y las cosas futuras por las que también estas agradecido ahora (la onda eco que viene hacia ti). Recuerda que todo el mundo puede estar agradecido una vez que obtiene lo que quiere. Hace falta maestría para estar agradecido de antemano. Ambas cosas son igual de importantes, así que practícalas.

La gratitud es un gran captador de la atención. Consigue que centremos nuestra atención en lo mejor. Comienza siendo un punto focal y se convierte en una forma de vida.

Las personas realmente ricas esperan recibir sus sueños de antemano. A medida que piensas, sientes y actúas basándote en todas las cosas buenas que ya tienes, el universo de las vibraciones pide más para ti. Muéstrate agradecido por tus deseos, por el modo en que te inspiran para que crezcas. Entonces, mientras escribas cada día tus Seis Esenciales, siéntete agradecido por tu capacidad de llevarlos a cabo.

¡Ya lo has conseguido!
Ahora ha llegado la hora de dar

Nos ganamos la vida con lo que recibimos,
pero hacemos la vida con lo que damos.

WINSTON CHURCHILL

Hay una vieja historia sobre un hombre que muere y le dice a Dios:

—¡Buf! ¡Menudo caos hay en el mundo! ¿Por qué no has enviado a alguien que lo arregle?

Y Dios le contestó:

—Ya lo he hecho. Te envié a ti.

Ay.

La vida es como un bumerán. Recibimos lo que damos. Habrás oído que a esto lo llaman la Ley de la Causa y el Efecto, o el karma: lo que sube, baja. Lo que siembras, cosecharás. ¿Captas la idea?

El dinero lo cambia todo, pero no lo arregla todo. Por eso debes seguir insuflando energía a todos tus pilares, sin olvidar del todo ninguno de ellos, y por eso debes concentrarte en dar. Da lo mejor de ti mismo a ti y al mundo.

El dinero es energía, y si queremos estar sanos, la energía debe fluir. Recuerda esto. Recuerda también que vivimos rodeados de recursos infinitos, que hemos de tener en mente la imagen global. El objetivo último es la Armonía en la Riqueza, un estado de armonía y de bienestar en todas las áreas de la vida. El dinero y sus beneficios no te proporcionarán esto.

¿No te lo crees?

En un estudio que realizó Ronald Inglehart en 43 países se observó que la felicidad humana manifiesta una fuerte correlación con el desarrollo económico. Sin embargo, una vez que el producto nacional bruto de un país alcanza los cien mil dólares por persona, aproximadamente, el mero incremento posterior de la riqueza económica no da como resultado el aumento de la sensación de bienestar que experimentan sus habitantes.

Sólo pretendo que tengas en mente tu objetivo general. Mientras sigas concentrado en él, podrás obtener dinero y bienes sin dejar de disfrutar de una vida armoniosa.

Supón que te vuelves muy rico, que te conviertes en un rey o una reina. ¿Cuál es tu obligación en ese papel? En este mundo nadie trabaja solo. Ayudar a las personas en sus causas beneficia la tuya propia. Espero que entiendas que, como vimos en el primer capítulo, si construyes tu riqueza sobre los hombros de otros, estarás viviendo al revés. Tienes que amar a las personas y usar el dinero, no a la inversa. Ahí fuera hay suficiente dinero; gánalo haciendo cosas que te eleven a ti y a otros, expandiendo tu vibración y tus dones al mundo. Entonces toda tu vida se convertirá en un foco de inspiración, un ejemplo rico y práctico de qué es capaz de conseguir el espíritu humano.

Pilar II.
Relacional

«Las relaciones humanas.» En el mundo occidental equiparamos esta expresión con las relaciones sentimentales, un cúmulo de cenas a la luz de las velas, largos paseos por la playa y juegos de alcoba hasta el amanecer. Consideramos que las demás relaciones —con amigos, parientes, correligionarios, compañeros de trabajo, vendedores, naturaleza, etc.— son una versión reducida, descafeinada, de ese ideal. Teniendo en cuenta cómo devaluamos esas relaciones personales, ¿realmente es de extrañar que muchos de nosotros seamos una pena relacionándonos con las personas y enfrentándonos a los retos que encontramos en la vida?

Quizá tengas un camión lleno de dinero, pero si no te relacionas bien con los demás y con el mundo que te rodea, emocionalmente estarás arruinado. Por eso necesitamos un nuevo paradigma, uno que tenga en cuenta el valor inherente y el valor igualitario que tienen todas y cada una de nuestras relaciones, que entienda que una relación es, simplemente, el acto de relacionarse.

Si alguien viene y me dice: «Tengo problemas en mi relación de pareja», enseguida le pregunto: «¿Cuánto hace que tiene problemas para relacionarte?» Fíjate en el verbo. Una relación no es una cosa, sino un proceso. Mi intención es ayudar a esa persona a dominar el proceso de relacionarse consigo misma, con su pareja, con su familia, con su equipo y, por extensión, con el mundo que le rodea.

Cuando gozamos de unas relaciones amorosas que nos respaldan —amigos con los que reír, una pareja con quien compartir la vida, compañeros de trabajo que nos motivan, vecinos que nos inspiran—, nos despertamos cada mañana sintiéndonos inimaginablemente ricos.

11

Conócete a ti mismo

Conocer a otros es inteligencia;
conocerse a uno mismo es verdadera sabiduría.

TAO TE CHING

Tres relaciones clave

Todos tenemos tres relaciones clave: con nosotros mismos, que es el modo en que nos valoramos, nos vemos, nos hablamos y creemos en nosotros; con los demás, que es como nos comunicamos, valoramos a otros y actuamos con ellos, y con el mundo en general, que es como vemos, valoramos y actuamos en beneficio de nuestras comunidades y de la naturaleza, grandes o pequeñas. ¿Cuál de ellas crees que es la más importante? Si has dicho que la primera, has acertado.

Es más importante *ser* la persona correcta que encontrarla, estar en armonía con uno mismo que intentar armonizar con otros. Por tanto, primero debes sanar y fortalecer la manera que tienes de relacionarte contigo mismo, y luego pasar a forjar una relación más profunda con otros y con tu comunidad. Hasta que no perfecciones la relación que tienes contigo mismo, no encontrarás la relación perfecta fuera de ti.

El universo es un mecanismo constante de *feedback* que te dice quién eres por dentro por medio de los resultados externos. El hecho de que mejore la calidad de tus relaciones con los demás es indicativo de que has hecho el trabajo necesario para arreglar tu relación contigo mismo. Si eres capaz de hacer esto, cuando forjes una relación firme contigo mismo, todas las demás relaciones personales serán un reflejo de esa curación y de esa fuerza.

En construcción

No soy un experto en el amor, ni mucho menos. Soy más experto en estudiar y analizar el amor que en vivir ese amor idealizado del que nos hablan los poetas. Sí, cuando la gente me cuenta sus historias de cómo se han enamorado, me siento muy incómodo. Ya ves, es que no acabo de asimilar que las palabras *relación* y *rota* puedan usarse juntas, porque cada «ruptura» lleva consigo un éxito, siempre que se esté abierto a aprender y a crecer.

He crecido mucho en este pilar, y aún me queda mucho por aprender. Mi primer matrimonio no duró porque no había acabado de trabajar en mí mismo. No estaba preparado para mantener una relación fuerte y sana, porque yo mismo no era ninguna de las dos cosas. Era un tipo de veintiséis años que se había casado motivado por la culpabilidad y por la vergüenza, porque era la primera vez que mantenía relaciones sexuales y estaba convencido de que iba a ir al infierno si no legalizaba aquel acto tan aberrante; éste no es el mejor cimiento para un matrimonio feliz.

Siempre fui un chico muy majo, que obedecía a su padre el pastor, y que nunca salió con *nadie* en el instituto. ¿Mis habilidades de relación con el sexo opuesto? Casi ninguna. Una vez que comencé a dedicarme a la musculación y empecé a llamar la atención de las mujeres, pensé: «¡Caray! ¡Lo que me he estado perdiendo!» Por tanto, intenté recuperar el tiempo perdido acostándome con un montón de mujeres a las que no conocía y de las que en realidad ya no me acuerdo. ¡Menudo desastre!

Ahora sé que cuando se mantienen relaciones sexuales con otra persona se establece con ella un vínculo a través del espacio y del tiempo. Tal y como aprendí de las antiguas tradiciones hawaianas, no existe un vínculo energético más poderoso que el sexual. Tardé buena parte de un año en retroceder y arreglar las cosas, en desconectarme energéticamente de aquellas mujeres con las que me había acostado. No era algo de lo que estuviera orgulloso. Aprendí algunas verdades duras y desagradables sobre mí, incluyendo que no sentía un gran respeto por las mujeres. En el fondo, tampoco me respetaba demasiado a mí mismo. Me había metido en la mayor parte de aquellas historias teniendo en mente mis propias necesidades. Admitir esto fue doloroso, y tuve que trabajar duro para crecer y abandonar las ideas equivocadas que tenía de mí mismo y de mis relaciones, con objeto de sanear mi vida.

Estaría muy bien si te dijera que, aunque me he equivocado en el pasado, ahora vivo en la Tierra Prometida y llevó disfrutando diez años de felicidad matrimonial con mi increíble mujercita. Pero la verdad es que este pilar, desde el punto de vista romántico, sigue en construcción. Lo que sí puedo afirmar con certidumbre es que he llegado a percibir algunas distinciones trascendentales sobre qué significa realmente el Pilar de la Relación. También puedo decirte que mi capacidad de cambiar todas mis relaciones mediante mi transformación personal me da auténticas fuerzas. Y esto es algo que tú también puedes experimentar.

Esto es lo que tengo que ofrecerte. De entrada, debes aprender de tus experiencias: de las buenas, de las malas y de las vergonzosas. No las consideres errores; entiéndelas como experiencias que te acercarán más a lo que realmente deseas y mereces. Aprende a amarte a ti mismo sin malgastar energías ni pasar por la tragedia de concederle tu amor a la persona equivocada. Aprende a respetarte de manera que sepas respetar a otros.

Los secretos del yo

La inscripción que figuraba en el dintel del oráculo de Delfos, en la Grecia antigua, rezaba: «Conócete a ti mismo». Borrada por el tiempo y conocida sólo por un puñado de elegidos, el resto de la inscripción decía: «y poseerás las claves del universo y los secretos de los dioses». Dicho en pocas palabras, cuando profundizamos en nuestras vidas, empezamos a crecer. Esa involución nos lleva a hacer cosas nuevas, lo cual provoca nuestra evolución. A medida que seguimos evolucionando y haciendo cosas nuevas, producimos resultados nuevos. La involución siempre precede a la evolución.

El grado en que nos conozcamos y apreciemos afecta a todas las facetas de nuestra vida.

Una vez estuve trabajando en el caso de una pareja que estaba pasando por una mala época. Querían mudarse a una ciudad nueva y empezar de cero. «Lo que ocurre es que sus problemas se irán con ustedes», les dije. Los dos pensaban que si encontraban un entorno más amable, mejores amigos y restaurantes nuevos, su vida sería muy distinta. No es así: tenemos lo que tenemos porque somos quienes somos.

A menos que estés sometido a un solitario confinamiento, el estado de tus relaciones afecta a todas las facetas de tu vida. Para vencer a tus demonios y gozar de una vida espiritual sana, por ejemplo, tendrás que sanar la relación contigo mismo y con el mundo. La paz, la alegría y la riqueza externas sólo proceden de esas mismas cualidades internas. No puedes hacerle un corte de mangas a alguien en la autopista y luego pasarte una hora cantando *Om* y citando el séptimo *sutra* del Buda. Una parte del motivo por el que las personas se vuelcan en el misticismo y se esconden en *ashrams* es que no saben tratar con los demás… ni consigo mismas. Esto es escapismo espiritual.

Tres niveles de vibración: las tres notas de tu canción

Recuerda que todo es energía y vibración: las vibraciones similares se atraen y las distintas se repelen. Recuerda también que la energía no se crea ni se destruye. Todo lo que ha existido y existirá ya existe en el presente. Lo que significa esto, desde el punto de vista científico, es que el amor que piensas que andas buscando ya está aquí. El único motivo de que no observes la evidencia física ahora es que has estado pensando, sintiendo y actuando de otra manera.

Para forjar una relación sana contigo mismo y con los demás, necesitas elevar y alinear los tres niveles de vibración que crean el campo de la intención y de la atracción:

1. La imagen de uno mismo («pienso»).
2. La autoestima («siento»).
3. La confianza en uno mismo («actúo»).

Es importante comprender cómo se relacionan estos tres niveles. Sentirse bien con uno mismo es esencial, pero si eso es lo único que se tiene, sentirse bien contigo mismo no es más eficaz que sentarse a cantar el mantra «Me siento bien, me siento bien, me siento bien». De igual manera, concentrarse demasiado en la confianza en uno mismo, siguiendo a aquellos maestros que incitan a alcanzar «el estado cumbre» «actuando como si»... Bueno, si careces de una autoimagen y de una autoestima que te respalden, tu «actuar como si» pronto se convertirá en «actuar como un idiota». Por eso tienes que conseguir los tres de tres. ❶ Tienes que trabajar constantemente para alinear la imagen que tienes de ti mismo, la autoestima y la autoconfianza. Sólo entonces tendrás un pensamiento, unos sentimientos y unos actos congruentes, y sólo entonces atraerás la vida que deseas.

La imagen de ti mismo

La autoimagen es la manera en que piensas sobre ti mismo y sobre tu mundo. La mayoría de personas atrae características ajenas que no quieren porque gran parte de sus pensamientos se centra en las cosas que no desean. Di que no quieres ser desgraciado y, ¿qué es lo que serás? Desgraciado. Así es como funciona la Ley de la Atracción. Éste es uno de los numerosos motivos por los que es tan importante rodearse de abundancia y de prosperidad. Lo mismo sucede con las personas.

Si siempre estás pensando en el aspecto que tienen hoy las cosas y en cómo ello te hace sentir, atraerás más de lo que ya existe, en vez de aquello que pretendes crear. Por difícil que parezca, debes apartarte de las circunstancias actuales y centrar tus pensamientos en el punto al que vas, no en el que estás.

Concéntrate en las personas de calidad que hay en tu vida. Alimenta esas relaciones. Si la imagen que tienes de ti mismo te dice que no eres digno (una creencia que quizá te hayan transmitido tus padres), o si te han programado con pensamientos de culpa relativos a la opulencia, la abundancia y la alegría en la vida, entonces es posible que atraigas a personas que te tratarán bien durante un tiempo, pero tu autoimagen subyacente acabará repeliendo ese cariño y les inspirarás una mala conducta. Por el contrario, cuando repares tu autoimagen y la fortalezcas para que sea más sana, atraerás a personas que respetarán y honrarán tu yo superior, respaldando tus máximas aspiraciones.

La autoestima

El corazón es la sede de la autoestima. Siendo como es el centro de los sentimientos del cuerpo, nos dice cómo nos sentimos respecto a nosotros y nuestras vidas.

Como el hombre piensa en su corazón, así es él.

PROVERBIOS 23, 7

Como nos han revelado los investigadores del HeartMarth® Institute, el corazón tiene, literalmente, una capacidad cognitiva, de modo que esta cita de Proverbios no es una metáfora, sino la verdad tal cual. Tus sentimientos, o los pensamientos de tu corazón, transforman por completo tu realidad, tus relaciones.

Ahora piensa en esto: los últimos descubrimientos en física cuántica sugieren que nuestros sentimientos constantes crean un campo energético que envuelve nuestro cuerpo, un aura electromagnética, que atrae todo aquello que tenga una vibración similar. Este campo emana desde un punto situado a aproximadamente 1,5-2,5 metros del cuerpo, y muchos pensadores pioneros consideran que se extiende a varios kilómetros en el plano cuántico. Ten en cuenta esto cuando intentes cambiar tu vida y tus resultados. Es posible que, después de todo, no tengas que recorrer tanto camino. Mira en tu interior.

A menudo nos sentimos desanimados porque juzgamos nuestro mundo basándonos en su aspecto físico, cuando deberíamos prestar atención a los numerosos grandes maestros y a las tradiciones que nos han dicho que no lo hagamos.

La distancia más importante que puedes recorrer es el sentimiento.

Vuelve a leer esta frase.

En realidad, la distancia que debes recorrer no se encuentra en el ámbito físico, sino en el de los sentimientos. Si optas por tener relaciones saludables, debes medir la distancia entre cómo te sientes actualmente y cómo te quieres sentir. Por ejemplo, si eres un hombre que no se fía de las mujeres, no podrás atraer a una pareja cariñosa y generosa. Puedes estar seguro. Por tanto, lo primero que tienes que hacer es centrarte en los sentimientos que quieres vivir. Cultívalos, por ajenos que te parezcan. A medida que los experimentes y camines con ellos, se convertirán en parte de tu naturaleza. El primer paso, y el más importante, es viajar en el ámbito de la vibración hacia los sentimientos de la alegría, la apreciación y la gratitud. Cuando lo hagas, atraerás a tu vida más sentimientos de abundancia, con lo cual tus resultados se transformarán.

Por favor, ten en cuenta que esto no significa, de ninguna manera, que no tendrás que hacer nada (porque no es así), pero tus emociones serán las que impulsen todos tus actos. En otras palabras, puede que en tu relación actual no estés exactamente donde quieres estar, pero *no puedes* sentirte descontento, abatido o insatisfecho. La energía fluye donde se concentra la atención. ¿Qué tiene que pasar para que te sientas amado y tú manifiestes amor ahora mismo?

Siéntate y recorre la distancia. Siente la profunda sensación de gratitud, de apreciación y de certidumbre de que ya disfrutas de una excelente relación amorosa, o de que estás rodeado de personas que te inspiran. Asegúrate, primero, de amarte a ti mismo.

La confianza en ti mismo

La confianza en uno mismo es el último paso, y a menudo el más amedrentador, para forjar la riqueza relacional. Debes extenderte hacia los demás. Debes ampliarte. Debes actuar, y hacerlo con osadía; tus actos deben ser congruentes con la persona en la que te estás convirtiendo, con el lugar al que te diriges, y no basarte en las apariencias actuales. Emerson afirmó: «Si he perdido la confianza en mí mismo, tengo el universo en contra». Debes actuar como cocreador de tu propia realidad, confiado en ti mismo, sin dudar ni un instante de tus resultados. Recuerda que ya hemos visto que tus actos afirman el universo en el que quieres participar. Para conseguirlo, admite que los resultados actuales no son nada más que el fruto de tus pensamientos, sentimientos y actos pasados, y aunque puedan aparecer en tu realidad, no tienen nada que ver con tu mañana, a menos que no hagas nada distinto.

Concentra tu intención y mantén la atención en lo que quieres, sin tener en cuenta lo que te sugieran tus circunstancias físicas actuales. Elite tu onda de oferta y súbete a ella: ve a por todas. Entonces, piensa y siente constantemente una profunda gratitud, sabiendo que las buenas relaciones que quieres tener, según las leyes de este universo, ya te están devolviendo un eco.

«Dime con quién andas y te diré quién eres»

Piensa en aquel momento en que conociste a alguien tan parecido a ti que sentiste que nacía un vínculo inmediato entre vosotros. Reíais y sonreíais libremente, sintiéndoos incluso un poco descontrolados. ¿No es una experiencia sorprendente? Pues eso es energía, amigo mío.

Las mejores relaciones son las que se establecen entre las personas que tienen una energía parecida. Piensa en lo que os parecéis tú y tu mejor amigo/a o tu pareja. Esas personas representan las semillas que alimentamos en nuestro interior, que han florecido gracias a una atención delicada y amorosa. Reflejan lo que somos: lo bueno, lo malo y lo indiferente.

Siempre que una relación no funciona, por complejos que sean los motivos, el problema de base es una disparidad energética. Las vibraciones no encajan. No es de extrañar que, cuando se habla de este tema, la gente use la palabra *química*. Si atraes a parejas o amigos de bajas vibraciones, entonces es que *tus propias* vibraciones también lo son.

Básicamente, todos buscamos a personas que nos parezcan versiones idealizadas de nosotros mismos. Decide elevar tu propia frecuencia y te sorprenderá ver cómo aumenta la calidad de las personas a las que atraes.

¿Qué puedes hacer por ti mismo hoy?

La Armonía en la Riqueza consiste en aprender a atraer a nuestra vida todo lo que deseamos aumentando nuestras vibraciones. De nuevo te recuerdo que se trata de un trabajo interno. Piensa en esto: el modo en que te trates a ti mismo es un ejemplo para el mundo de cómo debe tratarte. La gente no puede tratarte ni te tratará mejor de lo que tú te tratas a ti mismo. Si no te tratas bien, los demás tampoco lo harán. Por tanto, ¿qué puedes hacer por ti mismo hoy?

De la misma manera que tienes que crecer para recibir unos ingresos más elevados, tienes que crecer para recibir más amor. Si quieres atraer a la pareja adecuada, tendrás que hacerte con el control de tu propio destino, aceptar el enfoque de dentro hacia fuera, y crecer para ponerte a la altura de ese nuevo objetivo, de modo que puedas atraer a la persona que tiene unas vibraciones parecidas a las tuyas.

Si ya has llevado a cabo las propuestas que te sugerí en el Pilar Económico, ya estás potenciando la energía de tus vibraciones. ¿Estudias, tratas de adquirir conocimientos y te rodeas constantemente de aquello que te proporciona valor y poder? ¿Evitas a toda costa aquello que te debilita? ¿Fijas objetivos, elaboras tus tarjetas de intención, realizas tus Seis Esenciales diarios y administras tu tiempo? Todas estas cosas forman parte de lo que significa cuidar de uno mismo y elevar nuestra energía.

Pero ¿qué pasa si las personas que hay en tu vida te debilitan? ¿Qué sucede si tu padre te critica o tu hermana te agota, o tu esposo está furioso o deprimido y tú pierdes energía cuando estás cerca de él? ¿Esto quiere decir que tienes que romper los vínculos que te unen a estas personas? Quizá sí, o quizá no. He visto cómo relaciones increíblemente difíciles se curaban y fortalecían a sus miembros.

En la mayoría de los casos, a menos que las circunstancias sean violentas o peligrosas, antes de analizar qué es lo mejor para nuestras vidas, deberíamos sanar la relación que tenemos con nosotros mismos. Toda relación comienza con uno mismo. Ya sabes que para bailar el tango hacen falta dos, pero ¿sabías que tu pareja de baile es un reflejo de ti mismo?

La iluminación solitaria: el test del amor por uno mismo

Con el siguiente test podrás evaluar si mantienes una buena relación contigo mismo o no. Programa una hora en la que puedas sentarte a solas en tu sala de estar, sin televisión, música, revistas, libros, ordenador, móvil, mascotas, alcohol, comida, conversación o cualquier otra distracción. Y nada de dormirse.

¿Podrás hacerlo?

—Me volveré loco —me dijo mi amigo Dan.

—Entonces es que no te gustas mucho —le dije.

Eso le molestó; lo detecté al ver cómo bajaba la mirada y murmuraba entre dientes.

—Oye, lo siento —proseguí—, pero ¿cómo puedes esperar que los demás quieran estar contigo si no disfrutas de tu propia compañía?

¿Te gusta estar solo? Sitúate en ese espacio solitario y reflexiona sobre las siguientes preguntas:

- ¿Me gusta pasar un tiempo a solas?
- ¿De qué tipo de personas me rodeo habitualmente?
- ¿Quién sería mi pareja ideal en el amor, el trabajo, la vida?
- ¿Disfruto del tiempo que paso con mis seres queridos? ¿Doy la sensación de disfrutarlo?
- ¿Mi vida sexual es satisfactoria? ¿Mi pareja está satisfecha?
- ¿Soy capaz de resolver conflictos sin que queden resentimientos?
- Cuando echo la vista atrás a mis relaciones sentimentales, ¿detecto patrones o tendencias similares?
- ¿Qué necesito cambiar en mí para atraer el tipo de amor que deseo?
- ¿Estoy *realmente* dispuesto a hacer esos cambios?

Formúlate algunas de estas preguntas insidiosas y tendrás una idea de dónde te encuentras y de por qué se avecina el caos. Olvida la idea de no ser lo bastante bueno y concéntrate en las áreas que requieren más tiempo y atención por tu parte. Te estoy pidiendo que seas crítico en el sentido más noble de la palabra. No te juzgues, porque eso es contraproducente. En lugar de ello, observa qué áreas has descuidado, que posiblemente están introduciendo en tu vida una falta de armonía, y úsalas como herramientas de crecimiento. Por ejemplo, si estar a solas te pone nervioso, es hora de que te preguntes:

- ¿Conozco mis pensamientos, sentimientos y valores más íntimos? ¿Puedo manifestarlos con claridad?
- ¿Soy realmente sincero sobre quién soy? ¿Busco momentos para reflexionar sobre el tema?
- ¿Siento que puedo decir a los demás la verdad, y no sólo lo que quieren escuchar?
- ¿Qué pasaría si cada día dedicase un tiempo a olvidarme del parloteo y el ajetreo cotidiano que bloquean mi mente?
- Cuando estoy a solas, ¿me siento renovado o angustiado?
- ¿Cuándo fue la última vez que busqué un espacio personal, que disfruté de un tiempo «para mí» de calidad?
- ¿Cuándo fue la última vez que celebré quién soy o alguno de mis éxitos?
- Si no soy más que lo que hago y lo que tengo, ¿qué soy cuando no hago nada y no tengo nada?

Aléjate del ruido y del ajetreo externos. Busca momentos para estar tranquilo, para disfrutar de la paz y de la introspección. Ve donde puedas oírte pensar, donde puedas ser creativo y conectarte con tu guía. Eso es amarse a uno mismo, autocuidarse.

Comprométete a construir una relación más profunda, conectada, comprensiva, consciente contigo mismo. Cuando conviertas este objetivo en una prioridad, se abrirá un camino único para ti que te permitirá hacerlo. Anótalo en tu tarjeta de intención, y puedo garantizarte que tus relaciones con los demás (tu familia, tus relaciones sentimentales, tus contactos de negocios) enriquecerán tu vida.

También debes comprometerte a defender una creencia inflexible en ti mismo. Si no lo haces, nunca darás los pasos necesarios para convertir tus metas en realidad. Nunca te convertirás ni en la sombra de lo que eres capaz de ser. A menos que seas alguien realmente especial, seguro que tienes algunas creencias limitadoras sobre tu persona, que llegaron a tu vida desde una fuente externa y a una edad temprana. Debes estar dispuesto a hacer el trabajo interno necesario, el tipo de cosas que estamos haciendo en este libro, capítulo a capítulo, para obtener los resultados que deseas. La Ley de la Atracción está impulsada por la expansión y por el amor hacia uno mismo.

El amor por uno mismo no es egoísmo

Existe una gran diferencia entre centrarse en uno mismo y ser egoísta. Lo primero consiste en cuidar de ti mismo como primera misión en la vida, hacer lo mejor para ti y vivir la vida que decidas. Esto es saludable. Ser egoísta consiste en intentar *darse* la vida que uno quiere. Eso no es saludable.

He llegado a la conclusión de que si tomo las decisiones que son mejores para mí, al final resulta que también lo son para mis relaciones. Esto no quiere decir que no me importen los demás, que no piense en ellos. No, nada de eso. Me gustan mis relaciones, quiero a las personas y deseo ser capaz de darles cada vez más. Pero también soy consciente de que, para dar más, tengo que ser más, y eso es fruto de saber con sinceridad qué necesito y de cuidar de mí mismo. Uno no puede dar lo que no tiene.

12

Conviértete en tu yo superior

*No pregunte qué necesita el mundo. Pregunte qué le hace
sentir vivo, y hágalo. Porque lo que el mundo necesita
son personas que estén vivas.*

HOWARD THURMAN

La atención equivale al amor

*¿Le estás prestando atención a tu yo superior e ideales? ¿O estás
enamorado de tu miseria, cuidándola todo el tiempo como una hoguera que siempre necesita que la estés alimentando?*

Piensa en esto: cada vez que gimoteas y te lamentas de que estás solo
y no mantienes una relación con nadie, en realidad te estás diciendo
que te encanta estar solo. Podrás no estar de acuerdo conmigo y
protestar todo lo que quieras, pero el hecho es que conceder a tus
lamentaciones más energía y atención de las que concedes a todo lo
demás no sólo es una manera de mantenerlas vivas, sino también
de concederles un lugar preeminente en tu vida. La energía fluye
donde se centra la atención, ¿recuerdas?

Por tanto, pregúntate esto: ¿has elegido conscientemente introducir esa tristeza en tu vida, o sólo se trata de un mal hábito,
una vieja historia que te retiene?

Si no te quieres a ti mismo, nunca atraerás a personas que realmente te quieran. Cuando piensas que no eres digno de amor, en
el sentido que sea, en realidad estás enamorado de esa versión de-

sagradable de tu persona, y tus relaciones sólo podrán reflejar ese hecho. Quizás estés enamorado de tu tristeza porque es el único amigo que has conocido en tu vida. Es posible que, en un sentido un tanto perverso, hayas permitido que tu angustia valide tu dignidad. Entiendo tu deseo de aferrarte a lo conocido, de quedarte con lo malo que domina. A veces el temor a lo desconocido es mayor que la tristeza que crea lo conocido, pero de esta manera nunca crecerás. Esa historia tan trillada hace mucho que pasó al otro mundo. Es hora de aprender a tener otras opciones, y a actuar basándose en ellas.

Sé responsable y sigue adelante

Cuando descubrimos algo malo, tenemos dos opciones: podemos quejarnos y buscar culpables, o podemos cambiar. He aprendido a no castigarme, porque eso genera vibraciones muy bajas y, al conceder mi atención a los errores, atraigo más de lo mismo a mi vida, como una fuerza magnética. Resulta mucho más productivo preguntarse: «¿Qué he aprendido? ¿Cómo puedo aplicarlo? ¿Qué haré diferente la próxima vez?», y seguir adelante después.

Ahora bien, eso no quiere decir que yo no pida disculpas y modifique mi conducta cuando hago algo que molesta a otra persona. Esto forma parte de ser responsables de nuestros actos. Parece muy sencillo, pero sin embargo no es habitual que las personas acepten la responsabilidad de sus resultados y sus actos. Si lo fuera, el mundo cambiaría no sólo a nivel personal, sino en todos los campos, incluyendo el gubernamental. La gente no para de culpar a los demás o a las circunstancias. Si todos y cada uno de los habitantes de este mundo aceptase la responsabilidad de sus actos —sintiéndose asimismo responsable de los resultados que obtiene—, el mundo se transformaría.

Recuerda: si piensas que los problemas de tu vida están ahí fuera, tienes un problema, porque con este pensamiento estás renunciando a tu poder. Estás diciendo: «Es mi marido, es mi mujer, es mi jefe, es mi entorno, es mi salario, es mi gobierno». La lista es inacabable. Ser totalmente responsable no es muy popular. Demasiadas veces la solución más popular es tirar por la vía fácil, la del victimismo. Siempre es más fácil echar la culpa a alguien que esté fuera. Al menos, lo es a corto plazo. A largo plazo hacer de víctima te arrebata el poder, y en el mundo de los resultados te deja en punto muerto. Recuerda que la atención equivale al amor. Cuando haces de víctima, alimentas a la víctima que llevas dentro, y el universo te envía más oportunidades de serlo.

El escritor Wayne Dyer dijo una vez: «Si nuestros problemas los causaran otras personas, nos gastaríamos una fortuna enviándolas a un psiquiatra». Un proceder un poco tonto, ¿no? Otro ejemplo simple de esto es cuando escuchas a alguien que se queja de otra persona. ¿A quién está definiendo? ¿A la otra persona? No lo creo.

Para ser responsable, hace falta valor. Hace falta coraje para aceptar la responsabilidad por las cosas que suceden a nuestro alrededor. Llevemos la responsabilidad un paso más allá. Hablemos de ser responsables por todas y cada una de las cosas que suceden en nuestra vida. Sí, lo has leído bien, por todo, incluso cuando no sea culpa tuya. Porque a estas alturas ya debes saber que la vida no consiste en los errores, ¿verdad? Consiste en los resultados. Obtendrás siempre los mejores resultados cuando seas totalmente responsable. Sólo cuando seas responsable de todo lo que hay en tu vida, serás capaz de cambiar algo. Eres responsable de todo, pero no eres culpable de nada.

Los asuntos pendientes merman tu energía

Guardar resentimiento es una forma de culpar a otros, y agota muchísimo nuestra energía. Imagina que te pones a discutir con alguien y acabáis sin llegar a una solución. Te marchas y le sigues dándole vueltas al asunto, y el problema cada vez se va haciendo más grande, consumiendo mucha de tu energía. La ciencia define esto como «campo de atracción», y cuanto mayor sea la masa, mayor será el elemento atrayente.

Una discusión es como una mancuerna de ocho kilos. Imagínate lo que sería coger la mancuerna de ocho kilos, metértela en el bolsillo e ir a trabajar. Intentas olvidar que está ahí, pero es imposible. Cuando vas por el pasillo, resuena al chocar con las paredes. Te sientas y el peso rebota en la silla, *¡clanc!* Te levantas y tienes la sensación de que se te va a bajar la falda o se te va a caer el pantalón. Mientras lleves la maldita pesa en el bolsillo, no habrá manera de que te libres de ella. Te exige energía, y hace que tu atención se concentre en ella.

Algunos de nosotros necesitamos sacarnos esa pesa del bolsillo, ¿a que sí? ¿Quizá tú también? Si conoces a alguien con quien hayas roto la relación, discúlpate con él o ella, aunque creas que eres tú quien tiene la razón. Por amor a ti mismo, libera esa energía y perdona a tu ofensor. La gente piensa, equivocadamente, que el perdón es un regalo que hacemos a otros. En realidad, es un regalo que nos hacemos a nosotros mismos: la libertad para tomar y quemar toda esa energía. Quien es reacio a perdonar es como quien toma veneno y espera que se muera otro. Por tanto, haz todo lo necesario por ti mismo, porque el perdón no aligera la carga de otra persona: alivia la carga que tú mismo te habías echado a la espalda.

El perdón puede nacer de un cambio súbito de actitud, del compromiso a dejar atrás el pasado. Empieza buscando la bendición contenida en lo que sucedió. El perdón sincero consiste en la capacidad de decir, con el corazón y con la mente: «Gracias por concederme esta experiencia». Si ya no puedes comunicarte directamente con esa persona, envíale una oración-vibración o una carta de perdón que ni siquiera tienes que echar al correo. Esta práctica te liberará como no puede hacerlo nada más. ¿Te parece demasiado difícil? Imagina que todas las personas que conoces llevan el autógrafo de Dios, que todas hacen lo que pueden con lo que saben. Todos somos obras únicas de lo divino, Dios en forma humana. A ver si eso te ayuda.

Errar es humano, perdonar es divino.

Alexander Pope

Y si te sientes culpable, deja la culpa atrás, porque es una emoción del pasado. No puedes sentirte culpable, en modo alguno, de algo que sucede en el presente o que pasará en el futuro; sólo puedes sentirte culpable de algo del pasado. Pero éste ha muerto, se ha ido. No hay manera de que puedas cambiarlo, así que abandónalo. Aprende de él, aplica la lección en tu vida y sigue adelante. Muéstrate agradecido por la oportunidad de aprender la lección en tu vida, deja que te impulse a hacer lo correcto, y luego olvídalo; cualquier cosa que pase de esto es autoindulgencia. Algunos precisamos liberarnos de las cosas que nos arrebatan la energía, o de aquellas a las que concedemos energía emocional. ¡Suelta esa pesa ahora mismo!

La recuperación del alma

En las memorias de Elizabeth Gilbert, *Comer, rezar, amar*, encontramos un episodio conmovedor que tiene lugar en la terraza de un *ashram* en la India, donde Elizabeth hizo las paces con su ex marido, diciéndole adiós, perdonándole y perdonándose, y reclamando su alegría. Él no está presente en ese lugar y el proceso no es largo: se trata sólo de la resolución interna de Elizabeth de dejar atrás el pasado y seguir avanzando, lo cual la conduce a un profundo instante de capacitación personal.

Pregúntate qué te retiene. ¿Hay algo o alguien de quien debas desprenderte? Quizá no puedas perdonar a uno de tus padres por el modo tan espantoso en que siempre te ha tratado, o quizá sigues sintiendo amargura por aquel jefe abusón que dejó tu carrera en el banquillo. Tu voluntad de liberarte de esa carga te permitirá recuperar esa parte perdida de tu alma y seguir adelante.

Una parte del motivo por el que nos quedamos atascados suspirando por un amor perdido o sintiéndonos mal con nosotros mismos es que, a menudo, no reclamamos nuestra identidad y nuestra armonía plenas tras una ruptura o una tragedia personal. Básicamente, nos atascamos en una energía negativa, centrando nuestra atención en otra persona, y entregándole nuestro poder. Imagina que estás aferrado a una situación del pasado y envías un torrente de energía personal hacia ese punto: «Tendría que haber sido más cariñoso», «Tendría que haber dicho lo que sentía», «Si hubiera actuado antes, eso no habría pasado», «Tendría que haberme negado en redondo»... Evidentemente, toda esa energía que envías se disipa, dejándote menos energía con la que vivir, crear y trabajar. Es hora de que recuperes tu energía.

Las culturas indígenas que he estudiado creen que, cuando pasamos por un trauma emocional —abusos sexuales, una ruptura sentimental o la pérdida de un ser querido—, una parte de nuestra alma se resquebraja o se rompe, y se queda con la persona que nos hirió, nos abandonó o falleció. Cuando la gente dice cosas como «En aquel momento perdí mi inocencia», «Perdí mi confianza» o «Aquel día murió el niño que llevaba dentro», es posible que hablen más literalmente de lo que imaginan.

Aunque esto puede parecer extraño a la mente moderna, contiene más sabiduría de lo que puedas pensar. No hace mucho, el físico J. S. Bell ha documentado lo que es, discutiblemente, el hallazgo más profundo de la física moderna, llamado el teorema de Bell. Este teorema afirma que las cosas que una vez estuvieron conectadas siguen misteriosamente vinculadas en el espacio y en el tiempo; si dos partículas interactúan y luego se separan, a pesar de ese distanciamiento, siguen conectadas, y las acciones de una afectan al instante a la otra, sin que medie demora alguna. Esto es muy cierto cuando las cosas están vinculadas mediante vibraciones fuertes e intensas; podríamos llamarlas sentimientos y emociones. Si hablásemos de un hombre y una mujer, independientemente de lo lejos que estén viviendo el uno de la otra (por ejemplo, él en California y ella en Nueva York), seguirían influyéndose el uno al otro y de forma inmediata. Cambia la energía de uno y cambiará la del otro. Esto tiene profundas consecuencias sobre la vida de las personas y sus relaciones. ¿Con cuántas «ex» sigues conectado?

Lo que resulta increíble es que diferentes culturas indígenas que no han tenido nunca contacto entre sí a menudo comparten esta misma creencia, y todas ofrecen remedios parecidos. Por ejemplo, un chamán ayuda a las personas a encontrar y a volver a conectarse con esos fragmentos de su yo. Aunque he estudiado y me han iniciado en numerosas tradiciones chamánicas, no limito en modo alguno el concepto del espíritu estrictamente al chamanismo. Creo que existen muchos caminos que llevan a la sanación, y cuando el alumno esté dispuesto, el camino le encontrará.

Si te sientes astillado, lo primero que debes tener claro es que has elegido estar entero y sano. Suena absurdo, pero hay muchas personas que intentan andar por la vida con un pie en este mundo y el otro en otra parte, lo cual huele a ciencia ficción, a menos que uno haya sentido el poderoso impulso de querer salir de este tiempo y de este espacio. Pero si lo has sentido, sabrás lo tentador que resulta desconectar tu energía de esta vida, sobre todo cuando padeces un sufrimiento intenso.

No mucho después de la muerte de su padre, una amiga mía iba conduciendo por la autopista y tuvo un reventón cuando iba a ciento veinte kilómetros por hora. No le resultó sencillo apartarse a un lado de la carretera para ponerse a salvo, pero cuando lo consiguió se dio cuenta de repente de que una parte de ella había deseado reunirse con su padre, de modo que no había estado presente del todo. El susto la hizo plenamente consciente de cuánto deseaba seguir en este mundo, y recuperó de inmediato su energía.

Si meditas, cosa que te recomiendo, conserva la intención para reclamar cualquier parte de tu persona que pueda haberse roto. ❶ Di: «Gracias por concederme esa experiencia», encuentra la lección y el don, y pasa página. Un chamán puede ayudarte a encontrar un estado alterado en el que tu consciencia abandone los confines de tu cuerpo. Un buen terapeuta, curandero o masajista puede ayudarte a recuperar tu integridad. Un curandero que vive en Los Ángeles, Guru Singh, realiza técnicas de recuperación en su despacho, para cualquier tipo de personas, desde conductores de taxi hasta grandes celebridades internacionales; pero créeme, todos tenemos el poder divino de curarnos a nosotros mismos. Desde luego que puedes consultar a un sanador o a un terapeuta competente y te resultará útil, pero, si quieres, puedes hacerlo solo. La idea básica es que hagas lo que te vaya mejor para reclamar tu energía y tu vitalidad plenas.

Debes estar abierto a cualquier proceso que contribuya a tu integración. Es posible que la oración y/o la meditación sean suficientes para ti. En esencia, eso es lo que te ayuda a hacer un chamán, en realidad. No soy capaz de subrayar más la importancia que tiene que hagas esto solo.

La búsqueda de una visión

Los estados alterados son esenciales para el crecimiento espiritual porque, literalmente, hacen que la mente se expanda. Los estados alterados ayudan a ir pasando por las etapas de la propia evolución, haciendo que nos cuestionemos nuestra realidad. Estos estados de experiencia no ordinarios son el único factor que la investigación exhaustiva ha documentado para acelerar el proceso de la propia evolución. Existen numerosas maneras de alterar nuestro estado. El amor intenso nos sume en un estado alterado de conciencia; el sexo también. (¿Por qué crees que una de las cosas más habituales que se dicen en el momento del clímax es «¡Oh, Dios!»?) Quizás estés pensando que te gustaría practicar ese estado alterado concreto un poquito más de lo habitual, ¿eh?

Soy muy consciente de que muchas personas recurren a sustancias psicoactivas para recorrer ese camino hacia la iluminación. He pasado años estudiando con chamanes, y decir que me mostraba muy reacio a esas sustancias psicoactivas es quedarse bastante corto. El hecho de crecer en la casa de un pastor protestante, en la hebilla del «cinturón de la Biblia», me adoctrinó profundamente. Ni siquiera probé el alcohol hasta que tuve casi treinta años. Pero mi actitud es incluso más precavida frente a los peligros de los psicoactivos, sobre todo cuando están en manos de personas equivocadas. Como verás cuando hablemos del Pilar Espiritual, he experimentado muchas cosas, pero he aprendido que con la mente no se juega. La idea esencial es la siguiente: aún no he conocido a nadie que haya alcanzado la iluminación suprema mediante el uso de sustancias psicoactivas. El individuo siempre tiene que hacer su parte, siempre. Un vaso no puede contener la iluminación; si eso es lo que siempre has estado esperando, siento estropearte el sueño.

La meditación es un estado alterado. También lo es la gratitud profunda. Sirve todo aquello que nos aleje de nuestro funcionamiento mental y emocional ordinario. Muchos astronautas que han viajado por el espacio y han visto la Tierra como una entidad unificada y viviente han experimentado un estado alterado. Muchos de ellos han manifestado que sintieron un profundo vínculo con su planeta, una sensación que permanece con ellos durante el resto de sus días. Existen muchos casos documentados de experiencias cercanas a la muerte, en los que los individuos regresan de ese estado alterado para contemplar el mundo y toda su experiencia de una forma nueva, entusiasta y vigorizada. A menudo sienten un aprecio renovado por la existencia, y una reverencia hacia toda la naturaleza, y muchos acaban dedicándose a tareas humanitarias y ecológicas, y considerando que la diversidad entre las personas (ya sea por sexo, raza, color, política o religión) es un factor enriquecedor y estimulante, no frustrante ni amenazador.

Uno de los despertares más poderosos de los estados de consciencia profundamente alterados que puedas experimentar consiste en la comprensión de tu relación —y de cada persona, lugar y cosa individuales— como la totalidad de la existencia.

Cuando te das cuenta de que no puedes hacer absolutamente nada en este mundo, en la naturaleza y/o en otras personas sin hacértelo a ti mismo, el despertar es profundísimo. De repente te das cuenta de que no existe nada fuera de ti, de que tu destino siempre ha sido y siempre será interdependiente con el del planeta.

Dado que es muy probable que no acabes orbitando en torno a la Tierra ni que tengas una experiencia cercana a la muerte, una técnica muy poderosa que puedes hacer en tu casa y que yo te recomiendo es la reestructuración de tu pasado.

Reestructurar la historia

Piensa en algún momento de tu vida en el que deseaste desesperadamente que algo hubiera salido de forma distinta: cuando tu padre te abandonó, cuando el amor de tu vida te dio calabazas, cuando tuviste un accidente grave. Da igual lo que pasara: si sientes que tu alma y tu energía se fracturaron, a continuación te sugiero algunas técnicas poderosas para sanarte.

Primero, dado que según Einstein el tiempo es una ilusión y el pasado, el presente y el futuro suceden a la vez, ahora, tú puedes enviar energía a la persona que eras cuando resultaste herido. Ya sé que esto suena a cuento de hadas, pero créeme cuando te digo que te beneficiará enviar a tu yo pasado un poco de energía amorosa. Usa tu mente para retrotraerte a ese momento y ver la escena, visualizar lo que pasó, sentir los mismos sentimientos… Ahora, en este momento presente, haz por tu yo pasado lo que nadie hizo entonces. Eso podría significar abrazarte a ti mismo, acariciarte, decirte las palabras que te hagan sentir bien, etc.

Lo siguiente que puedes hacer es visualizar la experiencia como te gustaría que hubiera sido, no en una fantasía, donde intentas convencerte de que el suceso nunca tuvo lugar, sino de forma transformadora. Por ejemplo, si regresas al momento en que tenías cinco años y tu padre abandonó a tu familia, en lugar de hacer que se quede, algo que ya sabes que no sucedió, haz que te diga: «Te quiero. No me voy por tu culpa. Siempre te querré». O regresa al momento en que te rompieron el corazón y escucha cómo aquella persona te dice: «No estoy lista; no tiene que ver contigo. Encontrarás a alguien mejor en tu vida. No soy tu destino. Gracias por amarme y por formar parte de mi viaje». No estás reescribiendo la historia, la estás insertando en un nuevo marco.

Sana tu vida ofreciéndote el consuelo que desearías haber recibido en aquellos momentos.

Las cosas no son buenas ni malas; lo que nos hiere o nos fortalece es el valor que les concedemos. Sólo pierdes un trozo de tu alma cuando decides que un episodio es una tragedia, sin la esperanza de aprender una lección, ni la posibilidad de disfrutar de la gracia. Pero piensa en ello. Da lo mismo lo espantoso que haya sido el suceso, en su interior siempre hay algo bueno, una porción de gracia que tú debes descubrir. Éste es un punto de vista armónico, que aporta verdadera riqueza. Al volver al pasado, es posible que descubras que algo que pensabas que era espantoso tuvo su parte positiva después de todo. ¿Qué te enseñó? ¿Aprendiste a confiar más en ti mismo? ¿Potenció tu determinación? ¿Te hizo mostrar más empatía hacia los demás? Quizás ese accidente te condujo al trabajo de tu vida. Quizás aquella ruptura te liberó para que estuvieras con una persona mejor. A lo mejor la marcha de tu padre te obligó a ser muy autosuficiente, y ahora eres un padre de primera para tus propios hijos. Desde la posición ventajosa de nuestros pequeños egos, a menudo no podemos ver la imagen global hasta que pasan años. De hecho, hay gente que nunca la ve. Una perspectiva armónica no resta dificultad a una situación; tan sólo nos permite que nos demos cuenta de cómo ésta nos sirvió. Todo nos ayuda. La única pregunta es si tú estás abierto o no a analizar el tema y a aceptar esta conclusión.

La Jerarquía de la Identidad Personal

En 1992, la Union of Concerned Scientists, una organización de 1.670 científicos procedentes de setenta países, incluyendo a varios ganadores del Premio Nobel, llegaron a la misma conclusión: «Precisamos una nueva ética» en el mundo. «Esta ética debe motivar un gran movimiento, debe convencer a los líderes, a los gobiernos y a los pueblos reacios de que sean ellos mismos quienes introduzcan los cambios necesarios.» Estos científicos tan competentes destacaron que tenemos la responsabilidad de cuidar de la Tierra, y advirtieron: «Es necesario un gran cambio en nuestra administración del mundo y de la vida en él si queremos evitar una inmensa catástrofe para la humanidad, y si no deseamos que nuestro hogar, este planeta, quede mutilado hasta un punto irrecuperable».

Este despertar exige un cambio en la consciencia de cómo nos definimos individualmente, un estado alterado que debe convertirse en un rasgo permanente si queremos seguir adelante y crear relaciones productivas, armoniosas y enriquecedoras de la magnitud más alta concebible.

Teniendo esto en cuenta, quiero incitarte a dar un paso más en tu análisis de las relaciones antes de centrar la atención fuera de ti. Para determinar cuál es su Identidad Relacional —el modo en que te defines dentro de cualquier relación—, he creado algo que he bautizado como la Jerarquía de la Identidad Personal. Dentro de ella hay siete niveles. Dependiendo de tu nivel de consciencia, o de dónde te sitúes dentro de esta jerarquía, mantendrás una relación mayor o menor con el mundo que te rodea.

Lee las descripciones que hay más abajo para descubrir cuáles son los puntos en los que hoy en día te quedas corto, y sé sincero en tu evaluación. Luego pregúntate: «¿Es así como deseo definirme ahora y en el futuro?», «¿qué relaciones con los demás y con el mundo garantizarán una mayor armonía, integración y riqueza en todas las facetas de mi vida?»

Verás que las descripciones se incluyen en orden descendente. Te aconsejo que, en cualquier circunstancia, tengas la intención de aproximarte todo lo posible a la parte superior de la jerarquía. El hecho de procurar moverte siempre hacia arriba te ayudará a armonizar todas tus relaciones. Haré una lista de ellas y luego las explicaré:

- Ser espiritual.
- Ser sensitivo.

- Ser humano.
- Ser nacional o cultural.
- Ser étnico o racial.
- Género.
- Individuo.

7. Ser espiritual. La cima de la pirámide. Una persona situada en este nivel entiende que *todo* procede de la misma fuente. Da lo mismo que la llamemos Energía o Dios, todos somos uno, y por tanto todo es espiritual y digno. Un ser espiritual se relaciona con todo lo que hay en el universo, y al ser consciente de su vínculo íntimo con todas las cosas, toma sus decisiones en consecuencia. Las personas, la naturaleza y todo lo que existe tienen un elevado valor intrínseco, porque todo procede del espíritu.

6. Ser sensitivo. Los seres sensitivos aprecian mucho a todas las personas, animales, insectos, árboles…; a todo lo que esté vivo y respire. No confieren a los objetos inanimados el mismo valor que a los seres vivos.

5. Ser humano. Una persona situada en este nivel otorga el mismo valor y la misma importancia a todos y cada uno de los seres humanos de este mundo (negros, blancos, amarillos, cobrizos, hombres, mujeres, heterosexuales, homosexuales, estadounidenses, iraníes, cristianos, judíos, musulmanes, hindúes), pero no necesariamente a los animales o al medio ambiente.

4. Ser nacional o cultural. Un ser nacional o cultural se define a partir de un grupo particular, como por ejemplo «Soy norteamericano», «Soy canadiense», «Soy cristiano», «Soy judío». Una persona así debe relacionarse con todos los miembros de su grupo, independientemente de otras diferencias que existan entre ellos. Pero este ser considera que los pertenecientes a otros países, culturas o creencias religiosas son inferiores a sí mismo.

3. Ser étnico o racial. Yo podría definirme como blanco. Eso significaría que otorgaría un elevado valor a otras personas de raza blanca, tanto hombres como mujeres, considerándoles mis iguales, pero, por ejemplo, podría ser que los nativos americanos me importasen mucho menos, o los afroamericanos, hispanos —y, ciertamente, los animales y las plantas—, a los que otorgaría una importancia secundaria. Estas personas se interesan y se preocupan concretamente de su grupo racial y de obtener derechos para él.

2. Género. Esta persona se identifica con los seres humanos de su mismo sexo, considerando que uno de los géneros es superior al otro y tratando a los miembros de este último con condescendencia. Una persona que tenga este punto de vista y ostente el poder construiría una sociedad patriarcal, erradicando el aspecto femenino de la humanidad, o viceversa. La complementariedad de los géneros no sería un valor para ella.

1. Individuo. Éste es el grado más bajo de la consciencia. Si fuera el mío, consideraría que la persona más digna de respeto en este mundo soy yo, sólo yo, y tomaría decisiones relativas exclusivamente a mi persona. Tendría tendencia a que me importase un rábano el otro género, el medio ambiente, otros países, otros grupos étnicos, creencias religiosas o cualquier otra cosa, porque todo se centraría, primariamente, en mi persona. Se trata del egocentrismo en grado sumo.

¿Has seguido la jerarquía? ¿Dónde te sitúas?

Sé sincero.

Ahora bien, si eres especialmente patriota o pro lo que sea, excluyendo todo lo demás, me sorprendería que este descubrimiento no te pusiera en el disparadero. Pero mira, si hiciera que todo el mundo se sintiera cómodo y relajado constantemente, no estaría haciendo mi trabajo.

Es hora de un cambio de consciencia. La única manera de que el mundo cambie es que cambiemos nosotros. Por tanto, analiza cómo podrías expandirte en el grado en que te encuentres. La consciencia es la clave. La consciencia y el conocimiento. Es importante tener en cuenta que nadie forma parte de una de estas categorías siempre. De hecho, en diversos grupos e individuos podremos observar simultáneamente rasgos pertenecientes a los siete niveles. Sin embargo, hay una categoría en la que cada uno tiende a permanecer la mayor parte del tiempo, al menos el 51 por ciento. Ése es tu centro de gravedad.

En cada nivel también se dan distintos comportamientos. Por ejemplo, si me defino como ser humano, podría decir que todos los seres humanos tienen determinados derechos, y podría defenderlos a ultranza, lo cual es noble. Sin embargo, podría decir que me da lo mismo cargarme el hábitat del bosque lluvioso siempre y cuando se beneficien las personas. En mi deseo de satisfacer mis necesidades humanas inmediatas, podría poner en peligro la calidad de vida de las generaciones futuras.

O quizá me defina como ser humano y mi prioridad última sea un amor incondicional por los derechos de mi prójimo. Éste es el tipo de perspectiva de sacrificio que hizo que matasen a Gandhi, al presidente John F. Kennedy, a Robert Kennedy y a Martin Luther King. Los seres humanos dispuestos a hacer ese tipo de sacrificio viven en otro nivel distinto al del resto de nosotros. Gandhi llegó incluso a perdonar a su asesino. El papa Juan Pablo II visitó en la cárcel al hombre que le había disparado para ofrecerle su perdón.

Si soy un patriota y me defino como ser nacional o cultural (nacionalista), podría decir: «Estados Unidos es el país número uno; somos el país más poderoso del mundo. Vamos a dar candela a unos cuantos países imponiéndonos a ellos». Esta forma de pensar puede nacer del pensamiento más leal y comprometido o ser, simplemente, una forma de afirmar un sentimiento de superioridad. El patriotismo es una identidad cultural. No estoy diciendo que los patriotas sean mala gente; vivir agradecidos por lo que hemos recibido es un instrumento poderoso, y una de las claves primarias para alcanzar la Armonía en la Riqueza. Lo único que hemos de hacer es permanecer alerta para que este modo de relacionarnos con el mundo no nos haga sentir superiores, pensando que nuestra manera de hacer las cosas es la mejor o incluso la única. Nuestras intenciones pueden ser buenas (por ejemplo, al pretender dar a otros algo que tenemos y que consideramos positivo); sin embargo, en última instancia estamos imponiendo nuestro sistema de valores en el de otros, que puede que no lo quieran o que no estén listos para recibirlo. Recuerda que, al igual que la mentalidad de la lotería, que describí al principio del segundo capítulo, todo aquello que te ha sido concedido como un don en este universo, y que no tengas la capacidad de crear por ti solo, te será arrebatado. Si algo no procede de tu interior, no tendrás la capacidad de conservarlo. Sin duda alguna, si lo pierdes, no podrás recrearlo.

Si me definiera como varón blanco, diría: «Eh, los afroamericanos y los hispanos no son tan dignos como yo, y las mujeres tampoco». Prueba a decir algo así en voz alta y verás en qué situación te encuentras: de entrada, te quedarás solo y, quizá, tengas también que vigilar tu espalda. Pero ni siquiera tienes que expresar tu lealtad limitadora a su nivel de Identidad Relacional; si la llevas dentro, ahí es donde radica tu consciencia. Por este camino jamás llegarás a manifestar tu potencial pleno.

Necesitamos una forma de enfocar la vida que sea más holística, más armónica. Cuanto más asciendas por esta Jerarquía de Identidad Personal, mayor será tu visión y mejor podrás abarcar la totalidad de la vida. En el nivel superior, cuando te consideres un ser espiritual, tendrás una panorámica cósmica o universal. Entenderás que todo afecta a todo.

A medida que asciendas por esa Jerarquía Personal, te resultará más fácil crear las relaciones que quieres tener. Recuerda que en esta vida sólo atraerás a las personas y las cosas que tú seas. Muy bien, vamos a entrar ahora en la relación sobre la que más personas me preguntan: cómo encontrar a nuestra pareja sentimental.

13

Conviértete en la persona de la que te gustaría enamorarte

He descubierto que la gente se olvida de lo que he dicho, de lo que he hecho, pero que nadie olvidará jamás cómo les he hecho sentir.

MAYA ANGELOU

Almas gemelas: ¿un regalo del cielo o un espejismo?

«¡Quiero conocer a mi alma gemela!»

Da lo mismo en qué lugar del mundo esté; siempre encuentro a personas que me piden que les ayude con este tema. Siempre se quedan sorprendidas cuando les digo que creo que esta idea es una trola de las grandes. Perdóname si esta opinión pincha tu globo romántico como si fuera un alfiler. Pero mira lo que te digo: sólo atraerás a tu vida una relación perfecta con otro ser humano cuando tengas una relación perfecta contigo mismo; hasta entonces, lo único que harás es atraer constantemente tu falta de plenitud. ¡Uf! ¡Tómate esta pildorita con tres litros de agua!

Soy romántico como el que más, a menudo demasiado para mi gusto. También sé que ahí fuera no hay nada que no provenga del interior, y que en realidad no existe un «ahí fuera». El concepto de las almas gemelas dice que para estar completos necesitamos a otra persona, a nuestra «media naranja». La frase «Tú me completas» no me suena muy romántica. Yo prefiero completarme a mí mismo y atraer a mi pareja deseada, que ya se haya completado sola. Si no la atraigo, seguiré siendo feliz solo. De cualquiera de las maneras, salgo ganando.

Carol Allen, astróloga védica y autora de *Love Is in the Stars,* escribe acerca de cómo la identificación de alguien como «alma gemela» conduce a menudo a las personas a pensar «Ésta es la persona con la que Dios quiere que esté», antes siquiera de llegar a conocerla. Vivir en un mundo que más que espiritual es de ensueño —estar tan, tan seguro de que los ángeles le han enviado su «destino»— nos abduce de la realidad y no permite que los acontecimientos se desarrollen ni que veamos con claridad a la pareja potencial. Pero es que, hombre, haga lo que haga, mejor no pifiarla, porque las almas gemelas no llegan cada día del año, ¿a que no? Si vas por la vida con esta mentalidad, tolerarás malas conductas y te noquearás durante demasiado tiempo, y luego no sólo te flagelarás por «desperdiciar ocasiones», sino que te sentirás preocupado por haber generado un aluvión de mal karma. ¿Te suena la situación? Espero que no, de verdad.

Las relaciones humanas requieren un trabajo intenso, y las grandes relaciones sacan a la superficie todos los asuntos no resueltos. Pero te aseguro que cuando conozcas a tu alma gemela no te equivocarás. A medida que aumentes tus vibraciones, atraerás siempre a personas con frecuencias más y más altas. Sin embargo, sea cual sea el nivel en el que te encuentres, nunca será fácil. Si piensas que deseas atraer a tu vida tu relación más grande y romántica, debes saber que, cuanto más importante es una relación, mayor es también la fricción potencial, los desacuerdos y la confusión a los que tendrás que enfrentarte. Si quieres llegar a la cima, tendrás que aprender a sortear los socavones. Pensar otra cosa es un espejismo. Una vez más, no desees una vida más fácil; desea *vivir* de verdad.

¿Crees que tu vida será más fácil cuando disfrutes de una relación romántica comprometida? Piensa de nuevo. Tendrás que enfrentarte a una confusión mayor en un laboratorio vivo, que llamamos «hogar», con otro espécimen de estudio llamado «pareja». Esto es lo mismo que sucede en todas las relaciones. Por eso participar en una relación, tanto si es contigo mismo como si es con el dinero, un negocio o una pareja, es el instrumento más importante de auto-examen y de expansión. Resulta mucho más sencillo ser Buda cuando estamos sentados en nuestra sala de estar, mano sobre mano.

La lista de «Eso ya lo conozco, eso ya lo he hecho»

Cuando buscamos a nuestra pareja, la primera pregunta que debemos plantearnos es: «¿Qué es lo que no quiero y que sigo encontrándome?» Existe una gran probabilidad de que haya un factor común en todas nuestras relaciones, e incluso de que exista más de uno. Reflexiona sobre tu última relación, y sobre la anterior a ésa, y también sobre la anterior a ambas. ¿Sigues atrayendo a la gente que abusa de la bebida, a los fumadores de hierba? ¿O acaso atraes a los adictos a la rabia o al trabajo? ¿De qué manera una lacra de carácter que se repite satisface algo que tú llevas dentro? ¿Qué hay en tu interior que se identifique con esa lacra, y qué están intentando enseñarte esas relaciones? ¿Cómo puedes aprender, amar, sanar y crecer?

En el apartado de «Bienvenido», te pedí que anotases cosas que sabes que no quieres, para que pudieras invertirlas y descubrir qué es lo que deseas. ¿Lo has hecho? Probemos otro ejercicio centrado en las relaciones. Elabora la lista «Eso ya lo conozco, eso ya lo he hecho». Identifica todas las cualidades que no dejas de encontrar en las parejas que entran en tu vida. Piensa en ello como la lista de «¿Qué es lo que me encuentro que ya no quiero tener?» Bill hizo esa lista y se dio cuenta de que siempre se encontraba con alguna mujer embustera amante de las fiestas, que no estaba interesada en sentar la cabeza al lado de nadie. Nancy atraía una y otra vez a los hombres heridos y furiosos, y todas sus parejas eran superdramáticas y se pasaban todo el día quejándose o lloriqueando. Ella solía bromear diciendo que seguramente en el campo de su aura había colgado un anuncio que decía: «Mujer insegura y necesitada busca hombre abusivo. Sólo para egos malheridos». Pero la víctima de la broma era ella misma.

La mayoría de personas están tan ocupadas centrándose en lo que no quieren que eso es lo único que atraen a sus vidas: más carestía. Si quieres casarte, pero no quieres responder ante nadie, ¿en qué te estás concentrando en realidad? ¿Se divorciaron tus padres? ¿Qué crees realmente sobre la institución del matrimonio? ¿Cómo refleja esto tu elección anterior de pareja?

¿Cuál es el hilo conductor de tus relaciones pasadas? ¿Qué satisface en ti ese patrón? ¿Cuáles son tus beneficios? Quizás estar con una pareja necesitada te ha ayudado a sentirte querido y digno. Quizás una pareja abusiva te ha hecho sentirte justa y te ha permitido atraer la atención de personas muy dispuestas a compadecerte. O quizá salir con ese diamante en bruto (esa persona con un enorme potencial) te ha permitido actuar de salvador. Cuando logres identificar cuál ha sido tu motivación, comprenderás mejor por qué has acabado con quien estás. En este sentido es donde la meditación y la terapia pueden tener un valor incalculable, como veremos dentro de poco. Por el momento, debes saber esto: cuando tú cambies, tus resultados cambiarán.

La lista de los deseos sobre las relaciones

Una vez que hayas elaborado una lista con las cualidades que siempre atraes a tu vida y que *no* quieres, es hora de hacer otra lista con las que *sí* deseas tener, de manera que atraigas a una pareja así. En la mayoría de los casos, por no decir en todos, esas cualidades serán exactamente las opuestas a las que figuraban en la lista de rasgos que no deseas. Cuando el año pasado elaboré esa lista de intenciones centradas en encontrar a la pareja ideal, tuve clarísimo que soy muy masculino. Como muchos hombres, al menos aquellos que lo admiten, quiero una mujer con una sonrisa bonita, un cuerpo atlético y atractivo, una piel radiante, etc. Pero, más que cualquier otra cosa, me atrae la espiritualidad, la independencia y la autosuficiencia de una mujer que no tiene que demostrar nada. Tiene su propia vida, pero le gusta compartirla con la mía. Se preocupa por la salud y es activa, comprensiva y afectuosa, comunicativa, inteligente, le fascina la simplicidad y está satisfecha sólo con existir. ¿Qué cualidades figuran en tu lista? Hazla ❶, y procura que sea concreta y esté escrita en tiempo presente. Después olvídate de ella. Creo firmemente en la efectividad de usar activadores de intención y captadores de atención en lo relativo a atraer a la pareja de nuestra vida. Las tarjetas de intención y los paneles de visión son un buen punto de partida, de modo que no dudes en emplearlos. Luego admite que no necesitas mantener una relación, que ya la tienes.

Recuerda que «querer» la relación perfecta te mantiene a distancia de ella y afirma su carestía. Cuando admitas que lo que quieres ya existe, el proceso de la llegada a tu vida de esa relación se acelerará. Quiero que seas consciente de ello.

En tu vida nunca falta de nada

—Quiero atraer a mi pareja ideal —me dijo Barbara durante uno de mis talleres.

—Ya está en tu vida —le contesté.

—Buen chiste —me dijo dándome un golpecito juguetón en el brazo.

—Te lo digo en serio —repuse.

—¿Cómo puedes afirmar algo así? —preguntó poniendo los ojos en blanco.

Al igual que había hecho con muchos otros antes que ella, le pedí a Barbara que se sentara y anotase las cualidades que quería encontrar en su compañero ideal: cariñoso, comunicativo, espiritual, con un buen sentido del humor, guapo, honesto, trabajador, tierno, sano, en forma. En su lista había como unas cincuenta cualidades.

—Si eres capaz de encontrarlo en mi vida actual —me dijo—, es que sabes hacer milagros.

—Pienso encontrarlo, y es el universo quien hace milagros, no yo —le dije sonriendo—. Ahora vuelve a tu lista y anota al lado de cada cualidad las iniciales de dos o tres personas que haya en tu vida con esa característica. —(Aquí es donde te pido que hagas lo mismo en tu lista.) ❶

Tras una breve pausa, Barbara me siguió el juego y anotó las iniciales al lado de cada cualidad. Le llevó un rato, pero al final concluyó la tarea. Su hermana y su ayudante siempre la hacían reír. Su mejor amigo y su profesor de kárate eran guapos y estaban en forma. Su hijo y su hermano menor se arrebujaban a su lado cuando veían películas en casa, etc.

—Pero, James, quiero todas esas cosas en una sola persona.

—No vas a conseguir tal cosa —le expliqué— si no te muestras agradecida por disfrutar de estas cualidades en las relaciones que ya tienes. De hecho, como te centras en lo que te falta emites precisamente el mensaje que mantiene alejada a esa persona. Debes admitir que ya tienes tales cosas en tus relaciones, ahora todas esas cualidades están repartidas en una serie de personas, en lugar de estar concentradas en una sola.

Barbara parecía confusa.

—Mira, Barb —proseguí—, este universo está compuesto de vibraciones, así que si tú centras toda tu atención en una ausencia («Él no está, no está, no está»), ¿cómo vas a poder atraer otra cosa que no sea ausencia? La onda de oferta que envías recibe la respuesta lógica. Tus deseos son órdenes.

—Muy bien —me dijo—. Pero ¿qué se supone que tengo que hacer?

—Empieza admitiendo que en tu vida nunca te falta nada; todo lo que necesitas ya está en ella. Agradece lo que tienes y centra tu atención en todas las cosas buenas, los dones. Entonces, si quieres atraer todas esas cosas reunidas en una persona, podrás hacerlo. Pero no puedes saltarte el paso de la gratitud. Y fingir tampoco funcionará.

Cuando empezamos a sentirnos realmente agradecidos por las relaciones que ya tenemos, el universo nos envía más.

Barbara se casó un año más tarde con un hombre que tenía todas las cualidades que aparecían en su lista.

Por favor, ten en cuenta que ya tienes todo lo que quieres o puedes querer; simplemente se encuentra en una forma distinta a la que te gustaría ahora mismo. Empieza a detectar y a concentrar tu atención en los lugares donde se encuentra todo eso que deseas. Practica el sentimiento de gratitud y de apreciación, renunciando al de carestía y al menosprecio; si lo haces, pronto estarás en condiciones de dotar a tus resultados de una forma nueva.

Admite la existencia de un universo dualista

Motivado por mi deseo de atraer a mi pareja perfecta, a veces me olvido de que es algo que quiero y que no quiero a la vez. Creo que Walt Whitman acertó de lleno cuando escribió: «¿Me contradigo? Muy bien, pues entonces me contradigo. Soy grande, contengo multitudes». ¿Cómo vivo con mis contradicciones? Para mí, supone aceptar mi ambivalencia.

En ocasiones, no me gusta estar solo, y quiero una relación más profunda y duradera que una multitud de citas. Como la ardilla del parque, corro hacia la avellana, pero pierdo el valor y vuelvo corriendo al árbol. Con la esperanza de acercarme un poco más al llamado de mi corazón, pero sintiendo el peligro y la incertidumbre cuando me aproximo, pierdo el coraje. Intento establecer una comunicación, conectar, pero luego anhelo estar solo. A veces la sensación de estar soltero de por vida no me resulta tan atractiva como parece. Puede ser como una montaña rusa. Me siento ligero y en forma. Cuando lo deseo, encuentro compañía femenina. Pero una hora más tarde me siento triste y confuso. ¿Cómo es posible que una persona quiera ser tan independiente y al mismo tiempo conectar con otros? Bienvenido a mi mundo.

Dentro de este universo dualista, estar solo puede ser tanto liberador como amedrentador, limitador y aburrido. Pero lo mismo puede pasar en una relación sentimental. Todo depende de cómo elijamos experimentarla. De cualquier manera tenemos que ser realistas, y asumir las variaciones (en ocasiones, en el plazo de una sola hora), sea cual sea el estatus de nuestra relación.

Es importante que, pase lo que pase, no te pierdas en tus relaciones. La ruptura de mi relación en el año 2000 contribuyó a la caída en picado de mi negocio. No sólo había invertido mi persona en mi pareja, sino que además era ella quien se ocupaba de cubrir todas las necesidades de mi organización empresarial. La lección consiste en no concentrar todos los detalles de nuestra vida o de nuestro negocio en una sola persona. Yo lo aprendí por la vía más difícil.

Conviértete en la persona de la que te gustaría enamorarte

¿Quieres saber cuál es la vía más rápida para mantener relaciones sólidas? Convertirse en la persona a la que se quiere atraer. Si lo que buscas es el amor romántico, sé romántico. ¿Quieres a alguien con un cuerpo diez? Ve al gimnasio. ¿Deseas una pareja compasiva? Muestra tu compasión. ¿Quieres que sea alguien que tenga un gran sentido del humor? ¡Anímate! ¿Quieres amigos leales y constantes? Sé leal y constante.

Las relaciones crecen o se mueren

Las personas con las que pasamos nuestro tiempo tienen un tremendo impacto en nuestras vidas, de modo que es importante tener cuidado con quién nos relacionamos. Los sentimientos son contagiosos, y las personas de las que nos rodeamos pueden aumentar o reducir nuestras vibraciones. Cuando dos personas se separan, a menudo se debe a que una de ellas ha potenciado la energía de sus vibraciones y la otra no.

Esta situación se ve a menudo cuando un miembro de una pareja pasa por una gran transformación en su carrera o decide sanar su vida y abandonar una adicción, mientras que su pareja sigue con la misma actitud de siempre. No es que la persona que crece ya no ame a su pareja, sino que en el nivel más básico sus energías ya no armonizan.

La mayoría de relaciones (románticas o no) no están destinadas a durar toda la vida (como atestigua el índice de divorcios del 50 por ciento), pero todas están destinadas a fomentar el crecimiento. Una relación que crece consigue que sus miembros permanezcan juntos. La ley del espíritu es la expresión y la expansión más plenas. De modo que si quieres que tu relación crezca y cambie debes mostrar aprecio y gratitud en la práctica. Piensa en ello: cuando algo se aprecia —ya sea un terreno, unas joyas o nuestra cuenta corriente—, aumenta su valor. Cuando aprecias una relación, también aumentas su valor. En consecuencia, cuando no aprecias constantemente una relación, ésta se mueve inevitablemente hacia la depreciación y la muerte. ¿Empiezas a entender cómo están relacionadas todas estas cosas?

Los valores familiares

Muchos de nosotros valoramos nuestras relaciones con la familia tanto como las sentimentales. Sin embargo, cuando la gente se me acerca en los seminarios, suelen hacerme comentarios como éstos: «Cuando llegue a ese punto de mi carrera, pasaré más tiempo con mis hijos», o «Cuando alcance ese nivel de ingresos, empezaré a salir de vacaciones con mi mujer», o «Cuando alcance ese objetivo, reduciré mi horario laboral para poder estar más tiempo con los míos». Luego esa gente me describe algún paso o conducta que piensan poner en práctica *después* de que consigan su preciado tesoro. Cuando escucho este tipo de afirmaciones, independientemente de su contexto o de la promesa, pienso: «No, no lo hará».

¿Cómo puedo estar tan seguro?

Porque si ahora no ha desarrollado el hábito, más tarde tampoco lo hará. La vida no cambia por arte de magia, a menos que uno cambie.

«Antes de la iluminación, corta madera y acarrea cubos de agua.
Tras la iluminación, corta madera y acarrea cubos de agua.»
Este proverbio zen nos dice que el éxito, la felicidad e incluso la Armonía en la Riqueza no son un destino, sino un viaje. Tú y yo sabemos que ninguna recompensa, nivel de ingresos, juguete nuevo, promoción, ni siquiera la pareja perfecta, nos harán sentirnos verdaderamente felices o realizados. Tu vida no cambiará de manera milagrosa cuando alcances tu próximo objetivo. Aún tendrás que cortar madera y acarrear cubos de agua. En otras palabras, las actividades de tu vida serán parecidas a las de antes, pero *tú* serás diferente.

La diferencia radica en la actitud con la que haces estas cosas. Cuando alcances la verdadera felicidad y plenitud, aprenderás que el viaje es la aventura, la emoción y la diversión de esta vida. No esperes a hacerte rico para buscar tiempo de calidad con tu familia. Hazlo ya.

Las relaciones duraderas y de calidad

En 1900 en la Tierra vivían mil quinientos millones de personas. En 2000 vivían seis mil millones. ¿Crees que algo nos está obligando a aprender cómo llevarnos bien?

Si quieres revolucionar tu relación con los demás, debes encontrar tiempo para hacer lo que más valoras. No estoy aquí para decirte cuáles deberían ser tus valores (no soy nadie para hacerlo), pero lo que puedo asegurarte es que si quieres cambiar tu vida tendrás que cambiar tus valores.

Muchas de las empresas con las que trabajo actualmente están compuestas de oficinas virtuales, lo cual quiere decir que no tienen una sede central localizable. Estos negocios dirigidos desde domicilios particulares cada vez son más numerosos. Como todas las cosas de esta vida, esto es bueno y también malo. ¿Recuerdas la Ley de la Polaridad?

Si bien las oficinas virtuales nos proporcionan nuestro propio espacio y nos permiten el lujo de eludir el tráfico, resulta fácil quedarse aislado. Además, en un mundo que contiene tantas cosas para aprender, tantas para hacer y tantas maneras de crecer, las relaciones cada vez parecen ser más difíciles. Supongo que éste es el motivo de que, en esta sociedad de alta tecnología, el trabajo personalizado se valore tanto.

La calidad de tu vida se puede evaluar en función de la calidad de tus relaciones. Ten en cuenta que, en última instancia, participas en un juego a largo plazo, edificando relaciones de alta calidad contigo mismo, con otras personas y con el mundo que te rodea.

Por tanto, permíteme que te invite a reflexionar: ¿cuáles son las pequeñas cosas que puedes empezar a hacer ahora mismo por tus seres queridos, por tus hijos, tu cónyuge, tu compañero/a, tus clientes, tus propósitos, las personas de tu empresa y, en última instancia, por ti mismo?

¿Cómo puedes ofrecer más valor al mundo? Las pequeñas cosas que marcan una gran diferencia día a día pueden proporcionar un gran valor, y muy a menudo a ti te cuestan muy poco. Ahora deja de leer y anota en tu libreta maneras de hacer esto, como una tormenta de ideas. Te lo digo en serio, hazlo. No por mí, sino por ti. ❶

Comprobaciones y balances

La Armonía en la Riqueza se fundamenta en dos conceptos básicos: primero, si nos centramos en una o dos áreas de la vida en detrimento de las demás, nos sentiremos mermados. Si logramos centrarnos en las cinco áreas, aunque en ocasiones no sea al cien por cien, experimentaremos una riqueza y una plenitud genuinas. Pero recuerda lo que dije sobre lo del equilibrio ficticio. Nunca alcanzarás ese equilibrio perfecto, la estasis completa, hasta que estés a dos metros bajo tierra. En segundo lugar, concentrar energía y atención en cada pilar hace que las cinco áreas mejoren. Ninguna de ellas funciona aislada. Todas están, como nosotros, conectadas. Todo afecta a todo, y todas las cosas están relacionadas entre sí.

¿Cómo puedes aplicar esto a tu propia vida? Realizando constantemente comprobaciones y balances, detectando los superávits y los déficits, y distribuyendo tu energía como sea necesario. Por ejemplo, si quieres concentrarte sobre todo en el crecimiento empresarial, es posible que esto te exija hacer sacrificios en tus relaciones. Por tanto, acuerda contigo mismo (y con cualquier otra persona afectada) cuánto tiempo durará esta situación. Habla con tus amigos y familiares. Diles que estarás ausente los dos próximos meses, pero que después de eso tienes previsto pasar con ellos un tiempo de gran calidad.

La estructura de nuestra sociedad nos hace pasar más tiempo en el trabajo que con nuestros amigos y familiares. Nos guste o no, a menos que seamos personas excepcionales, así son las cosas. Por lo general, pasamos al menos ocho horas diarias trabajando, de modo que eso nos deja sólo unas pocas horas para disfrutar de nuestros hijos, nuestra familia, nuestros seres queridos o, incluso, de nosotros mismos. Dado que tenemos poco tiempo, éste debe ser de buena calidad. Si no tenemos cuidado, haremos que nuestra jornada de trabajo sea larga, llegaremos a casa y pondremos la televisión. No hablamos, no nos relacionamos, no llegamos a conocernos. No ejercitamos nuestro cuerpo ni nuestro espíritu. Al final los amigos se van distanciando. Los hijos desaparecen. El marido y la mujer no se reconocen. Nos estresamos porque invertimos menos nuestro tiempo en la relación que tenemos con nosotros mismos, nuestros amigos y nuestra familia. Para ser productivos y sentirnos realizados a largo plazo, debemos invertir más energía de calidad y más espíritu en nuestras relaciones más cruciales. ¿Me sigues?

¿A cuántas personas conoces a las que su trabajo las ha absorbido? Su empleo se convierte en toda su vida, y racionalizan por qué mantienen esa actitud. ¿A cuántas personas conoces que trabajan toda su vida y cuentan la bonita historia de que lo hacen por sus hijos o por su familia, cuando la verdad es que pasar tiempo con los suyos sería más emocionante, positivo y satisfactorio para ambas partes? La armonía es la clave de la vida. Es la clave para la verdadera riqueza y para el éxito a largo plazo. Si no tienes armonía, en algún momento de tu vida, te sentirás roto.

Hace poco me telefoneó uno de mis mejores amigos. Me contó cómo, en un momento de su vida, se sintió totalmente consumido por su trabajo; se pasaba incontables horas en el despacho, invirtiendo la mayor parte de sus energías en su empleo. Durante este proceso se fue desconectando de otras áreas de su vida, una de las cuales fue su familia. En aquella época no se dio cuenta de que había perdido de vista lo importante que era su familia hasta que su padre falleció inesperadamente. O, al menos, ¡inesperadamente para él! Había estado tan ocupado con su trabajo que no percibió los indicios de que la salud de su padre se estaba deteriorando. Eso fue un toque de atención poderoso. Había permitido que algunas áreas esenciales de su vida se distorsionaran y perdieran la armonía. Poco a poco, había reducido su apreciación por su familia y, por tanto, el valor de ésta, y lo había hecho inintencionadamente y sin apercibirse.

Recuerdo que leí el caso de una alta ejecutiva, una de las pocas mujeres que había llegado a ser la directora de una importante editorial. Cuando el entrevistador le preguntó cómo lo había conseguido, ella respondió: «Fue fácil. Sólo tuve que renunciar a los amigos». Lo decía en broma…, ¿o no?

Superando a nuestros pares

A medida que te expandas y crezcas, tus relaciones harán lo mismo. Cuando optas por ser grande, las personas que te rodean unirán sus fuerzas para mantenerte atascado en tu estado actual. No porque sean malas personas, no, sino porque valoran la seguridad y les inquieta la incertidumbre. Si tu objetivo es vibrar a un nivel cada vez más elevado para atraer mejores resultados a tu vida, te resultará muy difícil (si no imposible) hacerlo si todo lo que te rodea te presiona para que no lo hagas. Recuerda la importancia que tienen los activadores y los captadores.

Si te fijas en las personas con las que te relacionas y ves que no avanzan en la misma dirección que tú, no harán las cosas que tú haces ni pensarán igual que tú. Dicho en pocas palabras, te contendrán. Si quieres crecer, tu grupo debe cambiar.

¿Pasas tiempo con las personas que te respaldan y que te ayudan a avanzar hacia tus objetivos? ¿O inviertes tu tiempo en las personas que te contienen? Si tu objetivo es mejorar tus relaciones, ¿frecuentas el tipo de lugares donde puedas edificarlas? ¿Inviertes tiempo en las personas con las que quieres vincularte a un nivel más profundo, ese tipo de personas con las que te gustaría mantener una relación?

Esta es una lección que tuve que aprender hace más de diez años. Había crecido más que mis amigos, aquella gente con la que pasaba tiempo. Intenté racionalizar todos los motivos por los que no tenía que cambiar, o por qué tenía que seguir saliendo con ellos. Después de todo, eran mis amigos. Pero en lo más hondo de mi corazón, yo sabía que estaba en una encrucijada. Aunque eran buenas personas, su energía era tóxica, y estar con ellos me lastraba.

En ocasiones, lo más difícil es abandonar los hábitos y las personas a medida que uno avanza por el camino. Hasta que dejé atrás mi antiguo estilo de vida, mis viejos amigos y actividades, a mi vida no llegó nada nuevo y mejor. Aprendí que, al igual que actualizamos nuestro entorno inmediato, el hogar (ya hablaremos de esto en el capítulo sobre el Pilar Físico), también debemos actualizar nuestros amigos. Si deseas que lleguen a tu vida cosas nuevas y mejores, debes crear un espacio que puedan ocupar. Llegué a la conclusión de que ya no pasaba tiempo de calidad con las personas con quienes no tenía ganas de estar. No fue fácil, pero nunca me he arrepentido. Empecé a pasar más tiempo con personas que aspiraban a disfrutar de cualidades, rasgos y metas parecidos a los míos en cualquiera de los Cinco Pilares. No pasó mucho tiempo antes de que tuviera nuevos amigos, amigos que apoyaban a la persona en la que me estaba convirtiendo y la meta hacia la que me dirigía. Invertí más sabiamente mi tiempo social, y esto tuvo beneficios. Aunque muchos miembros de mi anterior grupo social no comprendieron mi decisión, es sin duda alguna una de las cosas más emancipadoras que he hecho en mi vida.

Acepta el hecho de que para avanzar hacia tu grandeza, en muchos casos, necesitarás el coraje del que carece tu grupo de pares. Aún puedes seguir queriendo a tus viejos amigos, pero te recomiendo que no pases mucho tiempo de calidad con personas que no piensan igual que tú.

Rodéate de grandes pensadores, personas cuyo carácter y éxitos quieres reproducir en tu propia vida, personas que comparten una vibración armónica con tus pensamientos y con tu propósito.

Tus relaciones personales y laborales son más importantes que tu herencia. Las personas con las que pases tu tiempo serán más importantes que la educación que hayas recibido. Es posible que ya hayas oído que dentro de unos años serás la misma persona que eres hoy, con unas pocas excepciones: los libros que lees, las decisiones que tomas y las personas con las que te relacionas constantemente.

No compartas con otros tus sueños a menos que puedas estar seguro de que te apoyarán. Ya sabes que hay algunas personas que están siempre quejándose, lamentándose sobre todas las cosas. Ya conoces a esas personas. Les preguntas cómo se encuentran, y en cuanto empiezan a responderte, lamentas haberles preguntado, ¿verdad? A estas personas las llamo «vampiros de energía». Más que nada porque chupan la sangre, la energía que uno tiene. Pululan por ahí, con los colmillos dispuestos, quejándose de lo que no funciona, lo que no es perfecto, lo que les falta. Vas a una reunión con ellos, y cuando sales, te sientes agotado, exhausto. Puede que tengas a uno en tu familia. La vida es preciosa y se nos va muy rápidamente, de modo que usa una palabrita que a un vampiro de energía le sienta como una cabeza de ajos: «Supéralo».

Fíjate en tus amigos íntimos, para ver qué tipo de personas atraes. ¿Están en buena forma física? ¿Son personas abundantes? ¿Tienen mucho dinero o no dejan de quejarse de lo mal que les van las cosas? ¿Están felizmente casados? O, si son solteros, ¿tienen una vida feliz y plena? Tienes muchísimas más probabilidades de disfrutar de una buena forma física si tus amigos también la tienen. Piensa en esto: la gente que te rodea te ayudará a mejorar o, por el contrario, te hundirá en la miseria. O te ayudan a querer tener éxito, o te lo niegan. ¿Con quién te relacionas actualmente?

Un respaldo magistral

Tanto si estamos hablando de dos personas como de diez, el poder de las relaciones crea una energía y una innovación que no podemos alcanzar solos. La Biblia nos dice que cuando hay dos o tres reunidos y acordes, nada es imposible. Muchas sociedades indígenas tienen un ritual en el cual varias personas se reúnen y, tras una ceremonia introductoria, hablan unas con otras mientras se pasan una pipa o un bastón. Creen que, si siguen escuchando con respeto a cada persona, los dioses descenderán literalmente para estar con ellos y ofrecerles ideas que ningún individuo ha tenido antes. Por este motivo, esos rituales se consideran sagrados.

Vivimos en una era de colaboración, y un grupo que nos respalde es una manera maravillosa de crear una red de apoyo más formal que nos permita acelerar la consecución de nuestros objetivos. Con este propósito, reúnete con determinadas personas que piensen igual que tú, una vez a la semana o al mes, con el propósito de ayudaros mutuamente a alcanzar vuestros sueños y el siguiente grado de progreso. Puedes comenzar haciendo que otro miembro cuente al grupo cuál es su meta. Entonces el grupo le ayuda ofreciéndole ideas de cómo puede llegar hasta ella y se hablará de qué tendrá que hacer cada miembro del grupo para alcanzar sus propios objetivos. La persona puede solicitar al grupo que le ayude a lograr sus propósitos. Tu grupo te puede ayudar con ideas y/o contactos, o bien responsabilizándote para que cumplas con tus fechas tope.

Cuanto más ayudes a otras personas de tu grupo, más recibirás a cambio. Cuanto más des, más obtendrás. Un grupo de respaldo también funciona como mecanismo que nos mantiene en la ruta adecuada cuando los resultados que esperamos no parecen llegar lo bastante rápido. He participado en uno de estos grupos, y yo era el único miembro de mi ramo empresarial. Considerábamos que nuestra diversidad era nuestro punto fuerte. Es algo emocionante, y te animo sinceramente a que participes en una relación de este tipo.

La idea central es ésta: no puedes hacerlo solo, y este tipo de relaciones y grupos te ayudarán a alcanzar más rápidamente tus resultados. Piensa en las personas que pertenecen a tu ramo a las que admiras, personas con las que te gustaría pasar un tiempo, con quien podrías formar un grupo de respaldo, o a quienes podrías convertir en tus mentores. ¿No te parece fantástico contar con esas posibilidades?

Ten esto en cuenta: constantemente atraes a tu vida todo lo que necesitas para alcanzar tu objetivo. Mientras sigas haciendo que esa onda de oferta continúe fluyendo, tu llamado futuro te devolverá su eco. Cuando esperes que lleguen a tu vida las personas correctas, llegarán.

Encuentra un mentor

Todas las personas que han tenido un gran éxito en su vida han tenido un entrenador o un mentor. En ocasiones, el grupo de apoyo puede estar constituido por una sola persona. Michael Jordan fue expulsado de su equipo universitario en su décimo año... ¡Michael Jordan, cielo santo! ¿Qué tenía Michael, aparte de su propia determinación y de su compromiso? Un entrenador. Cuando le echaron, éste le dijo: «Si te reúnes conmigo cada mañana a las siete y media, te entrenaré y te ayudaré». Aunque Michael no formaba parte del equipo, tenía un entrenador que invertía en él, y que le ayudó a adquirir las técnicas esenciales. El resto es historia.

Las personas en las que quiero invertir tiempo o que me gustaría que fuesen mis mentoras son las que se encuentran a diez o veinte pasos por delante de mí, ese punto al que tengo que llegar para sentir que puedo seguir su ritmo. Independientemente de

lo que pienses, hay personas a quienes les encantaría ayudarte a
mantener el rumbo y a usar las habilidades que estás aprendiendo.
Recuerda que las únicas personas que alcanzan el éxito genuino
son grandes dadoras. Espera que entren en tu vida. Asegúrate de
dar y de transmitir tu energía formativa a otra persona que también quiera avanzar en tu camino.

Nuestra relación con el mundo

Para que viva algo nuevo, primero debe morir algo viejo. Piensa
en ello: para que tú nacieras en este mundo, tuviste que despedirte
de la vida del vientre materno. Ésta es una gran metáfora. Cuando
nacemos a esta vida, pasamos por retos y por luchas, y tenemos
que abandonar la calidez y seguridad del seno materno (donde
recibíamos de inmediato todo lo que necesitábamos), enfrentándonos a desafíos y dificultades. Para llegar a un nuevo estadio de
la existencia, debemos abandonar el anterior.

Lo mismo sucede con nuestro mundo. Por ejemplo, el mundo
natural está muriendo. Las especies desaparecen a un ritmo más
acelerado que el de cualquier otro momento de la historia escrita. La
conducta humana raras veces cambia a menos que experimente un
grado de sufrimiento importante (pensemos en el movimiento fe-
minista y en el de los derechos civiles). La gente dice: «Nuestro planeta se muere. Se está destruyendo muy rápidamente». Yo le digo
que eso forma parte de la danza de crear nueva vida: estamos dando
a luz algo nuevo. Desde un punto de vista más elevado, necesitamos
este caos. Necesitamos un liderazgo que nos enfurezca y nos desilu-
sione. Los participantes que parecen estar estropeándolo todo nos
conducen al final de una era. Sólo por medio del dolor despertare-
mos y nos definiremos como seres espirituales. Sólo entonces nos
daremos cuenta de que tenemos que forjar una nueva relación con
la naturaleza y con el mundo entero, para descubrir un enfoque más
armónico en la relación con todo lo que existe. Si queremos sobrevivir y medrar, no hay otra alternativa. ¿Recuerdas cómo descubrió

el premio Nobel Ilya Prigogine que todos los sistemas se mueven constantemente entre el orden y el caos? En aquellos momentos en que el caos se vuelve más frecuente que el orden, el sistema o bien entra en una rápida espiral de desintegración, o bien pasa a un nuevo nivel de capacidad y de progreso. Ahora mismo nuestro mundo se encuentra en ese instante de elección crítica.

¿Has contemplado alguna vez un mapamundi? Puedes pensar quizá que hay alguien que vive al otro lado del océano, en el otro extremo del mundo, y que no forma parte de tu país. Pero eso es un espejismo. Cuando uno extiende el mapamundi encima de una mesa, descubre que todos vivimos en una enorme masa de tierra. En realidad, no existen «los otros» países. Se trata de un solo país enorme situado en un globo cubierto de agua. Piensa en esto. Todos estamos en el cajón de arena, y es hora de que cambiemos nuestra forma infantil de jugar. Es hora de aceptar un nuevo juego. Es el momento de darse cuenta de que somos ciudadanos del mundo. Es hora de hacer que la armonía, la riqueza y la integración lleguen a todos los seres humanos.

La crisis del calentamiento global y el efecto invernadero son indicativos de nuestra relación con nosotros mismos y con nuestro mundo. Tendemos a fijar esos límites falsos y a decir: «Éste soy yo, ése eres tú, esto es Norteamérica, eso Asia, eso África y Australia, eso es una piedra, aquello un perro y aquello un árbol». Vale, pues olvídate. En un nivel energético, todos estamos conectados. He leído que todo el bosque lluvioso, todos esos millones de árboles, funcionan basándose en un gigantesco sistema de raíces. Ésta es una gran lección sobre la vida holística; hay más de seis mil millones de manifestaciones físicas sobre esta gran masa de tierra, una isla, en un océano, en un planeta, en un universo, y todos estamos conectados por un sistema de «raíces». Cada uno de los pasos que damos refleja la bondad o la maldad de nuestra relación con el mundo que nos rodea. El gran charco y sus orillas no dejan de moverse. Creo que esta idea es bastante más profunda que la de «Pero, ¡bueno!, ¿cómo me las arreglo para encontrar a mi alma gemela?»

Mi estudio sobre el chamanismo y su adoración de la naturaleza y el mundo físico me ha enseñado que perder la consciencia de nuestro vínculo nos ha llevado a saquear la Tierra. Creo que si tenemos tantos problemas con la ecología se debe a que hemos suprimido y negado el aspecto femenino de nuestras personas, lo cual nos ha impulsado a violar, saquear y expoliar nuestro planeta. Nuestro sistema patriarcal no muestra el respeto debido por lo femenino. Hasta la fecha no hemos proyectado una imagen colectiva y completa de quiénes somos y de qué formamos parte. Ya lo ves: a diferencia de los románticos, yo no creo que la tecnología o la modernidad sean malas. De hecho, pienso más bien lo contrario: sé que son estupendas. El problema no radica en la tecnología ni en la vida moderna, sino más bien en la conciencia de los usuarios de la tecnología. Cambio interior = cambio exterior.

Estamos situados en un momento definitorio para nuestro planeta. Nuestra actitud en este momento decisivo no debe ser regresar a las formas antiguas de hacer las cosas. El espíritu evoluciona sin cesar, y nunca involuciona. Tenemos la oportunidad de trascender los paradigmas antiguos, pero, al mismo tiempo, aprovechando su sabiduría para crear unas relaciones armoniosas como el mundo no ha visto en toda su historia. Soy un optimista, y creo que eso ya está pasando.

A medida que cada uno de nosotros adopte el enfoque interno/ externo del proceso de curarnos, amarnos y relacionarnos primero con nosotros mismos, nuestra pareja, nuestra empresa, nuestro cuerpo, nuestras relaciones sentimentales, el medio ambiente y el mundo irán sanándose de la misma manera. Como seres espirituales que tenemos una experiencia física, no puede ser de otra manera. Citemos una vez más a Gandhi: «Debes ser el cambio que quieres ver en el mundo».

Todo empieza contigo y conmigo. Somos las personas a las que el mundo ha estado esperando.

CREA RIQUEZA EN TODAS LAS ÁREAS DE TU VIDA: ECONÓMICO, RELACIONAL, MENTAL, FÍSICO Y ESPIRITUAL

Pilar III.
Mental

¿Qué eres? ¿Dónde estás? ¿Quién eres? Independientemente de cómo respondas a estas preguntas, la que da la respuesta es tu mente maravillosa. La capacidad de tu mente prácticamente es inconmensurable. Sin embargo, buena parte de nuestra forma de vivir se alía para reducir esa capacidad.

Hubo un tiempo, hace años, en que tu cuerpo tenía una fracción de tu tamaño actual, pero sin embargo el poder de tu mente era impresionante. ¿Lo recuerdas? En aquellos tiempos tu curiosidad ilimitada te impulsaba siempre hacia delante. No habías oído hablar todavía de las etiquetas que otros te aplicarían más tarde para evitar que crecieras: «No eres tan listo», «Perezosa», «No tienes talento», «Eres de las que abandonan»… Y tampoco habías aprendido a aplicar a tu persona estos epítetos tan limitadores. Querías aprenderlo todo, saberlo todo, serlo todo. Ha hecho falta media vida para apagar la hoguera de la posibilidad ilimitada.

Pero ¿qué pasaría si esa sensación de que existen límites no fuera más que una ilusión? ¿Qué pasaría si te dijera que no es más que un mal chiste que te has creído y has considerado real? ¿Y si pudieras mirar más allá de ese espejismo y descubrir las verdades que son como hitos en tu vida: eres inteligente, eres capaz, eres creativo?

Puedes trascender la cortina de humo, el montaje.

Tú eres una persona absolutamente ilimitada.

Lo que quizá no tengas todavía es disciplina o confianza en ti mismo. Pero eso va a cambiar aquí y ahora. Debes preparar tu mente para la misión de vivir tu vida a tope, porque cuando tu visión interior se vuelva más estimulante y poderosa que lo que observa en el exterior, el universo estará a tus órdenes.

14

Tu mente maravillosa

Un hombre no es más que el producto de sus pensamientos.
Se convierte en lo que piensa.

GANDHI

La capacidad emocional

El reto cognitivo más importante al que nos enfrentamos tiene que ver con la dirección. ¿Sabes dónde centras tu atención? ¿Tu planificador diario es la guía de televisión? ¿Te dejas caer delante de la caja tonta «sólo para relajarme un poquito» y tres horas más tarde te das cuenta de que es hora de acostarte? ¿Pasas sin parar por delante de la librería del barrio? Cuando lees acerca de los éxitos de otras personas, ¿no sientes algo más que envidia: esa sensación familiar, insidiosa, de que una vez más has dejado que tus grandes planes se te escurran entre los dedos? Entre toda la caterva de rutinas y responsabilidades, ¿has hecho algún plan concreto para alcanzar tus metas?

La mayoría de personas a las que conozco padece trastorno por déficit de atención cuando hablamos de las cosas que realmente eligen para su vida, porque permiten que sus mentes yerren por un territorio limitador que les arrebata sus capacidades. Ansían una relación sentimental, pero siguen doliéndose de su última ruptura. Quieren la libertad económica, pero reniegan cada vez que pagan un recibo. Quieren gozar de una estupenda forma física, pero se machacan por haber dejado de ir al gimnasio hace cinco años, así que ¿para qué molestarse? O, como un entusiasta cachorrito, sus mentes corren de una fantasía a otra, y al final acaban persiguiéndose la cola. Así, como el déficit de atención roba sueños, muchos otros aplican un exceso de atención a crear sus propios problemas. Se pasan la vida intelectual y emocional cumpliendo por los pelos las obligaciones que tienen para consigo mismos. Atorados en pensamientos limitadores y negativos, mientras posponen una y otra semana las cosas a las que realmente quieren dedicarse, entregan sus vidas a rutinas y a responsabilidades, mientras sus esperanzas y sus sueños se les escapan. Recuerda que la única competición en la que debes participar es la que existe entre tu mente disciplinada y tu mente indisciplinada. Quiero que concentres tu exceso de atención en las cosas que te fortalecen, no en las que te debilitan.

El Pilar Mental de la Armonía en la Riqueza tiene dos niveles: la capacidad intelectual y la emocional. Tu capacidad intelectual es la que te permite adquirir y sintetizar nuevos datos, generar ideas creativas y planificar estrategias para ponerlas en práctica; es decir, para pensar de verdad, en lugar de deliberar y analizar sin cesar, una actividad que a menudo finge ser un auténtico pensamiento. Pero el pensamiento genuino es instantáneo; todo lo demás es una elucubración condicionada. Tu capacidad emocional hace que puedas añadir color, dimensión e intensidad a la vida por medio de tus sentimientos, pero sin dejar que ellos te controlen, para acceder, dirigir y controlar esas poderosas vibraciones, sin permitir que sean ellas las que te dirijan. Hablemos primero de cómo fortalecer tu intelecto. Luego ya veremos cómo disciplinar tu sistema de creencias y dominar tus emociones.

Campesinos y guerreros

Me he pasado las dos últimas décadas viajando por todo el mundo, conociendo a personas que pueden ampliar mi sentido de la posibilidad. Hace mucho tiempo decidí desarrollar un sentido genuino de la curiosidad sobre cómo piensa la gente y por qué hacen lo que hacen. Da lo mismo lo extraño que pueda parecerme algo o alguien, he decidido sentirme fascinado e intrigado, en vez de adoptar una actitud rígida de repulsa. Al conocer quizás a cientos o miles de personas de todo tipo y de una amplia variedad de culturas, he aprendido muy rápidamente —a veces en cuestión de minutos— a comprender cómo piensa la persona con la que converso. Da igual que esté sentado en una cueva oscura, escalando una montaña con personas que en su vida han visto un ordenador o relajándome en un palacete con gente que se ha creado una vida repleta de todos los lujos imaginables, he descubierto que en realidad sólo existen dos clases de personas. Soy consciente de que cada vez que generalizamos hay excepciones; una vez dicho esto, ésta ha sido la conclusión general a la que he llegado.

He etiquetado a las personas como lo hizo don Juan, el gran guerrero y chamán de la tradición yaqui, cuando se los describió a Carlos Castaneda en la década de 1960. Don Juan llamaba al primer grupo «campesinos», personas ordinarias que consideran todo lo que sucede en su vida como una bendición o una maldición. Siendo campesino, uno no tiene poder sobre su propio destino, carece de control. Si eres bueno y te limpias la nariz, quizá llegues a servir a alguien lo bastante generoso como para que te eche un hueso de su mesa. Los campesinos de hoy día son las personas que temen el cambio y se resisten a él. Si te consideras una víctima de las circunstancias, un esclavo de causas externas que no puedes controlar, es que estás controlado por tus propias limitaciones; te has convertido en un campesino.

El segundo tipo de personas es el de los guerreros. Un guerrero es una persona que entiende toda la vida como una oportunidad para aceptar los cambios, una ocasión para aprender y crecer. Los guerreros se convierten en los señores de su vida, y entienden sus experiencias como oportunidades naturales y emocionantes.

En este caso las apariencias pueden resultar engañosas. El habitante de una tribu que no tenga bienes materiales puede ser un guerrero. Quien habita en una mansión puede ser un campesino. Todo depende de la manera en que veamos el mundo, como víctimas o como vencedores. En cuanto a ti, ¿qué me dices?, ¿estás al mando de tu vida o te dejas controlar?

No conozco a nadie a quien le guste considerarse un campesino, pero si eres sincero al analizar tu forma de enfrentarte a las experiencias y los desafíos de la vida, quizá te des cuenta de que ahora mismo actúas como un campesino. Puede que eches la culpa de que no asciendas en tu trabajo a tus compañeros o a ese malnacido de tu jefe. Quizá te digas que no puedes llegar más lejos, porque dejaste los estudios en secundaria, o fuiste a una mala universidad, o nunca acabaste la tesis. O tal vez hayas dejado a un lado tus objetivos educativos para cuidar de tus hijos o de unos padres mayores, satisfecho al pensar que tu loable sacrificio es una buena plataforma para alcanzar tus sueños. Todo esto es parloteo campesino, pero por dentro todo campesino es un guerrero que clama por vestirse la armadura y acudir a la liza.

En dos ocasiones distintas, con varios años de diferencia entre ellas, fui el conferenciante principal de la convención anual de inmobiliarias Century 21, celebrada en Canadá. El primer año que hablé, el mercado estaba en franca expansión: se vendían casas por todas partes. Al entrevistar a los agentes, escuchaba comentarios tales como: «Lo crea o no, es una época difícil. Tengo que trabajar mucho para conseguir una lista de clientes. Las casas se venden tan rápido que no hay inventario, no tenemos nada que enseñar ni que ofrecer». No es de extrañar que esos agentes, actuando en el modo campesino, fueran los que ofrecían el rendimiento más bajo a sus empresas.

Cuando volví unos años más tarde, el mercado se movía a paso de caracol. Ahora aquellos mismos agentes decían: «El mercado está saturado, hay demasiado inventario, todo está muy parado, y todo el mundo se contenta con negocios de bajo rendimiento». Una vez más, los resultados de los campesinos eran lamentables.

En ambos casos los vendedores-guerreros hacían bien su trabajo, prestando poca o ninguna atención al mercado. La *Real Estate Brokers Magazine*, una publicación especializada, me encargó que entrevistase a uno de los mejores agentes de la empresa. Durante nuestra charla le pregunté cómo enfocaba su competencia. «No le hago caso —me dijo—. No les presto atención. Decido qué voy a hacer, salgo ahí fuera y lo hago.»

Los guerreros entienden que, aunque las circunstancias pueden influirles hasta cierto punto, de ninguna manera los determinan ni los controlan. Si te comprometes a fortalecer tu pilar intelectual, pronto podrás convertirte en algo más parecido a un guerrero, que es precisamente en lo que consiste este trabajo.

Eres un genio

¿Crees que no eres lo bastante listo como para pasar de campesino a guerrero? Dudo que ése sea el problema. Creo que eres lo bastante valiente y disciplinado como para hacerlo, como te explicaré dentro de poco. Entretanto, permíteme que te demuestre cómo eres más listo de lo que piensas. De hecho, eres un genio.

Ya he mencionado brevemente la obra de Howard Gardner, un profesor de psicología de Harvard que llegó a la conclusión de que nuestro sistema educativo fracasa porque sólo mide determinados tipos de inteligencia. Según Gardner, en realidad, existen ocho áreas distintas de inteligencia, o de competencia, y él sostiene que casi todo el mundo es un genio en una o dos de las ocho áreas, que paso a describirte a continuación:

Inteligencia lingüística. La capacidad de comprender y dominar el lenguaje y la expresión oral. ¿Se te da bien hablar, expresar tus sentimientos, pensamientos e ideas? ¿Tus compañeros de trabajo esperan que pronuncies algunas palabras en las reuniones? ¿Los amigos te piden ayuda para hablar con otras personas porque tú siempre has sabido qué decir? Martin Luther King y John F. Kennedy son grandes ejemplos de la inteligencia lingüística. Piensa, si no, en el discurso emocionante de Martin Luther King, «Tengo un sueño», y en cómo el poder de la retórica invitó a un país entero a participar en su visión de la unidad. O piensa en cómo el discurso inaugural de JFK («No pregunte qué puede hacer su país por usted; pregunte qué puede hacer usted por su país») nos ofreció un retrato de nosotros mismos como idealistas y activistas. Fue su inteligencia lingüística la que nos hizo detenernos, escuchar y aprender.

Inteligencia musical. La capacidad de crear y percibir patrones musicales, la expresión y la composición musicales. Después de asistir a un musical, ¿sales a la calle tarareando todas las canciones? ¿Te resulta fácil tocar un instrumento musical? Mozart, que empezó a componer antes de que muchos niños empiecen a pintar, caería en esta categoría. ¿Tienes la capacidad de captar todas las complejidades de cada instrumento, tejiendo un tapiz mágico, o eres capaz de ahuyentar a todos los clientes de un bar con karaoke más rápido de lo que lo haría una mofeta?

Inteligencia lógica-matemática. Se trata de la sólida habilidad computacional y de razonamiento que suelen manifestar los matemáticos, los maestros del ajedrez y los millonarios que crearon Microsoft. Ésta sí que se mide en nuestro sistema educativo, ¿verdad?, que considera tan importantes la lógica y el razonamiento deductivo: plantéame el problema y te daré la respuesta. Pero ten en cuenta que éste es sólo uno de las ocho tipos de inteligencia a nuestra disposición, y que son muchos los que no son demasiado competentes en este campo. Si eres ingeniero o científico, probablemente poseas una elevada inteligencia lógico-matemática.

Inteligencia espacial. La capacidad de visualizar problemas complejos y apreciar los espacios y composiciones amplios. A pesar de que suspendió casi todo en la escuela (en serio), Einstein encajaba en esta categoría. No habló hasta cumplir los cuatro años; no supo leer hasta los siete. Sus maestros le definieron como lento, poco sociable y perdido siempre en sus ensoñaciones ridículas. A Einstein lo echaron de la Escuela Politécnica de Zúrich, que le negó de nuevo la admisión. Sin embargo, tenía la capacidad de imaginarse en un rayo de luz, moviéndose hacia delante, correlacionándolo con el tiempo y, en última instancia, elaborando su famosa ecuación $E = mc^2$. Ésta es una manifestación de la inteligencia espacial en su mejor vertiente.

Inteligencia corporal-cinética. Excelente coordinación en las tareas físicas de precisión o en las que requieren la participación de los grandes grupos musculares. Un atleta profesional encajaría en esta categoría, igual que una bailarina o un entrenador de caballos. ¿A cuántas personas conoces que sientan inclinación por los deportes, pero que no rindan en los estudios, y a los que se etiqueta de «tontorrones rematados»?

Inteligencia intrapersonal. Profunda comprensión de uno mismo, de tu propia experiencia interna, tus emociones, motivaciones y pensamientos. Las personas dotadas de esta inteligencia están realmente en contacto con quiénes son. A menudo tienen una gran capacidad para transmitir sus pensamientos y sentimientos, pero no siempre, porque esta habilidad cae dentro del campo de la inteligencia lingüística. Muchos de los filósofos y místicos, como Walt Whitman, Ralph Waldo Emerson, Buda o Jesús, forman parte de esta categoría.

Inteligencia interpersonal. La capacidad de comprender fácilmente a otros, sus intenciones e inquietudes. ¿Entiendes la diferencia? La inteligencia intrapersonal ayuda a comprenderse a uno mismo; la interpersonal, a entender a otros. Las personas dotadas de esta inteligencia tienen una enorme empatía, y se interesan profundamente por cómo afectará a los demás una acción determinada. ¡Muchas mujeres me han dicho que ojalá sus maridos tuvieran un poco de este tipo de inteligencia!

Inteligencia naturalista. La manifiesta la persona que aprecia y entiende en profundidad el entorno y la ecología. En otras palabras, alguien que entiende que toda acción tiene una reacción igual y opuesta en el mundo natural. Al Gore y Ervin László son dos ejemplos que nos vienen a la mente.

Los hawaianos tienen un dicho: *A ohe pau ko ike i kou halau*, que quiere decir: «No pienses que toda la sabiduría la enseñan en tu escuela». Resulta deplorable que nuestros sistemas educativos tradicionales provoquen tantos problemas de autoimagen porque, cuando somos pequeños, se espera que encajemos todos en el mismo molde, y se nos examina siguiendo patrones idénticos y limitados. Aunque creo de verdad en la educación continuada, también estoy de acuerdo con Gardner en que, en determinados campos, yerra el blanco. Según su investigación, se nos debería examinar y enseñar de formas especializadas, que estuvieran en sintonía con nuestros puntos fuertes.

En este mundo hay incontables personas que tienen éxitos impresionantes y que tuvieron problemas dentro de nuestro sistema educativo tradicional. Tuve una buena amiga que recibió una educación especial cuando era pequeña, lo cual hizo trizas su autoestima y la imagen que tenía de sí misma. Sin embargo, en el campo de la inteligencia corporal-cinética era un genio, y se convirtió en una amazona y entrenadora de caballos de alto nivel. Por desgracia, acarreaba desde la infancia un gran sufrimiento, que perduró hasta bien entrada su vida adulta. Sencillamente, cuando era niña no existían baremos tradicionales que pudiesen medir su genio.

¿La teoría de Gardner te hace ver a los demás de otra manera? Estoy dispuesto a apostar que si te preguntase cuáles son las personas más importantes de tu vida me dirías rápidamente en qué categorías encajan y cuáles son sus puntos fuertes. Pero ¿sabes *dónde* encajas tú? Quizá seas una pena como matemático, pero ¿en qué áreas eres brillante? Usa esta lista para reflexionar y descubrir tus puntos fuertes naturales, tus campos más sólidos, tus capacidades innatas, tus áreas de genio. ⓘ

¿Qué hace que se te ilumine el cerebro?

Ahora pregúntate cómo puedes usar estos tipos de inteligencia para enriquecer tu vida. ¿Cómo puedes mejorarlas y fortalecerlas? Si quieres alcanzar la Armonía en la Riqueza, debes equilibrar esas áreas en las que encajan tus habilidades, donde eres más capaz y tienes más competencia natural.

¿Cómo puedes utilizar tu genio en un nivel más elevado dentro de tu profesión actual? ¿Necesitas cambiar de trabajo ahora que de nuevo eres consciente de tus habilidades? ¿Cómo puedes mejorar tu genio innato?

Puede que no logremos recordar nuestro PIN o el día en que tenemos que llevar al niño al dentista, pero sí que recordamos las cosas que nos gustan hacer, ¿no es cierto? Mi madre solía decir: «Si te acordaras de hacer los deberes tanto como recuerdas pasajes de tus libros favoritos, siempre sacarías sobresalientes». Recordamos las cosas con una intensidad emocional mayor cuando estamos apegados a ese material, cuando nos importa.

Piensa en algo que te entusiasme. El motivo de que «Sigue tu felicidad» sea un buen consejo es porque cuando hacemos lo que nos gusta se nos ilumina el cerebro. Ésta es la inspiración que genera en nuestro cuerpo la vibración sensorial que garantiza armonía y genuina riqueza en todos los pilares de nuestra vida. Tú y yo sabemos que aprendemos con mayor facilidad cuando ponemos en un asunto nuestro cerebro *y* nuestro corazón. Si no estás seguro de en qué área eres un genio, piensa en hacer algo que te encanta, algo que consigue que el tiempo vuele. Lo más seguro es que ese camino te conduzca a descubrir el campo en el que deberías concentrar tu capacidad intelectual. Por cierto, puede que ese lugar no se encuentre cerca de aquel al que las personas que te rodean pretenden encaminarte.

Mi amigo Dave, en una época en que tenía problemas económicos, me dijo: «Voy a hacer un seminario sobre negocio inmobiliario y me voy a forrar». Y yo salté de inmediato: «Pero si odias las ventas. Eres un artista que se levanta al mediodía. ¿Cómo vas a aguantar todas esas horas de papeleo?» Dave se echó a reír avergonzado; sabía que tenía razón.

Aparte de las asignaturas universitarias o de esa pesadez de cursos que te exigen en tu trabajo, donde siempre hay una o dos materias en las que debes hacer grandes esfuerzos para no dormirte en clase, no te apuntes a un seminario a menos que el tema te entusiasme. No puedes hacerlo a la inversa; no puedes decir: «Vale, voy a aprender esto y lo otro porque así alcanzaré el éxito». Esta lógica es incorrecta. Tienes que concentrar tu magnífica mente en las cosas que te motiven —y aquí viene el consejo antiguo y cansino—, incluso aunque sea la confección subacuática de cestos.

Éste es un caso pertinente: una amiga mía, Carol Allen, eligió el camino más estrambótico e imprevisible hacia la riqueza. Tras graduarse en la Universidad de California en Berkeley, una de las universidades estatales más prestigiosas del país, hizo un intento fallido de convertirse en actriz y luego eligió, con sus propias palabras, «uno de los negocios más estúpidos» que encontró. Había recibido clases de astrología de una anciana que vivía en una casa de Hollywood, y decidió que quería convertirse en astróloga profesional. Muy bien. ¡No resulta tan extraño para ser alguien de Los Ángeles! Pero no se dedicó ni siquiera a la astrología convencional, sino a una forma procedente de la India llamada astrología védica, basada en los antiguos textos en sánscrito. Ella no era india, no hablaba la lengua india y pretendía entrar en un sistema intelectual muy difícil, dominado en su inmensa mayoría por hombres. Los compañeros de clase de Carol, que ya tenían sueldos de seis cifras, le decían: «Pero ¿adónde vas? ¡Si tienes un título universitario!», y ella respondía: «No lo sé, pero es que cada vez que estoy en clase, leo un libro de astrología o hago una lectura de carta astral, ¡soy tan feliz!» Perseguía aquello que la llenaba.

Sin embargo, pronto se hizo evidente que el modelo de negocios que había elegido era improductivo, porque sus clientes sólo precisaban de sus servicios una vez al año, como mucho, y sólo cobraba ciento veinticinco dólares por una sesión de dos horas. Además, era un trabajo agotador, y encima estaba limitado a lo que Carol podía gestionar en un día, ya que la mayoría de los clientes acudían a ella cuando estaban sumidos en alguna crisis personal. Y no sólo eso, también tenía que buscar constantemente clientes nuevos. Pero ella se concentraba en lo bien que se sentía, y su estímulo permaneció constante a pesar del trabajo intenso y de los escasos beneficios.

Después de varios años de ayudar a miles de clientes, Carol se dio cuenta de que el 95 por ciento de las personas que acudían a ella tenían un objetivo: encontrar sentido a sus relaciones sentimentales. Por lo tanto, Carol dedicó unos años más a estudiar para convertirse en asesora relacional y escritora, asistiendo a unas clases que, una vez más, le hacían sentirse bien.

Con el paso del tiempo, la combinación de su talento en astrología, asesoría relacional y escritura hicieron de ella una consejera muy buscada, colaboradora habitual en diversos programas de radio y oradora, además de redactora de una columna semanal que leen millones de personas. También ha aparecido en televisión en muchas ocasiones. No hace mucho le han pagado generosamente por escribir un libro titulado *Love Is in the Stars*. «Nunca me habría imaginado que todas las cosas que me encanta hacer podrían cohesionarse para crear una profesión —me dijo una vez—. Simplemente, avanzaba hacia las cosas que me estimulan el cerebro.»

Tienes que enamorarte, literalmente, de las cosas a las que dedicas tu atención. Piensa en la primera vez que te enamoraste de alguien. ¿Tenías que obligarte a pensar en esa persona? Seguro que no. No podías contenerte: enviabas *e-mails*, SMS, telefoneabas y, sobre todo, pasabas tiempo con ella. Estabas inspirado.

Si descubres que tienes que motivarte para hacer algo, es que no se trata de algo que realmente ames. La motivación es algo que procede del exterior o que, como mínimo, debe tener un origen. La inspiración, sin embargo, es algo que procede del interior y que no requiere esfuerzo. El prefijo *in-*, del latín, se traduce como «ser». Por tanto, cuando estás inspirado «eres espíritu» y estás en sintonía con la Fuente Creadora última.

¿Qué te inspira? ¿Qué hace que tu cerebro se ilumine? Descúbrelo y aliméntalo.

Alimenta tu mente maravillosa

Cuando empieces a buscar maneras de fortalecer tus inteligencias naturales, tendrás que descubrir los recursos especializados que nutrirán esa máquina sorprendente que tienes entre las orejas. Pero primero vamos a prepararte para recibir esos nuevos dones alterando el cuidado y la nutrición de tu mente maravillosa.

Tu mente es el don más grande que te ha concedido la fuente creadora. Es lo que te diferencia de cualquier otro ser de este planeta. ¿Qué le das de comer?

Las estadísticas nos dicen que el año pasado un 85 por ciento de los hogares norteamericanos no compró ni un solo libro que no fuera de ficción. Si esto te sorprende, aquí va otro dato incluso más impactante: ¡el 90 por ciento de quienes compraron un libro no lo leyeron! Un caso de buenas intenciones, quizás. El seguimiento es lo que falla, está claro. Sin embargo, durante ese mismo periodo, nos gastamos ochenta y cinco millones de dólares en películas, y en los hogares norteamericanos el televisor estuvo encendido una media de seis horas y cuarenta y cuatro minutos cada día.

«Pero, James —podrías decirme—, en mi casa no es así.» Te pido que seas sincero y que sumes las horas en que la tele está encendida, aunque sea como ruido de fondo, o cuántas veces usas el mando a distancia «para ver qué ponen». Compáralo con el tiempo que dedicas a leer. Nunca he conocido a una persona que haya cosechado grandes éxitos que disponga de mucho tiempo para sentarse delante de la «droga que se enchufa». ¿En la tele hay programas buenos? Por supuesto. De vez en cuando miro la televisión. Pero selecciono bien lo que veo, no me limito a encenderla y a mirar. Tengo cuidado, además, de *cuándo* la miro. No durante la cena, que es el mejor momento para conectar con nuestros seres queridos y compartir nuestro tiempo con ellos. Tampoco la uso como instrumento de evitación, cuando la mejor opción sería ser consciente de mis sentimientos. Y, claro está, *no* antes de acostarme, para evitar que las imágenes de sufrimiento y de violencia que aparecen en el telediario o en una película jueguen en mi mente inconsciente durante toda la noche.

Me conmociona ver cuántos programas «chupa-almas» ofrece la televisión por la mañana, la tarde y la noche. Piensa en todos esos programas-basura que, de un modo superficial, nos incitan a envidiar a los famosos («Quiero eso...»), o a complacernos con sus inevitables caídas en desgracia («Quiero que quien tiene eso acabe mal»). Incluso el *reality show* (como se les llama) diseñado con mayor inteligencia no es más que otro pegajoso chupete que nos mantiene tranquilitos en el sofá, mirando al frente con mirada vacía, en lugar de crear nuestras propias realidades con nuestras mentes maravillosas. Quizá nos gusta ver los líos que pasan en los programas «del corazón» porque nuestras vidas son aburridas, o quizá porque nos hace soportar mejor nuestros propios problemas. Pensamos: «A lo mejor resulta que, después de todo, mi vida no es tan mala». Buena parte de lo que sale en televisión es cotilleo, «te pillé», «¡chúpate ésta!» y «anda y que te parta un rayo». Si te preguntas si eres tan listo como un niño de primaria, ¿a qué cumbre de la inteligencia aspiras a llegar? Si estás calentándote el trasero viendo un programa sobre cómo ganar un millón de dólares, te garantizo que nunca lo conseguirás. Cuando tu vida es entusiasta y te inspira, es muy posible que tu realidad cotidiana sea estupenda, emocionante y entretenida.

Como dije al hablar del Pilar Económico, muéstrame tus resultados y, en cuestión de quince minutos o menos, te diré cómo empleas tu mente. Da lo mismo lo que me cuentes, porque lo que estás introduciendo en tu mente de forma regular es lo que dirigirá tus pensamientos, sentimientos, emociones y acciones. Si estás metiendo en tu cabeza basura o energías limitadoras, obtendrás energía y resultados limitadores. Todo se plasma en tus resultados, en tus relaciones, tu economía, tu salud, tu forma física..., en todas partes.

Si analizas los estudios socioeconómicos sobre hogares de renta baja, quizá descubras que en esas casas hay un *Nacional Enquirer* o una Biblia. Ve a una casa de clase media, y descubrirás unos cuantos libros en el baño (en muchos hogares a eso le llaman «biblioteca»), quizás encuentres algunos más repartidos por la casa, y en el salón alguna lustrosa revista «del corazón». Pero ¿qué piensas que encontrarás en una casa de clase alta? Una biblioteca, una auténtica biblioteca. Como he dicho, esa es la estancia más preciada de mi casa, hasta el punto de que la cierro con llave.

La pregunta es: ¿el estatus socioeconómico aporta la biblioteca, o es al revés? Te garantizo que es la biblioteca la que da estatus. El adjetivo *pobre* no sólo se aplica al dinero o a la educación, sino también al estado mental. Piensa en Oprah, que leía vorazmente mucho antes de poder permitirse estanterías llenas de libros. Todos los líderes son grandes lectores. Cuando no leemos, es como si fuéramos analfabetos. Mark Twain dijo: «Quien no lee buenos libros no tiene ventaja alguna sobre quien no sabe leerlos»; unas palabras sabias de uno de los hombres más sabios y adorados (por no mencionar su riqueza) de su época. Si no puedes permitirte el último libro de tapa dura sobre tu campo profesional, siempre puedes ir a una biblioteca.

Mirando las noticias en televisión y leyendo prensa sensacionalista nunca crecerás. ¿Que tales cosas tienen su lugar y su momento? Quizás. Es posible que necesites estar informado sobre cómo los acontecimientos afectan a tu negocio y a tu mundo, pero no tienes por qué inundarte. Existe una gran diferencia entre buscar titulares relevantes y refocilarse en truculentas historias de asesinatos, mutilaciones y cotilleos. Recuerda que sólo hay dos cosas que puedes hacer con tu cerebro en lo relativo al tiempo: gastarlo o invertirlo. El tiempo gastado (o malgastado) se va para siempre. El tiempo invertido (bajo la forma del aprendizaje) origina unas rentas de por vida. Recuerda tu cifra, lo que quieres ganar por hora, y asegúrate de invertir constantemente tu gran capital de tiempo.

Un chamán indio sudamericano con quien estudié era capaz de señalar el cielo y conseguir que lloviera, tal cual; como te puedes imaginar, esta práctica resultaba útil en más de una ocasión. Pero ese mismo hombre, al que yo admiraba tanto, no hubiera podido encender un ordenador ni usar un cajero automático ni aunque le hubiera ido la vida en ello. Tampoco sabía cómo parar un taxi en las calles de Nueva York ni usar un móvil. ¿Estas cosas son importantes? Desde luego. En esta era de integración son conocimientos esenciales.

15
Conseguirás lo que creas

Pedid y recibiréis conforme a vuestra fe.

Mateo 9, 29

La información: un poder potencial

Tú y yo vivimos en un mundo cambiante, con necesidades que también lo son. Por este motivo debemos hacer las cosas de un modo nuevo y diferente. Un estudio reciente de IBM predice que en 2010, los datos digitales de todo el mundo ¡se duplicarán cada once horas! Lo que eso quiere decir es que hace cinco o seis años a quien obtenía un título de doctorado se le consideraba un experto, pero hoy en día, si esa misma persona no intenta conseguir nuevos conocimientos, lo que sabe pronto quedará obsoleto.

En la vida, o se avanza, o se retrocede; o se crece, o se muere. No hay pausas.

Contrariamente a lo que nos han dicho tantas veces, la información no es poder. Es poder potencial. La información —el gran lujo/recurso de nuestros tiempos—, invertida en la acción correcta y alineada con los principios universales, es verdadero poder y riqueza. Por tanto, si la información es riqueza potencial, y la información invertida en un acto pertinente e importante *es* riqueza, los expertos que tienen conocimientos y los usan sabiamente son quienes se están enriqueciendo ahora mismo. ¿Cómo puedes convertirte en una de esas personas?

De entrada, piensa diferente. Escucha tus pensamientos originales, y actúa basándote en ellos, en lugar de practicar una y otra vez la programación social. Aunque es importante obtener datos nuevos y *feedback* del mundo exterior, la información no es otra cosa que datos organizados. Cuando tomas la información y actúas sabiamente basándote en ella, tu vida empieza a cambiar. Lo que cambia tu vida no es lo que sabes, sino lo que haces con lo que sabes; eso es lo que diferencia a las personas verdaderamente ricas de los soñadores perpetuos.

Aparte de leer libros para fortalecer tus inteligencias nativas, ¿cómo alimentas tu mente? ¿Asistes a conferencias, seminarios o talleres? ¿Qué pones cuando vas en el coche: un CD educativo, la radio (con debates corrosivos), música pop insustancial? Todo tiene su momento y su lugar, y una vez más tiene un efecto directo sobre tu expansión personal y espiritual. El bien y el mal per se no existen: todo lo que tú haces, todas las decisiones que tomas te añaden valor o te lo quitan. No hay terreno neutral. Las decisiones que he tomado en esta fase de mi vida han transformado por completo mi mundo, porque me he comprometido a concentrarme y a rodearme de energía e información de alto octanaje.

Apágala para conectarte

Voy a repasar un poco más el tema de la televisión, aunque sea por última vez, porque es muy importante. Leí algunas estadísticas publicadas por TV-Free America y me quedé helado. Cuatro horas de televisión diarias (mucho menos que la media nacional, que son siete horas) suponen veintiocho horas semanales; asumiendo que tú duermes ocho horas diarias, eso supone una cuarta parte del tiempo que pasas despierto en tu vida. Este hábito te ocupa 1.456 horas anuales. Eso quiere decir que cada año pasas sesenta días, dos meses enteros, apoltronado delante de la droga que se enchufa. Si pensamos de nuevo en el modelo económico que vimos antes, a ochocientos dólares diarios, ¡tú inviertes cuarenta y ocho mil dólares al año en esta adicción! ¡Venga ya, amigo! Cualquier cosa que te arrebate doce años de tu vida —recuerda que estamos hablando de la media nacional—, sin darte muchísimo a cambio, es un lastre del que debes desprenderte, y rápido. Somos un país que no quiere admitir su abuso y su dependencia de esta herramienta que crea hábito.

Hace poco leí que la televisión que no sea por cable está desapareciendo en Estados Unidos, y que quienes no se actualicen se quedarán sin televisión. Lo que más me sorprendió fue el enfoque predominante del artículo: «Nada molesta más a un estadounidense que no poder ver la televisión». ¿Que *nada* nos molesta más? ¡Un respiro, hombre! Es hora de apuntarnos a un programa de deshabituación.

Ya he comentado cómo la televisión nos hace perder el tiempo, y por consiguiente también dinero. Pero éste no es el único motivo por el que deseo que *al menos* minimices la influencia que tiene en tu vida este agujero negro. ¿Alguna vez te ha dicho alguien: «Deja de ver tanto la tele, te está pudriendo el cerebro»? Pues resulta que esa persona sabía de lo que estaba hablando. Lo cierto es que ver la televisión altera las ondas cerebrales, nuestro bien más preciado. El cerebro genera en todo momento, y primariamente, cuatro niveles distintos de energía bajo la forma de vibraciones o frecuencias: beta, alfa, zeta o delta. Las frecuencias beta, que son las que funcionan ahora mismo en tu cabeza, son las de la consciencia de vigilia normal. Cuando hablamos con otra persona —asimilando información, pensando en respuestas imaginativas, formulando preguntas—, usamos las frecuencias beta. Cuando empezamos a relajar la mente, producimos más ondas alfa, que son buenas para tranquilizarnos y ayudan a que pueda haber una alteración de los patrones limitadores; pero el estado alfa también es una vibración en la que somos más influenciables.

Los investigadores han demostrado que ver la televisión hace que nuestras ondas cerebrales reduzcan la velocidad, pasando de beta a alfa. Por ejemplo, el psicofisiólogo Thomas Mulholland quiso medir la capacidad de atención de los niños y para ello programó un electroencefalógrafo, que mide las ondas cerebrales, para que se apagase la televisión cada vez que los niños produjeran más ondas alfa que beta. Mulholland pidió a los niños que se concentraran al máximo posible para mantener encendida la televisión. Para su sorpresa, la mayoría de los niños no pudo mantenerla en marcha durante más de medio minuto. Esta breve cantidad de tiempo es lo que hace falta para sumir a nuestros cerebros en un estado hipnótico (algunos dirían que comatoso).

Hay un motivo psicológico por el que ansiamos sumirnos en este estado. Cuando nuestros cerebros producen más ondas alfa, también generamos más endorfinas, esos «fármacos» cerebrales que nos hacen sentir bien y que son los opiáceos naturales del cuerpo. Nos convertimos en ratones entrenados para presionar una palanca y recibir más droga; cada vez vemos más televisión, porque nos sume en una especie de trance. La expresión «droga que se enchufa» es correcta.

A lo mejor estás pensando: «Pero, James, tengo que relajarme y liberarme del estrés después de un día duro». La televisión hace mucho más que relajarte. Existen evidencias de que inhibe tu capacidad de aprender mientras la miras, de manera que, si te estás diciendo que tu costumbre de ver la televisión es positiva porque sólo ves documentales, es posible que te estés engañando. Jacob Jacoby, psicólogo de la Universidad Purdue, ha investigado a fondo hasta qué punto los espectadores entienden lo que ven en televisión. En uno de sus estudios, donde participaron 2.700 personas, descubrió que el 90 por ciento de ellas malentendía o no lograba recordar los detalles más importantes de los sencillos anuncios, o de un programa televisivo que seguían habitualmente. Cuando se les formulaban preguntas sobre programas que acababan de ver hacía unos minutos, los espectadores no lograban contestar entre el 23 y el 36 por ciento de las preguntas.

Cada año, el niño estadounidense medio ve la televisión más de quinientas horas más que el tiempo que asiste a clase. Puede que logren aprender algo educativo de lo que ven en sus pequeños trances, pero no todo es Discovery Channel. Buena parte de lo que ven es violencia, o va destinado a convertirles en ansiosos consumidores o en amantes de la comida basura. ¿Sabías que el niño medio de nuestro país ha visto en televisión muchos miles de asesinatos y suicidios antes de acabar el sexto curso? Y no estoy hablando de cuando al coyote le cae encima un pedrusco mientras intenta capturar al correcaminos. Los personajes de los dibujos animados se recuperan en tres segundos. No, estoy hablando de sangre, horror, traiciones y engaños. ¿Y queremos que nuestros hijos crezcan sanos y felices?

Entonces, una vez que han visto cómo apuñalan a una víctima, o la violan o la arrojan a un río con un bloque de cemento en los pies, el siguiente mensaje que reciben es que el último juguete de plástico que ha salido al mercado, o la hamburguesa de 99 céntimos, o el cereal azucarado para el desayuno harán que todo sea estupendo. Ese estado de trance alfa-beta en el que se encuentran deja abierto el subconsciente y los hace más vulnerables para absorber esos mensajes. Los publicistas gastan millones de dólares anuales para asegurarse de que nuestros hijos se sientan la mar de a gusto por dentro cuando escuchan sus melodías. Perdona, pero ¿qué ha pasado con nuestra meta de ayudar a nuestros hijos a pensar por sí solos? Nosotros, como adultos, ¿estamos menos esclavizados a la televisión?

¡Basta ya de excusas! Desconéctate ya. Con un poco de suerte, no te entrarán sudores fríos.

¿Cuáles son tus creencias?

El factor que te acerca a tus objetivos es lo que crees que conseguirás: tu falta de abundancia en el campo del dinero, la paz mental, las relaciones, la salud física o cualquier otra cosa. Éste es el efecto acumulativo de tu Sistema Global de Creencias, que es exactamente lo que su nombre indica: la totalidad de todo lo que crees, tus hábitos, experiencias, valores y premisas. La mayoría de personas intenta cambiar sus hábitos abordando los efectos, arrojando nuevas soluciones a los resultados, pensando que así van a cambiar las cosas. Pero si quieres cambiar los resultados, tendrás que trabajar en la causa. Tendrás que alterar lo que crees.

¿Alguna vez has estado sentado en un cine, contemplando las imágenes de la pantalla, y te has sentido perdido dentro de la película porque te parecía muy real? Entonces has girado la cabeza hacia la cabina de proyección y has visto el haz luminoso que salía de ella, y que creaba aquellas imágenes tan reales. Es una experiencia curiosa, ¿no? Quizás alguna vez has estado contemplando las imágenes proyectadas en una pantalla de cine pensando, al igual que todas las personas sentadas a tu alrededor, que eran reales. La pantalla se parece mucho a tu vida; piensa que las imágenes que aparecen en ella son los resultados de tu vida. Si quisieras cambiar la imagen (tus resultados), tendrías que poner otra película, ¿no?

¿Alguna vez has escuchado a alguien en el cine gritando «¡No, no te metas ahí!» o tirándole palomitas a los malos de la peli? ¿A que es ridículo? Actúan como si lo que dicen o hacen pudiera afectar a lo que ven; pero todo el mundo sabe que la pantalla sólo presenta lo que alguien proyecta en ella. También podrías darle un martillazo al proyector, pero eso no cambiaría la película.

Todo lo que te rodea se proyecta en la pantalla de tu vida, y tu mente es el proyector. Cambia tu película (tu Sistema Global de Creencias) y cambiarás tus resultados.

Las fases de la creencia

Uno de los motivos por los que es tan difícil cambiar aquello en que creemos es que no entendemos, ya de entrada, cómo se han infiltrado en nuestras mentes esas creencias. ¿Por qué creemos lo que creemos?

Bueno, pues de entrada nuestra programación inconsciente y nuestra excesiva identificación con la cultura que nos rodea impiden que muchos de nosotros creemos un sentido independiente de nuestras personas, una identidad única. Son pocos los que consiguen empezar a funcionar de una forma auténtica, viviendo una vida examinada más de cerca. Si queremos alterar nuestro Sistema Global de Creencias, hemos de trasladar nuestras creencias subconscientes al terreno de la consciencia y examinar si son o no ciertas o útiles; si lo son, tenemos que sanarlas y cambiarlas, y si no lo son, descartarlas.

Mi amiga Elizabeth creció en un entorno católico estricto, en una pequeña ciudad suburbana. Hizo la primera comunión, iba a confesar regularmente, cantaba en el coro de su iglesia y participaba en los bailes sociales de la parroquia. Para ella vivir alocadamente significaba escuchar *gospel*. Un día, mientras daba su clase de catecismo, el sacerdote dijo a los niños de cuarto curso: «Los cristianos serán los únicos que vean el reino de Dios». Elizabeth se removió inquieta en el banco; por primera vez empezó a dudar de su religión. En el colegio acababan de dejar de estudiar las religiones del mundo (ella y su amigo Robin habían hecho una figura de Buda de papel maché), y se puso a pensar: «Pero ¿qué pasa con esa gente tan maja de China, Japón y la India?» Cuando llegó a la adolescencia dejó de ser catecúmena, lo cual desagradó sobremanera a su madre, una mujer muy religiosa. Cuando cumplió los veinte años, dejó de asistir a la iglesia, molesta por la postura que adoptaba el Papa respecto a las mujeres. Desterró la creencia de que el sexo prematrimonial era pecado, y empezó a disfrutar de su sexualidad. A los treinta atacaba todas las religiones organizadas, considerándolas bastiones del pensamiento colectivo, y le gustaba burlarse de la rigidez fundamentalista de algunos cristianos. Pero a los cuarenta años, volvió a aceptar su propia idea de Dios y trabajó como voluntaria con muchos amigos católicos cuya devoción a una organización caritativa local la conmovía profundamente. La única manera en que Elizabeth pudo crear un Sistema Global de Creencias, aceptando lo que le funcionaba y desechando el resto, fue cuestionando su educación religiosa.

Como ya sabes, a medida que fui creciendo, abandoné mi ciudad natal y me alejé de mi casa, pasé por mi propia búsqueda angustiosa de Dios y de la verdad. Lo cuestioné todo. Lo que me habían enseñado parecía estar lleno de lagunas, y no respondía a las preguntas incisivas que yo llevaba formulando desde que tenía memoria. Me sentía como si me hubieran fijado a las retinas unas lentes de contacto, que me obligaban a mirar las cosas a través de un filtro gris que era totalmente irrelevante e incompleto. Nada tenía el mismo aspecto que antes, y no tenía ni idea de cómo me sentía respecto a nada. Lo tiré todo por la borda, y en determinado momento llegué incluso a pensar que Dios no existía. Esta fase es la que en la tradición esotérica o mística llaman «la noche oscura del alma», y en ese estado uno se siente más solo y confuso de lo que pueda expresar con palabras. Como puedes imaginarte, cuando abandoné mi ciudad y mi Iglesia, mi padre y yo dejamos de relacionarnos durante un tiempo, y la situación nos hirió mucho a ambos. Pero, ¿sabes una cosa?, yo no era el único que pasaba por una metamorfosis. A medida que yo crecía, también lo hizo mi padre. La alteración de sus creencias no fue tan dramática como la mía, y sigue sin serlo. Pero por medio de un espacio más holístico y menos rígido forjamos la profunda amistad que ahora compartimos, rica en conversaciones largas y sinceras sobre los mismos temas que antes nos dividieron.

Fue Sócrates quien dijo: «La vida no examinada no vale la pena». Yo me fui en mi búsqueda particular y encontré mis propias respuestas, algunas de ellas distintas a las que me habían enseñado, y otras parecidas, pero curiosamente alteradas. Si no tienes el valor suficiente para formular las preguntas, nunca obtendrás tus propias respuestas, sólo conseguirás «regalos» (a menudo no solicitados) de fuentes externas.

Inconsciente noqueado

Tu programación se fundamenta en valores, creencias e hipótesis profundamente arraigados, que están cimentados o encerrados en tu subconsciente. Una vez más, la mayor parte de esos dones (algunos de los cuales, sin duda, te gustaría poder devolver a Papá Noel) te los hicieron tus padres, abuelos, maestros, entrenadores, fuentes religiosas o cualquier persona de autoridad en tu vida cuando aún eras muy pequeño, seguramente, como a todos, durante la época comprendida entre los tres y los ocho años. De hecho, el sociólogo Morris Massey realizó una exhaustiva investigación sobre los valores personales, y descubrió que la inmensa mayoría de nuestros valores esenciales se han fijado ya a los trece años de edad, y que apenas cambian desde entonces o se mantienen inalterados por completo. Esto significa que la mayoría de las personas con las que interactúas diariamente son niños de trece años que circulan con cuerpos de treinta, cuarenta o incluso ochenta años. Según Massey, nuestros valores sólo cambian cuando pasamos por un *suceso emocional importante*, que conmociona nuestro mundo y nos hace dar un paso atrás para reconstruir nuestro punto de vista.

Tú eres el subproducto de la forma de pensar habitual de otras personas, y esos pensamientos son la causa de muchos de tus resultados. Increíble, ¿no? ¡Incluso es posible que esa gente no te caiga bien! Muy a menudo tu mente consciente no percibe todo lo que le envía el subconsciente, pero tu programación, o película inconsciente, o Sistema Global de Creencias, sigue funcionando como si todo lo que piensas o crees fuera literalmente cierto. Pero no lo es.

Por fortuna, dado que tú has optado por tus propias creencias como punto de partida —aunque lo hicieras de forma inconsciente—, ahora puedes aprender a elegir conscientemente otras para obtener resultados nuevos.

Éste es el secreto de tu mente: aunque los pensamientos y creencias que tienes en tu mente consciente son esenciales para atraer lo que deseas, la programación y las creencias que conservas en tu subconsciente tienen incluso más peso específico. Como dije al principio de este libro: son más fuertes que tu voluntad.

La fuerza de voluntad, por intensa que sea, se activa y desactiva, mientras que tu programación subconsciente funciona veinticuatro horas al día, siete días a la semana. Para alcanzar la armonía en este pilar, tienes que entender los elementos con los que estás trabajando.

Tú funcionas con cuatro partes de tu ser: la Mente Consciente Superior (MCS), la Mente Consciente (MC), la Mente Subconsciente (MS) y el Cuerpo. Estas partes se relacionan, por este orden, con tus facetas espiritual, intelectual, emocional y física.

Cuando hablo de la *Mente Consciente Superior*, me refiero a la inteligencia omnisciente de tu alma. Las diversas grandes tradiciones la han bautizado de muchas maneras: ángel de la guarda, el ser superior o incluso Dios. La Mente Consciente Superior es la parte de tu persona conectada con la inteligencia cósmica o divina, aquella que nunca se separa de su fuente, por mucho que tú sientas lo contrario.

Tu *Mente Consciente* es la parte de ti que está leyendo estas palabras. Es la parte racional, donde reside tu personalidad única. Es la parte de tu persona que habla y piensa, razona y analiza. También es la parte que mira la televisión cuando deberías estar leyendo. (¡Lo siento, tenía que decirlo!)

Tu *Mente Subconsciente* es la que motiva todos tus actos, y es donde radican tus hábitos. Cuando aprendes algo conscientemente, como conducir un coche, al principio te cuesta, pero al cabo del tiempo los actos se infiltran en tu subconsciente y se convierten en un hábito. El subconsciente se cuida de él a partir de ese momento, con muy poco esfuerzo por su parte.

Como podrás descubrir si lees la obra de los psicólogos evolutivos, tu subconsciente es el punto donde reside la totalidad de tu programación, tu Sistema Global de Creencias. Tu subconsciente creó tu historia muchos años antes de que tú (debido a su estadio de desarrollo) fueras capaz de insuflar el pensamiento consciente a ese proceso. Alberga una parte importante de la película que pasa por el proyector para exponerse en la pantalla de tu mundo.

Tu subconsciente es la parte emocional y receptiva de tu mente. Aquí nunca se olvida nada: el subconsciente lo almacena todo bajo la consciencia, aunque nosotros podemos aprender a acceder a ese material por medio de la meditación, la visualización, las técnicas de relajación, la observación atenta de resultados recurrentes, etc.

Las personas de éxito aprenden a utilizar correctamente su subconsciente, plantando en él las semillas productivas de su visión, sus objetivos y sus imágenes, que es lo que estamos haciendo en este libro. Las semillas que plantes en el jardín de tu subconsciente germinarán y aportarán actos que atraerán el mismo tipo de resultados. Si plantas patatas, no cosecharás diamantes, ¿no?

El *Cuerpo*, claro está, es el espacio donde residen todos los actos y los resultados derivados de ellos. Cuando hablemos del siguiente pilar, nos ocuparemos de él. Lo interesante ahora es que el subconsciente gobierna el cuerpo.

Tu objetivo consiste en reprogramar tu Sistema Global de Creencias, de modo que tu mente consciente y tu subconsciente trabajen unidos para ayudarte a progresar. Hay muchas formas de hacer esto: encuentra un buen maestro (o terapeuta) que tenga experiencia con este tipo de trabajo; observa sin cesar tus resultados en el mundo físico (son un reflejo preciso de tus creencias subconscientes) y entrena constantemente tu enfoque mental, para fijarlo en nuevas creencias y realidades.

¿Qué crees realmente?

Las creencias pueden hacer una de las siguientes dos cosas: o bien pueden inducirte a avanzar, o bien pueden frenarte. El problema es que a menudo nos frenan creencias que ¡ni siquiera sabemos que tenemos! En cualquier país que vaya, cuando llevo a cabo seminarios, pregunto a la gente en qué creen, y pocos de ellos pueden decírmelo.

Como dije antes, elegimos o creamos nuestras creencias, conscientemente o no, desde que somos pequeños. A medida que transcurre el tiempo, se produce un cambio, y son nuestras creencias las que empiezan a crearnos. ¿Te parece lógico?

Las creencias transmiten la manera en que has decidido que funciona el mundo. Son convicciones, o la aceptación de que determinadas cosas son verdaderas o reales. Pueden ser todo lo que tú quieras, y seguir siendo ciertas para ti mientras no las cuestiones. Cuando crees algo, esa creencia determina en gran medida lo que harás o no harás, y el modo en que alcances tus valores en esta vida. Lo más increíble de todo este asunto es que, una vez que hayas aceptado una creencia sobre algo, harás todo lo que esté en tu mano para asegurarte de que sigue siendo válida, *incluso si no te sirve de nada.*

William James, padre de la psicología moderna, dijo: «Crea que la vida merece la pena y su creencia contribuirá a forjar ese hecho». Él afirmaba que uno de los mayores descubrimientos de nuestros tiempos es que un hombre puede cambiar la calidad de su vida si cambia la de sus pensamientos.

Pero las creencias pueden cambiar, ¿no es cierto? Conocí a un judío que estaba convencido de que «tenía» que casarse con una agradable muchacha judía, pero entonces conoció y se enamoró de una joven católica un tanto traviesa, y ahí acabó todo. Se enamoró perdidamente, se casaron y llevan veinte años siendo felices juntos. Él se quedó sorprendido al darse cuenta de con qué facilidad había colocado un proyecto en su lista de cosas ineludibles y luego había cambiado de idea. *Mazel tov!*

Las creencias de los grupos también cambian. Si reflexionas sobre la historia, descubrirás que los cambios más profundos de la humanidad no han sido el resultado de actos gubernamentales, ni siquiera de guerras, sino de un cambio fundamental de nuestro pensamiento colectivo. (Puedes bautizar el Sistema Global de Creencias del planeta como «creencia mundial».) ¿Recuerdas que antes dijimos que cualquier cosa nueva suele crear temor? No olvidamos que en determinada época las masas creyeron que la Tierra era plana, el océano estaba poblado por monstruos marinos, las hadas volaban y los dragones rugían por el mundo.

Las actitudes también cambian, pero no siempre para bien. Por ejemplo, en nuestro mundo actual a la mayoría de jóvenes se les enseña a que eludan la emoción y la intuición, y se les cría a base de videojuegos y películas violentas, que embotan sus sentidos y fomentan la agresividad. Por ejemplo, la popularidad de las películas de terror se mantiene estable. Los «adultos» somos cómplices, al decir a nuestros hijos que está bien ver cómo disparan y mutilan a la gente, cómo les amputan extremidades en nombre del entretenimiento.

Siguiendo la misma pauta, a muchas jóvenes se las condiciona para que crean que su valor como personas está directamente relacionado con su atractivo físico. Las películas y los videojuegos están repletos de bellezas pechugonas que hacen que incluso Barbie parezca una tabla. Entonces, ¿es de extrañar que nuestro modelo económico actual nos quiera convencer de que no pasa nada si el 5 por ciento de la población mundial consume más del 25 por ciento de los recursos del planeta y es responsable de más del 30 por ciento de la polución?

Sí…, una demostración más de que estamos sumidos en un trance colectivo.

Por favor, me gustaría que entendieras que al decir esto no pretendo juzgar a nadie, por extraño que te resulte. No considero que nada de esto sea malo, porque forma parte del proceso de alterar nuestras creencias individuales y colectivas. El tema tan actual del calentamiento global, por ejemplo, cada vez deja más claro a un número creciente de personas que hay que tener en cuenta la sostenibilidad y la armonía mundial. Podríamos decir que deberíamos haberlo pensado ya hace mucho tiempo, y quizá sea cierto. Sin embargo, la admisión es la primera ley del aprendizaje y de la transformación. Tú nunca cambiarás tus creencias ni tu conducta si no admites la necesidad de hacerlo. A menos que experimente suficiente dolor o insatisfacción con el modelo imperante y sus resultados, la especie humana, como individuos y como colectivo, raras veces (o nunca) cambia.

Todas las transformaciones comienzan con la transformación de la consciencia. Ésta es una idea central.

Incluso admitiendo que debe producirse esta transformación, cambiar las creencias puede resultar amedrentador. La resistencia es un reflejo. La paradoja radica en que en nuestra vida necesitamos estar seguros de las cosas, pero también introducir variedad. La certidumbre constante genera aburrimiento; la variedad y el cambio son esenciales para el crecimiento. Te puedo asegurar, eso sí, partiendo de mi experiencia, que crezcas lo que crezcas, seguirás sintiendo la tendencia a permanecer en tu zona de comodidad. Lo sé, porque lo he aprendido por la vía difícil. (A veces me pregunto: «¿Habrá alguna vía que no lo sea?»)

Vivir lo que crees te aporta tranquilidad

En primavera de 2000, estando a bordo de un barco frente a las costas de Península de Baja California, una ola fría impactó en la proa de la pequeña embarcación, o panga, y el agua limpia como el cristal del mar de Cortés me dejó empapado. Me di la vuelta, dando la espalda a la costa mexicana, y me prepararé para recibir el siguiente remojón. Cada centímetro de mi cuerpo goteaba agua salada, que estaba haciendo estragos en mis ojos enrojecidos.

El viento penetrante me llegaba hasta los huesos. Tony, mi compañero, estaba sentado con la cabeza entre las rodillas, mientras su sombrero de pescador de ala ancha hacía su imitación a escala de las cataratas del Niágara. Más que ser un elemento clave para definir nuestro equipo de pesca deportiva, los sombreros iban destinados a proporcionar un poco de buen *yuyu*, a llamar al espíritu de los heroicos pescadores de las leyendas locales, o al menos eso es lo que nos había dicho el tipo del muelle cuando le entregamos los cuatrocientos pesos.

¿Buen *yuyu*? ¡Anda ya! Llevábamos trajinando en el barco todo el día, con los pies metidos en agua hasta los tobillos, y no había picado ni un solo pez. Así que eso era la pesca deportiva en alta mar, ¿eh? Cuando me apunté para aquella cacería a lo grande había sonado mucho más emocionante, «cosa de hombres», incluso romántico. Mi estómago, revuelto de tanto subir y bajar, me rogaba que volviéramos a tierra firme. Pero me mantuve en mis trece. Por Ernest Hemingway, sabía que a los hombres de verdad les gusta la pesca en alta mar. Me convencí de que quería experimentar el desafío del hombre contra la naturaleza, de domeñar a un animal salvaje sometiéndolo a mi voluntad. Después de todo, la testosterona formaba parte de mi naturaleza, ¿o no?

Justo entonces mi carrete empezó a girar. Por primera vez escuché lo que luego se convertiría en un zumbido inolvidable: el sonido de que mi cebo estaba bajando a gran velocidad hacia las profundidades del lecho marino.

—¡Un marlín, un marlín! —aulló Domingo, nuestro guía de habla hispana—. ¡James, un marlín!

—¡Tío, qué cosa más fuerte de pez! —le grité a Tony.

Los marlines o peces espada ocupan la cima de la cadena alimenticia de estas aguas. Tony se puso en pie de un salto, miró mi carrete y luego se asomó por la borda.

—¡Qué fuerte, James! Debe de pesar más de quinientos kilos. Sólo las hembras son así de grandes —me dijo. Yo resbalé y estuve a punto de caer de bruces sobre mi caña, que estaba muy doblada; luché por abrocharme el cinturón.

—¡Tráela, James! ¡Tráela! —gritaba Tony. Saqué la caña de la abrazadera de seguridad y así empezó el combate.

La siguiente hora y media fue el momento en que he pasado más miedo y he sentido más dolor continuado en toda mi vida. Allí no disponía de ninguna silla sujeta a cubierta donde asegurarme. Me mantuve en pie, con las piernas separadas, una en cada esquina de la pequeña embarcación («¡Mira por dónde, tuvimos que optar por lo barato!, ¿eh?»), mientras el pez y yo estábamos sujetos mutuamente, unidos en una lucha incesante. He pasado menos estrés en todo un año que en aquella hora y media. Me pasé todo el rato de pie, mientras tiraba de la caña con todas mis fuerzas y en todo momento. Los hombros y las lumbares me ardían; los músculos de mis piernas me estaban matando. ¡A hacer puñetas los cuentos de Hemingway, hombre! ¡Qué asco de pesca! Odiaba a Tony por haberme arrastrado a aquella situación. Odiaba el mar de Cortés. Y, por encima de todo, ¡odiaba a aquel puñetero pez!

Domingo y Tony seguían gritándome palabras de ánimo. «¡Ya la tienes, James! ¡Sujeta fuerte, tío!»

Una y otra vez fui atrayendo a mi adversario hacia la barca, dando arduas vueltas al carrete y pensando que estaba haciendo progresos. Sin embargo, el pez siempre conseguía volver a recuperar terreno. Lograba dar cinco vueltas al carrete cada vez que yo le daba tres. Aquel poderoso animal daba saltos en el aire, girando y coleando, y su cola de un brillante color azul, plata y verde relucía bajo el sol antes de hundirse de nuevo en las profundidades. Aquello parecía que no fuera a acabar nunca. Pero ahora no podía tirar la toalla. Los hombros, la zona lumbar y los muslos me dolían como si me hubieran clavado crampones. Pero no pensaba renunciar. «Sé un guerrero, James.» Un guerrero. Aquella palabra me dio fuerzas.

Nuestro baile seguía en marcha. Al cabo del rato, los magníficos saltos del marlín fueron perdiendo intensidad, y luego cesaron por completo. Se acabó la partida, y yo había ganado.

Tardé varios minutos en arrastrar la pieza hasta el barco. Pesaba cinco veces más que yo; era el pez más grande que había visto en mi vida. Tony y Domingo se habían vuelto locos: me daban golpecitos en la espalda dolorida, sacaban fotos, calculaban sus medidas desde todos los ángulos, pero yo estaba en otro lugar: había desconectado, estaba ido, en otro mundo. Otro barco se nos unió. Las felicitaciones se multiplicaron. Todo el mundo admiraba mi trofeo.

Con movimientos lentos y casi surrealistas, me concentré en la tarea que me quedaba pendiente, dando las últimas vueltas al carrete, intentando no contemplar el marlín que estaba tumbado de costado justo por debajo de la superficie. Me pregunté si aquel noble animal habría completado sus asuntos en esta vida. ¿Era madre en este acuario del mundo? ¿Alguien la echaría de menos? Intenté apartar de inmediato estos pensamientos de mi mente. «No te metas ahí, James. Has alcanzado tu meta, has obtenido el premio. Así es como tiene que ser.» Entonces, ¿cómo era posible que no pudiera mirar la pieza que tanto me había costado conseguir? ¿Es que me correspondía jugar a ser Dios por amor al deporte?

En este momento casi intemporal, me obligué a contemplar la imagen de mi trofeo. Fijé la vista en su gran ojo, de mirada confusa. Sentí su agotamiento, su miedo, su sensación de verse traicionado. ¿Es que los demás no lo percibían? Los gritos de alegría de los hombres que me rodeaban quedaron amortiguados, como cantos apagados y lejanos dedicados a un héroe que no los merecía. En mis oídos resonaba el latido de mi corazón, que repicaba un tema vacío. Aquella no era mi meta. Aquello no era lo que yo deseaba. Aquél no era yo. Había participado en una guerra contra algo que nunca fue mío.

Domingo empezó a levantar el garfio para recoger la presa, el último acto de la vida del marlín. Una certidumbre instantánea me inundó el cuerpo. Le sujeté el brazo, quizá con demasiada fuerza. «No», le dije.

Bajé la mano hasta la base del anzuelo que el pez se había tragado con tamaña inocencia y lo arranqué de un tirón de su poderosa mandíbula, poniéndolo en libertad. El pez y yo entablamos contacto visual una última vez, sólo un milisegundo, pero fue todo lo que necesité para sentir su perdón cuando se alejó nadando. Con el corazón a cien, lo observé para asegurarme de que se desplazaba sin problemas: la poesía en movimiento. En mi interior, le daba las gracias por haberme enseñado una gran lección en esta vida.

Los hombres se quedaron pasmados, con la boca abierta, incrédulos. Eché una mirada penetrante a Tony y él dio un paso atrás. «Tranqui, tío —me dijo—. Lo entiendo.» Respiré hondo y oculté mi sonrisa a los demás, decidido a demorar mi alegría y mi lección hasta que estuviera a solas.

A la mañana siguiente me acerqué de nuevo al muelle. Mientras estaba sentado en la playa, meditando bajo la luz del sol matutino, vi a dos delfines que saltaban fuera del agua a unos veinte metros, sumergiéndose y volviendo a salir fuera de un salto, golpeando la superficie con la cola. Me pregunté si aquélla era la manera en que Dios me recordaba la importancia que tiene calcular el precio antes de emprender el viaje. Cogí mi diario y anoté: «Asegúrate de que tu destino responde al verdadero deseo de tu corazón».

Levanté la vista hacia los delfines y seguí escribiendo: «Los valores de otras personas te proporcionarán sus objetivos. Pero tus propios valores te aportan plenitud y alegría».

Había estado persiguiendo las creencias y los valores de otros, no los míos. ¿En qué otras áreas de la vida hacía lo mismo? Necesitaba desvelar y cuestionar mi propia definición de lo que significaba la victoria. Me sentía eternamente agradecido.

Tú no puedes disfrutar de una relación armoniosa contigo mismo o con otros —la verdadera Armonía en la Riqueza— si otros han saboteado tu Sistema Global de Creencias. La lección que me enseñó el marlín es que no importa que hayamos invertido mucho tiempo o energía en nuestro camino, lo importante de verdad —de hecho, lo honorable e imperativo— es llegar a darnos cuenta de que hemos estado viviendo la versión de la verdad que tienen otros, basada en sus experiencias y en sus creencias.

No pasa nada si un día levantas la vista y te das cuenta de que estás viviendo una mentira, incluso aunque hayas invertido mucho tiempo, dinero y atención al camino por el que transitas, incluso si estás superando récords, a punto de obtener un gran premio o si los demás te animan para que prosigas. Da lo mismo que lo que se te ha quedado pequeño sea un trabajo, una relación, la afiliación a un grupo o una religión; no pasa nada si te has visto atrapado en formas de pensar que no son las tuyas propias. La verdad está ahí fuera. Darse cuenta de algo es la primera ley de la transformación y del crecimiento. Alégrate de haberlo advertido ahora y no dentro de diez años.

Me da igual lo que te enseñaron a pensar sobre lo que está bien en tu vida. Si a ti no te vale, no está bien. Recuerda siempre que es más noble perseguir de manera imperfecta tu propia visión que perseguir perfectamente la de otra persona.

Tu termostato interno: cambia tu programación habitual

Recuerda que tu subconsciente no sabe distinguir entre la realidad y la ficción. La ventaja de esto es que cuando das una orden a tu subconsciente imaginando cómo te sentirás cuando obtengas el resultado deseado, la mente piensa que ya lo has creado, e induce la puesta en práctica en el mundo real. Los pensamientos, palabras, emociones, actos y resultados positivos son consecuencia de esto, y repiten el ciclo que sigue fortaleciendo el hábito positivo.

Pero la desventaja, como ya sabrás, es que nuestro subconsciente puede perpetuar todo un mundo de sufrimiento, atrayendo más de lo mismo, porque tú no has puesto en duda esas creencias.

El doctor Maxwell Maltz, cirujano de estética y autor de libros de autoayuda, escribió *Psicocibernética*, un clásico en el campo de los mecanismos mentales de este tipo. Aunque dedicó la primera parte de su vida profesional a mejorar el aspecto externo de las personas, al final decidió que la verdadera transformación consiste en alterar lo que creemos. Habló de la importancia de la cirugía emocional, y de la necesidad de des-hipnotizarnos de las falsas creencias. Comparaba el subconsciente con un termostato que equilibra la temperatura, ajustándola a un punto determinado siempre que ésta sube o baja demasiado.

Analicemos esta analogía. En tu casa, si programas el termostato a veinte grados y la temperatura sube a veinticuatro, ¿qué pasa? Un dispositivo de medición, un mecanismo cibernético, mide el cambio de temperatura, activa un generador que dispara el acondicionador de aire y hace que la temperatura vuelva a estar en veinte grados. Si la temperatura es inferior a ese punto programado, el mecanismo cibernético detecta la diferencia de temperatura y utiliza el mismo sistema para activar el calorífero. Tu programación es tu subconsciente, y tu Sistema Global de Creencias es el mecanismo cibernético.

Las teorías de Maltz sostienen que todos tenemos nuestro termostato interior, que hemos programado según lo que nos hace sentir bien —nuestra zona de comodidad—, aunque los resultados nos hagan sentir de todo menos cómodos. Tenía una clienta llamada Susie, por ejemplo, que vivía en una pequeña casita con su familia; ella, su esposo y sus dos hijos vivían apretados, y siempre discutían por problemas de espacio. No podían permitirse comprar una vivienda donde no tuvieran que pasarse el día chocando unos con otros.

Cuando lograron por fin ahorrar el dinero suficiente para mudarse a una casa mucho más agradable y espaciosa, mi Susie me confesó que los primeros días tras la mudanza fueron difíciles. Ya habrás oído hablar del «remordimiento del comprador», y en muchos casos no se trata simplemente de la angustia que produce crecer, expandirse. «Desde el punto de vista racional, no tenía sentido, porque yo estaba deseando largarme de aquel lugar —me dijo Susie—, pero lo único que me apetecía era volver corriendo a nuestra vieja casa y acurrucarme en posición fetal en nuestro antiguo dormitorio.»

Otra pareja que conocí, Phil y Penny, no lograban superar la cifra de ochenta mil dólares con sus respectivos empleos. Durante años, mientras Penny fue ama de casa, Phil ganaba esa cantidad. Pero en cuanto Penny empezó a trabajar, ganando cuarenta mil dólares, los ingresos de Phil se redujeron a la mitad. Luego, cuando ella comenzó a ganar cincuenta y cinco mil, el sueldo de él cayó por debajo de los veinticinco mil. Su incapacidad de ganar más de ochenta mil dólares entre los dos les resultaba todo un misterio, porque la programación de su termostato estaba fuera de su consciencia. No tenían ni idea de que, enterrado en lo profundo de su subconsciente, albergaban la creencia mutua de que sólo podían ganar ochenta mil dólares, ya fuera con un sueldo o con dos. Cuando el sueldo de Penny aumentaba, el mecanismo cibernético (termostato) calculaba la diferencia entre la situación actual y la programada, descubría que el ambiente se había caldeado mucho y, automáticamente, conectaba el aire frío para que la pareja volviera a estar «cómoda» con la cantidad de dinero a la que se había habituado.

Esto es lo que también les pasa a las personas que ganan un extra de, digamos, cinco mil dólares, pero que luego tienen una avería en el coche que les cuesta exactamente esa cantidad. A menudo les oirás decir cosas como: «Tal como viene, se va», o «¡Pero qué irónico!, ¿no? ¡Justo la misma cantidad! ¿Te imaginas?» Sí, lamentablemente sí que me lo imagino.

Phil y Penny habían probado de organizarse mejor, obligándose a elaborar listas detalladas, agendas y sistemas de administración del tiempo. Pero siempre recaían en sus hábitos improductivos: ver la tele durante el día, echar largas siestas cuando deberían haber estado trabajando... La raíz del problema no era las cosas que hacían, sino su programación cibernética. Esta programación es la que impulsa todos los actos. Verás, si tengo un mecanismo cibernético que me dice que no puedo ganar más de una cierta cantidad de dinero, no daré los pasos que ha dado alguien que gana el doble. Es siempre una cuestión del subconsciente.

Una de las mayores necesidades de la existencia humana es ser coherentes con el modo en que nos hemos definido, ¡incluso si esa definición nos limita! ¿Me sigues? Phil y Penny habían decidido quiénes eran, y los límites con los que iban a vivir. Pero una vez que se dieron cuenta de que su termostato se había bloqueado, se esforzaron para alterar su programación, haciendo todas las cosas de las que ya hemos hablado e incluso más, todo para inducir su crecimiento: fijaron objetivos, visiones, evitaron las cosas que les debilitaban, dieron pasos prácticos críticos, administraron más eficientemente su tiempo, fueron sinceros consigo mismos, etc.

Al cabo de menos de un año pudieron cambiar su termostato. La última vez que hablé con ellos cobraban entre los dos ciento ochenta y cinco mil dólares, mucho más de lo que habían visto en un periodo de un año en toda su vida laboral. A medida que se sientan más cómodos ganando un sueldo cada vez mayor (y crean que se lo merecen), el termostato de sus mentes seguirá ajustándose y ello provocará que lleven a cabo determinadas acciones y que sus ingresos no dejen de aumentar.

Desecha las creencias que te limitan

¿Estás tratando de descubrir todas las formas en que tu mecanismo cibernético te ha boicoteado? ¿Has mantenido el mismo nivel de ingresos a pesar de cambiar de empleo o de conseguir un ascenso? ¿Has perdido ocho kilos y los has recuperado casi de inmediato? ¿Te has casado por segunda vez cargando con los mismos problemas emocionales que pensabas haber dejado atrás?

Para cambiar tu termostato interno y descubrir las creencias sobre las que realmente quieres basar tu vida, es crucial que descubras cuáles son las creencias limitadoras que te mantienen prisionero y te libres de ellas. Por ejemplo, el marido de esa pareja de los ochenta mil dólares creía falsamente, gracias a lo aprendido en su infancia de clase obrera, que todos los ricos eran perezosos, deshonestos y unos malcriados. Si tu recompensa final fuera convertirse en un embustero perezoso y malcriado, ¿te sentirías inspirado para salir de tu zona de comodidad y dar los pasos cotidianos necesarios para crecer?

Voy a formularte algunas preguntas importantes. El objetivo es sentirse cómodo con la incomodidad. Tu zona de comodidad puede retenerte o, por el contrario, ampliarte dotándote de poder y de oportunidades. Considera esas oportunidades como una aventura en el crecimiento.

Piensa en estas preguntas:

1. ¿Quién ha influido en mi forma de pensar sobre mí mismo, sobre los demás, la vida y el éxito?
2. ¿Qué creencias, actitudes y hábitos de pensamiento me han transmitido otros?
3. ¿Qué actitudes sociales, creencias religiosas o enseñanzas forman parte de mi sistema de valores?
4. ¿Esos pensamientos, actitudes, creencias y enseñanzas fomentan mi éxito o lo limitan?

Ahora pregúntate: «¿Tengo pensamientos como éstos?»:

1. No llevo en el negocio lo suficiente como para tener éxito.
2. Nunca en mi vida he ganado cien mil dólares. ¿Quién soy yo para pensar que ahora sí puedo ganarlos?
3. Mis padres nunca ahorraron para su jubilación. Yo tampoco puedo hacerlo.
4. No merezco ser feliz en el amor.
5. En mi familia somos todos rellenitos. Es nuestra constitución.
6. Nunca he tenido buena memoria. No soy capaz de acordarme de los nombres de otros.
7. Algunas personas nacen con suerte.
8. En esta vida ya he tenido más de lo que merezco. Querer más es pecar de codicia.
9. La gente poderosa no es digna de confianza.
10. El mundo es un lugar peligroso.

Saca tu bloc de notas y escribe una lista de veinte creencias que tengas sobre la vida. ❶

Hazlo rápido, sin pensar, y no juzgues lo que has escrito. Anota todas las cosas que puedas, tanto las creencias negativas como las positivas.

¿Cuáles dirían tus mejores amigos o tus hijos que son tus creencias prioritarias? Si no lo sabes, pregúntales. Luego vuelve a la lista. Lo importante es tener ideas, incluso aunque te parezcan contradictorias. Luego mira la lista y analiza qué tienes que modificar. ¿Podrías demostrar esa creencia ante un tribunal? Si no es así, plantéate modificarla. Para cada una de las creencias, intenta localizar un origen, saber de dónde vino. Los conflictos te indicarán en qué campos debes crecer. Pregúntate: «¿Se trata de una creencia que debo conservar, o de algo que necesita una actualización? ¿Pensar de esta manera me sirve de algo o me supone un lastre?»

No es infrecuente descubrir que uno tiene creencias en conflicto. Quizá pienses: «Creo que las mujeres deben quedarse en casa y cuidar de sus hijos, pero también que deben ganar su propio dinero». ¿De dónde vinieron esas dos creencias contradictorias? Empieza por tus padres. Sabes lo que creían, ¿no? A menudo los padres tienen creencias contradictorias, lo cual confunde a sus hijos como no te puedes imaginar. Quizá tu padre creyera que a los niños hay que verlos, no oírlos, y tu madre tal vez pensara que los niños deben expresar siempre sus opiniones. O puede que tu padre dijera que la paz interior es imposible, así que ¿para qué intentar alcanzarla?, mientras que tu madre estaba convencida de que una vida que no se analiza y sobre la que no se reflexiona no vale la pena.

Por ejemplo, como ya sabes, yo pasé buena parte de mi vida ganando mucho dinero y luego, invariablemente, perdiéndolo. No pude descubrir por qué pasaba eso hasta que hice este ejercicio y me di cuenta de que mi madre creía que uno debe ahorrar siempre para cuando lleguen las vacas flacas, mientras que mi padre pensaba que lo mejor es gastar el dinero cuando uno lo tiene, porque es posible que esas vacas en cuestión no lleguen nunca. Hasta que percibí y armonicé esas dos creencias inconscientes y contradictorias, que yo había aceptado como propias por igual, no dejé de vivir en un tira y afloja económico constante.

Elaborar esa lista te ayudará a darte cuenta de que, casi siempre, has aceptado inconscientemente las creencias de otros, sin cuestionarlas, incluso aunque sean contradictorias. A partir de ese momento, han controlado tu conducta y a menudo te han limitado... hasta ahora. Vamos a cambiar algunas de tus pautas de pensamiento mediante una reprogramación positiva y poderosa. Esa reprogramación estará motivada por tu propia pasión, y tú la insertarás por propia voluntad en tu subconsciente: será tu decisión de crear una vida nueva y poderosa de Armonía en la Riqueza.

Armonía en la Riqueza no es un programa que pueda interrumpirse y retomarse, sino que se construye sobre sí mismo. Una vez que te comprometas sinceramente a ponerlo en práctica, si aún no lo has hecho, verás que empiezas a generar una inercia considerable. A medida que vayas avanzando te resultará más fácil. Es como subirse a una bicicleta: las primeras pedaladas son las más difíciles, hasta que uno se pone en marcha. Una vez que se alcanza una velocidad respetable, entra en juego el principio de la inercia, y cada vez resulta más sencillo avanzar. Cada día, de forma sinérgica, se apoya en el anterior y se conecta con el siguiente, creando nuevos patrones de conducta y formas de pensar y de actuar que aportan armonía y riqueza. Practica las lecciones que estás aprendiendo y aplícalas cada día, como una forma de vida constante... para siempre.

16
Del pensamiento a la acción

El pensamiento es el ensayo de la acción.

Sigmund Freud

El pensamiento precede a la acción

Si no haces limpieza de tus pensamientos, nunca cambiarás tus actos. Para entender el porqué, intenta tener un pensamiento sin una imagen que lo acompañe. Piensa en tu vecino sin visualizarlo. Piensa en tu coche sin imaginarlo en el garaje o aparcado frente a tu casa. Piensa que deseas sentirte más en forma, pero sin tener ni una sola imagen fugaz de qué aspecto tendrías entonces. ¿Puedes hacerlo? No, es imposible.

Si llevamos esto un paso más allá, veremos que las imágenes que nos vienen a la mente, dependiendo de la importancia que les confiramos, siempre llevan consigo una emoción concreta. La combinación de estos pensamientos y emociones crea un sentimiento en nuestro cuerpo. ¿Adivinas qué generan los pensamientos, los sentimientos y las emociones? Actos consecuentes con ellos. A su vez, los actos tienen resultados, ¿no es cierto? ¿Ves lo fácil y lógico que es este razonamiento? No es astrofísica, sino la ciencia de la mente… al estilo de James Ray. Independientemente de todo lo demás, todos los resultados de tu vida han seguido una secuencia infalible, lógica:

1. Pensamiento (tuviste una idea).
2. Emoción (creaste una respuesta energética y una etiqueta para tu pensamiento: la energía en movimiento).
3. Sentimiento (la combinación de tus pensamientos y emociones generó una vibración visceral en tu cuerpo).
4. Acción (hiciste algo respecto a tus pensamientos, emociones y sentimientos).
5. Resultado (*voilà!*: «Tus deseos son órdenes»).

Por eso se habla del cerebro como de un ordenador. A menos que tu ordenador tenga un «virus» o que tu disco duro se estropee y se queme, en la secuencia 1-2-3-4 el siguiente número siempre es 5.

Por tanto, si deseas obtener resultados distintos, debes interrumpir tu forma habitual de pensar y crear nuevos pensamientos habituales. Debes llegar a nuevos resultados por medio de nuevos pensamientos. Sin embargo, la distinción clave que casi nunca se menciona es que, mientras que los pensamientos inician la cadena de acontecimientos, si no completas el proceso el mero pensamiento no te llevará a ninguna parte. Tienes que conseguir tres de tres.

Relaciónate con tus pensamientos

El científico y el prolífico inventor Elmer Gates, cuyas ideas para generar pensamientos creativos se plasmaron en el libro *Piense y hágase rico*, de Napoleon Hill, expuso la hipótesis de que los pensamientos producen un leve cambio molecular en la sustancia del cerebro. Por consiguiente, la repetición de los pensamientos provoca una repetición de la misma acción molecular, hasta que en el cerebro se forma un canal o hendidura. Hoy día los neurocientíficos piensan que repetir una y otra vez el mismo patrón de pensamiento refuerza esa vía neuronal, lo que hace que otras conexiones neuronales se marchiten. Las neuronas que se activan juntas se mantienen unidas. La buena noticia es que podemos crear nuevas vías, nuevos caminos neuronales, mediante el proceso de pensamiento inverso al que las creó.

Imagina por un momento un sendero muy trillado que se adentra en el bosque. Los árboles están apiñados a derecha e izquierda del sendero. Cuando tú penetras en el bosque y decides cruzarlo, ¿qué camino seguirás? Lo más fácil es seguir el que ofrezca menos resistencia, ¿no?

Sin embargo, si decides seguir un nuevo camino, abrir una senda nueva, tendrás que hacerlo con esfuerzo, pasando por encima de unos obstáculos, derribando otros, y la primera vez que transites por allí la experiencia será difícil. (Los técnicos forestales que trabajan para el U.S. Forest Service pueden pasar hasta un mes entero desbrozando cuatrocientos metros de terreno.) La segunda vez que recorras ese camino te resultará un poco menos difícil, pero seguro que seguirá siendo mucho más fácil recorrer el sendero antiguo, ¿no crees?

Imaginemos que recorremos esa nueva pista día tras día, varias veces al día, durante unos meses. ¿Qué pasaría? Que cada vez nos costaría menos recorrer la senda. Pronto se convertiría en el camino más fácil.

Por tanto, dispongámonos a empuñar el machete y a empezar a dar tajos abriendo un nuevo sendero. Seguro que las primeras tres semanas te costará mucho, ¿de acuerdo? Cada vez que te descubras transitando ese camino marcado del pensamiento limitado, detente, reinicia el sistema y vuelva a coger el machete.

A menudo me preguntan: «¿Qué pasa con una persona sometida a tratamiento médico, que padece desequilibrios bioquímicos?» No soy médico, pero sí que he tenido a muchos médicos en mis seminarios. Un psiquiatra que lleva años trabajando conmigo me dijo hace poco que ha aprendido más sobre la mente gracias a mí que durante todos sus años de universidad. Por supuesto, ésa es sólo la experiencia de una persona, pero ahora ese profesional emplea estos nuevos principios junto con la medicina tradicional para devolver a sus pacientes la salud. Tú eres algo más que tu biología.

Tengo numerosos ejemplos de individuos con los que he trabajado, que estaban tomando múltiples medicamentos y que fueron reduciéndolos al cabo de poco tiempo, hasta que se curaron por completo. Nunca les recomendé ni les sugerí que interrumpieran el tratamiento; lo que sí hago es recordarles constantemente lo sorprendentes e ilimitados que son.

Cuando conocí a Angela, le habían diagnosticado un trastorno bipolar. Tomaba doce fármacos distintos, había intentado suicidarse dos veces y, en ambas ocasiones, la habían ingresado en una institución mental. Angela no podía ni moverse ni levantarse por las mañanas si no tomaba antes su medicación. Cuando vino a mi Harmonic Wealth Weekend, le recordé quién era ella *realmente*. Nunca le recomendé (ni pienso hacerlo jamás) que dejase de tomar su medicación; me limité a reforzar en todo momento su capacidad ilimitada y le enseñé a usar su mente. Al cabo de un año ya no tomaba medicamentos. Hace poco consiguió un ascenso en su trabajo, con un aumento considerable de sueldo, y ahora se siente muy bien consigo misma.

Si te encuentras en una situación difícil, pide ayuda a un profesional de la salud, pero no dejes de recordarte, con una certidumbre absoluta, quién eres. Con tiempo y perseverancia, alcanzarás tu capacidad infinita.

La reestructuración de tus pensamientos

Estamos rodeados de limitaciones y de negatividad. Estamos rodeados de personas que piensan en pequeño, y también de problemas potenciales. Por eso resulta sencillo actuar como un campesino y pensar que somos víctimas pasivas, personas a las que les pasan cosas que no pueden controlar. Tus patrones negativos de pensamiento refuerzan esta sensación de pasividad.

Para invertir ese esquema mental, empieza hoy mismo —en este instante— a reestructurar activamente tus pensamientos. Hoy y todos los días a partir de ahora, usa la Ley de la Polaridad, la que afirma que todo lo que existe tiene su opuesto y no puede existir de otro modo. Si existe un arriba, tiene que haber un abajo; si hay una derecha, tiene que existir una izquierda; el calor existe en contraposición al frío, y si algo parece realmente malo, tiene que haber algo que sea absolutamente estupendo. Usa esta ley en tu beneficio. Ten en cuenta que todas y cada una de las cosas que pasan en tu vida te facilitan el acceso a lo que quieres. Cuando alguien de repente se te cruce con el coche, pregúntate qué tiene eso de positivo.

Seguro que lo primero que se te ocurre contestar es: «¡Nada!», pero si insistes y te comprometes lo suficiente, descubrirás algo. Quizás estabas adormilado y ese subidón de adrenalina te despertó. O tal vez te hizo detenerte y dar gracias a Dios por lo que tienes, lo cual te hace sentir bien. Puede que te permitiera evaluar tu nivel de control emocional. ¡O puede, sencillamente, que te alegraras de no haberte llevado un golpe!

Si tu antigua programación quiere hacer de las suyas —«¿Por qué siempre me tiene que adelantar un pringado?», «¡Genial, ahora llegaré tarde! ¿Por qué soy tan blandengue y tan pasivo?»—, pregúntate: «Si realmente quisiera encontrar algo bueno en esta situación, ¿qué podría ser?» Puede que en el mismo instante eso te resulte estúpido o imposible, pero te garantizo que te cambiará la vida. Una cosa que siempre descubro en una situación aparentemente negativa es: he aprendido algo, lo cual me ayuda a crecer y a mejorar. Si aceptas que todo lo que hay en tu vida lo has atraído y lo has creado tú, también tendrás que aceptar que todas y cada una de las cosas que pasan en ella tienen un motivo y te impulsan hacia tu objetivo. Encuentra ese motivo mediante la reestructuración de tu pensamiento.

Nuevas y hermosas creencias

Vuelve a leer la lista de las veinte creencias que anotaste. ¿Cuáles no te sirven? ¿Cuáles te limitan? Una vez que hayas descubierto cualquier creencia negativa subyacente, elige una nueva para reemplazarla.

Como hicimos antes con tu anti-intención, ahora tendrás que elegir lo opuesto a tu antigua creencia. «No tengo suficientes estudios» se convierte en «Tengo un doctorado en experiencia vital»; «Estoy gordo», en «Soy fuerte, sano y despierto»; «Soy demasiado mayor», en «Tengo una gran sabiduría que puedo compartir con otros»; «Soy demasiado joven», en «Soy moderno y creativo»; «No tengo suficiente tiempo», en «Tengo el control de cada instante y del modo en que lo emplee». Éstas son nuevas creencias que debes reforzar usando tus nuevos hábitos.

Quiero que anotes ahora mismo tus nuevas creencias, seguidas por los hábitos/actos que piensas hacer para ponerlas en práctica.

❶ A partir de ahora debes concentrar tu atención en todos los resultados positivos, pase lo que pase. Formúlate constantemente la pregunta: «¿En qué áreas de mi vida veo evidencias de mis nuevas creencias e intenciones?» Da lo mismo lo pequeña o insignificante que pueda ser la evidencia: todas las referencias son buenas.

Cuando crecemos y nos expandimos mediante la reprogramación de nuestro Sistema Global de Creencias, creamos una imagen mental clara que siempre asumimos, pasando la nueva película que nos ayuda a redefinir qué podemos recibir. Ahora estás haciendo un *reset* de tu mecanismo cibernético, pasando de los veinte a los veinticinco grados, y luego vendrá la subida a unos tórridos treinta.

Eso es lo que hizo Michael Jordan cuando le expulsaron del equipo de baloncesto de su universidad. Es sorprendente, ¿verdad?, constatar la cantidad de gente que tira la toalla después de que les echen de un equipo. ¡Anda que no! Yo lo hice… en todos los deportes que probé. Sin embargo, al reunirse cada mañana con aquel entrenador, que le hizo ver partidos y practicar todos los movimientos, Michael introdujo en su mente una imagen distinta, más capacitadora, independientemente de su apariencia física en aquel momento. Entonces se abrió camino hacia una nueva visión driblando, haciendo tiros libres y mates. ¿Qué hubiera sucedido si Michael Jordan hubiese dicho: «No estoy a la altura, nunca encajaré en un equipo»? Si hubiera creído eso, ¿hubiera dado los pasos necesarios para convertirse en un campeón?

Una vez más, desafía tus pensamientos para alterar tus actos. Tu mundo exterior es un reflejo del interior. Recuerda quién eres.

La lámpara de Aladino

Seguramente me habrás oído hablar de la lámpara de Aladino, la mejor ilustración que he encontrado para explicar la correlación entre la Mente Consciente, el Subconsciente y la Mente Consciente Superior. ¿Recuerdas la historia? Un joven encuentra una lámpara, la recoge y la limpia, ¡y sale un genio! El genio le mira y le dice: «Tus deseos son órdenes».

Seguramente has oído hablar de esos tres deseos, ¿no? Cuando eras pequeño, ¿no le dabas siempre vueltas a esta cuestión? «¡Mi tercer deseo es poder tener más deseos!»

Si sigues la pista de esta historia hasta su origen, en el siglo XVIII, verás que la versión original no limitaba los deseos a tres. Perdona, pero creo que hay una metáfora en camino.

Tu Mente Consciente es tu Aladino, tu Subconsciente es la lámpara y tu Mente Consciente Superior (tu yo superior, Dios, tu ángel de la guarda; elige el nombre que más te apetezca) es el genio, y los dones que puede concederte (y te concederá) son ilimitados.

El motivo por el que es posible que experimentes algo que no deseas conscientemente es tu programación, que te envía una onda de oferta coherente, una vía de energía o una vibración que exige y atrae a tu vida vibraciones similares. Según esta emisión energética inconsciente (tu lámpara o el camino hacia el genio), tu Mente Consciente Superior te dice, sin juzgarte: «Tus deseos son órdenes».

Hasta que cambies tu programación, la onda de oferta que envías al universo puede ser contraria a lo que deseas conscientemente. Ése es el inconveniente del subconsciente. Por su propia naturaleza, impide que seas consciente de lo que estás emitiendo y pidiendo hasta que aparece en tu vida. A menudo hay clientes que me dicen que no entienden por qué les está sucediendo algo malo, y sin embargo a sus amigos íntimos y a sus familiares no les extrañan en absoluto sus resultados. Ya ves, mientras la persona intenta cambiar la pantalla, sus amigos se dan cuenta de que ha metido en el proyector una película equivocada. Otra forma de explicarlo es diciendo que tu mente subconsciente está llena de programas minimizados.

Permíteme que te lo ilustre.

Imagina que estás sentado ante tu ordenador, trabajando en un documento de texto. Como estás cansado de mirarlo, vas a la esquina superior derecha y haces clic en la ventanita donde aparece el guión bajo, lo cual minimiza de inmediato el documento y lo convierte en un pequeño icono situado en la parte inferior de la pantalla. ¡Uf, qué descanso! Ahora ya no tienes que mirarlo más. Te da la sensación de que ha desaparecido, pero sigue ahí, ¿no es cierto?, ocupando espacio de RAM como si siguiera desplegado a pantalla completa.

¿Sigues la metáfora? Tu Subconsciente alberga todas tus cuestiones emocionales no resueltas: tus creencias, decisiones y emociones limitadoras que, aunque están más allá de tu consciencia, siguen enviando ondas de oferta y atrayendo ondas-eco que encajan con esas cuestiones.

Por eso un gran porcentaje de las mujeres que tienen padres abusivos se casan de adultas con hombres que también lo son, y también por eso un gran porcentaje de las personas que reciben un subsidio estatal durante su infancia sigue recibiéndolo cuando son adultas. El motivo por el que el 90 por ciento de personas que pierden peso vuelve a recuperarlo en dos años no es que les guste más el sabor de los alimentos que a cualquier otra persona. Se debe a su programación, que no siempre es consciente. ¿Alguna vez le has preguntado a una persona con sobrepeso por qué se sentía siempre hambrienta e insaciable, y volvió a engordar después de haber perdido muchos kilos? «¿Por qué narices tienes que comerte todo el pastel?» Es posible que te respondiese: «No lo sé».

Y tiene razón; sinceramente no lo saben, porque sus necesidades subconscientes escapan a la consciencia, como aquel documento informático que se ha minimizado, pero que sigue abierto. Algunas personas piensan que la ignorancia es la felicidad. No. La ignorancia no es otra cosa que ignorancia.

Poco después de la temporada de béisbol de 1998, leí una entrevista que le hicieron a Mark McGwire, la estrella de aquel año seguido de Sammy Sosa. Recuerdo que Mark decía que se daba cuenta de que ya no tenía que practicar con la misma intensidad que antes, porque entendía que aquello era más un juego mental que físico. En esa misma entrevista, Sammy Sosa confesaba que durante todo el año pensó que Mark McGwire iba a ganarle. ¡Ahí va! ¿Lo has captado?

Después de leer lo que habían pensado los dos hombres, no pude imaginar cómo hubiera sido posible un resultado distinto. ¿Y tú?

Por eso te repito con insistencia que eludas todo aquello que te debilite, que te rodees de cosas que te fortalezcan, y que sigas actuando como has empezado a hacer: marcándote objetivos, haciendo cada día tus Seis Esenciales, visualizando, etc. Éstas son conductas positivas que te ayudarán a sacar la película del proyector, borrar esos documentos minimizados y cambiar tu vida.

Subraya lo positivo

¿Deseas positivamente, pero ordenas negativamente? Utilizando a tu Aladino (la Mente Consciente), puedes reprogramar tu Subconsciente sobre un fundamento coherente, repetitivo y comprometido. El proyector sólo puede proyectar lo que contenga la película, ni más ni menos. Esa película se filma basándose en las cosas que tú sueles pensar. ¿En qué te concentras más, en tus preocupaciones o en tus ventajas?

Cuando imagines lo que deseas, ten en cuenta que la mente no puede procesar un negativo, de modo que si te dices «No quiero estar arruinado», ¿en qué vas a pensar inmediatamente? Tuve una clienta que siempre estaba preocupada por perder su casa. Solía decirse: «Vale, deja ya de pensar en llevar todas tus pertenencias en bolsas de basura», y eso hacía que no pensara en otra cosa. Se estaba asustando hasta tal punto que padecía insomnio.

Saca tu cuaderno y anota cuál es tu máxima prioridad para hoy. Ya lo hemos hecho antes, pero esta vez es un recordatorio: quizá sea contratar a una persona que te ayude una vez a la semana. Quizá necesitas encontrar a aquel compañero de trabajo que te ayude a responsabilizarte más de tus objetivos en el gimnasio, o a lo mejor deseas reunir el valor para apuntarte a las clases nocturnas que te abrirán el camino a tu nueva profesión. Sea lo que sea, proyecta en tu mente una imagen clara del resultado de tu acción y anótalo en tu tarjeta de objetivos. Visualízalo y siéntelo al menos dos veces al día (por la mañana y por la noche) durante los momentos en que tu Subconsciente está más receptivo y abierto a la programación. Entonces actúa en consecuencia, a lo grande, con coraje, de forma inmediata y coherente. Cuando visualices, mira todo a través de tus propios ojos; convierte lo que ves en una película grande, luminosa, colorida, emocionante, sonora, en la que tú eres la estrella principal. ❶

Recuerda que debes conseguir tres de tres: tus pensamientos, sentimientos y actos deben funcionar en consonancia. Pensar sobre algo y visualizarlo no arrojará resultados, aunque los pensamientos sean el punto de partida. Los pensamientos dotan de dirección a tus sentimientos y actos.

Los pensamientos son un sistema de dirección, como el volante de un coche. ¿Recuerdas cuando eras pequeño y tu padre te dejaba sentarte al volante del vehículo familiar cuando estaba aparcado? Te lo pasabas en grande haciendo ruidos con la boca y girando el volante de un lado a otro. Pero no se movía. Para que aquello fuera real, hubieras tenido que darle al contacto.

Eso es lo que estás haciendo ahora. Tu motor es el dispositivo impulsor que llamaremos «sentimientos». Pero aunque éstos te ayudan a activarte, en realidad no llegas a ninguna parte. Aún tienes que meter una marcha y hacer que el coche se desplace. Una vez que los neumáticos giren, empieza la acción. Eso es ir a por tres de tres.

Por tanto, los pensamientos son el punto de partida y son esenciales, porque te colocan y te mantienen en el camino correcto, como el volante. Pero por sí solos son insuficientes.

Los mejores atletas de todas las modalidades deportivas entienden esto. Bruce Jenner admite que su victoria en el decatlón de 1976 fue el resultado directo de dos ejercicios de visualización que hizo dos veces al día, mañana y noche, durante cuatro años. Fueron esenciales. Entonces se puso en movimiento, entrenando más intensamente que los demás. ¡Tres de tres a toda máquina!

17

La energía en movimiento...
¡Emoción!

Sin emoción es imposible convertir la oscuridad en luz
y la apatía en movimiento.

CARL JUNG

La mente emocional

Para alcanzar la Armonía en la Riqueza, no sólo tienes que tomar
el control de tus pensamientos y creencias, sino también de tus emo-
ciones. Encauzar y dirigir tus emociones, en lugar de que sean ellas
las que te controlen, es esencial. Todos conocemos a personas dirigi-
das por sus emociones, y son como un jabalí adicto a los esteroides:
suben y bajan, suben y bajan. Las emociones forman parte de la
experiencia humana. ¿Hay momentos para sentir ira? Algunos. Eso
forma parte de la experiencia humana. Pero para enfadarse hay un
tiempo y un lugar, y no creo que sea cuando se está en la cola del
supermercado.

Como ya hemos visto, si deseamos ser unos grandes creado-
res en este mundo, tendremos que ponernos en movimiento.
Mientras vivamos en un cuerpo físico, eso es lo que nos toca.
La mayor parte del término *emoción* está formado por *moción*.
La emoción no es otra cosa que la energía en movimiento. Por
tanto, si quieres sentirte muy motivado y avanzar por la vida,

tendrás que acceder sabiamente a este componente emocional de tu mente.

Una vez participé en una entrevista radiofónica y el locutor me preguntó: «¿Cuál cree que es uno de los mayores obstáculos para que los hombres no consigan lo que quieren?» Le dije: «Que reprimen sus emociones». No es culpa suya, pero sí su responsabilidad. Tú eres responsable de esto. Yo tuve la fortuna de que mi padre siempre me decía: «Los hombres de verdad pueden llorar». Eso no es muy habitual. Quizás a ti te enseñaron a aguantar como un jabato. Si te caías de cabeza desde el tejado de tu casa, te decían: «¡Venga, eso no es nada!», o «¡No me seas nenaza!» A las mujeres también las han programado para reprimir su naturaleza, sobre todo en el mundo empresarial.

Es todo un reto encontrar la línea que separa el hecho de dirigir, controlar y suprimir nuestras emociones. A menos que tengamos el valor suficiente para expresar, sentir, admitir y apreciar nuestras emociones, éstas pueden bloquear y bloquearán nuestras energías. Todo lo que reprimamos se expresará.

Tiene sentido por qué hemos aprendido a reprimir nuestras emociones, pero todo lo que reprimamos lo tendremos que expresar más adelante y de formas más desagradables. El escritor Gregg Braden cita evidencias científicas que demuestran que las emociones negativas dejan en el organismo un poso de vibraciones negativas que dura seis horas. Mis amigos del Instituto HeartMath han demostrado que las emociones negativas expresadas de continuo tensan, literalmente, nuestro ADN, restringiendo nuestras capacidades espirituales y físicas. Las energías negativas y discapacitadoras que emites atraen energías universales que armonizan con esa energía oscura. ¡Buen trabajo! En resumen, cuando te haces la víctima o te enfadas con otra persona, ¿a quién estás perjudicando? Como el ejemplo que poníamos de las pesas, eres tú quien se da con la puerta en las narices.

Admite tus emociones

¿Quieres ser el dueño de tu poder? Entonces lo primero que debes hacer es admitir tus emociones. El primer paso consiste en apreciar que *tu experiencia en la vida no tiene nada que ver con los acontecimientos externos*. ¿Recuerdas a nuestros agentes inmobiliarios? En la vida nada tiene más importancia que la que *tú* le das.

¿Te parezco radical? Piensa en ello: ¿cómo atribuimos la importancia? En muchos casos nuestra cultura y la gente que nos rodea son los que nos enseñan lo que es importante y lo que no. La verdad es que todo es subjetivo. A algunos les enseñan que el cabello largo y rubio y los anillos de diamantes son sinónimos de belleza, y otras culturas creen que el pelo corto y rizado, los discos insertados en los labios y los lóbulos de las orejas dilatados son los estándares del atractivo físico. A algunos se les enseña que la muerte de una persona es una situación triste que requiere lamentarse, mientras que otros crecen sabiendo que es una reunión alegre con un poder superior.

Imagina que estás en el océano y eres mal nadador. Por detrás de ti se aproxima una enorme ola. ¿Qué es lo que piensas? ¿Piensas: «¡Qué ola más emocionante, qué divertido!»? ¡Qué va! Te entra el pánico. Ahora imagina que eres un surfista profesional y ves que se te acerca la misma ola. «¡Ostras, colega, qué pedazo de ola! ¡Cómo flipo!» ¿Es que la ola ha cambiado? Obviamente, la diferencia estriba en la importancia o el significado que le atribuimos. Como decía Hamlet: «No hay nada bueno o malo; es el pensamiento el que hace lo que es». Si quieres meterte de lleno en el entorno del siglo XXI, imagina a unos científicos cuánticos que abogan por la Interpretación de Copenhague, la idea de que la realidad objetiva no existe. Son algunas de las mejores mentes científicas del mundo, ¡y afirman que fuera de ti no existe nada que no provenga de tu interior! Lo que está dentro está fuera.

Un poco antes, en este capítulo, te animaba a que cambiaras tus creencias, de modo que pudieras darte cuenta de que sólo son reales en el grado en que les permites que lo sean. Lo mismo sucede con tus emociones. Puede que te parezca que estás a su merced, pero eso sólo se debe a que les permites que te dicten qué tiene sentido y qué no. ¿Alguna vez un amigo te ha dicho algo que suena muy mal, pero que a ti te ha parecido divertido porque te lo decía esa persona? Sin embargo, si un desconocido te dijera lo mismo, igual llegaríais a las manos. Nadie puede enfurecerte, eso lo haces tú solo. La Armonía en la Riqueza significa controlar y elegir tus emociones, o actuar en vez de limitarte a reaccionar. Por favor, recuerda que existe una diferencia entre elegir tus emociones y reprimirlas o meterlas bajo la alfombra; no estamos hablando de eso.

Si en esta vida las cosas sólo tienen la importancia que tú les confieres, entonces tu experiencia en la vida no tiene que ver con las circunstancias externas y todo que ver con las internas, y con el modo en que otorgas importancia a un suceso. Todo radica en el modo en que interpretamos las cosas. Éste es un grado más profundo de responsabilidad. El mero hecho de que seas responsable cuando algo que haces resulta equivocado o sale mal no quiere decir que *tú* seas malo o te equivoques, ¿no? Tú no eres lo que haces, sino mucho más que eso.

Lo que esto quiere decir es que ahora eres responsable de encontrar lo necesario para seguir adelante. Cuando echas la culpa a algo o a alguien, te encallas, y tus ruedas intelectuales y emocionales giran en el vacío, como unos neumáticos atrapados en el lodo.

La honestidad emocional

De lo que estoy hablando es de la honestidad emocional o del control emocional. La clave para controlar las emociones es la honestidad con uno mismo. Puede que ahora mismo eso te suene extraño. Si es así, empieza con las pequeñas cosas: para desayunar, ¿tomas lo que te apetece o toleras esos cereales que saben a cartón recalentado que te sirve tu mujer porque le resulta fácil prepararlos y, si te los comes, la pones contenta? ¿Has pospuesto buscar momentos para ti porque te enseñaron a no ser egoísta? ¿Qué mejor momento puede haber para dedicarte un tiempo? ¿Cuando no haya más remedio que estar postrado en la cama obligado a guardar reposo? No esperes que el destino controle tu vida. Si descubres que cuando los vecinos te preguntan cómo estás, les mientes, insufla un poco de honestidad en tu vida: «Hoy tengo un día difícil, gracias. Pero lo superaré». Es posible que la gente aprecie tu sinceridad, o no. Pero, por lo menos, les dará que pensar.

Existe una gran diferencia entre pintarse una sonrisa durante los momentos difíciles y trascenderlos. Es como la diferencia que hay entre llenar el depósito del coche con gasolina o pegar una carita sonriente sobre el indicador del depósito y seguir conduciendo con el mismo vacío.

La bomba de relojería

Una vez estaba desayunando con unos amigos después de haber vivido una situación especialmente difícil, cuando un escape de agua en el baño hizo que se me inundara toda la casa. Aquel mismo día, mientras esperaba al fontanero (que, cómo no, llegaba tarde), decidí salir lo antes posible a almorzar algo. Había recorrido cosa de media manzana cuando me di cuenta de que había pinchado. Uno de esos días... Me detuve y me pregunté: «Vale, ¿esto me sirve de algo?» La única respuesta que obtuve en aquel momento fue que me permitía ser consciente de lo mucho que había crecido en aquellos años. Hubo una serie de años en mi vida en los que estuve en el disparadero de los nervios. Si esas dificultades hubieran sucedido en aquella época, me hubiera subido por las paredes (tenía un ADN tan tenso que podría haberlo usado de martillo), y luego, al echar la vista atrás, me sentía arrepentido. Está claro que ninguna de esas emociones aportaba valor a mi vida.

Mis amigos no podían creerse que no me hubiera enfadado. Uno de ellos me preguntó: «Pero, James, ¿no crees que hay que airear las emociones? ¿No es perjudicial mantenerlas dentro?» Existe una gran diferencia entre la trascendencia y la represión. Por ejemplo, coge un par de calcetines y de ropa interior que hayas usado en el gimnasio, métetelos en una taquilla y vuelve al cabo de un año. ¿Crees que cuando abras la taquilla se habrán lavado solos? Más bien no: estarán mohosos.

Como sabes, toda voluntad reprimida se expresará en un momento posterior y de forma desagradable: es una bomba de relojería. La represión reduce nuestra esperanza de vida y almacena energía tóxica en nuestro cuerpo. Una de las maneras más rápidas de reducir el campo de vibración de nuestro cuerpo es reaccionar negativamente. Eso es lo que sucede cuando aireamos las emociones negativas (perdemos los nervios cuando alguien nos quita la plaza en el aparcamiento, cuando sentimos envidia del ascenso de un compañero de trabajo, o cosas así). Las vibraciones más elevadas que aportan los estados de amor, gratitud, aprecio, alegría, inspiración y entusiasmo garantizan una vida más larga y sana.

Por tanto, ni te tragues tus emociones ni las manifiestes como un volcán. Respira hondo y supéralas preguntándote: «¿Cómo me pueden servir?», «¿Qué me enseña esto?», «¿Cómo creceré gracias a esta experiencia?», «¿Cómo puedo usar esta circunstancia para beneficiarme en el futuro?» La física cuántica nos dice que cada electrón, que tiene carga negativa, debe tener un positrón correspondiente, dotado de carga positiva. Dicho en términos sencillos, eso quiere decir que si algo parece muy terrible debe tener una faceta tremendamente increíble. Tiene que existir: es una ley científica.

Recuerdo que mi padre me contó una historia sobre Glenn Turner, propietario de una empresa llamada Koscot, allá en la década de 1960. Un día, Glenn llegó a su casa y se encontró a su esposa llorando sentada en el suelo. «Han venido y se nos han llevado todos los muebles», le explicó, mirándole con los ojos arrasados en lágrimas. «¡Magnífico! —contestó su esposo—. ¡Ahora ya no tendremos que seguir pagándolos!»

No hace mucho, en una entrevista que le hicieron a Michael J. Fox, cuando le preguntaron cuáles eran sus sentimientos en relación con el papel que tiene en su vida la enfermedad de Parkinson, él contestó: «Es un regalo. ¡He aprendido y experimentado mucho, y he sido capaz de dar muchas cosas que antes no hubiera podido dar!» No tengo ni idea de si estos hombres comprenden la física o la Ley de la Polaridad, pero al menos en estas circunstancias manifestaron un gran entendimiento.

Según mi experiencia, liberar las emociones inconscientes y limitadoras equivale a administrar con más fuerza y productividad las situaciones de la vida en el momento en que se producen.

El juego interior

El hecho de que comprendas que tienes la capacidad de dominar tus emociones te otorga un tremendo poder para cambiar la calidad de tus experiencias, de tus resultados y de tu vida. Si en algún momento te sientes irritado o furioso, quiero que hagas una pausa y te formules una pregunta crucial: «¿Qué me dice sobre mi persona esta reacción emocional?» En otras palabras, «¿Qué tengo que creer para sentir esta emoción en esta situación determinada?» Recuerda que tú no controlas a los demás. Tú sólo te defines a ti mismo y a tu propia experiencia.

Determina lo que es importante para ti. La gente me dice, una y otra vez, que plantearse esta pregunta ha alterado por completo la calidad de su vida.

Buenas vibraciones

Muchos piensan que emoción y sentimiento son lo mismo, pero aunque es cierto que se encuentran estrechamente relacionados, no lo son. Los sentimientos son viscerales: tú sientes algo en tu cuerpo. Las emociones son las etiquetas que aplicas a tu experiencia interna (y lo que, en última instancia, pone en marcha tu cuerpo), pero los sentimientos son el índice de vibración que se crea mediante la *unión* de tus pensamientos y tus emociones.

Como hemos visto, tus sentimientos afectan a tus resultados porque tú primero piensas en algo y, luego, creas una emoción alrededor de ese pensamiento. Entonces los sentimientos (vibraciones) nacen en tu cuerpo y fusionan pensamiento y emoción.

Dentro de un universo compuesto de vibraciones, la energía sensorial emana de tu cuerpo literalmente como un conjunto de ondas, atrayendo las vibraciones semejantes del universo. Los sentimientos de duda y de inseguridad son un mecanismo de *biofeedback* que te indican el trabajo pendiente.

Dominar tus sentimientos y tus emociones te permitirá crear la vibración de aquello que deseas. Dado que la Ley de la Atracción nunca deja de funcionar, sé que ya entiendes la importancia que tiene dominar tus sentimientos para orientarlos hacia tu éxito global.

Tú eres quien de verdad elige la dirección que vas a seguir y quien toma la decisión de pagar el precio que conlleve hacerla realidad. La mayoría no está dispuesta a pagar el precio de ese objetivo, pero tú debes mantener una resolución inquebrantable.

Permite que el siguiente apartado sobre el optimismo te inspire. Conmigo lo hizo.

¿Feliz o infeliz? Sólo tú decides

¿Has perdido tu capacidad de maravillarte?

El psicólogo Martin Seligman, padrino del movimiento de la psicología positiva, ha realizado una profunda investigación sobre los optimistas y los pesimistas. Lo que descubrió es que el optimismo es algo que se puede aprender. Descubrió que los optimistas hablan continuamente de lo que son las cosas, no de lo que no son; de lo que está, en lugar de lo que falta. Los pesimistas hablan de qué no son las cosas. Ahora bien, nadie nace siendo pesimista. Los niños son optimistas. Quédate a la entrada de Disneyland un fin de semana cualquiera y habla con las familias cuando salen del parque. Los niños salen con el pelo pringado de algodón dulce. Pregúntales «¿Qué te ha parecido Disneyland?», y te espetarán: «¡Madre mía, ha sido genial! ¡Mickey y Goofy son los mejores!» Ahora habla con los padres que vienen detrás. «¿Qué les ha parecido Disneyland?» Y te dirán: «Las colas son demasiado largas. La comida es muy cara. Ese puñetero ratón me pone de los nervios».

Vale, entonces, ¿Disneyland es el sitio más alucinante del planeta o el más patético? Ambas cosas: todo depende del observador.

¿Cómo sucede esto? ¿Cómo pasamos de ser optimistas natos a ser unos pesimistas empedernidos? En algún punto del camino pasa algo que cambia esa actitud, pero lo que ha descubierto Seligman es que podemos aprender —o reaprender— a ser optimistas. Según su investigación, los optimistas rinden diez veces más que los pesimistas y, como veremos al hablar del Pilar Físico, tu dieta y el ejercicio tienen mucho que ver con cómo te sientas y, por consiguiente, con el punto de vista desde el que contemples la vida.

Reprogramar tu pensamiento («¿Qué tiene de positivo esta situación?») y formular la pregunta «¿Qué dice de mí mi reacción emocional?» pueden ayudarte a reciclar tu mente para ver el lado amable de la vida.

Tu propia bola de cristal: tu intuición

Reprogramar tus pensamientos y dominar tus emociones son elementos esenciales para manifestar una vida de Armonía en la Riqueza, pero seamos francos: aún habrá momentos en los que no estés seguro de estar pensando con claridad, y otros en que te verás atrapado por la resaca de tus emociones. Entonces, ¿cómo saber que estás avanzando en la dirección correcta? Hay una fuente infalible a la que consultar: tu intuición.

Cuando era un niño, había una vecinita que solía preguntarle de todo a su Bola Mágica 8,* imaginando que era su bola de cristal particular. ¿Alguna vez has deseado tener una bola de cristal? Pues eso es exactamente tu intuición: un pronosticador sin igual de tus fuerzas creativas.

Tu intuición es tu ángel de la guarda. Cuando estudiaba la antigua tradición huna en las islas de Hawái, aprendí sobre el Na'au que llevo albergado en mi vientre. El intelecto sólo comprende lo tangible, pero el Na'au percibe lo intangible.

Según los antiguos, tu Na'au nunca miente. Tu mente te confundirá montones de veces, porque tú te analizarás (o ana*liarás*) hasta el punto de perder la ocasión que se presente a tu puerta. ¿Alguna vez has racionalizado tanto que te has quedado sin un estupendo empleo nuevo o sin una relación sentimental prometedora? Que si esto, que si lo otro... Todos lo hemos hecho.

El tipo de técnicas de meditación que abordaremos en el último pilar te ayudarán; no son de ese tipo que te invita a contemplarte el ombligo, sino del que te induce a dormir sin dormir. La idea básica es conocerse a uno mismo.

Cuando comiences a prestar atención a esa voz interior, empezarás a agudizar tu intuición. Ésta adquirirá una mayor claridad.

---

* Se trata de una esfera de plástico, que representa la bola negra del billar. Cuando se la agita, el líquido que contiene se mueve y deja ver aleatoriamente una ventanita que contiene un mensaje del tipo «Sí», «No», «Espera un poco», etc. *(N. del T.)*

Aprenderás a distinguir entre el miedo, una aventura que te haga crecer y algo de lo que realmente debes mantenerte apartado. Una buena oportunidad se te presentará como algo expansivo, emocionante, como si se te iluminara el cerebro. Empieza prestando atención a esa diminuta vocecita que llevas dentro. Muchos de mis alumnos me preguntan: «¿Cómo se puede desarrollar?» Lo único que puedo decirte es que prestes atención, escuches y actúes.

Hace muchos años empecé a practicar esta técnica con las pequeñas cosas: por ejemplo, cuando volvía a casa en coche desde el gimnasio, si sentía el impulso de elegir una ruta distinta, lo hacía. ¿Evitaba así un accidente? ¿Quién sabe? Pero yo seguía mis intuiciones, y muchas veces las cosas salían muy bien: a veces conocía a alguien nuevo, veía un folleto de un seminario interesante, descubría un buen libro en un escaparate... Empecé a considerar esa voz como mi yo superior, el genio que me hablaba. Cuando seguía ese impulso y resultaba ser una decisión poco acertada, entendía que había seguido una respuesta emocional pensando que era mi intuición. Documentaba en mi diario sin cesar las leves diferencias que iba descubriendo. ¿Y tú qué haces?, ¿sigues tu intuición? Espero de verdad que sí. Con la práctica, empecé a ser capaz de hacer una crónica de mis respuestas fisiológicas, mis imágenes y visiones interiores, entendiéndolas, asimilando esas vibraciones fijas en lo más hondo de mi ser. Pronto supe distinguir claramente entre ambas cosas. Ahora entiendo por qué algunas personas llaman a la intuición «la segunda visión»; es la diferencia entre ver con los ojos y ver a través de ellos. Ver con los ojos es un acto fisiológico. Pero cuando ves a través de ellos, desarrollas ese tipo de visión interna que puede crear la realidad externa que deseas.

Hace falta tiempo para desarrollar la intuición, pero cuando se consigue, es para siempre. Por ejemplo, durante los últimos años he tenido un gran éxito en el mercado inmobiliario, que es un campo que nunca he estudiado. Me limito a ir a un sitio y escuchar mis corazonadas. Cuando el sitio vale la pena, lo sé, y cuando no, también, y además lo sé enseguida, independientemente de lo que digan los números.

Resulta difícil describir una sensación, y todos somos diferentes, pero los sentimientos son vibraciones, de modo que puedes experimentarlas con tu cuerpo. He oído a alguien describirlos como un tirón, una vocecita o un refuerzo visual. Aprende a conocer las señales que te envía tu intuición.

Cuando realmente se sintoniza con ella y se le hace caso, empiezas a escucharla y, cuando te dice que avances, avanzas, aunque parezca ilógico hacerlo; la mayoría de las veces lo es. Verás, la lógica forma parte de tu mente consciente y de tu intelecto. La intuición es tu yo superior, tu llamado de futuro, que te desafía a que te conviertas en lo que estás destinado a ser.

Seguir tu intuición conlleva tomar la emoción (energía en movimiento) y poner el cuerpo en marcha. Las emociones inducen al cuerpo a actuar, lo cual es esencial porque, una vez más, al universo le encanta la velocidad. Como afirma una de las enseñanzas ancestrales de las escuelas místicas: lo que decidas hacer, hazlo rápido. No dejes para mañana lo que puedas hacer hoy.

¿Qué debes hacer hoy? Clarifica tu intención y tu dirección, y avanza con valentía. ¿De quién es el futuro? ¡Ah, sí, *de los valientes*!

Pilar IV.
Físico

CREA RIQUEZA EN TODAS LAS ÁREAS DE TU VIDA: ECONÓMICO, RELACIONAL, MENTAL, FÍSICO Y ESPIRITUAL

Tus resultados en el mundo físico son el reflejo exacto de tus esfuerzos y de tu atención. Puedes ocultar tus cuestiones mentales y emocionales, al menos durante un tiempo. Puedes ampliar el límite de tus tarjetas de crédito y actuar como un millonario cuando no tengas un céntimo, e incluso puedes fingir una espiritualidad desbordante, diciendo las cosas correctas en el momento adecuado y meditando o yendo cada dos por tres a la iglesia. Pero cuando tus hábitos no funcionan, los perjuicios se evidencian sobre todo en el Pilar Físico. En el mismo instante en que entras en una habitación, la gente que hay en ella puede averiguar cuáles son tus hábitos y qué piensas de ti mismo.

El Pilar Físico abarca todo lo tangible, el mundo físico y también el cuerpo. Comenzaremos centrándonos en tu entorno físico —el puerto en el que *tú* resides— y luego abordaremos el cuerpo físico, porque cuando se carece de buena salud y de realización personal, no se puede disfrutar de ninguna de las riquezas de este mundo. Este pilar te inspirará a cuidar de ti mismo. Presta atención, trátate con cariño y sigue adelante. Tienes mucho que aprender y mucho que dar. ¿Qué mejor área de la vida donde ser paciente y reflexivo que la del precioso cuerpo del que disfrutas como ser humano?

18

Al universo le gusta el orden

La calidad no es un acto, sino un hábito.

ARISTÓTELES

Pon tu casa en orden

¿Alguna vez te has dado cuenta de que las tribus africanas, indias y mongoles llevan a menudo tejidos y joyas hermosas? Parece que, incluso en medio de la pobreza, el ser humano se siente movido por su instinto a enriquecer algún aspecto de su vida. Ya sea por medio de la música, los relatos, los rituales, las ceremonias o el adorno físico, deseamos expresar externamente la riqueza que sentimos en nuestro interior. Dentro de las tradiciones chamánicas, las tribus indígenas se rodean de objetos que representan la riqueza para su cultura, para recordarse constantemente lo que optan por crear, lo que pretenden hacer. Penden del techo mazorcas de maíz, y en las paredes de sus moradas cuelgan pieles de animales, trajes ceremoniales e imágenes visuales, que les ayudan a concentrarse en todo lo bueno y abundante de su mundo.

El crecimiento aporta riqueza.

A medida que creces, tu capacidad de recibir más se va ampliando también. La forma más importante de acelerar el proceso inevitable de crecimiento consiste en elevar tus vibraciones. La mejor manera de hacerlo es sumergiéndote en las cosas que te dan poder y fuerza y, por el contrario, eludiendo todo aquello que te debilite. La fuerza de voluntad viene y va, pero nuestro entorno es permanente. Por eso es esencial que te rodees de activadores que capten tu atención y la mantengan concentrada en la dirección adecuada.

Empecemos echando un vistazo a tu entorno. Pregúntate: «¿De qué me estoy rodeando?» ❶

Una vez, un cliente se me quejaba de que su esposa siempre estaba intentando «no ser menos que el vecino».

—Cada vez que esperamos invitados —me decía—, corre de un lado a otro de la casa intentando ver lo que «ellos» ven. Como un detective, de repente descubre que en nuestra casa todo está mal: hay manchas en la alfombra, agujeros en el sofá, plantas muertas en el patio. Se vuelve superficial y materialista, y quiere que lo arreglemos todo en ese instante, por lo que acabamos discutiendo.

—Agradezca que su esposa tenga esa actitud —le dije.

—¿Qué? —saltó él con los ojos desorbitados. Mi respuesta no era la que esperaba de un maestro espiritual. Aún no comprendía que un entorno hermoso, organizado y funcional pone los cimientos para el crecimiento, para atraer a nuestra vida lo que deseamos. Aunque impresionar a los demás puede que no sea el mejor de los motivos, el proceso de mejorar el entorno sí es sabio.

Adornar tu entorno puede llevar tiempo, pero puedes y debes comprometerte a organizarlo inmediatamente. Soy un gran abogado del orden. Al universo le encanta el orden. Un mundo externo caótico es un reflejo de un mundo interior que también lo es. Teniendo en cuenta la cantidad de dinero que te mereces por hora, ¿crees que tienes tiempo suficiente para desperdiciarlo viviendo en medio del caos? A pesar del hecho de que la mayoría de estadounidenses dice que vivirían más satisfechos si fuesen más ordenados, la National Association of Professional Organizers informa de que pasamos cincuenta y cinco minutos diarios buscando cosas que tenemos, pero que no sabemos dónde están. ¿Holaaa? Eso son casi dos semanas al año. Basándonos en nuestro ejemplo anterior, eso te cuesta por lo menos dieciséis mil dólares. Parece imposible,

¿no? Bueno, aunque sólo gastes la mitad de ese tiempo buscando cosas, sigue siendo una semana entera, amigo mío. ¿Cómo puedes esperar que el universo te conceda tus objetivos si estás ocupado buscando las llaves del coche y la factura del ayuntamiento que ya deberías haber pagado? Prepara tu espacio para recibir todo lo bueno que quieres y que mereces. Haz sitio para que tus objetivos, intenciones y tu propósito superior te encuentren.

Si aún piensas que el mundo espiritual y el físico son cosas distintas, ¿no sería *ahora* un buen momento para ampliar tus miras?

El reconocimiento es la primera ley de la transformación

Recuerda que todo es energía. Todo, desde la ropa que llevas hasta los objetos de decoración de tu casa o el estado de tu coche; todo es energía que vibra y que constantemente te afecta, llevándote adelante o atrás. Por tanto, sal de ti mismo y contempla con una mirada nueva todo lo que has creado. No te juzgues: limítate a tener esta poderosa experiencia.

Resulta fácil encallarse en el camino hacia la expansión, y por eso recomiendo tanto viajar. ¿Alguna vez has tenido la experiencia de alojarte en un buen hotel o visitar la hermosa casa de un amigo, para luego volver a casa y darte cuenta de que te has quedado corto? Quizá lo único que hizo tu viaje fue inspirarte a alquilar una vaporeta y plantar nuevas flores en el jardín, pero el mero hecho de dar esos pasos te cambió por dentro, ¿a que sí? Te hizo cambiar de marcha y te inspiró para explorar otras áreas en las que también podrías hacer limpieza, organizar, hermosear y crecer. Después, cada vez que te fijabas en la alfombra limpia o veías las mariposas revoloteando en el jardín, sonreías por dentro, sabiendo que tú habías sido el autor de esa belleza.

Pero ¿qué sucede si el hecho de visitar una casa más agradable que la tuya te deprime en vez de inspirarte? El que te deprimas indica que no crees que puedas tener una casa más hermosa, lo cual a su vez significa que tienes problemas para creer en ti mismo. Al hacer el trabajo y leer este libro, estás empezando a cambiar esa actitud. Por tanto, sé consciente de que el reconocimiento es la primera ley de la transformación, y que tú puedes cambiar. Cuando admitas tu necesidad de crecer —y ya lo estás haciendo, ¿no?—, empezarás a vibrar con una frecuencia más alta. Mantenla, sigue aumentándola, y los resultados vendrán solos. ¿Y qué pasa si sientes envidia? Eso te dice que estás listo para ponerte en marcha. Cuando te des cuenta de que el suministro es inagotable, nunca volverás a sentir envidia. Hasta ese momento, aprovecha lo que tienes.

No me cansaré de insistir: actualiza tu entorno. Repara lo que está roto, reemplaza lo que falta, líbrate de lo que está sucio o gastado. Haz de tu entorno un recordatorio constante de adónde vas, no de dónde te encuentras o de dónde has estado. Organiza una fiesta, haz un viaje y vuelve con una visión nueva; lo que sea para que puedas dar una vuelta por tu casa con el punto de vista de alguien que la visita por primera vez. Mírala con nuevos ojos: ¿qué ves? ¿Es un recordatorio constante y un refuerzo de tus verdaderos valores y deseos o de las cosas que ya se te quedaron pequeñas hace tiempo?

¿La televisión insufla constantemente violencia y carestía en tu espacio energético? ¿La decoración de tu casa consiste en antiguos pósteres (propios de un dormitorio de universitario) colgados con chinchetas? ¿Cada vez que te sientas en el sofá, se te clavan los muelles en las posaderas? Por muy grande que sea la pantalla del televisor, si la miras sentado en un sillón barato y desvencijado nunca te hará sentirte abundante.

Sé sincero contigo mismo: ¿tu entorno respalda y refuerza el estilo de vida que eliges conscientemente? Si la respuesta es no, entonces hay muchas probabilidades de que lo estés teniendo difícil para mantenerte en el índice de vibración correcto para crear y atraer la verdadera riqueza.

La calidad antes que la cantidad... siempre

Puede que me digas: «James, ¿cómo puedo conseguir muebles, prendas de vestir y un entorno bonitos si no tengo el dinero para adquirirlos?» Bueno, antes que nada comprométete a que si tienes que elegir entre diez complementos baratos o uno de gran calibre, te quedarás con este último. ¿Diez fotos de Elvis o un cuadro que conmueva tu espíritu y te haga sentirte rico? De nuevo, elige lo caro.

En un momento temprano de mi vida tomé la decisión de que, cuando tuviera que comprar algo, compraría lo mejor. Obviamente, lo mejor es relativo al punto en que te encuentres tú ahora mismo, pero eso tampoco es una excusa para contenerse.

Si aun así piensas que no puedes permitirte algo, quizás es que no estás pensando con la suficiente creatividad, o tal vez no te apetece hacer el esfuerzo. ¿Es posible que tu ego o la pereza sean un obstáculo? ¿Que no puedes comprarte la mesa que quieres? Coge un retal bonito o incluso un chal y colócalo a modo de mantel sobre tu mesa vieja recién restaurada. Toma algo prestado. Sé creativo. Siempre hay maneras de mejorar. En este caso, el objetivo consiste en añadir más belleza e inspiración a lo que te rodea, pensar siempre con abundancia, y no dejar de recordarte que vives en medio de recursos creativos ilimitados.

El valor económico de un objeto no es tan importante como la sensación de abundancia que genera. Cuando voy a la mejor tienda y compro una unidad en vez de diez menos caras, me siento bien. Pero si realmente te sientes bien adquiriendo la ropa de segunda mano de una millonaria que venden en el Ejército de Salvación, no te prives. Recuerda que el objetivo es hacer lo que te fortalece. Punto.

Decidí que si era necesario ser paciente para conseguir algo más caro en vez de un objeto más barato que pudiera comprar enseguida, me volvería más paciente. Esta estrategia me ha funcionado bien, y te animo a que seas más paciente, incluso cuando vayas de tiendas en busca de tesoros rebajados. Ser una persona impaciente, «ahora», es un gran obstáculo para crear la riqueza económica. Decide convertirte en una persona «después», una persona paciente, si es que aún no lo has hecho.

Descubre qué es lo que mejor te funciona

Acabo de decirte que hagas una serie de cosas ahora y otra serie de cosas más tarde. ¿Confundido? Resumiendo: arregla y limpia tu entorno en cuanto puedas, para que todo lo que haya en tu mundo vibre con la frecuencia más elevada posible, pues ello hará que *tú* vibres con esa misma frecuencia. Luego ten paciencia para conseguir cosas nuevas. Estoy a punto de mostrarte cómo descubrir tus objetivos físicos rápidamente, de modo que, mientras sigas estando vigilante y te comprometas con el embellecimiento de tu entorno, los cambios llegarán bien pronto.

Por ejemplo, a lo mejor te apetece reflexionar sobre los enfoques «ahora», «después» y «mucho después». Cuando estés sopesando la compra de un objeto, pregúntate cómo va a hacer sentirte en ese mismo momento. Luego plantéate cómo te hará sentir durante la vida del objeto. Si te compras un coche caro que te hace sentir emocionado en los primeros momentos, pero que al cabo de sólo un par de meses hace que te preocupes por las letras, no es buen negocio. Si, por otro lado, compras una prenda de ropa cara que te hace sentir estupendo cada vez que te la pones, durante años y años y en distintas circunstancias sociales, ¡eso sí que es un acierto! Por tanto, examina tus objetivos económicos y pregúntate: «¿Comprar esto me ayudará o me perjudicará? ¿Contribuirá a la consecución de mis fines, por ejemplo, haciéndome tener mejor aspecto en las reuniones o haciéndome sentir más exitoso, o me perjudicará porque tendría que haberme gastado esos mil dólares en un seminario al que necesito asistir o en un equipo nuevo que aumente mis resultados?» La gente tiende a comprar por motivos emocionales (¡gracias, Madison Avenue!), y luego justifica sus compras recurriendo a motivos intelectuales. Ten claro cómo tus gastos contribuyen a tus objetivos a largo plazo.

Ah, y por cierto: una de las cosas que aprendí muy pronto es que todos y cada uno de los dólares que invierto en mis propias capacidades y desarrollo siguiendo una pauta muy conservadora me proporciona *miles* de dólares como dividendos.

19
Cuida de tu templo

Mantener la buena salud del cuerpo es un deber [...].
Si no lo hacemos, no podremos mantener una mente fuerte y clara.

BUDA

Haz balance

Por lo que respecta a mi cuerpo, he pasado por todo tipo de experiencias: de niño era debilucho y delgado; de joven fui culturista; casi hice polvo mi cuerpo en un accidente grave de moto; esperé veintiséis años a tener relaciones sexuales porque pensaba que era pecado; pasé por todas las dietas extrañas que puedas imaginar. Incluso probé a hacer footing. *Una vez. He llevado mi cuerpo a extremos, y he vivido para contarlo. Tener mi cuerpo en mente, por así decirlo, durante tantos años me ha ayudado a detectar una serie de pautas que harán que el camino que tú sigas en este campo sea más armónico que el mío; eso ni lo dudes.*

Cuando hablamos del Pilar Económico, cubrimos muchos de los aspectos tangibles de la vida. Como vimos, lo que tú quieres en realidad no es dinero, sino lo que piensas que te proporcionará el dinero, ¿cierto? Por tanto, después de un breve ejercicio, vamos a invertir la mayoría de nuestro tiempo hablando de tu cuerpo físico, ese vehículo que, cuando está en armonía, te permite disfrutar de todos los dones de este mundo. Hablaremos de lo más básico y habitual —qué comer, cómo entrenarse—, pero también de muchas cosas que probablemente no asociarías con la forma física: intuir la sabiduría de tu cuerpo, reestructurar su lenguaje, usar el poder de la respiración, la curación sexual, y mucho más.

Si has ido realizando el trabajo que te he indicado en los pilares anteriores, cada vez serás más consciente de qué debes hacer para crear resultados físicos en tu mundo y serás más efectivo en ello. Es tan sólo una manera de practicar lo que ya sabías: ve a conseguir un tres de tres.

Si todavía no lo has hecho, escribe una lista concreta y mensurable de lo que quieres obtener en el entorno físico, excluyendo tu cuerpo físico, porque eso lo haremos al final de este capítulo. (Y si ya la habías hecho, vuelve a escribirla de nuevo.) Estoy hablando de una casa con vistas al mar, de mil quinientos lujosos metros cuadrados; un coche eléctrico Tesla de cien mil dólares; crear una fundación que ayude a niños; comprarle a tu madre una casa para las vacaciones; un segundo viaje de luna de miel a Bali; un precioso despacho en la esquina del edificio donde trabajas; una nueva cocina, un baño nuevo o un vestidor… Anota todo aquello en lo que sueñas.

Ahora piensa: si pudieras tener una sola de estas cosas, ¿qué elegirías? Sé que las quieres todas, pero esto es lo que he descubierto: si eliges aquella que debes tener ineludiblemente antes de morir, conseguirás alcanzar muchas de las metas secundarias en el proceso de llegar a la más importante.

Ama tu cuerpo

Vamos a hacer trizas cualquier engaño que te diga que no es espiritual desear un cuerpo sano y en forma. Tu cuerpo es el vehículo mediante el cual la Consciencia Cósmica ha elegido materializarse, crecer y evolucionar, de modo que limitar su fuerza física, su salud o su belleza no te ayuda en ningún sentido. Ocultarte tras un cuerpo que no te gusta es una forma de escaquearse. Es cierto que muchas personas espirituales piensan que cuidar mucho la forma física no es una meta espiritual digna, pero eso forma parte de un desfasado argumento que identifica la espiritualidad con la pobreza y con el mundo inmaterial. Tú y yo sabemos que eso es un absurdo.

Una vez dicho esto, existe una diferencia entre sentir amor *por* tu cuerpo y estar enamorado *de* él. ¿Lo has entendido? Vivimos en una sociedad que, por lo general, está enamorada de la forma física, y muchos de nosotros llegamos a sacrificar nuestra salud para tener buen aspecto y para sentirnos bien en el momento presente. Adoramos el ejercicio físico, que es algo externo, a menudo en detrimento de nuestra verdadera salud, que es interna. ¿Qué lógica tiene esto? Por favor, recuerda este axioma: lo primero es la salud, y luego viene la forma física. Sí, deberías sentir amor *por* tu cuerpo, porque es el único vehículo que tienes para recorrer el camino hasta el fin de tus días. Por tanto, cuida de él. Pero ten en cuenta que tu cuerpo no eres tú. Yo aprendí esta poderosa lección de la forma más difícil imaginable.

Un millón de piezas

Yo era el típico niño con gafas de culo de botella y dientes de conejo del que se reía todo el mundo. ¿Te acuerdas de los chistes? «Cuatro ojos», «Bugs Bunny», «Tan delgaducho que en la ducha tienes que saltar de un lado a otro para mojarte»...; los escuché todos y no les encontraba la gracia. Para empeorar las cosas, era un negado para los deportes. Me encerré en mi interior para eludir el dolor.

Como sabía que nunca ligaría siendo un empollón (o al menos sintiéndome como tal), de alguna manera acabé en el gimnasio y descubrí con bastante rapidez que, después de todo, ¡en aquellos brazos como palillos había músculo! ¿Quién lo iba a decir? Digamos que me convertí en adicto al entrenamiento. Cuanto más se desarrollaba mi cuerpo, más adicto me volvía a levantar pesas cada vez más grandes, sin tener ni idea de que si llevamos a un extremo algo positivo puede volverse perjudicial. Lo único que sabía era que convertirme en un culturista de competición parecía la respuesta a todos mis problemas.

Pero obtener la atención de la chicas por primera vez en mi vida no aplacó mi sensación de ser un perdedor, un impostor. Como mucho, me puso más nervioso (los flirteos de una entrenadora, una exuberante morenaza, activaron el sistema de pánico de mi mecanismo cibernético). Mi cuerpo había crecido y se había fortalecido, pero sin embargo en mi mente seguía siendo aquel canijo que se sentaba solo en la cafetería, aterrado de su propia sombra.

Me compré una moto nueva, pensando que someter a mi control aquella tremenda potencia, disfrutando de toda la libertad física que me proporcionaría, haría el milagro por fin de metamorfosearme en un genuino semental. Lo único que recuerdo de mi primera vuelta en moto es la imagen de un par de faros que venían de cara. Luego me desperté en la unidad de emergencias. La sensación de poder haber desaparecido quedó suplantada por un dolor abrumador.

Oficialmente, me había convertido en parte de la estadística, una de las diez mil personas que cada año resultan heridas o mueren en un accidente de moto. ¡Por favor! ¿Es que no iba a tener un respiro?

Después de pasar seis semanas en la unidad de vigilancia intensiva con el antebrazo izquierdo roto, dos hernias discales y dos rótulas fracturadas, había perdido todos y cada uno de los kilos de músculo que tanto me había costado ganar en el gimnasio. Era como si todas aquellas horas inacabables de concentración y compromiso no hubieran existido. Me sentía maldito, condenado a seguir siendo pequeño e insignificante.

Mis médicos me dijeron que ya no volvería a ser capaz de levantar mucho peso, de modo que caí en la depresión más profunda imaginable. Si no creías que yo sabía en qué consiste perderse en lo más hondo del sofá, creyendo que la tele no es sólo el mundo real, sino también tu mejor amigo, ahora entenderás de dónde he sacado algunas de mis conclusiones.

Sin embargo, una mañana me di cuenta de que el accidente no se había llevado mi *yo*, al menos no mi yo real. Seguía teniendo los mismos valores, sueños y objetivos. Aún tenía el mismo corazón. El mero hecho de que hubiera recuperado mi peso normal no significaba que mis padres o mis hermanos me quisieran menos. De hecho, a menos que me mirase en el espejo, era exactamente el mismo de siempre. Por tanto, quizás era el momento de aprender a querer a aquel tipo, ¿no? No veía por qué no.

Darme cuenta de que yo no era mi cuerpo me emocionó. Nunca más permitiría que el mundo exterior definiera mi éxito o mi fracaso. Encontraría mi salud y mi armonía internas, y construiría sobre ellas. ¡Menudo don!

Apagué el televisor, seguí leyendo con un entusiasmo renovado y cambié mi forma de pensar. Cuando cambiaron mis pensamientos, también se alteró mi vida. Volví al gimnasio, no sólo para demostrar que los médicos se equivocaban (como así era), sino para concederme la mejor oportunidad posible de respaldar todas esas esperanzas y sueños.

Cuando el universo llama a tu puerta

Tú naciste en la grandeza, pero te condicionaron para ser mediocre. A veces hace falta que el universo nos envíe una señal para liberarnos de los malos hábitos que nos impiden tratar nuestro cuerpo como el medio digno que es.

¿Empiezas a tener pequeños indicios? Sí. Las tradiciones esotéricas mantienen que existen siete niveles de advertencia. Ignora el primer susurro de aviso y pronto escucharás otro más fuerte, y luego otro incluso más. Mi maestro hawaiano me dijo hace muchos años: «James, por primera vez en tu vida debes prestar atención. Hasta que no la prestes, pagarás con dolor». Tenía razón: ahora yo llevaba en mi cuerpo las cicatrices que lo demostraban.

Digamos, por ejemplo, que tú ignoras por completo tu Pilar Físico. Cuando llegues al séptimo nivel, llegará una señal, la primera. Es probable que esta señal sea discreta, quizás un sueño. O, por algún extraño motivo, tendrás la sensación de que la cintura de tu pantalón ha encogido un poco. «Mmmm, los de la limpieza en seco deben haber hecho algo diferente.» Si prestas atención, asume tu responsabilidad y ponte a solventar el problema, y el aviso cesará. Si no es así, pasarás al sexto círculo, y el aviso será un poco más intenso. Luego vendrán el quinto, el cuarto, el tercero, el segundo y... ¡buum! ¡Ataque cardiaco! ¡Cáncer! Sea cual sea el nivel de advertencia, si prestas atención y actúas, el aviso cesa. El universo dice: «Vale, lo ha entendido», y te deja tranquilo.

No se trata de que haya un Dios o un universo vengativo que te da bofetadas y te castiga. Es un universo cariñoso que dice: «¿Hola? ¿Hola? ¿Vas a despertar o no?»

Muchos de nosotros nos enfurecemos o frustramos cuando obtenemos algo menos que resultados agradables, pero, en realidad, eso es contraproducente. Tus resultados en el mundo físico son un reflejo exacto de aquello en lo que has concentrado tu atención; tú los creaste. Demos gracias a Dios de que haya un universo amoroso que dice: «¡Eh, oye! Vuelves a estar arruinado. ¿Vas a arreglarlo? Por favor, presta atención para que podamos solucionar este asunto y todo termine. Si no prestas atención, te quiero tanto que voy a amplificar el aviso, intensificándolo, porque de verdad, ¡de verdad, quiero que despiertes!»

Jan huyó de un marido infiel que le mentía y le robaba su dinero. Con el corazón roto, se metió en una aventura con un hombre casado. Esto no encajaba con sus creencias y valores —eso era evidente, porque ¿acaso a ella no le había hecho lo mismo su marido?—, pero Jan justificó el asunto diciéndose que «el corazón no pide permiso para enamorarse» y «él no es feliz con su esposa».

Además, según Jan, «empezaron a pasar cosas espeluznantes». Primero tuvo un pequeño accidente en el aparcamiento del supermercado, donde se abolló el parachoques del coche. Una semana más tarde el vehículo patinó en el hielo en la calle sin salida donde vivía y chocó con un poste telefónico. Alarmante, sí, pero lo que pasó tres semanas después hizo que le entrase el pánico. Cuando iba conduciendo por la autopista, el conductor que la precedía pisó de repente el freno al encontrarse en la calzada un trozo metálico de la mediana y ella impactó con su vehículo a sesenta y cinco kilómetros por hora. Un latigazo cervical, la parte delantera del coche casi para el desguace y una denuncia le indujeron a analizar qué no iba bien en su vida, y el error más evidente era su relación con el hombre casado. Sintió como si el universo le hubiera estado advirtiendo que redujera y detuviera la conducta alocada que la impulsaba, pero ella no había hecho caso.

¿Cuántas veces dejamos que las cosas sigan como están sin darnos cuenta? Introducimos un cambio cuando ya es demasiado tarde o después de que haya pasado algo que nos hace que abramos los ojos abruptamente. Muchas personas empiezan a cuidar su salud sólo después de padecer un ataque cardiaco. Muchas personas empiezan a interesarse por su matrimonio después de que su cónyuge amenaza con divorciarse. No tiene por qué ser así. Las personas realmente ricas y exitosas observan todas las áreas clave de su vida y las mantienen en armonía.

Déjame que te pregunte algo: «¿Vas a esperar a que el universo te haga una llamada de atención? ¿O vas a empezar a ocuparte de tu Pilar Físico ahora mismo?

Ocúpate de tu magnífico cuerpo

He estudiado muchas tradiciones espirituales, y todas ellas nos dicen que debemos dominar el cuerpo. ¿Cómo esperas canalizar y dirigir las energías universales si no logras controlar tu apetito? No puedes hacerlo ni lo harás. ¿Cómo crees que podrás dirigir y utilizar las energías universales si no eres capaz de dominar tus impulsos sexuales? Es imposible que lo consigas. Todo forma parte del cuerpo. El dominio físico es el elemento más básico de una vida integrada y armoniosa, y si no dominas lo básico nunca te licenciarás de los cursos superiores.

Oh, claro, es posible que te olvides durante un tiempo de tu cuerpo y, aun así, mantengas una estupenda relación sentimental, ganes mucho dinero o tengas una experiencia espiritual impresionante. Sin embargo, tú y yo sabemos que, a la larga, no prestar atención al Pilar Físico va a propinarte un mordisco en el trasero. Tú eres un ser espiritual que tiene una experiencia física, por supuesto; pero si eres uno de esos que pretende pasarse el día comiendo pasteles y luego ir a machacarse al gimnasio y a meditar sin tener en cuenta el asunto del Pilar Físico, argumentando que todo es temporal y que a fin de cuentas nadie conserva el cuerpo para siempre... ¡Caray! ¡Pues sí que necesitas este pilar!

Hay diversas tradiciones religiosas que definen nuestro físico como «cuerpo humano magnífico» o «templo». Dudo que quieras pasearte por los templos más hermosos del mundo llevando en la mano una hamburguesa con queso grasienta y un batido en la otra. Sin embargo, ¿qué estás metiendo en tu templo? ¿Lo tratas de modo que te lleve con facilidad y elegancia a través de una vida larga y plena? ¿O lo llenas de basura para satisfacer tus deseos a corto plazo? Si deseas tratarte como el objeto precioso que eres, tienes que verte como tal.

Así que te pregunto: ¿sabes lo valioso que eres?

¿Te han condicionado para pensar que eres perezoso, que te falta atractivo o, como decía un cliente, que «malgastas espacio»? ¡Qué lamentable! Pero, como dije antes, eso es historia, y puedes cambiarlo. Quizá te encuentres en el otro extremo: piensas que eres espectacular, estás todo lo orgulloso posible de haber llegado donde estás, y sin embargo sigues sin tratar a tu cuerpo con el respeto que sabes que se merece.

Por favor, entiende que no estoy hablando del atractivo físico que Hollywood nos ha condicionado para que adoremos. Todos no podemos tener los abdominales de Matthew McConaughey o el cuerpo de Giselle Bundchen. Sin embargo, tú puedes estar sano, ser fuerte y sentirte bien con lo que te haya concedido el Creador.

Quiero que te distancies de ti mismo durante un minuto y pienses en un caballo llamado *Northern Dancer*, que en 1964 ganó el Kentucky Derby. Más tarde ese magnífico animal se convirtió en el semental purasangre más exitoso de los últimos trescientos años, y uno de sus descendientes, un potro al que luego llamarían *Snaafi Dancer*, se vendió en una subasta por la cantidad de diez millones doscientos mil dólares.

Imagina que hubieras sido tú quien aquel día pujó contra el jeque Maktoum de Dubái y que hubieras sido tú, y no él, quien hubiera vuelto a casa con el potro, ¿qué le hubieras dado de comer al purasangre nada más llegar? ¿Sabroso forraje orgánico, vitaminas y agua clara y fresca, o una bolsa grande de patatas fritas, una tableta de chocolate y un refresco tamaño XXL?

La pregunta es ridícula, ¿no es cierto? Nadie en su sano juicio le daría a un animal, y mucho menos a un campeón, una dieta a base de comida basura. Pero asumamos por un segundo que lo hicieras. ¿Sería de extrañar que el caballo dejara de hacer aquellos tiempos tan espectaculares en la pista? ¡Claro que no!

Pero tú no vales diez millones de dólares, ¿no? En realidad, vales mucho más. De hecho, vales incluso más que tu peso en oro. En 2003, la revista *Wired* consultó con hospitales y agencias de seguros para hacer el cálculo del precio que podría tener el cuerpo humano. Resulta que vales en torno a ¡los cuarenta y cinco millones de dólares! Por ejemplo, tu médula ósea vale unos veintitrés millones, y tu ADN unos 9,7. ¿Los pulmones? Ciento dieciséis mil cuatrocientos dólares cada uno, y los riñones unos asombrosos noventa y un mil cuatrocientos dólares. Aunque nunca vendas tus órganos por dinero (lo cual sería ilegal), ¿no es estupendo saber que tenemos un cuerpo que vale una fortuna? Ya eres multimillonario… ¡literalmente! ¿Cómo cuidas de tu fortuna? El modo en que ésta se revalorice o se devalúe envía un mensaje poderoso a tu subconsciente (así como a tu yo superior y al universo) sobre hasta qué punto valoras los dones que has recibido.

Recuerda que las cosas que se aprecian aumentan su valor. Cuando estás agradecido por lo que tienes, tu onda de oferta afirma: «Gracias por esto. Envíame más. Tus deseos son órdenes».

Lo que quiero que entiendas es que eres un precioso tesoro, una entidad muy valiosa. (Por ejemplo, setenta y cinco kilos de oro sólo valen un millón seiscientos mil dólares.) Tú llevas contigo en todo momento cuarenta y cinco millones. Piensa en ello: ¿no es hora de que empieces a contemplar tu valor desde un punto de vista más claro?

Tú eres lo que comes..., te lo digo en serio

Diferentes estudios han demostrado que nuestra dieta tiene un papel importante no sólo en nuestro bienestar y rendimiento físico, sino también en nuestra evolución espiritual. Si tu nutrición es pobre y tienes un cuerpo que no está en forma, no alcanzarás tu plena capacidad espiritual. Si piensas que podrás ascender a la montaña de la consciencia evolucionada si llevas diez kilos de lastre adicional, vuelve a pensárselo. Tienes que controlar lo que metes en tu cuerpo tanto como controlas los pensamientos que dejas vagar por tu mente. Tienen la misma importancia.

En las páginas siguientes te ofreceré alguno de mis consejos favoritos para armonizar tu Pilar Físico, porque si alguna vez me has visto corriendo por este mundo, sabrás que necesito muchas energías para hacer mi trabajo, y hasta ahora he podido hacerlo. No soy nutricionista, y no cabe duda de que es posible que lo que hago yo no le sirva a todo el mundo. Pero en todos los sitios donde voy a enseñar la gente me formula preguntas detalladas sobre mis hábitos y mi filosofía de la salud, y me alegro de poder compartir con ellos las prácticas en las que he llegado a creer y de las que dependo.

Ésta es la realidad: puedes encontrar una dieta que recomienda determinados alimentos y darte la vuelta y dar con otra que la contradice. Puede que te hayas dado cuenta de que existen libros que te dicen que vivas a base de comer piña y uvas. Algunos recomiendan ingerir sólo alimentos crudos, sin cocinar. La macrobiótica, por otro lado, sostiene que a menudo los alimentos crudos son demasiado difíciles de digerir. Otras obras sobre vegetarianismo exaltan el consumo de gramíneas, mientras otras te advierten que ni las toques. Por supuesto, yo tengo mi propia opinión (¿te sorprende?), a la que he llegado gracias a toda una vida de pruebas y errores, viajando por el mundo, llevando mi cuerpo al límite y sintiéndome muy frustrado por todas las reglas contradictorias, ¡y decidido a encontrar respuestas que funcionen!

Empezaré con mi filosofía general sobre los objetivos del bienestar, y luego te ofreceré consejos concretos sobre la dieta, el ejercicio y el entrenamiento. A continuación te ayudaré a combinarlo todo como parte de la fijación de objetivos para la Armonía en la Riqueza. Toma lo que sienta que te va bien, pero no te fíes de mi palabra como si fuera un dogma. Pruébalo todo, pero antes de introducir cambios drásticos en tu estilo de vida y en tu dieta, consulta con un médico y con tu propio organismo, ¿vale?

La obesidad roba vitalidad

¿Cuál es la llamada de alerta más importante de Estados Unidos hoy día? No cabe duda: la obesidad. Según los centros para el Control y Prevención de Enfermedades, un 64 por ciento de los adultos estadounidenses de veinte años son obesos o tienen sobrepeso. La obesidad (que se define como tener un 20 por ciento más del peso ideal) pone en peligro la salud, haciendo que se corra el riesgo de padecer diabetes del tipo 2, cardiopatías, hipertensión, embolias y artritis. Pero la obesidad no sólo nos convierte en blanco fácil de diversas enfermedades, sino que también genera arrugas y piel flácida. A partir de unas pruebas realizadas en el Hospital St. Thomas's, de Gran Bretaña, el doctor Tim Spector descubrió que la masa corporal de una persona potencia el estrés oxidativo, y que el nivel molecular acelera el envejecimiento.

A menos que tengas mucho músculo, en cuyo caso habría que realizar otro cálculo, puedes utilizar tu estatura y tu peso para saber si eres obeso calculando tu índice de masa corporal (IMC). Una puntuación de 30 (o superior) demuestra que corres un peligro físico, y una puntuación de entre 25 y 29 demuestra que tienes sobrepeso y que debes hacer algo al respecto. El Instituto Nacional del Corazón, los Pulmones y la Sangre tiene una sencilla página colgada en Internet (http://www.nhlbisupport.com/bmi/), donde puedes introducir tu estatura y peso y obtener de inmediato una puntuación de tu IMC para descubrir en qué situación te encuentras. **ⓘ**

Sin embargo, si tu cuerpo tiene mucha masa muscular, pesarás más que la media, con lo cual este tipo de baremos generalizados no te sirven. Una cosa que es importante recordar cuando empieces a entrenarte (algo esencial para mis clientas) es que a menudo el entrenamiento con pesas hace que la gente suba de peso, porque el músculo pesa más que la grasa. Sin embargo, a medida que vayas cambiando la composición de tu cuerpo, cada vez estarás más sano y más ágil (y, de paso, tendrás un aspecto más estilizado), incluso aunque la báscula diga que pesas más que antes.

Muchas mujeres se han lamentado de que los hombres de su vida tienden a perder peso más rápido que ellas. Aunque hay excepciones, por supuesto, esto es lo que suele pasar debido a una cuestión crítica: un elevado porcentaje de mujeres hacen gimnasia, aeróbic, pero no levantan peso regularmente. ¡El músculo quema calorías! Si no creas músculo, no quemarás tantas calorías. Por eso todos necesitamos hacer ejercicio anaeróbico, como la musculación, además de aeróbico. Si tu objetivo es obtener una mejor forma física, llegarás antes a él creando más músculo, quemando más calorías y perdiendo más peso. ¿No te parece lógico?

La medición más precisa para calcular la grasa del cuerpo es un proceso subacuático que se llama peso hidrostático, pero normalmente se practica más en California que en cualquier otro estado. Un sistema de cálculo menos preciso, pero recomendable si no puedes realizar el anterior, es el llamado test de composición corporal, que ofrecen la mayoría de gimnasios y muchos médicos. Al menos te proporcionará un indicador que te hará avanzar en tu programa de salud y de entrenamiento. Y si siempre usas este sistema de cálculo, podrás comprobar si haces progresos o no.

La idea central es que somos un país de hámsteres. A pesar de que nuestras familias son más reducidas que en cualquier otro momento de nuestra historia, tenemos complejos de almacenes que abarcan una extensión equivalente a Manhattan y San Francisco juntas: ciento quince kilómetros cuadrados. Estas tendencias propias de los hámsteres (acumular sin cesar, pensar que nunca tendremos suficiente, aferrarnos a las cosas *por si acaso*) reflejan nuestra actitud frente al mundo físico y al modo en que nos sentimos por dentro. Física y emocionalmente estamos cargados de demasiadas preocupaciones, frustraciones y alimentos. Sin embargo, pensamos en la pobreza. Creemos que no hay suficiente para todos, así que acumulamos más y más. Nos llenamos los carrillos para eludir nuestros sentimientos. Intentamos satisfacer todas nuestras necesidades con más cosas y distracciones, en lugar de hacer una pausa, aunque nos sintamos a disgusto, para abordar la causa de nuestra angustia. Podemos ver los resultados en las unidades personales de almacenamiento que son nuestras cinturas y traseros prominentes. Nunca sanarás el ego dándole más chocolate. Lo que hay dentro es lo que hay fuera.

No hay comidas gratis

Tú eres inteligente, de modo que a estas alturas ya sabrás que no hay ninguna manera fácil de solventar lo de estar en baja forma, con sobrepeso y falto de salud. Sabes que tienes que empezar a moverte y a ingerir menos calorías que las que quemas, y punto. Esto es matemático. No podrás vivir de comida rápida (que es rápida, pero no realmente comida) y sentirte bien y tener un aspecto estupendo. No va a pasar ni de casualidad.

«Pero, James, ¡es que estoy tan ocupado! Cuando tenga la agenda un poco menos apretada, ya empezaré a cuidarme más.» Ya lo sé. Todos estamos ocupados. Esa excusa está perdiendo peso, pero tú no. Recuerda que eres quien eres ahora, y que tus hábitos son tus hábitos. No puedes ser otra cosa que lo que eres. El hacer viene del ser. ¿Y acaso no es cierto lo contrario? El ser viene del hacer. Conozco a personas —y yo me incluyo— que a menudo tienen hábitos más saludables cuando están ocupadas, comen menos y sus alimentos son menos elaborados. Un puñado de nueces por aquí, unos trozos de manzana por allí, una botella de agua siempre a mano. De hecho, a menudo es cuando tenemos todo el tiempo del mundo cuando nos pasamos el rato tomando tentempiés, cocinando platos cargadísimos de calorías o saliendo a comer mal con nuestros amigos. Estar ocupado puede ser una bendición, porque nos mantiene con la atención en otra cosa que no es ese helado que tanto nos apetece. Ésta es la clave: nunca te permitas estar demasiado hambriento. Cuando te sientas vacío y el estómago te ruja, tenderás a comer en exceso, cosa que no sucede cuando no se llega a ese extremo.

Lo único que hace falta es un poco de previsión para llevar a mano tentempiés sanos, de modo que cuando vayas por la autopista y pases al lado de ciertos arcos amarillos no se te haga la boca agua. Yo viajo en torno a doscientos días al año, y siempre llevo una mochila llena de tentempiés (suelen ser barritas proteínicas y almendras crudas) y una botella de agua... sin excepción. Tú también puedes hacerlo, y cuando lo hagas serás más feliz y te sentirás mejor.

Deja de esperar una llamada de alerta distante para motivarte a cambiar tus hábitos. Encuentra el modo de cuidar de ti mismo y de tu familia, y hazlo ya, independientemente de tus circunstancias. Recuerda: eres un pensador y un planificador a largo plazo.

Presta atención a lo que te mantiene sano

Todos tenemos nuestras adicciones. Conocí a una mujer que tenía mucho sobrepeso, que se comía cuatro litros y medio de helado cada vez que se sentía deprimida. En cuanto acababa, se sentía fatal consigo misma, pero mientras se lo comía estaba plenamente concentrada en la desconexión pasajera que le proporcionaba la actividad placentera. Sólo después experimentaba los resultados desagradables de su círculo vicioso. Pero nunca dio paso alguno para interrumpir el ciclo.

Si estás decidido a perder peso, tienes que conceder tiempo y atención a la salud y a la vitalidad. Piensa en esto: ¿con quién pasas el tiempo? ¿Quiénes comen contigo, tus compañeros de mesa? ¿Qué hábitos tienen para alimentar sus preciosos cuerpos? Quizá te estés preguntando si supone una diferencia muy grande de quién te rodees. Bien, piensa que es algo más importante que sus genes. La obesidad y la delgadez son contagiosas. Un estudio federal descubrió no hace mucho que si nuestro amigo es obeso, existe un 57 por ciento de probabilidades de que nosotros acabemos siéndolo. Si nuestro hermano es rollizo, en un 40 por ciento de los casos nosotros también lo seremos.

Por tanto, si andas por ahí con personas obesas, existe la probabilidad de que acabes siéndolo. Piensa en ello: cuando sales con los amigos y ellos no piden postre, ¿tú te privas? No es tan divertido engullir pastel de chocolate si tus amigos toman fruta fresca. Si las personas más cercanas a ti, las más queridas, son obesas, quizá seas menos crítico con el neumático que llevas en la cintura. El antiguo dicho «Dime con quién andas...» es la Ley de la Atracción.

No te estoy sugiriendo que dejes de relacionarte con tus amigos orondos, sólo que no salgas a comer con ellos con frecuencia, al menos no si deseas estar sano y vital. La gente que suele salir a comer una hamburguesa y una cerveza raras veces irán a un restaurante especializado en vegetales saludables. ¿Pasas tiempo con personas que te inspiran a cuidarte mejor, a acercarte a tus objetivos? ¿O sales e inviertes tu tiempo en personas cuyas creencias y hábitos limitadores o negativos te arrastran? Si no te respaldan en tus metas y sueños, ¿a dónde te llevan? ¿Y qué pasa con ese compañero tan popular de las comidas, el televisor? Entre programa y programa, te bombardea con anuncios que te urgen a meterte más basura en el cuerpo. ¡Discrimina, por favor!

¿Cómo llevas tu templo por el mundo? ¿Alguna vez has pensado que sólo requiere unos minutos de tu tiempo —una inversión en ti mismo— subir un par de tramos de escaleras en vez de coger el ascensor? Ayer mismo avanzaba presuroso por el aeropuerto para coger un vuelo, y subí de un salto a la cinta transportadora. Ese invento es genial cuando uno va con prisa, porque nos permite ir prácticamente volando. Es decir, si los demás están de acuerdo con ese plan. Lamenté (sólo en parte) tener que estar diciendo constantemente: «Perdón, perdone» a un montón de personas que estaban paradas, dejando que la cinta hiciera todo el trabajo. *¡Hagas lo que hagas, no se te ocurra caminar, no vaya a darte un calambre!* Aunque tengas todo el tiempo del mundo, esa actitud no me convence. Además, es muy divertido controlar el ritmo al final de la cinta y asegurarte de tocar el suelo al final con la velocidad justa.

Te animo a elegir las cosas que te fortalecen, las actividades que te mantienen concentrado y que no permiten que dejes el camino que te lleva a la Armonía en la Riqueza.

Volvemos a la idea de que la atención es sinónimo de amor. Si quieres estar sano y fuerte, tendrás que prestar atención a los hábitos que te mantienen así. La verdad sea dicha, hay personas a quienes les encanta no estar en forma, porque constantemente se dedican a ello. «Oh, es que el trabajo me absorbe mucho, y no tengo tiempo de comer sano», «Con los niños y mi trabajo de voluntaria, ¿quién tiene tiempo de ir al gimnasio?», «Pero ¿quién iba a salir con un gordo como yo?» Todo excusas, buenas historias para quedarse cómodamente pequeños y seguros. Recuerda que la energía fluye adonde concentras tu atención. Cada vez que te miras en el espejo y dices algo negativo sobre tu cuerpo, demuestras que estás enamorado de ese yo falto de atractivo. Te gusta porque le dedicas mucho tiempo.

Una de las veces que fui al *Oprah Winfrey Show*, una señora me preguntó:

—¿Cómo puedo usar la Ley de la Atracción para perder peso?

—Bueno, dígame, ¿qué le gusta de su cuerpo? —le pregunté.

Ella suspiró:

—Nada.

—Vale. Muy bien, permítame centrarme en esto. ¿Qué le gusta de su cuerpo?

Seguí insistiendo una y otra vez hasta que ella me dijo:

—Vale... Tengo unas piernas bonitas.

—Genial, genial. ¿Qué más le gusta?

—Pues... mis pies también son bonitos.

—Estupendo. ¿Sabe cuántas personas tienen unos pies poco agraciados?

Inmediatamente, aquella mujer empezó a centrar su atención en las cosas buenas y atractivas de su cuerpo, aquellas por las que estaba agradecida.

El cambio de consciencia supone la mayor diferencia del mundo. Trabajé de esta misma manera con una mujer de cuarenta y tantos años que tenía ochenta kilos de sobrepeso. Piensa en ello: equivale a llevar todo el día a un adulto de baja estatura subido a la espalda. En un año perdió más de cuarenta kilos. Este cambio drástico se centró tanto en su forma de pensar como en sus hábitos alimentarios. Ahora bien, no estoy diciendo que ella no diera pasos prácticos. Los dio, y muchos. Pero éstos nacieron del hecho de aprender a amar y a apreciar el cuerpo que tenía entonces. Cuando centró su atención en lo que era hermoso, dejó de decirse que no tenía tiempo de entrenar, y empezó a ir al gimnasio al menos tres o cuatro veces por semana. Cuando centró la atención en lo que le gustaba de sí misma, dejó de decir que estaba demasiado ocupada como para preparar comida sana, y empezó a comer como hacía años que le recomendaban hacerlo los libros de dietética que leía. El éxito genera éxito. Cuando introdujo cambios mentales, emocionales y físicos, su imagen del espejo comenzó a transformarse, reflejando lo que ella pensaba y sentía. Dejó de echar la culpa a su metabolismo cuarentón. Se acabaron las excusas. Acción y más acción. Su cuerpo y su vida cambiaron... ¡para siempre!

Recuerda el tres de tres. Empieza preguntándote: «¿Qué me gusta de mi cuerpo? ¿Qué aprecio de él?» Cuando ames, aprecies y agradezcas quién y qué eres, empezarás a cuidarte de otra forma.

De repente comenzarás a pensar: «¡Oh, Dios mío, me gustan mis piernas! A lo mejor tendría que ir a entrenarme un poquito». La energía fluye hacia donde se concentra la atención. La manera más rápida de perder peso es estar siempre agradecido por la salud de la que disfrutas.

El sabotaje cibernético contra uno mismo: por qué es tan difícil cambiar los hábitos alimentarios

Cuando hablábamos del pilar anterior, comentamos la obra de Maxwell Maltz sobre el mecanismo cibernético, ese termostato interno que regula cuántos cambios podemos introducir en un momento dado. Este mismo mecanismo, también llamado condicionamiento o programación, es el que se activa cuando decides introducir cambios en tu dieta, aunque sean positivos. Así que, hasta que no seas consciente de su existencia, puede sabotear tus mejores intenciones de cambio.

En uno u otro momento, seguramente has intentado dejar los dulces. La gente a tu alrededor comía postre y tú te negabas. Ibas a una fiesta de cumpleaños y no probabas la tarta. Era Halloween y, por primera vez en tu vida, no metías la mano en la funda de la almohada que tus hijos habían usado para recoger caramelos. En lugar de crepés pedías fruta. Ya conoces la rutina; ¿cómo te sentías? Entonces, a la noche siguiente, te sentabas con un enorme vaso de leche en la mano y engullías en diez minutos todo un paquete de Chips Ahoy como si te estuvieras muriendo de hambre.

¿Qué pasaba? Dicho de la forma más sencilla, tu mecanismo cibernético medía la distancia entre el punto en que tú te encontrabas y tu objetivo, y se daba cuenta de que la temperatura había subido a veinticuatro grados. Por tanto, activaba sus generadores y soltaba aire frío en la habitación hasta que la temperatura volvía a ser de veinte grados (o galletas). Entonces el mecanismo cibernético decía: «¡Aaaah, sí! Ahí es donde se supone que debo estar, sentado en el sofá con una bolsa llena de cosas dulces. Ésa es mi zona de comodidad. Además, todo el mundo sabe que yo soy gordo, y punto». Ahora bien, te ruego que comprendas que probablemente no pensabas esto conscientemente. Sin embargo, en tu subconsciente —que está totalmente fuera de su consciencia—, tu condicionamiento o programación no cesa nunca, y seguirá en marcha hasta que tú no lo cambies.

Come para obtener una eficacia energética

¿Alguna vez has salido a ponerte las botas comiendo y, una hora después, te has sumido en un coma alimentario sentado a tu mesa? ¿Qué está pasando?

El proceso de digestión de los alimentos requiere una tremenda cantidad de energía. Cuando se llena el estómago de alimentos difíciles de digerir, como filetes y costillas, el cuerpo consume más recursos para contribuir al proceso digestivo. Si comes mucha cantidad de «los diablos blancos» —pan blanco, pasta, arroz y patatas—, obtienes una subida rápida de energía, seguida de un bajón. El resultado: ¡coma alimentario!

La fruta y los vegetales exigen mucha menos energía que la carne para su digestión. Como verás más adelante, no estoy sugiriendo que todos nos volvamos vegetarianos. Yo ya lo he sido, lo he probado y no me funcionó. Lo que te sugiero es que consideres la posibilidad de darle a tu cuerpo sólo un combustible de alto rendimiento.

Todo exceso de energía que el cuerpo tenga que dedicar a la digestión es una energía perdida. No adquirimos energía, la desprendemos. No tiene sentido exigirle mucho a tu sistema para conseguir poco a cambio. Cuando era niño, vi unos dibujos animados donde salía una fábrica de mondadientes: los operarios cogían un árbol entero y lo convertían en un solo palillo. Estoy segurísimo de que era un palillo de alta calidad, pero teniendo en cuenta el resultado obtenido, no merecía la energía invertida en su fabricación. A la hora de comer, debes tomar decisiones que te proporcionen energía.

Los refrescos con gas son un ejemplo perfecto de sustancia ineficaz energéticamente. Breve subidón de glucosa, tremendo coma alimentario posterior. ¡Eso sí que son calorías vacías y acumulativas! Además, la acidez mata enzimas del cuerpo, y literalmente puede matarte a ti, ¡y no es broma! Un estudio reciente aparecido en el *American Journal of Clinical Nutrition* informaba de que una lata de refresco al día puede suponer un aumento de peso de 7,4 kilos al año. Incluso más que eso, otro estudio que no hace mucho hizo público la CNN descubrió que las personas que toman un refresco al día tienen más probabilidades de padecer un ataque cardiaco. Sustituir tu lata de refresco favorito por una botella de agua puede ahorrarte 120 calorías diarias, o 7,4 kilos anuales, y también es posible que te salve la vida.

De vuelta a la Edad de Piedra

Si quieres adelgazar, come sobre todo carne y vegetales. Soy un gran defensor de lo que los investigadores llaman «la dieta paleolítica». Pero la clave es comer carne magra y muchos vegetales con gran contenido en agua (los vegetales ayudan a digerir la carne con menos problemas y en menos tiempo). Personalmente, prefiero no comer carne roja, aunque me gusta. Como sobre todo pescado y algo de pollo.

Está comprobado que la cantidad de grano con que alimentamos a nuestro ganado vacuno, si se empleara en otros fines, acabaría con el hambre en el mundo. Los eructos y flatulencias bovinas son grandes contribuyentes al calentamiento global y a la destrucción de la capa de ozono; ¡caray, sí que deben tener problemas digestivos! (Que alguien les pase unos Almax.) Para mí éste es un sacrificio que no me cuesta. Ya lo ves, éste es otro gran ejemplo de cómo todos los pilares se interrelacionan. Las elecciones que haces en el campo de la alimentación pueden afectar a tu relación y a tu armonía con el mundo en general.

Esto es lo estupendo de esta forma de comer: *nunca* tendrás que contar las calorías. Simplemente, restringe en tu dieta la presencia de esos diablos blancos —pasta, pizza, pan, arroz y patatas— y perderás peso y tendrás montones de energía. Incluso aunque te lo propusieras, no podrías comer suficientes vegetales como para engordar. Pero, una vez más, no lo hagas sólo por las apariencias, sino por tu salud y tu vitalidad. En cuanto a mí, me paso a lo verde por dentro y por fuera, amigo: lo que pasa dentro pasa fuera.

Ingiero cada día un buen nivel de proteínas. Cuando me dedicaba al culturismo, comía demasiado y acumulaba grasa. Tu cuerpo sólo puede digerir entre veinticuatro y treinta y dos gramos cada tres o cuatro horas. Todo lo que pase de esa cantidad es un exceso. Por si te lo preguntas, nunca cuento los gramos que ingiero, así que olvídalo. Come un trozo de carne magra de pescado o pollo en cada comida (asegúrate de quitarle la piel al pollo antes de cocinarlo, porque es ahí donde reside la mayor parte de la grasa) y obtendrás muchísimas proteínas.

Como muchos vegetales de color verde oscuro. Me encanta el *sushi*: podría comer cuatro veces a la semana y no me cansaría. Las culturas orientales comen mucho arroz, y tienen un índice bajo de cardiopatías y de cáncer. Creo que eso se debe a que los beneficios para la salud que tienen el pescado y las algas contrarrestan el arroz. Nuestros antepasados no comían patatas, pizza, arroz o pan. Hace cientos de miles de años, la química del organismo humano evolucionó para adaptarse a un entorno que cambiaba a un ritmo lentísimo. Ese entorno no ofrecía granos ni azúcar, y además no era muy generoso. Pero hoy día, en tan sólo unas pocas generaciones, hemos introducido enormes cambios en ese entorno, y nuestros cuerpos no han podido seguir el ritmo. El libro *Health Secrets of the Stone Age*, del doctor en medicina Philip J. Goscienski (especialista en enfermedades infecciosas pediátricas que lleva cuarenta y cinco años dedicado a la medicina clínica y académica), vincula nuestros excesos dietéticos actuales con el auge de enfermedades que eran infrecuentes hasta principios del siglo pasado, incluyendo enfermedades crónicas y la epidemia doble de la obesidad y la diabetes.

Partiendo de la evidencia fósil, podemos saber que los hombres de la Edad de Piedra eran fuertes. No manifestaban evidencias de osteoporosis. Los cazadores-recolectores actuales, que viven según el mismo estilo de vida y que siguen el mismo patrón de subsistencia, llegan típicamente a los sesenta o setenta años de vida sin padecer obesidad, hipertensión, cardiopatía isquémica ni diabetes.

Lo interesante es que, según un informe que dio a conocer la ABC News, los estadounidenses se han convertido en los últimos años en el pueblo más bajo (por no mencionar más obeso) del mundo industrializado. Solíamos ser de las personas más altas del mundo, proceso que empezó en la época colonial, cuando nuestro presidente, George Washington, medía 1,87 metros. Actualmente, en Holanda los hombres miden una media de 1,82 metros, mientras que la media de Estados Unidos es de 1,77. ¿Por qué no somos tan altos como antes? Se debe a cómo vivimos. Aparte de las deficiencias en el cuidado de la salud que se observan en Estados Unidos en la época temprana de la vida, los investigadores sospechan que nuestras dietas a base de comida rápida son las grandes culpables. Comer en exceso y las hormonas del crecimiento presentes en nuestra comida basura hacen que nuestros hijos crezcan rápido y luego dejen de hacerlo cuando aún son muy pequeños. «La altura dice mucho sobre el bienestar de un país», señalaba el informe.

Comer una dieta de la Edad de Piedra, con mucha carne magra y vegetales, puede ayudarte a evitar muchas de las enfermedades de los tiempos modernos. Por ejemplo, los vegetales de color verde oscuro ayudan a combatir la osteoporosis.

A muchos de mis clientes les ha sorprendido que, siendo una persona espiritual, yo siga comiendo carne. Entiendo su confusión. Durante cinco años fui un vegetariano estricto, y realmente me creía que eso equivalía a ser espiritual. Pero me engordé y debilité porque comía mucha pasta, arroz y pan. Tenía una cintura de 92,5 centímetros (ahora es de 82). Cuando se hace un trabajo que consume mucha energía, metiendo energía en el cuerpo para fomentar la consciencia, se tiene que consumir un poco de carne. Si no, puedes convertirte en un sinsustancia cósmico. Uno de los motivos por los que los seguidores de la Nueva Era son en ocasiones tan fantasiosos es que no logran mantenerse con los pies en el suelo. Cuando estudio en las selvas y participo en rituales, los chamanes me privan de comer todo tipo de carne, porque quieren que flote. Pero hubo un chamán en concreto, que conocía tan bien Occidente como las selvas, que me ayudó a entender que si quería funcionar en la tercera dimensión y mantener una conversación inteligible, debía ser realista.

La integración consiste en estar *en* el mundo, no en ser *del* mundo. Cuando no comía nada sustancioso, no estaba centrado. Mis músculos empezaron a atrofiarse. Me dijeron que mis huesos se volverían quebradizos. Mi maestro de aquella época me dijo que necesitaba proteínas, así que empecé a comprar pollo y pescado orgánicos para fortalecer mi cuerpo con el menor impacto ambiental posible.

Si eres vegetariano porque crees que no se puede justificar la muerte de los animales, lo respeto. Yo también adopté esa postura y la entiendo. Sólo tengo una pregunta que a lo mejor no te has planteado: si dejamos de matar animales para alimentarnos de ellos, ¿dejarán ellos de hacer lo mismo unos con otros? Por difícil que nos resulte asimilar que matamos animales para comer, quizá debemos plantearnos que ser un eslabón más de la cadena alimenticia forma parte de un plan más general. Sólo te pido una cosa, considera que los animales acabarán muriendo, hagamos lo que hagamos, igual que nosotros. Por eso comprar carne orgánica es mucho más importante, porque garantiza que a esos animales se les brindan más cuidados.

Come menos, vive más

¿Quieres vivir más tiempo y gozar de más energía? ¡No comas tanto! Aplico este principio en mi propia vida, y hay muchas investigaciones que lo respaldan.

En este país hay más de setenta y seis mil personas que han cumplido cien años o más. Recientemente, unos investigadores de Harvard hicieron un estudio sobre muchos centenarios, para ver si existía alguna correlación entre su edad y su estilo de vida. Eran personas muy distintas: algunos de ellos comían beicon todos los días, otros fumaron hasta los cien años, algunos hacían ejercicio y otros no. ¿El denominador común? Todos comían poco y alimentos ligeros. En otras palabras, que casi estaban desnutridos.

Esto no quiere decir que debas seguir a Buda y sentarte bajo el árbol Bodhi hasta que puedas contar las vértebras de tu espalda cuando te mires el pecho. La dieta de ayuno de Gandhi nunca calará en Occidente, estoy seguro. No te pido que te mates de hambre, y tampoco estamos elaborando un dogma estético. No, estamos hablando de asegurarnos de que tu cuerpo aprovecha todo lo que le das. Pasar por un grado tolerable de hambre antes de comer significa que comes para recargarte, no por divertirte, por hábito o para suplir necesidades emocionales. Algunos estudios sugieren que si cada día consumiéramos un 30 por ciento menos de calorías aumentaríamos nuestro tiempo de vida un 30 por ciento. Por tanto, si quieres comer más, éste es el secreto: quédate más tiempo en este mundo y espacia la ingesta de esos alimentos en los años extras. Come menos para comer más. Como dice mi buen amigo el doctor John Demartini: «Añadirás años a tu vida y vida a tus años».

El ácido se come tu cuerpo

Presto mucha atención a la acidez o la alcalinidad de los alimentos que consumo.

Seguramente recuerdas, de cuando estudiabas química en el instituto, que se mide el nivel de pH para determinar si algo es ácido o base (alcalino). En una escala de 1 a 14, 1 es muy ácido, 7 es neutro y 14 es una base absoluta. El agua tiene un pH de 7. El pH de nuestro cuerpo determina el grado de eficacia de las reacciones bioquímicas dentro de éste. La mayor parte de estudios que he leído afirman que nuestro cuerpo funciona mejor cuando el pH es ligeramente alcalino.

Sin embargo, la mayoría de nosotros comemos de tal manera que nuestros cuerpos son ligeramente ácidos, lo cual se ha vinculado con todo tipo de enfermedades como el cáncer, el exceso de grasa corporal, la osteoporosis, las piedras renales, la fragilidad dental, etc. Cuando el cuerpo es demasiado ácido, es tóxico, como si paseáramos por ahí con un veneno que circulase por nuestras venas.

Las estadísticas recientes nos dicen que un 38 por ciento de los estadounidenses contraen un cáncer. La mayoría de médicos está de acuerdo en que el cáncer medra en un entorno sin oxígeno. Por tanto, mi prioridad es mantener mi organismo ligeramente alcalino en todo momento, con un pH de entre 7,35 y 7,45. Por lo general, estoy en torno al 7,4.

Los siguientes alimentos son algunos de los que fomentan la alcalinidad orgánica (esta lista no puede considerarse exhaustiva):

Manzanas, albaricoques, plátanos, frutos del bosque, melón francés, cerezas, dátiles, higos, uvas, pomelo, naranjas, melocotón, peras, fresas, mandarinas, sandía, germinados, la mayoría de herbáceas comestibles y sus zumos, granos y legumbres, pepinos frescos, espinacas, apio, berro, ajo, pimienta de cayena, endibias, judía verde, calabaza, lechuga, col lombarda, guisantes frescos, rábano silvestre, perejil, cilantro, lima, limón fresco, tomate, pimiento verde, berenjena, aguacate, jícama, tallos de ruibarbo, judías blancas, brotes de soja frescos, levadura, sal marina, algas, espárragos, coquitos de Brasil, alcachofas, boniatos crudos, almendras, avellanas, pipas de calabaza, pipas de girasol, semillas de lino, semillas de sésamo.

A continuación incluyo una lista de algunos alimentos que generan ácido (una vez más, no se puede considerar una lista completa):

Carne de cerdo, carne de ternera, salchichas, beicon, pavo, pollo, pescado marino, huevos, pan blanco, arroz blanco, galletas no integrales, gambas, langosta, cangrejo, hojaldres, pasteles, pasta, macarrones con queso, azúcar, sirope de maíz, edulcorantes artificiales, palomitas de maíz, licor, vino, cerveza, café, zumo de fruta con azúcar añadido, leche, ketchup, mayonesa, mostaza no casera, la mayoría de platos precocinados, la mayoría de alimentos enlatados, todos los alimentos fritos, helado, pudín, mermelada, gelatina, todos los dulces, tentempiés empaquetados, cacahuetes, nueces de macadamia, nueces, chocolate, refrescos de cola y refrescos en general.

Recomiendo usar papelitos medidores de pH (en contacto con la orina o con saliva) varias veces al día. Estos papelitos se encuentran con relativa facilidad en la mayoría de tiendas de dietética y farmacias. La comida y la bebida no son los únicos factores que hay que tener en cuenta. El ejercicio regular, la meditación y la reducción del estrés también tienen un efecto positivo sobre los niveles de pH del cuerpo.

Una taza calentita de ácido de batería

Lo que bebes puede afectar a tu pH tanto como lo que comes, y en concreto tomar café no ayuda, ni mucho menos, a reducir el nivel de pH y la acidez corporal.

Yo solía beberme una cafetera diaria, así que no juzgo a nadie. Cuando dejé de hacerlo, me entró de todo: acné en la cara, mal aliento, dolores de cabeza y temblores. Cierto tipo de lógica nos diría: «Eso es malo; mejor que vuelvas a beber café», pero entendí que me estaba desintoxicando. En nuestra sociedad no solemos valorar la desintoxicación. Cuando tenemos que sonarnos, es porque nuestro cuerpo inteligente tiene algo de lo que quiere purgarse. Pero ¿qué hacemos? Tomamos medicamentos para cortar el proceso. Yo digo: «Mejor fuera que dentro». Si tu cuerpo tiene mucosidad, toxinas y venenos y quiere librarse de ellos, y tomas algo para evitarlo, básicamente le estás diciendo: «Quiero mantener esa basura dentro». Cuando me estaba desintoxicando del café, mi cuerpo sabía que no quería ni necesitaba esa cafeína y esa acidez.

Las únicas ocasiones en las que tomo café hoy día es cuando se trata de café Kona orgánico, que se cultiva en la tierra volcánica de la gran isla de Hawái. Desde enero de 1983, el Kilauea —uno de los volcanes más activos del mundo— ha estado en una erupción casi constante, de modo que, cuando uno visita la isla, el volcán está erupcionando bajo sus pies. Piensa en ello. La energía subterránea hace crecer cosas. Los cafetales surgen directamente de esas rocas. Existe una determinada vibración que pasa a los frutos, motivo por el cual el café lo bebo allí, pero esos son los únicos momentos y sólo cuando el café es orgánico.

Si no quieres tener el mono, opta por el café orgánico, que es mucho más sano. ¿Descafeinado? Es incluso peor que el que tiene cafeína, debido a los agentes químicos utilizados para extraer la cafeína de los granos. Ah, y también hay que tener en cuenta otra cosa: el café de goteo es ácido, mientras que el expreso es alcalino. Así que, si piensas tomar café, que sea expreso orgánico.

Las infusiones y los tés son mejores, aunque aun así debes tener presente que la cafeína es una droga como cualquier otra. El mero hecho de que sea legal no la hace menos adictiva, así que elige tú mismo. Yo me desconecté de todo tipo de bebidas con gas (incluyendo el agua) ya hace mucho tiempo, y te aconsejo que hagas lo mismo si quieres tener una vida larga y saludable. Todo lo que lleva gas no sólo crea ácido en el cuerpo, sino que también mata enzimas esenciales que el organismo necesita. Por ejemplo, el ingrediente activo en un refresco de cola es ácido fosfórico, que tiene un pH de 2,8 (lo cual quiere decir que es *muy* ácido). ¿Sabías que un vaso de refresco de cola es tan ácido que necesitas beber treinta y dos vasos de agua pura para neutralizar el ácido que te proporciona? ¿Sabías que tanto la cafeína como la soda, incluso tomadas con moderación, te impiden disfrutar del sueño profundo y relajado que necesitas cuando los agentes químicos de tu cuerpo empiezan a metabolizarse? Nunca sacarás el máximo rendimiento a tu maquinaria humana si la recargas con un combustible de tan bajo octanaje.

El alcohol

Las últimas investigaciones sobre la salud y la longevidad nos venden de forma entusiasta los beneficios del resveratrol, un compuesto que se encuentra sobre todo en la piel de las uvas negras. Aunque aún no está claro del todo, muchos científicos creen que ésta es la sustancia que contiene el vino tinto, y que se sabe que reduce el riesgo de padecer cardiopatías y cáncer. Aún está por demostrar que el resveratrol sea la respuesta sorprendente a la paradoja francesa —por qué algunos afirman que los franceses padecen menos enfermedades coronarias a pesar de tener una dieta rica en grasas saturadas—, pero sí sabemos que tomar vino tinto con moderación (enfatizo lo de moderación, y nada de vino blanco, que es azúcar puro) tiene beneficios claros para la salud. Mi médico experto en antienvejecimiento cree en los estudios sobre el resveratrol, y me aconsejó que bebiera más vino tinto. Me gusta tomar un buen Pinot Noir para acompañar platos sabrosos, pero peso tan poco que después de dos copas ya me ha subido. Así que prefiero tomar un complemento de resveratrol.

Agua limpia, limpia

Tu cuerpo está compuesto en un 70 por ciento de agua, de modo que, después del oxígeno, el agua es el nutriente más importante. Una célula deshidratada está muerta o enferma. Un amigo que vive en Las Vegas me cuenta que la principal causa por la que ingresan a alguien en la unidad de urgencia es la deshidratación. Al microscopio, la diferencia entre una célula hidratada y una deshidratada y enferma puede ilustrarse comparando una uva normal y una pasa. La idea central: si tienes células-pasa, tarde o temprano ¡tendrás la cara igual!

Mi experiencia y mi investigación sugieren que debes beber diariamente un mínimo de un litro y medio de agua pura por cada cincuenta kilos de peso. Obviamente, el clima del lugar donde se vive, la ingesta de diuréticos como la cafeína y el alcohol y otros factores influirán en esta cifra.

Estoy hablando de agua pura, no del agua contaminada que encuentras en refrescos, cafés y tés. Las infusiones son preferibles (sobre todo la de té verde), pero son diuréticas, y pueden drenar el agua del cuerpo.

La mayoría de personas me dice que le resulta demasiado difícil beber toda el agua recomendable. Esto suele deberse a dos cosas: el hábito y el consumo de demasiados líquidos contaminantes. La gente también me cuenta que cuando empiezan a beber más agua tienen que ir más veces al baño. Mi experiencia me dice que eso es temporal, y que una vez que el cuerpo se acostumbre a estar hidratado, este problema quedará resuelto.

Yo bebo al menos cuatro litros y medio de agua al día. Hago que me la traigan a casa. Instalé un sistema de filtrado de agua en el despacho, que es mucho menos agresivo para el medio, y dentro de poco pienso instalarlo también en mi casa. He oído que en algunos lugares el agua del grifo es buena, como pasa en algunos desiertos, pero no te recomiendo que la consumas en la mayor parte de ciudades. Yo nunca lo hago. El problema de comprar agua en la tienda es que no tiene uno ni idea de cuánto tiempo lleva esa agua en la estantería, y algunos plásticos pueden romperse, caer en el agua y contaminarla. Además, algunas marcas de agua embotellada no son más que agua del grifo filtrada. Añade a esto los fragmentos de plástico y probablemente no estarás haciendote ningún favor.

Yo compro perlas oxigenadas de agua y las disuelvo en el agua. También la mezclo con áloe, para favorecer mis órganos internos, y con clorofila, para alcalinizar mi organismo.

Eres lo que comes, ¡de verdad!

Una vez más, ambos sabemos que no soy nutricionista, pero sé lo que me funciona, y lo que parece favorecer a todos esos individuos con los que trabajo. Así es como pongo en práctica en mi dieta todos los principios que hemos comentado.

Como ya he dicho, me mantengo sano y vibrante ingiriendo una buena combinación de proteínas y carbohidratos —carnes magras y vegetales—, y minimizando mi ingesta de grasas. Soy un gran defensor de los carbohidratos vegetales, pero no consumo los que contienen almidón, porque pueden tener un efecto dramático en los niveles de insulina, al hacer que el cuerpo retenga la grasa y alterar así los niveles energéticos. Opino que la mayoría de carbohidratos almidonados son alimentos muertos. (¿Crees que ese plato de pasta hervida tiene mucha vitalidad?) Si piensas comer almidón, pásate a los copos de avena orgánicos, que son sanos, y al arroz integral. Por lo general, prefiero los vegetales, porque tienen mayor contenido en agua y más fibra, y hacen que el organismo se mantenga más alcalino. Uso siempre que puedo ingredientes orgánicos, porque no contienen pesticidas y porque comprarlos contribuye a respaldar el cultivo más responsable.

Añade regularmente a tu dieta muchas ensaladas y vegetales verdes, y no sólo vivirás más, sino que estarás más fuerte y sano durante el proceso. Una buena regla básica es la del 80:20 (un 80 por ciento de vegetales alcalinos y un 20 por ciento de alimentos saludables que formen ácidos, como las carnes magras).

Es más sano hacer más ingestas a lo largo del día de menores cantidades. Cuando no comes de forma coherente, puedes sufrir calambres intestinales y problemas gástricos. Yo como pequeñas cantidades de comida cada tres horas. El desayuno, un tentempié, el almuerzo, un tentempié y la cena; así que como cinco veces al día. En realidad, en el 99 por ciento de los casos no me siento lleno. Como lo que necesito, porque hace mucho tiempo que decidí comer para vivir, no al revés.

Empiezo cada día bebiendo un vaso de agua con zumo de limón. Aunque los limones son ácidos, el modo en que el cuerpo los procesa deja un residuo alcalino.

Luego tomo un zumo de vegetales, que preparo en la batidora. Prefiero la batidora a la licuadora por un par de motivos. Primero, una batidora conserva toda la fibra de los vegetales o las frutas, y segundo, es mucho más fácil de limpiar. Recuerdo cuando usaba la licuadora, y me daba la sensación de pasarme el día limpiando el puñetero aparato.

Mi médico especialista en alargar la vida me dio una receta impresionante para preparar una bebida que no sólo contribuye a que el organismo sea más alcalino, sino que también elimina el exceso de estrógeno que puede enfermar el cuerpo. Yo uso ingredientes orgánicos:

Para preparar entre 1,4 y 1,6 l
1 puñado de napa o col china (cortar a trozos un puñadito de hojas)
1 baby bok choy o 1 hoja grande y el tallo de un bok choy grande
1 zanahoria
arándanos o frambuesas, por sus antioxidantes (frescas o congeladas; yo las compro congeladas y uso la mitad de la bolsa)
0,3-0,4l de agua
añadir otros suplementos, si se desea

Mezclo bien todos los ingredientes y me tomo el zumo antes de ir al gimnasio. Me costó un tiempo acostumbrarme, pero ahora disfruto mucho del sabor. Cuando estoy de viaje y no puedo preparar esta bebida, me tomo mis suplementos —pastillas verdes— a primera hora de la mañana.

Tras la bebida vegetal, me gusta tomar copos de avena. Es un carbohidrato complejo que contiene aceites saludables para el cerebro. Los carbohidratos aumentan la insulina, así que les añado proteína en polvo para reducir ese «subidón» de insulina, y un poco de leche desnatada u orgánica, para que no se espese demasiado. Ah, y los arándanos para añadir sabor y antioxidantes.

En el primer tentempié, tomo ⅓ de taza de nueces y ⅓ de taza de pasas o arándanos agrios secos (carbohidratos y proteínas). Como muchos frutos secos.

Cuando uso sal, que no es muy a menudo, me aseguro de que sea marina. La sal de mesa normal está privada de minerales, pero la marina contiene más de cincuenta minerales traza (microminerales).

También como mucha ensalada. Los vegetales son una gran fuente de energía, y yo prefiero la lechuga y los vegetales de hojas oscuras porque son más nutritivos. Las espinacas o las menestras de verduras naturales son estupendas, mientras que, aparte de su alto contenido en agua, la lechuga iceberg es una pérdida de tiempo (aunque sigue siendo mejor que una hamburguesa y unas patatas fritas). Dado que a menudo los platos de ensalada de los restaurantes son muy pequeños, cuando los pido, pregunto si son un plato o sólo una guarnición. Mi filosofía es que si uno paga por lo que come, al menos debe comer lo que quiera. No me comporto como un majadero: si no me dan lo que quiero, digo: «¿Sería tan amable de averiguar cómo puedo conseguir una ensalada más grande?» o «¿Sería posible aumentar la cantidad de ensalada?» Es así de sencillo.

Mi alimento básico tres veces por semana son las algas marinas, como deliciosa envoltura del *sushi*. Los océanos de este mundo están llenos de plantas subacuáticas que han absorbido minerales vitales que podemos cosechar para consumirlos. Son renovables, no amenazan a la población de peces, y son unos de los alimentos más cargados de nutrientes del mundo. Tu tienda de dietética seguro que las vende en copos, láminas o cápsulas, de modo que siempre encontrarás una forma de tomar algas que se adecue a tus papilas gustativas. También intento comprar siempre que puedo pescado que no sea de piscifactoría. Te sugiero que busques en Internet el índice de mercurio de tu zona, que puede ser peligrosamente alto. Algunos pescados contienen una mayor cantidad de mercurio que otros.

No consumo azúcar refinado, porque no ofrece suficiente energía, y el bajón que se produce después de la descarga inicial es espectacular. Si echas de menos el chocolate, prueba a comer granos de cacao crudo. Estas «nueces» son una de las mejores fuentes de magnesio del mundo. Los estudios demuestran que un elevado porcentaje de personas no consume la cantidad diaria recomendada de magnesio, lo cual provoca muchos problemas de salud frecuentes, como migrañas, trastorno de déficit de atención, fibromialgia, asma y alergias. Los granos de cacao crudos levantan el ánimo sin provocar el bajón que provoca el azúcar contenido en el chocolate que solías comer, dado que contienen triptófano, un aminoácido que ayuda al cerebro a producir la serotonina calmante. Este tipo de chocolate no será tan dulce como aquel al que habías acostumbrado a tu paladar (¡cuidado!, si se come solo, puede ser amargo), pero puedes probar a mezclarlo con pasas o añadirlo a un batido.

Si todavía no has probado la miel cruda, orgánica, es posible que te guste si te agradan los dulces. Hace poco el hijo adolescente de unos amigos metió el dedo en una jarra de miel y le encantó. «¡Es como caramelo!», exclamó. La auténtica miel —directa de las abejas, sin cocciones— contiene importantes enzimas, fitonutrientes y un alto nivel de antioxidantes, que pueden restaurar el glucógeno de los músculos después del ejercicio y ayudar a reducir el colesterol. Algunos estudios vinculan la ingesta de miel a la reducción del riesgo de padecer determinados cánceres. La mejor miel cruda es la orgánica procedente de abejas que liban las flores silvestres de la zona, sin los productos químicos añadidos a la miel no orgánica. Por tanto, si te apetece algo dulce, resiste la tentación de coger el azúcar y prueba un poco de miel orgánica. (Sin embargo, he de advertirte una cosa: no des miel cruda a los bebés, porque las esporas que contiene pueden provocarles enfermedades, pues su sistema inmunitario es aún inmaduro.)

La mejor opción es la de ir deshabituándose a los dulces de todo tipo. Esto, junto con la ingesta de muchos vegetales verdes y proteínas, mantendrá elevado tu nivel energético, y notarás que los altibajos de energía desaparecerán. Incluso los edulcorantes naturales alteran tu nivel de insulina, haciéndote subirte a la montaña rusa energética. Yo nunca uso azúcar o edulcorantes artificiales —de hecho, ni siquiera miel—, porque ya no los necesito. Y si yo he podido hacerlo, tú también. ¡Y yo era de aquellos que solían echarse cinco terrones en el café!

Los complementos diarios

Quizá nadie tome tantos complementos como yo. Muchos me dicen: «Mi abuelo nunca tomó complementos y llegó a los cien años». Vale, pero nosotros no comemos los mismos alimentos que comía tu abuelo.

Recomiendo muchísimo tomar un complejo multivitamínico que sea bueno, y muchos ácidos grasos esenciales, porque el cuerpo necesita esa grasa para mantener una piel sana, unas articulaciones funcionales y mucha energía. Contrariamente a lo que piensa la gente, este tipo de grasa sana no engorda. De hecho, si *no* tomas suficiente grasa, el cuerpo tirará de la que ya tenga, porque la necesita. Diferentes investigaciones han demostrado que los ácidos grasos esenciales contribuyen muchísimo a la función cerebral; aumentan de una forma impresionante las ondas cerebrales alfa, las vibraciones cerebrales que se generan en un estado creativo y relajado. Yo tomo diariamente hasta 15 gramos de ácidos esenciales (que es mucho), y no estoy gordo. Además, mi dermatólogo siempre me felicita por la piel que tengo.

Cuando busques un buen complejo vitamínico, asegúrate de comprar uno que te recomiende el médico o que provenga de una tienda de alimentos integrales. Muchas de las tiendas de alimentos dietéticos ofrecen complementos que están repletos de conservantes y basura sintética. Si empiezas a trabajar con complementos relacionados con las hormonas, como DHEA, pregnonalona, melatonina y otras por el estilo, te recomiendo encarecidamente que lo hagas bajo la dirección de un médico especializado en este campo; subrayo lo de especializado. La mayoría de médicos sólo recibe un máximo de cinco horas de clase sobre estudios nutricionales cuando se saca la carrera, así que, a menos que hayan optado por especializarse, saben muy poco de este tema. Esto entronca con la mentalidad de soluciones rápidas propia de nuestra cultura. La mayoría de nosotros preferiría conseguir una medicación rápida y ponerse una tirita en una herida abierta antes que abordar la causa y curar la herida.

La oración: fijando las vibraciones

El modo en que me preparo para tomar los alimentos es tan importante como los propios alimentos. Creo firmemente en el proceso de hacer una pausa durante un instante para demostrar mi gratitud y bendecir los alimentos, para enviarles buenas energías. Cada vez que me siento a la mesa, me froto las palmas de las manos varias veces, como me enseñaron a hacer en las tradiciones místicas antes de realizar cualquier tipo de trabajo energético, porque esto enciende los chakras de las manos. Luego siento un aumento de la energía antes de colocar mis manos sobre la comida.

Si estoy con otras personas y no quiero hacer una escenita (resultaría cómico con el *sushi*, cuando los distintos platos se van presentando a intervalos), coloco las manos brevemente sobre el plato y respiro. Acudo a ese lugar tranquilo en el que estoy cuando medito, cambio mis ondas cerebrales y envío esa energía a través de mi cuerpo y a la comida. Puedo mantener los ojos abiertos y seguir charlando con los clientes mientras tengo las manos sobre los alimentos, y muchas veces ni se dan cuenta. Si me preguntan qué hago, les digo que estoy dedicando un instante a sentirme agradecido por esta comida. Que lo interpreten como les apetezca.

Sin embargo, cuando estoy en casa mantengo las manos sobre el plato durante más tiempo, abro de verdad el corazón y envío pensamientos de gratitud no sólo por la comida que tengo delante, sino también por todo lo que hay en mi vida. No es el tipo tradicional de oración o de acción de gracias con el que crecí —«Querido Dios, bendice estos alimentos para que me sean de provecho…»—, pero sé que estoy contribuyendo a garantizar que mi comida, sea la que sea, reciba una descarga de buenas vibraciones.

Si quieres una imagen gráfica poderosa para plasmar el modo en que nuestras células responden a nuestros pensamientos, te recomiendo la obra del doctor Maseru Emoto, de Japón. Sus fotografías, que aparecen en la película *¡Y tú qué sabes!* y en una serie de libros, el primero de los cuales es *The Hidden Messages in Water*, son una prueba de que los pensamientos y los sentimientos afectan la realidad física.

Usando un potente microscopio en una habitación muy fría, junto con fotografías de alta velocidad, el doctor Emoto desarrolló una manera de fotografiar cristales recién formados de muestras de agua heladas. Luego pidió a los sujetos participantes que dirigieran hacia ellos pensamientos específicos, concentrados, como por ejemplo «Te quiero» o «Te odio». A veces ponía música hermosa en presencia del agua, y en otras ocasiones música dura y discordante. Sus cámaras han registrado que el agua clara de manantial, cuando se expone a palabras cariñosas, manifiesta dibujos brillantes, coloridos y complejos, como los copos de nieve. Por el contrario, el agua contaminada, o la que se ha expuesto a pensamientos negativos, forma patrones incompletos, asimétricos, con colores apagados.

Las consecuencias de esto son amplias, dado que nuestros cuerpos, parte de los alimentos que tomamos y todo el planeta se componen de más de un 70 por ciento de agua. A quienes hemos estudiado las tradiciones chamánicas y místicas nos entusiasma ver que esta tecnología encuentra sentido a nuestras prácticas, a veces malentendidas. Las implicaciones de esta investigación crean una nueva consciencia sobre cómo podemos influir positivamente en la Tierra y en nuestra salud personal. Si decir «Te quiero» y proyectar esa intención a una botella de agua puede producir hermosas estructuras de copo de nieve, ¿por qué el hecho de poner las manos y los pensamientos positivos sobre una ensalada no puede hacer cosas igualmente beneficiosas dentro de nuestros cuerpos?

La futilidad del fanatismo

Por tanto, los principios básicos de mis reglas personales: come menos carne y muchos vegetales; mantente alejado de los carbohidratos simples; siempre que te sea posible, consume alimentos orgánicos; bebe sólo agua pura; evita el azúcar, y toma frutos secos como tentempié; es así de sencillo. Pero déjame hacerte una advertencia: si te vuelves un fanático de la dieta, te convertirás en un prisionero. Si vas por ahí pensando y diciendo: «Si no como alimentos orgánicos, me dolerá la cabeza», o «Cada vez que tomo aceite me sale acné», o «La mantequilla va directa a mis muslos», tu subconsciente dice: «Muy bien, tus deseos son órdenes», y entonces opera para darte el dolor de cabeza, los granos o la celulitis. Te has programado a ti mismo para creer estos «hechos» y, por tanto, te has esclavizado.

Date un descanso. ¡Es humano!

Dada la opción, sí, siempre como alimentos orgánicos. Pero me paso en la carretera doscientos días al año, así que ¿cuántas veces crees que tengo el placer de ingerir pesticidas con mis ensaladas? Muchas, sin duda. Por tanto, si creyera que mi cuerpo corre peligro cada vez que como fuera de casa, nunca me levantaría de la cama.

Haz lo que puedas, y olvídate de lo demás. Serás una persona con quien cueste menos tratar y te sentirás más en paz contigo mismo. Si me invitan a comer a casa de un amigo y sirven grandes platos de pasta cubiertos de mantequilla, me lo como y disfruto, porque la relación con mis amigos es más importante que la que mantengo con la comida. Lo que tiene un fuerte impacto no es lo que hacemos una o dos veces, sino nuestros hábitos, que determinan los resultados en nuestra vida. Te animo a ser flexible, de modo que si haces algo distinto, esto no altere tus hábitos centrales.

Hay otro motivo por el que me gusta bendecir los alimentos. Saber que puedo cambiar la energía de mi comida me ayuda a ser menos fanático sobre lo que como, menos prisionero de mis creencias sobre la comida. La gente me pregunta a menudo cómo es posible que tome comida en los aviones. No tengo una creencia que me impulse a rechazarla. Hago lo que siempre hago: pongo mis manos sobre la comida y me olvido de lo demás. Me como la lechuga, los vegetales y la carne de cartón, y dejo el rollito dulce y la porción de queso para el tipo del asiento 3B, ese que tiene el cinturón extralargo.

Dependiendo de quién seas y de en qué punto de tu vida estés, siempre hay sitio para un poco de fanatismo. Si tienes un sobrepeso de diez kilos o más, yo te diría: «Nunca comas pizza, pan o tarta, *nunca*, hasta que vuelvas a recuperar tu forma». Sé que suena tajante, pero es un buen consejo. Cuando llegues a ese punto en que tu salud y tu vitalidad sean lo que tú quieres, entonces podrás elegir a tu antojo. Pero ser un poco fanático al principio puede llevarte a ese punto más rápidamente; los grandes resultados provienen de los actos valientes.

20

El ejercicio: avanzando hacia la vida

Un cuerpo sano es una habitación de invitados para el alma;
un cuerpo enfermo, una cárcel.

Francis Bacon

Muévete como si te fuera la vida en ello... porque es así

El ejercicio te hace sentir mejor y tener más energía. Es un componente esencial de una vida sana y plena.

Nuestros cuerpos están llenos de toxinas procedentes del aire que respiramos y de los pesticidas provenientes de los alimentos que ingerimos. Nuestra buena salud depende de que los expulsemos de nuestro organismo. Ésta es una de las cosas que hace el ejercicio: pone en marcha los sistemas sanguíneo y linfático. Los médicos especialistas en longevidad nos dicen que todo aumento del riego sanguíneo es bueno para el cerebro, y que también nos levanta el ánimo. Piensa en esto: se han realizado docenas de estudios con personas que padecen depresión, y los resultados han demostrado que dar una vuelta a la manzana es uno de los mejores tratamientos posibles. Parece que las personas deprimidas se sienten mejor cuando salen a respirar aire fresco, sienten la luz del sol, se mueven y oxigenan su organismo.

Hace años, cuando empecé a ser entrenador personal en Atlanta, me contrató Richard, un hombre de casi cincuenta años que quería que le ayudara a recuperar su vida. Richard era un manía-co-depresivo que tomaba numerosos fármacos recetados por el psiquiatra al que llevaba años visitando. También tenía una rutina cotidiana que deprimiría a cualquiera. Básicamente, Richard se tomaba los medicamentos, se sentaba en el sofá delante de la droga que se enchufa y se compadecía de sí mismo todo el día. Hacía años que no trabajaba.

Lo primero que hice fue decirle que tenía que dar un paseo por su barrio con un bloc de notas y un bolígrafo todos los días, a las 12.37 horas. Tenía que anotar sus observaciones detalladas sobre su barrio. Esto debía hacerlo cada día a esa hora, y si alguna vez se lo saltaba, no seguiría teniéndole como cliente. Luego le dije que tenía que proporcionarme un informe detallado de sus reflexiones cada semana. La hora y la práctica de este ejercicio eran imperativas, y tenía que llevarlo a cabo impecablemente; todo se revelaría a corto plazo. Le encomendé esta tarea con mucho bombo y platillo, enfatizando su importancia para nuestro proyecto colectivo. Poco se imaginaba Richard que me había inventado el ejercicio de la hora, el bloc y el boli porque quería que saliera de su casa. Quería que se sintiera como si tuviera que cumplir una misión importante; quería que se moviera y que aquello le pareciera una actividad con sentido.

Al mismo tiempo trabajaba con él su forma de almacenar los recuerdos, qué pensaba y cómo se sentía en diversas áreas de su vida. Richard había organizado una espiral descendente que se alimentaba a sí misma, lo que los psicólogos llaman ganancia secundaria. En otras palabras, él creía que esa situación le proporcionaba la atención emocional que deseaba por parte de su esposa y de otras personas. También le daba excusas para que no hiciera muchas cosas que no le gustaban. Le ayudé a descubrir nuevas maneras, más positivas, de obtener la misma atención, además de poder hacer más cosas que le gustaban. Cuando empezó a cambiar el centro de su atención, su esquema mental siguió el mismo rumbo. Recuerda que la física cuántica nos dice que nuestro mundo lo mantenemos ligado con nuestra atención: la energía fluye hacia donde se centre la atención. En menos de tres semanas había dejado de tomar medicación y se preparaba para volver al trabajo. Su esposa me telefoneó, llorando y agradecida, afirmando que por fin había recuperado a su marido.

El movimiento energético se demuestra andando. Así que, dime, ¿cuánto te mueves tú? Muchos tenemos trabajos que nos exigen pasar buena parte del día sentados frente a una mesa. Si tú eres una de esas personas, levántate y muévete cada hora más o menos, aunque sólo sea para ir a beber agua. Una vez más, sube escaleras. Al principio puede que no te resulte muy cómodo, pero cuanto más lo hagas, más cómodo te irás sintiendo.

Comprométete contigo mismo a salir y a respirar aire fresco, a tomar el sol, sobre todo si estás en un edificio que tiene poca ventilación. Cuando vuelvas a tu mesa, te sentirás mejor y serás más productivo. Tras padecer episodios de depresión cada mediodía, la madre de mi amigo empezó a ir a un parque durante la hora de la comida, a sentarse junto a un rosal y comer su almuerzo. Eso marcó la gran diferencia para su estado de ánimo y para su día.

Tu récord personal

Para conseguir un Pilar Físico armónico, necesitas integrar en tu vida el ejercicio estructural. Piensa en ello como si se tratara de un andamio que tiene tres elementos: fortalecer los músculos, fortalecer el corazón y flexibilizar el cuerpo.

El ejercicio requiere motivación, pero la mayoría de personas comete el error de pensar que para empezar a practicarlo deben estar motivadas. Pero esa lógica es errónea. Haz ejercicio y dispondrás de energía para hacerlo. Empieza a ejercitarte y te motivarás, no al revés. ¿No te has sentido agotado o incluso un poco aletargado y, en cuanto te has puesto a hacer *footing*, te has sentido renovado? El movimiento aumenta la serotonina en el cerebro, y ello hace que nos sintamos mejor. Por tanto, ¡despega el trasero del sofá!

Fortalecer los músculos

Da igual que seas hombre o mujer, porque esto vale para todos: necesitamos músculo. Se nos han dado músculos por un motivo, y si no los usamos, los perderemos. Estamos compuestos de sólo unas cuantas cosas: agua, grasa, músculo y hueso. Si no usamos un músculo en setenta y dos horas, provocamos una atrofia de tono muscular de en torno al 40 por ciento. Esto no es una imagen halagüeña, porque si perdemos músculo, nos quedamos con el agua y la grasa. Por eso es posible agarrar el brazo de una persona muy delgada, sin tono muscular, y sentirlo como gelatinoso.

A medida que envejecemos nuestros huesos pierden densidad. Aplicar cualquier tipo de esfuerzo a nuestros músculos, que es lo que hacemos en los ejercicios de musculación, por ejemplo, fomenta la densidad ósea. La masa muscular también se reduce con los años, y el ejercicio puede ayudarnos a recuperarla.

¿Alguna vez te has preguntado por qué las personas mayores se caen con tanta frecuencia? Suele ser porque carecen de músculos fuertes en los muslos. Si entrenas tus piernas cada día, simplemente sentándote y levantándote una y otra vez, por ejemplo, tendrás muchas menos probabilidades de caerte, porque tus piernas se mantendrán firmes. Piensa en ello: si cuando seas mayor eres capaz de sentarte y levantarte de una silla y mantener un buen equilibrio, podrás evitar las caídas y las fracturas de cadera, que son la principal razón de que los ancianos vayan hoy día a una residencia.

Elige un ejercicio riguroso con peso, que te guste, y no lo dejes. Da lo mismo que sea levantar mancuernas o hacer algún trabajo intenso —hacer senderismo y bailar también son buenos ejercicios—; lo importante es que sometas a tus músculos regularmente a un esfuerzo, y luego les concedas el descanso y la recuperación que necesitan.

Para crear músculo es necesaria una resistencia progresiva, lo cual significa que, poco a poco, tienes que ir sometiendo a tus músculos a un esfuerzo cada vez mayor. Aplico este principio cuando levanto pesas, aumentando de forma gradual el número de repeticiones y de peso. La idea es trabajar intensamente en periodos breves. Cuando veo a personas que están haciendo *curl* de bíceps mientras hablan por el móvil, pienso: «No están haciendo nada. Es una pérdida de tiempo. Más les valdría estar en la cafetería».

Hago nueve series por grupo muscular. Llevo un diario, porque la única manera de saber si estoy progresando es tomar notas. Eso hace que el ejercicio sea emocionante, porque es una especie de competición conmigo mismo. Por ejemplo, para un ejercicio dado elijo un peso que me obligue a concentrarme y a esforzarme mucho para hacer seis repeticiones. A la cuarta o quinta, mis músculos son prácticamente gelatina, pero con un poco de voluntad consigo hacer la última repetición.

Si puedo hacer seis repeticiones, en mi siguiente entrenamiento intento hacer ocho. Al día siguiente probaré con diez. Mi objetivo es siempre aumentar las repeticiones de dos en dos. No siempre lo consigo, pero cuando llego a diez o doce repeticiones para un movimiento, aumento el peso o cambio de ejercicio. Esto hace que mis entrenamientos sean siempre nuevos y emocionantes, y que mis músculos estén un tanto confundidos, de modo que tengan que adaptarse y mantenerse fuertes.

Ayuda a tu corazón

Creo que todos necesitamos en torno a media hora de ejercicio aeróbico al menos cinco veces por semana. Como mínimo, y con pocas excepciones. Hago aeróbic y yoga cada día, incluso aquellos en que no levanto peso. A menudo la gente me pregunta: «¿Cree que hay que entrenarse cada día?» Yo siempre respondo: «¿Come usted cada día?»

El ejercicio puede ser aeróbico o anaeróbico. Este último es breve e intenso; el ritmo cardiaco llega al 80 por ciento de su capacidad máxima, y el organismo absorbe grandes cantidades de oxígeno. Trabaja el corazón, pero no quema grasa. El trabajo con pesas, las carreras de velocidad y el entrenamiento de intervalo intenso son anaeróbicos. El ejercicio aeróbico hace que el corazón funcione por debajo del 80 por ciento de su capacidad máxima durante más tiempo; como ejemplo podemos correr o caminar en la cinta continua, usar la elíptica, nadar o pedalear. Si bien el ejercicio anaeróbico crea tejido muscular, el aeróbico ayuda a fortalecer el corazón y quema grasa. Tienes que incorporar a tu rutina deportiva ambos tipos de ejercicio, para obtener los máximos beneficios. Un buen ejemplo de los diversos resultados del ejercicio aeróbico frente al anaeróbico es la diferencia entre un corredor de fondo y un velocista. El corredor de fondo recorre distancias más largas a un ritmo más lento, mientras el velocista lo da todo en distancias cortas. Las piernas del corredor de fondo parecen dos porciones de carne magra sin piel, mientras que las del velocista son como robles. ¿Ves la diferencia?

Para beneficiar al corazón, la clave consiste en ir lentos y constantes, de modo que puedas trabajar media hora, aumentando el ritmo cardiaco, pero sin quemarte. Tu objetivo debe ser mantener el rimo cardiaco en torno al 60 por ciento de tu capacidad, lo cual quema grasa. La grasa es un combustible que quema lento, así que mantén un ritmo lento y continuado. Hoy día la mayoría de gimnasios tienen equipamiento con dispositivos incorporados para comprobar el ritmo cardiaco. Si en el tuyo no lo hay, la otra opción es comprar un buen monitor de ritmo cardiaco. Si haces ejercicios aeróbicos, debes ser capaz de mantener una conversación sin jadear, resoplar y boquear en busca de aire.

Veo a personas que se machacan en la elíptica sin darse cuenta de que pierden el tiempo, porque en realidad esa maldita máquina no les ayuda a crear músculo ni tampoco a quemar grasa. Fuerzan mucho el corazón y añaden mucho ácido a sus cuerpos, algo que debes reducir al máximo. Por eso levanto peso entre veinte y treinta minutos, porque el ejercicio anaeróbico requiere entrenamientos breves e intensos, que carguen al máximo la musculatura y mantengan bajo el nivel de acidez. Lo cierto es que no me opongo a la máquina elíptica; de hecho, la uso mucho. Ese movimiento suave trata bien las articulaciones, y cuando se usa de la forma adecuada es genial para el corazón, y además quema grasa. El ingrediente clave es monitorizar el ritmo cardiaco y quedarse donde necesites para asegurarte de que no te sales de tu zona aeróbica.

Yo solía ser un defensor acérrimo de las clases de *spinning*. Pero entonces empecé a mirar a mi alrededor y me di cuenta de que todos mis monitores eran gruesos, y que sus clientes parecían más viejos que yo, a pesar de que yo tenía más años que la mayoría de ellos. Pensé: «Aquí hay algo que no cuadra». ¿Cómo podía ser? ¡Por el ácido! Las clases de *spinning* son casi siempre anaeróbicas, no aeróbicas. La gente corre, corre, pedalea y corre más, y crea ácido, ácido y más ácido. No es una buena opción.

Si conoces personalmente a un monitor de *spinning* o has leído que éste es un ejercicio tanto aeróbico como anaeróbico, puede que ahora te estés rascando la cabeza, perplejo. Por supuesto que hay excepciones, pero la norma es que tu ritmo cardiaco es el que es, y no es el del monitor ni el de tus compañeros de entrenamiento (esto es así en cualquier clase de mantenimiento físico en grupo). Si pedaleas o te esfuerzas para mantener el ritmo del monitor o del tipo o la chica que tienes al lado, entonces no prestas atención a *tu* corazón y a *tu* cuerpo. Dicho en pocas palabras, el ejercicio anaeróbico extendido crea ácido y estresa los músculos, pero no hace que el corazón trabaje bien ni quema grasa. Además, el exceso de ácido en el cuerpo retiene la grasa corporal. Suma dos y dos y obtendrás cuatro.

Una vez estaba en una clase de *spinning*, conectado a mi monitor de ritmo cardiaco, y me limitaba a ir pedaleando, sin salirme de mi zona. El tío que tenía al lado parecía una pasa. Pedaleaba a toda velocidad, con la boca abierta, jadeando y resoplando; el sudor chorreaba por toda la bicicleta, formando a sus pies un charco del tamaño del lago Michigan. El instructor vociferaba: «¡Arriba, abajo!» Yo no le prestaba atención, y me limitaba a seguir con lo mío. Al final de la clase, el hombre-pasa me dijo:

—¿Tiene algún problema cardiaco?

—Pues no —repuse.

—Ah, me lo preguntaba porque como va tan lento... —dijo.

Yo no se lo dije, pero pensé: «Sí, porque no quiero parecer una ciruela».

Cuerpo flexible, mente flexible

Un cuerpo inflexible es reflejo de una mente inflexible. En el nivel físico, es esencial mantenerse móvil y fluido. Pregúntate esto: cuando te despiertas por la mañana y te sientes rígido, quizá con tirantez en la espalda, el cuello o la rodilla, ¿te sientes joven o viejo?

La rigidez y el rígor mortis se parecen mucho.

Durante años levanté peso religiosamente, pero no hacía estiramientos. En aquella época estaba prisionero de la mentalidad del rebaño, la que venera el aspecto físico. Todo el mundo apreciaba los beneficios de mis entrenamientos; nadie sabía si era o no flexible, de modo que yo no prestaba atención al tema. Por desgracia, después de varios años de levantar pesas sin estirar los músculos, estaba siempre duro y encogido. Mi padre siempre me decía que me enderezase, a lo que yo contestaba: «¡Pero si ya lo hago!» Lo cierto es que me estiraba todo lo que podía, pero mis músculos pectorales y los de los hombros estaban tan tensos que siempre estaban contraídos. Tras mi primera experiencia de *rolfing* (que cambió del todo mi postura), adopté la práctica personal y diaria del yoga.

Muchos occidentales piensan que el yoga consiste en poder meterse el dedo gordo del pie en la oreja, pero la flexibilidad creciente es sólo un aspecto del yoga. La palabra *yoga*, traducida del sánscrito, significa «yugo» o «unión», y esta sabiduría engloba la práctica espiritual. El aumento de la flexibilidad, la inversión, la torsión, la fortaleza y la capacidad de respirar hondo son la preparación yóguica para la meditación. Aunque la meditación y la práctica espiritual son claves esenciales para el crecimiento y para la longevidad, a estas alturas sólo hablo del *hatha yoga*, que es la práctica física del sendero yóguico.

Tanto si asistes a clases de yoga como si no, es buena idea aprender suficientes posturas para estirar diariamente los músculos del pecho, las caderas, las lumbares, los tendones de la corva y los muslos. Haz algunos estiramientos para que tu musculatura siga flexible y ágil.

Tu rutina de ejercicios

Aquí tienes el plan de juego: alza pesas para que tu metabolismo se convierta en una máquina quemadora de grasa y para que tu cuerpo se tonifique. Tonifica tu músculo más importante (tu corazón) con ejercicio aeróbico. Haz estiramientos para mantenerte flexible y ágil.

¿Apuntarte a un gimnasio? ¿Contratar a un entrenador personal? ¿Entrenarte con un amigo? Da lo mismo cuál es el camino que sigas, ¡mientras lo hagas! Por favor, no me digas que no puedes permitirte pagar un gimnasio. Mi amiga Betsy pertenece a Planet Fitness, una cadena de gimnasios reducida, limpia y que tiene todas las pesas, cintas, máquinas de *steps* y todos los aparatos que puedas imaginar…, ¡y paga diez dólares mensuales! Va al gimnasio cinco veces a la semana, de modo que cada visita le cuesta diez céntimos. Sí, claro que puedes permitirte un gimnasio. Lo que no puedes permitirte es no ir a ninguno.

¿Vas a decirme que tienes la agenda demasiado repleta como para ir al gimnasio? Vale. Tienes un millón de cintas y DVD que puedes emplear en tu propia casa. ¿Qué no tienes sitio para un par de mancuernas? Vale, coge unas garrafas de agua o dos latas pesadas de la despensa.

¿Vas captando el mensaje? No me creo tus excusas. Cada excusa que me lanzas es una mentira, una buena historia para mantenerte donde estás. Pero no hablemos de nuestras historias y excusas. Inspirémonos. ¡Hablemos de resultados! Un amigo me enseñó la página web Body-for-Life. Cada año, esos amigos patrocinan un concurso para las personas que quieren seguir ese programa o dieta y

hacer ejercicio durante doce semanas. En 2000, el ganador de la
categoría inspiradora fue Jared Horomona, un hombre cuya pará-
lisis cerebral le había imposibilitado mantenerse en pie sin ayuda.
Al final del proceso, Jared parecía uno de los soldados espartanos
en la película *300*. Desde entonces ha corrido dos maratones de
Nueva York con muletas. Mi amigo Sean Stephenson nació con
una infrecuente enfermedad ósea y le diagnosticaron que moriría
siendo un bebé. La enfermedad hacía que sus huesos fueran muy
frágiles; tuvo más de doscientas fracturas y le confinaron a una silla
de ruedas. Sean es orador profesional, y siempre que coincidimos
en la misma ciudad, invariablemente le encuentro en el gimnasio
del hotel, haciendo un entrenamiento considerable. ¡Caray, ese tío
me inspira! Cuando uno quiere tres de tres, todo es posible.

Es buena idea trabajar con un entrenador para personalizar
una rutina de pesas que encaje con tu cuerpo. Todas esas máquinas complejas del gimnasio pueden resultar bastante intimidantes,
y ayuda el tener a alguien que nos enseñe a usarlas. Un entrenador
también puede ser muy útil para enseñarte las técnicas más correctas y los trucos de seguridad, por no mencionar la motivación
que te hará seguir adelante. Mientras progresas con tus entrenamientos, te resultará muy gratificante tener a un amigo con quien
ir al gimnasio, alguien que te anime o te ayude a seguir para alcanzar tus objetivos deportivos.

Una consulta inicial con un entrenador también puede ayudarte a centrarte en un ejercicio aeróbico que encaje con tu forma física, tu interés y tu capacidad. Asegúrate de elegir un ejercicio que
te permita monitorizar tu ritmo cardiaco y mantenerte dentro de
tu zona aeróbica. Si quieres asistir a una clase, ten en cuenta que
debes trabajar buscando resultados; no estás allí para competir ni
para compararte con otros. No siempre podrás ser un buen alumno y seguir las instrucciones si éstas no te conducen hacia tu meta.

No hay nada mejor que un buen instructor de yoga para asegurarse de colocar correctamente el cuerpo. Una clase bien dirigida
siempre me carga las pilas, a pesar de que en estos momentos, de-

bido a mi agenda, me resulta difícil asistir a alguna. Sin embargo, hay montones de cintas y DVD de yoga, muy bien elaborados, por no mencionar los de estiramientos. Puedes dominar algunos movimientos estratégicos y hacerlos cada mañana por tu cuenta.

Mi tabla de ejercicios

La gente siempre me pregunta cuál es mi rutina de mantenimiento físico. Voy a compartirla contigo, no porque quiero que salgas corriendo a imitarla, sino para que tengas una idea de cómo combinar las pesas, el aeróbic y los estiramientos en un día ajetreado. La clave es encontrar el ejercicio que te gusta, y luego aumentar la intensidad cuando te apetezca un cambio de ritmo.

Cuando estoy en mi ciudad, trabajo normalmente con pesas tres días seguidos y luego descanso otro (sin contar mi ejercicio aeróbico, que hago cada día porque creo que uno debe mover el cuerpo todos los días, de la manera que sea). Trabajo con mancuernas durante veinte o treinta minutos, que para mí supone un gran esfuerzo (solía entrenarme dos horas dos veces al día). Pero también admito que el tema del ácido/alcalino es muy importante, y trabajar mucho con pesas genera demasiado ácido en el cuerpo.

Así es como reparto los ejercicios en mi ciclo de cuatro días:

Día 1: pectoral y dorsal. Creo que es conveniente trabajar partiendo del grupo muscular más grande hacia el más pequeño, de modo que empiezo trabajando la espalda. Inmediatamente hago ejercicios para el pecho, sin descansar entre un grupo y el otro, porque mientras mi espalda descansa mi pecho comienza a trabajar. Luego me concentro en mis abdominales, y por último descanso un minuto aproximadamente. Este tipo de entrenamiento en el mundo del *bodybuilding* se llama superserie. Una vez acabo las nueve series (tres ejercicios diferentes para cada serie, cada uno para un grupo muscular), hago media hora de ejercicio aeróbico.

Día 2: hombros, brazos y abdominales, siguiendo la misma pauta. Una vez más, remato con treinta minutos de aeróbicos.

Día 3: piernas y abdominales, seguido de media hora de aeróbicos.

Día 4: me tomo el día libre. A menudo hago los treinta minutos de ejercicio aeróbico. Todo depende de cómo me sienta. Si noto que necesito descansar, descanso. Pero incluso cuando no voy al gimnasio, hago mis ejercicios de yoga por la mañana.

En el gimnasio veo a mucha gente que hace los ejercicios, pero sin llegar a ninguna parte. El trabajo con pesas se llama «entrenamiento progresivo de resistencia» por un motivo. Si no progresas forzando los músculos, éstos se adaptan y tú (y ellos por un igual) obtienes poco o ningún beneficio. Para obtener esos beneficios constantes, debes aumentar sin cesar la intensidad del entrenamiento. Sólo hay dos maneras de hacerlo: 1) coger cada vez más peso cuando hagas ejercicios de musculación (muy difícil de hacer indefinidamente) o 2) reducir el tiempo.

He descubierto que, cuando se tiene una agenda apretada, el enfoque de tiempo reducido me ofrece el beneficio de hacer que a mis músculos cada vez les cueste más esfuerzo hacer ejercicio, y por tanto aumenta la intensidad constante. Al combinar mis ejercicios tras alcanzar la cota de doce repeticiones en un movimiento, nunca permito que mi cuerpo se sienta cómodo del todo, de modo que tiene que adaptarse continuamente. Es importante subrayar en este punto que hacer demasiado rápido un movimiento que es fácil para conseguir las repeticiones previstas es una pérdida de tiempo. Aprovecha mejor el tiempo y ve a tomarte un café. Y ya que estás, pide una pasta.

La clave en este caso es que las dos últimas repeticiones deben costarte mucho, y al moverte en superseries con muy poco descanso, los músculos nunca se recuperan del todo entre series. Por tanto, la intensidad constante durante poco tiempo (como la de un velocista) forja cuerpos y mentes fuertes. Tu mente te dirá a menudo que dejes esas tonterías cuando te quemen los músculos y aún no hayas recuperado del todo el aliento. Pero tendrás la satisfacción de mantenerte fuerte.

Me gusta la máquina elíptica para hacer ejercicio aeróbico porque el movimiento es agradable, suave y respetuoso con las articulaciones, ya que produce pocas sacudidas. Yo no tengo los huesos grandes. Recuerda que medía 1,88 metros y pesaba 70 kilos. Ahora peso 88, así que correr o hacer movimientos bruscos puede hacerme daño, dado que mis tobillos son como raspas de sardina. Cuando pesaba 109 kilos, la gente se me acercaba en el gimnasio y me decía: «¿Cómo es posible que te aguanten estos tobillos?», y eso me sacaba de quicio. Me enfadaba mucho porque no había nada que pudiera hacer al respecto. No existe un solo ejercicio que haga crecer los tobillos. He tenido que bregar con muchas emociones para olvidarme de mis resacas al estilo de la película *Amor ciego*.

También he prestado atención a mis llamadas de alerta, así que, como dije antes, ahora me estiro cada día… como los gatos.

Cuando estoy de viaje no trabajo con pesas, lo cual es otro hito importante para mí, dado que solía estar obsesionado con el tema; estuviera donde estuviese, siempre iba por ahí buscando un coche de alquiler para ir a entrenar. Me entrenaba con exceso, y no concedía a mi cuerpo tiempo para recuperarse, lo cual es algo imprescindible cuando uno levanta pesas.

Si te sientes cansado y arrastras los pies, es fácil que te hayas pasado con el entrenamiento. No le das al cuerpo suficiente tiempo para recuperarse. Probablemente también haya razones nutricionales que expliquen tu cansancio: puede que no te estés alimentando correctamente y por ello tu cuerpo no puede ofrecer un alto rendimiento.

Cuando viajo, sólo hago un poco de yoga y meditación en mi cuarto, para mantenerme centrado durante el día, y treinta minutos de aeróbic en el gimnasio del hotel; eso es todo.

Pasarse de la raya

He aprendido por las malas que es de sabios escuchar a nuestro cuerpo y darle tiempo para descansar cuando lo necesita. Hace un par de años estaba quemándome en la carretera sin parar, durmiendo muy poco —dos horas aquí y allá—, llevando mi cuerpo y mi mente al límite. Siempre había pensado que era invencible y que nada podría detenerme. ¡Madre mía! Pues iba a recibir un aviso tremendo.

Estaba trabajando en Las Vegas cuando empezó a dolerme el codo derecho durante un ejercicio de tríceps. Yo básicamente recurrí a la filosofía de «échatelo a la espalda» y seguí entrenando. Durante semanas me estuvo doliendo cada vez que estaba en el gimnasio, pero dado que yo era invencible, imaginé que sería algo temporal que acabaría pasando con el tiempo.

Una mañana temprano, estaba en mi gimnasio de San Diego, después de haber dormido unas tres horas, forzando al límite mis tríceps haciendo extensiones con mancuernas. Y en un momento dado, justo cuando sostenía una mancuerna muy pesada sobre la cabeza, escuché un estallido muy fuerte, al igual que el resto de la gente que había en el gimnasio. Uno de los entrenadores se acercó corriendo mientras yo dejaba caer la mancuerna al suelo, medio desmayado. Mi antebrazo derecho pendía inerte. No podía doblarlo ni moverlo: el tendón se había roto. Yo soy diestro, pero me las arreglé para ir con el coche hasta urgencias, un trayecto de cuarenta y cinco minutos con las calles llenas de tráfico y sintiendo un dolor insoportable. Me senté en la sala de espera; pasaba el tiempo y nadie me visitaba. Mi codo tenía el tamaño de un pomelo.

Al principio empecé a tirar por el camino de la autocompasión («¿Por qué me ignoran? ¿Es que no ven que estoy mal, que me duele mucho? Si no hacen nada con este codo, ¡pronto lo usarán para hacer mates en la NBA!»). De repente me controlé y me di cuenta de que ya era hora de practicar lo que sabía. Empecé a meditar y a visualizar mi codo sano y normal. Mentalmente regresé al gimnasio y reconstruí toda la escena, completando el escenario, sintiéndome sano y entero, depositando la mancuerna en el suelo. Hice esto varias veces mientras meditaba. Entonces volvió la enfermera y me dijo: «¡Oh, Dios mío! Pero ¿qué está haciendo?» De repente la inflamación de mi codo se había reducido en una tercera parte, y ella se quedó asombrada. «De todas forma, si escuchó el sonido de una rotura, no se curará en mucho tiempo», me dijo. Yo estaba pensando: «Ése no soy yo, ése no soy yo, ése no soy yo. Gracias por decírmelo, pero ése no soy yo».

Al final tuvieron que operarme y pasé un tiempo con el brazo enyesado e inmovilizado; no fue divertido, sobre todo porque tuve que llevarlo mientras daba un seminario de fin de semana de la Armonía en la Riqueza. Me habían dicho que no recuperaría mi fuerza completa hasta que pasara al menos un año. «Ése no soy yo, ése no soy yo, ése no soy yo. Estoy sano y entero —fuerte y vibrante—, y voy a curarme en un tiempo récord.» Cuando me quitaron el yeso tras la cirugía, mi brazo parecía un bastoncillo para los oídos. Me sometí a rehabilitación y fue espantosa.

Al cabo de un mes tenía otro fin de semana de Armonía en la Riqueza, y mientras contaba la historia me sentí tan inspirado que me puse a hacer flexiones de brazo en el suelo del escenario. Si me hubiera visto mi médico, me habría atizado. Más tarde, los médicos no podían creer que lo hubiera hecho. «Ése no soy yo, ése no soy yo, ése no soy yo.»

Nunca subestimes lo que eres capaz de hacer: eres un ser ilimitado. Pon en práctica lo que estás aprendiendo, y te sorprenderás a ti mismo y al mundo.

Una vez más, a pesar de un pronóstico tan nefasto, me recuperé del todo. Pero pagué un alto precio por aquella lección. Creo de verdad que, si hubiera escuchado a mi cuerpo y reducido el ritmo, podría haber evitado aquella situación tan dolorosa. Por eso ya no soy un fanático del entrenamiento. Si me despierto y percibo que el día anterior me forcé demasiado haciendo ejercicio, me aseguro de darle al cuerpo el descanso que necesita.

21

El lenguaje corporal: el poder de tus palabras y de tus actos

El lenguaje es la sangre del alma en la que se plasman los pensamientos y en la que crecen.

OLIVER WENDELL HOLMES

Las palabras como armas

Cuando hablamos del Pilar Físico, resulta fácil identificar físico con tangible. Tocamos los alimentos con los que nutrimos nuestro cuerpo. Sentimos que los músculos nos queman mientras los tonificamos cuando corremos o levantamos pesas. Sin embargo, mientras nutrimos y reconstruimos el templo de nuestros cuerpos, debemos ser conscientes de que edificamos sobre un fundamento invisible, intangible, hecho de pensamientos y de palabras: el modo en que narramos nuestra vida, el aire sustentador que le insuflamos, la manera en que te relacionas con los templos de los demás, la energía de las emociones en que nos bañamos.

Muchas personas tienen una debilidad física, o dos o tres; quizás un cuello débil, un problema de espalda o un estómago sensible. Nos apresuramos a señalarnos este punto débil a nosotros mismos y a otros, enviando así un flujo constante de energía negativa.

En este universo todo puede descomponerse en amor o temor, en amor o falta de amor, y eso incluye tu cuerpo. Tu salud general

tiene mucho que ver con: ¿te amas a ti mismo y a tu vida? ¿Vives
con alegría? ¿Te sientes capacitado?

Resulta sencillo volverse perezosos en nuestro pensamiento y
en nuestra habla, pero lo que debes comprender es que tu lenguaje
puede ser peligroso: toda una profecía física.

Quizá te guste reírte de ti mismo; cuando lo haces, tú mismo te
hundes, antes que otros puedan hacerlo: «¡Cielo santo, tengo un
trasero tan grande que cuando subo al autobús pago dos billetes!»
O a lo mejor suelta una mala opinión sobre ti misma, esperando que un amigo te corrija amablemente: «Con estos pantalones
parezco una vaca, ¿no?» Ten en cuenta que cada una de las cosas
desagradables y negativas que digas sobre ti mismo te las creerás,
y tu cuerpo obedecerá esa creencia.

Hace un año mi amiga Brenda empezó a trabajar con un entrenador. Durante los tres primeros meses de entrenamiento,
pasó más tiempo contando chistes que centrándose en los ejercicios. Su entrenador le decía: «Vale, vamos a…», y ella acababa la frase: «¿Zamparnos un bol de helado?» Todo era una gran
broma, hasta que se dio cuenta de que, en realidad, se estaba
convenciendo de que no se tomaba en serio aquellas clases, porque ni ella misma se tomaba en serio. Aquélla fue una potente
llamada de advertencia. «Se acabaron los chistes», anunció. Tras
esa decisión, me dijo: «Entré en una nueva fase del entrenamiento… y de mi vida».

Me enorgullezco de la concentración que, como un láser, mantengo en el gimnasio mientras entreno, pero eso no quiere decir
que no tenga malos días en los que estoy cansado, perezoso o me
siento mal conmigo mismo. Habitualmente empiezo la jornada
con mi entrenamiento, de modo que esos pensamientos tóxicos
intentan colarse en mi mente temprano por la mañana, sobre todo
cuando he dormido poco. En esos momentos de debilidad empleo
todo tipo de decretos y de proclamas en mi mente, tales como:
«Cada día soy más joven, fuerte y atractivo», «Soy la juventud y
la vitalidad eternas, y puedo hacerlo todo», etc. Cuando hago un

ejercicio concreto que me parece imposible, por ejemplo el *press* de banca, declaro: «¡Soy el rey del *press* de banca! Y el rey hace lo que quiere». Y cuando esas últimas repeticiones de un ejercicio me parecen casi imposibles, me digo: «Las últimas repeticiones son las mejores».

Me doy cuenta de que algunas de estas cosas pueden parecer un poco tontas, y nunca antes las había compartido con nadie, pero si funcionan (y es así), ¿a quién le importa? A mí sólo me interesan los resultados.

La próxima vez que oigas decir «Eres un plasta», o «Eso me hace polvo», o «Esto es un rollo», o «Me rompes el corazón», o «Es para morirse», o «¡Es que con esto no puedo!», pregúntate si realmente este es el mensaje que quieres enviar al universo.

Tus deseos son órdenes. Entretanto, «Me estoy volviendo más fuerte, más vital y más joven cada día que pasa».

El oxígeno: un ejercicio de respiración

El oxígeno es el nutriente más importante del cuerpo. Piensa en ello: puedes pasarte semanas sin comer, días sin beber, pero sólo minutos sin oxígeno. La mayoría de personas oxigena mal su organismo, motivo por el cual las prácticas respiratorias son tan vitales para el Pilar Físico.

Todas las tradiciones tienen sus prácticas respiratorias, porque la respiración es la vida. Por ejemplo, según las antiguas tradiciones chinas, parte de los ejercicios respiratorios se consideraba tan sagrada que, si se compartía fuera del ámbito del rey y su corte, el castigo era la muerte. Mientras estudiaba la tradición espiritual huna de Hawái, me enteré de que los indígenas isleños reconocían la importancia de la respiración. Los antiguos comenzaban cada día con profundas respiraciones diafragmáticas. ¿Sabes el motivo de que llamen al hombre blanco *haole* (pronunciado *haulii*)? No es debido a nuestra piel blanca, sino que significa «la gente que no respira». Cuando los primeros colonos llegaron a las islas de

Hawái, los isleños se preguntaron: «¿Cómo podrá vivir esta gente sin respirar?»

La mayoría de adultos respira con las vías altas y el pecho. Pero cuando se respira correctamente, desde el diafragma, se hincha el abdomen; no es una técnica popular en una sociedad que gasta montones de energía en respirar rápido. Si quieres ver un ejemplo perfecto de cómo respirar, observa a un bebé. Cuando un bebé respira, el estómago se le expande.

Una forma estupenda de practicar la respiración correcta consiste en tumbarse de espaldas en el suelo. En esta posición no puedes evitar respirar con el diafragma. Hay diversas maneras de respirar (dependiendo de los resultados que se quieran obtener), pero en las actividades cotidianas normales la respiración neutral, el equilibrio 1:1 entre inspiración y espiración, es correcto. Por ejemplo, contar hasta cuatro mientras inspiras y también mientras espiras.

Introduce en tu rutina diaria la practica de la respiración consciente, profunda, diafragmática, y dentro de muy poco se convertirá en un hábito en el que no tendrás siquiera que pensar. Puede que te sorprendas de cuánta más energía dispondrá. De hecho, la próxima vez que estés cansado, en lugar de echar mano a la cafeína, prueba a respirar profundamente varias veces; es posible que notes un cambio radical en tu energía. Resulta una táctica muy eficaz y mucho más saludable.

La técnica respiratoria *ha* de las islas Hawái oxigena el sistema desde el punto de vista fisiológico, y calma mucho la mente. (Uno de los significados de la palabra *ha* en la lengua antigua es «respiración».) Es una proporción 2:1; respira por la nariz y espira el doble de tiempo por la boca. Mientras espiras emite el sonido *ha*. Cuando enseño a la gente la respiración *ha*, lo primero que suelen hacer es bostezar. Pensamos que bostezar significa que estamos cansados, cuando en realidad se trata de la respuesta fisiológica a una mala oxigenación.

La curación sexual

No afirmo, bajo ningún concepto, ser un experto en sexo; he tenido mis relaciones alguna que otra vez y espero volver a tenerlas (¡espero que pronto!). Aunque seguramente en el futuro escribiré más sobre este tema, permíteme que te diga simplemente que si piensas que ser sexual no es ser espiritual tienes que superarlo. Dios tenía un motivo para hacer que el sexo fuera divertido. Te deseo que estés tan sano y ganes sufieciente dinero para dedicar mucho más tiempo y energías al sexo.

Voy a confesarte un pequeño secreto. En mis viajes he descubierto que los mejores maestros, gurús y chamanes no son las personas apacibles, apocadas e introvertidas que podrías imaginar. Tienen una personalidad ardiente, y son algunos de los personajes más alocados e interesantes que he conocido en mi vida.

La creencia de que para ser espirituales debemos ser dóciles y afables y hablar en un susurro no encaja con la forma en que funciona la energía. Francamente, creo que éste es uno de los motivos por los que tantas personas de la cultura occidental son rechazadas por la mayoría de los llamados «maestros espirituales». Si prestas atención a la tradición cristiana, te darás cuenta de que Jesús era todo un inconformista, muy distinto al maestro manso y apacible que muchas veces se ha dicho que es. Era judío, pero no dejaba de transgredir las leyes judías, comiendo y bebiendo con prostitutas, llamando víboras a los hombres más religiosos de su tiempo y echando a los cambistas de dinero del templo a golpes de látigo. No sé para ti, pero a mí esto no me suena mucho a ser apocado y afable.

En realidad, los individuos con un verdadero poder están repletos de energía, y son personas amenas. Sus vidas están llenas hasta rebosar. Son tan enérgicos y están tan rebosantes de alegría que sus cuerpos permanecen muy activados. Pero eso tú ya lo sabes, porque en tu presencia las cosas mejoran. Reflexiona sobre esto.

Se nos ha condicionado para que pensemos que para ser espiritual deben evitarse, reprimirse o trascenderse las cosas que a menudo causan problemas o luchas internas (el dinero, el sexo, la comida, el poder). Sin embargo, los maestros más increíbles a los que he conocido en mi vida no tienen menos de estas cosas, ¡sino más! No obstante, por algún extraño motivo, no están inquietos ni padecen conflictos internos. Vaya, vaya... En el próximo capítulo hablaremos más de este tema.

Cómo tus emociones afectan a tu salud

Algunas de las investigaciones más fascinantes de las dos últimas décadas realizadas por Candace Pert y otros han revelado el profundo efecto que nuestras emociones tienen sobre nuestro cuerpo. No podrás alcanzar la armonía genuina en el Pilar Físico a menos que te liberes de la esclavitud a la que te tienen sometido las emociones negativas.

Muchos de nosotros se torturan viendo el mundo en blanco y negro, etiquetando todas las experiencias como buenas o malas. He aprendido por propia experiencia lo que mi estudio de la física cuántica me ha dicho desde siempre: cuando uno se queda encallado en la dualidad entre bueno y malo, está atorado en la emoción del espejismo y atado por la gravedad, que le arrastra con mayor rapidez hacia su tumba. Cuanto más intensamente experimentes estas emociones negativas, más mermarán tu juventud y tu vitalidad.

Dos de los estados más comunes limitados por el tiempo que experimentan las personas son las emociones del miedo y de la culpa. El miedo no es más que un estado futuro imaginado en el que experimentarás más dolor que placer. Lo que hace la mayoría de personas es usar su imaginación para proyectarse al futuro y fracasar, y luego trasladar ese fracaso al presente y preocuparse y sentir temor entonces. No es una idea muy inteligente cuando reflexionamos sobre ella, ¿no?

El miedo hace envejecer tu cuerpo y tu mente. Envía un mensaje al universo pidiéndole aquellas cosas que no quieres recibir. El miedo no sólo genera arrugas, sino que acorta la esperanza de vida. La culpa, por otro lado, también está sujeta al tiempo, pero es lo opuesto al temor. La culpa es una emoción del pasado. Cuando experimentas culpa, usas tu recuerdo de los actos imaginados del pasado para generar más dolor que placer. ¿Crees que tu pasado es real? Piensa de nuevo. Recuerda que tienes un número infinito de pasados, y que sólo estás reconociendo uno de ellos.

Cuando trasciendas (concluye el trance) la dualidad del bien y el mal y aceptes ambos lados de la ecuación, descubrirás que vives en un universo perfecto que siempre te respalda y te enseña. Te sumirás en un estado de expectación maravillosa, aprecio y gratitud frente a la perfección de todas las cosas. Cuando vives en este estado inspirado durante un instante o un mes, te encuentras literalmente más allá del espacio-tiempo tridimensional, y por tanto careces de edad.

Hay muchísimas cosas que puedes hacer para aumentar el valor y la vitalidad de tu vida reduciendo los efectos de la edad. Lo primero de la lista es fortalecer tu Pilar Físico haciendo algunos de los ejercicios mentales que describí en el Pilar Mental para liberarte de los pensamientos negativos. Es igual de importante sentirse inspirado, como ya hemos comentado en este capítulo y también al hablar de otros pilares. Los estudios demuestran que cuando conectes con un propósito superior, contribuyendo a él y marcando una diferencia, sentirás más entusiasmo y vivirás más tiempo.

Acaba con el estrés

Las investigaciones sobre la longevidad demuestran que las personas que tienen menos estrés en sus vidas y una presión sanguínea más baja —cosas estrechamente relacionadas entre sí— tienen vidas más fructíferas. Edward Hallowell, autor de *¡No te vuelvas* *loco!*, fue entrevistado recientemente en *20/20*. Hallowell dijo que todos nos estamos viendo arrastrados hacia «la gran seducción de la multitarea», donde pensamos que estamos haciendo muchas cosas cuando en realidad no es así. Simplemente aumentamos la sensación de estrés y de presión en nuestras vidas, lo cual perjudica a nuestra salud.

La Universidad Vanderbilt realizó hace poco un estudio que demostró que los conductores que hacen algo más mientras conducen (ponerse maquillaje, hablar por teléfono, enviar mensajes de texto) tienen cinco veces más probabilidades de tener un accidente que otros.

Pero, como ya sabes, al universo le gusta la velocidad, así que ¿qué hacemos? La respuesta se encuentra en lo que ya dijimos en el tercer capítulo: el mero hecho de que estés ocupado no quiere decir que seas eficiente. Este tipo de caos pasa factura a nuestras mentes y cuerpos. Vivimos en un caos, y por lo tanto no estamos presentes, así que todo se resiente, ¿a que sí? Nuestra relaciones, nuestra cordura, nuestra paz y bienestar espirituales y nuestra salud física. ¿Qué haces cuando vas siempre corriendo y estresado? Ya de entrada, coges lo primero que encuentras para comer cuando te ruge el estómago, pierdes sueño de calidad y no haces ejercicio.

Por tanto, alcanzar la verdadera salud debe pasar por controlar el estrés. Una cosa es leer un buen libro mientras uno hace ejercicios cardiovasculares en el gimnasio. Otra cosa es sentir que nuestra atención se centra en veinte cosas, y no está presente en ninguna de ellas. Aquí la consciencia y el hecho de prestar atención pueden ayudarnos. Debes estar totalmente presente en todo lo que hagas, siempre que puedas. Recupera la meditación: se ha demostrado que veinte minutos de meditación profunda reducen el estrés. También equivalen a dos horas de sueño, lo cual hará que tengas mejor aspecto, parezcas menos viejo y dispongas de más energía y capacidad de concentración.

El trabajo corporal: el poder del tacto

He visto actuar a curanderos de todo el mundo y soy un gran defensor de la medicina alternativa y de las interacciones psicosomáticas. Aunque estos temas son extensos por sí solos, me gustaría hablar un poco sobre las cosas alternativas y preventivas que hago para mantener la armonía de mi cuerpo.

Los tratamientos de acupuntura, que sigo al menos una vez al mes (sobre todo antes y después de un suceso importante como mis fines de semana Armonía en la Riqueza), son una de mis formas favoritas de cuidar mi cuerpo. Según este antiguo sistema terapéutico chino, la enfermedad se entiende como una pérdida de armonía entre las energías del yin y el yang, de las que hablaremos más cuando nos centremos en el siguiente pilar. Se utilizan unas agujas finísimas para abrir los meridianos energéticos situados por el cuerpo, y aunque esto no suena especialmente divertido, en realidad relaja mucho.

Soy un adicto al masaje, y con razón. Cuando uno es tan enérgico físicamente como lo soy yo —a veces doy clase dieciséis horas seguidas—, el masaje puede ser tu salvación (sobre todo cuando se combina con un buen ajuste quiropráctico). Existen muchos tipos de masajes, pero yo prefiero el masaje de tejidos profundos, que me hago al menos una vez por semana; el masaje deportivo; el drenaje linfático, el *rolfing*, y el masaje sueco, que me dan dos hermosas suecas al mismo tiempo. (Esto último es broma, sólo es para ver si me estás prestando atención.)

Los conflictos emocionales no resueltos se almacenan en el nivel celular, y se ha demostrado que se adhieren a los músculos. También reducen el colágeno y generan rigidez. Mi casa de San Diego está cerca del océano. Cuando hay una fuerte tormenta y el viento sopla del mar con una fuerza muy intensa, es probable que el viento arranque de cuajo un árbol que esté rígidamente sujeto a tierra, pero un árbol que sea flexible se inclinará frente al viento y soportará la tormenta. Creo que ya me entiendes.

Una vez más, un cuerpo inflexible es el reflejo de una mente inflexible.

Dado que las emociones se almacenan en el nivel de las células, muchas personas tienen experiencias bastante catárticas durante las sesiones de *rolfing*. Con el masaje de tejidos profundos también se puede tener una experiencia parecida, pero de menor intensidad.

Ha habido veces en las que en el momento de darme un masaje intenso ha surgido en mi mente, no sé de dónde, el recuerdo de una persona en la que no había pensado en años. Este trabajo físico regular no sólo influirá en tu vida, tu vitalidad y tu longevidad, sino que también alimentará mucho tu espíritu. Los estudios han demostrado que las personas solas o que no se sienten queridas necesitan contacto físico y mimos para obtener la tranquilidad mental.

Nuestras vidas cotidianas como adultos nos piden el contacto físico con otras personas, algo que es bueno para todo el mundo, independientemente de su edad o su grado de estrés. Conocí a una madre que cada día le frotaba los piececitos a su bebé porque había oído que era bueno para sus órganos internos. Al niño le encantaba, y durante toda su infancia no contrajo una sola enfermedad importante; nunca fueron de urgencias, nunca tuvo mucosidad ni otitis. Así que ella siguió con los masajes hasta que el chico fue adolescente y calzaba un 40. Al final el padre dijo: «Ya basta. Ahora me toca a mí». La madre nunca supo si aquellos masajes en los pies habían favorecido realmente la salud general de su hijo, pero jamás lamentó aquel pequeño gesto, que hizo durante tantos años, y que resultó ser tan saludable al facilitarle el contacto físico con su hijo.

El cuidado de uno mismo: los chequeos

Cada seis meses me visito con un médico que me analiza la sangre, las hormonas, las glándulas adrenales y todo lo demás. Es un doctor especializado en longevidad o antienvejecimiento. Seguro que encuentras alguno en tu zona, si buscas en la página web de la American Academy of Anti-Aging (www.worldhealth.net). ⓘ Soy un gran defensor del uso de la tecnología. A veces escucho a los seguidores de la Nueva Era que dicen: «Estoy enfermo, pero en vez de ir al médico mejor que me visite un sanador psíquico». Pues verás, eso puede que funcione o que no, pero a lo mejor necesitas perder esos diez kilos que te sobran. Si tienes una caries, puedo ayudarte a sobrellevar psicológicamente el dolor, pero ve al dentista a que te arreglen el problema. Es ridículo no utilizar todos los recursos disponibles. Dios trabaja tanto con las manos del médico como con las del sanador psíquico. Mi consejo es: aborda el problema en el nivel que sea necesario.

Tus metas físicas

Por tanto, cada día tienes la oportunidad de practicar hábitos saludables. Tú construyes tu vida no mediante los actos que haces aquí y allá, sino mediante los hábitos que adaptas y refuerzas. Míralo desde este punto de vista: vivirás al menos 115 años, y dado que sólo has usado una parte de éstos, la pregunta a la que debes responder es: ¿cómo quieres vivir esos años que te quedan?

Todo el mundo, sin excepción, tiene metas físicas. Nunca he conocido a una persona que me haya dicho que está totalmente satisfecha con su cuerpo y con sus hábitos físicos. Siempre queda sitio para mejorar. Por tanto, saca el bloc de notas y apunta tus cinco metas físicas más importantes. ¿Quieres algunas ideas? Éstas son las cosas que la gente me dice que más desea en este aspecto:

1. Tener más energía.
2. Hacer más ejercicio y estar en mejor forma, más fuerte y musculoso.
3. Perder peso.
4. Dormir más.
5. Comer mejor.

6. Beber más agua.
7. Envejecer más lentamente, o al menos con elegancia.
8. Recibir más mimos.
9. Tener más relaciones sexuales.
10. Curarse de una enfermedad o problema físico.

¿Qué es lo que más deseas en esta área? Si tuvieras una varita mágica y el cuerpo y la salud de tus sueños, ¿qué aspecto tendrías? ❶ Ahora apúntalo todo, incluyendo los sentimientos. ¿Cómo te sentirías si pudieras ponerte de nuevo pantalones cortos y contemplar tus piernas esbeltas y atractivas? Llámame cuando llegues a este punto y haré de jurado. (Una vez más, quería asegurarme de que estás despierto.) ¿Qué podrías conseguir si saltases de la cama por las mañanas con una energía rebosante? ¿No sería estupendo ir a una tienda de ropa y descubrir que todas las prendas de tu talla ideal te sientan bien? ¿No sería genial que siempre te apeteciera más una ensalada que un pastel o un plato de patatas fritas? ¿No sería un lujo ser un adulto maduro, en forma, que conserva el atractivo físico y sexual mucho después de que las otras personas de su edad se han vuelto viejas y se sienten cansadas?

¿Alguno de estos proyectos te emociona? Conviértelo en tu objetivo físico o en la enunciación de tu misión, y cuando lo hagas, fíjalo como imagen en tu cerebro mientras lo escribes. Métete en la imagen e ilumínala, coloréala, hazla más atractiva. Apórtale sonidos y sensaciones; son cosas que ya hemos hecho. Vuelve a hacerlas con mayor convicción. Seguramente, a estas alturas, ya eres un experto. Has estado visualizando regularmente, viviendo en el estado de la expectación, dando pasos y pensando y actuando como la persona que quieres ser.

Ahora que ya tienes la imagen, ¿qué seis pasos puedes dar cada día para convertirla en una inversión valiosa? Quizás hoy sea el día de llamar al dentista y fijar esa cita que hace tanto tiempo que tenías pendiente. Cámbiate el peinado —sí, incluso aunque seas un hombre—, que eso de pasarse el peine y punto ya ha pasado a la historia. Encuéntrate con ese vecino que quiere dar un paseo contigo por la mañana. Busca la tienda de alimentación de la ciudad donde venden vegetales orgánicos. Ya sabes los pasos que tienes que dar. Ahora, escríbelos en orden secuencial, otorgando el número uno al más importante, y comprométete a dar esos pasos ahora. Hazlo sin más. Invierte tu tiempo en las actividades dignas de quien eres, y de la persona en quien te estás convirtiendo. Es tu precioso cuerpo, tu templo. Trátalo como se merece.

A medida que avances por tu día, forja el hábito de evaluarte regularmente y formularte estas preguntas:

1. «¿Esta actividad es congruente con mis metas e intenciones?»
2. «¿Esta comida o bebida me fortalecerá o me debilitará?»
3. «¿Cómo invierto mi tiempo?»
4. «¿Cómo me cuido hoy?»
5. «¿Mis hábitos son coherentes con el cuidado y la alimentación de un campeón?»

Porque tú lo vales

La gente suele decirme que sale muy caro pagar todos los masajes que yo hago, comer alimentos orgánicos y tomar complementos, y tienen razón. Yo lo comparo a tener un Porsche. El mío corre como las balas, y cada vez que lo llevo al taller, por el problema que sea, pago mucho dinero. Tiene un mantenimiento caro, pero el rendimiento es elevado. Cambio de marchas y hace todo lo que le pido... y más. La única limitación con un Porsche es la que tenga el conductor.

Todo aquello que ofrezca un alto rendimiento sale caro de mantener. Seguramente un Hyundai tiene un mantenimiento barato, pero es que es un Hyundai. No tiene nada de malo: lo único que pasa es que no se le puede pedir el mismo grado de rendimiento.

Un cuerpo de alto rendimiento funciona igual. Cuanto más evolucionado quieras estar, cuanto más rendimiento quieras obtener, más esfuerzo tendrás que invertir en mantener un alto grado de salud, forma física y vitalidad. Tienes que elegir si quieres ser un Porsche o un Hyundai. En mi opinión, el dinero que gasto en mi salud es una inversión en mí mismo, que me permite correr a gran velocidad todo el tiempo que quiera. Espero que estés convencido de que nunca podrás alcanzar aquello de lo que eres capaz si tienes un cuerpo de bajo rendimiento/bajo mantenimiento. El sentido común (y la Ley de la Polaridad) te dirán que cuanto más crezcas y evoluciones, cuanto mayor sea el rendimiento de tu cuerpo, más pequeñas cosas pueden salir mal (date cuenta de que no he dicho «grandes cosas»). Pero estarás listo, porque estarás buscando las señales, prestando atención y tratándote como el tesoro que eres. ¿A que sí?

Ya me lo imaginaba. ¡Que tengas un buen entrenamiento!

CREA RIQUEZA EN TODAS LAS ÁREAS DE TU VIDA: ECONÓMICO, RELACIONAL, MENTAL, FÍSICO Y ESPIRITUAL

Pilar V.
Espiritual

Ya hace siglos que Blaise Pascal hizo una famosa declaración: «El corazón tiene razones que la razón desconoce». Llámalo corazón, llámalo alma; el espíritu que llevamos dentro nos vincula con nuestras verdades más profundas e inmutables, con el fundamento del amor y del asombro más inefables. Hablemos de verdades atemporales. Ésta es otra, esta vez de Pierre Teilhard de Chardin: «No somos seres físicos que tenemos experiencias espirituales, sino seres espirituales que tienen una experiencia física». No pierdas de vista estas verdades. Asimílalas en el corazón.

Todos estamos preparados para tener una experiencia espiritual. Te garantizo que podrás tener riqueza a montones en los demás pilares, pero si te falla éste, acabarás sintiéndote vacío e irrealizado. Si no te lo crees, mi certidumbre supera tus dudas. Con el paso de los años, he trabajado con cientos de miles de personas y sé que lo que sé es cierto.

Como ser espiritual, tener una experiencia espiritual forma parte de tu propia naturaleza. Sin una relación con el espíritu, nuestros éxitos más espectaculares se desinflan. Da lo mismo qué hayas conseguido: nunca será suficiente, nunca te llenará, al menos del todo. Siempre tendrás sed, porque no habrás encontrado el arroyo interior.

Este pilar te ayudará a conectarte —o a volver a conectarte— con tu fuente, con la gracia, el amor y la luz que aportan sentido al viaje de tu vida, con todas tus alegrías y sufrimientos. Te prometo que no tengo intención de definir cuál es tu fuente creativa; no estoy cualificado para hacerlo, ni, ya puestos, lo está nadie. Tu vínculo con tu fuente es muy personal, y sólo tú puedes definirlo. Sin embargo, también te prometo que cuando hayas buscado y encontrado tu fuente, advertirás que ésta te guía y te respalda, que nunca estás solo. Nunca lo has estado y jamás lo estarás.

22

El puente hacia el espíritu

Si piensas que existe una diferencia importante entre ser cristiano, judío, hindú, musulmán o budista, entonces es que estás haciendo una distinción entre tu corazón —aquello con lo que amas— y tu forma de actuar en el mundo.

Rumi (1207-1273), traducción de Coleman Barks

Antes que nada, un alumno

Si has estado leyendo este libro desde el principio, conocerás mi historia. Sabes que fui criado en el entorno de la iglesia protestante de mi padre. Sabes que durante toda la vida he tenido muchas dudas y crisis de fe. Sabes que he experimentado grandes anhelos del espíritu y de la carne, y que he recorrido el mundo buscando por todas partes respuestas que me aportasen, a mí y a otros, una mayor armonía. También es posible que sepas que mi máximo objetivo es que algunas de las cosas que he aprendido y experimentado en mi viaje puedan ayudarte de alguna manera durante el tuyo.

Un día, mientras volvía con el coche de un retiro espiritual en el monte Shasta, vi a una pata y a sus patitos cruzando la carretera. El camino era peligroso, pero la madre avanzaba anadeando con mucha convicción. Sus patitos la seguían sin dudar, marchando a un ritmo perfecto. Hice un quiebro para esquivarlos —gracias al cielo que lo hice— y pronuncié una oración dando las gracias por que por la carretera no vinieran más coches. Fue un breve instante de los muchos que conforman la vida, pero me proporcionó una revelación valiosa.

Ser maestro y escritor supone una gran responsabilidad. Lo que hago es un baile precario: provocar, animar, estimular a mis alumnos sin privarles de su capacidad por el hecho de convertirme en una presencia demasiado grande en sus vidas. Supongo que por eso intento siempre tener en mente que, antes que nada, yo también soy un alumno que hace lo que puede para encontrar sentido a los numerosos misterios a los que nos enfrentamos, usando los instrumentos que he recibido. Supongo que por eso siempre miro con suspicacia a esos líderes espirituales que exhortan a sus alumnos a seguirles con fe ciega, como los patitos, sin cuestionar el camino que tienen por delante ni consultar con su propio sistema de guía interior; esos líderes espirituales que no son conscientes de que, quizá, pueden estar conduciendo a sus seguidores hacia una carretera con mucho tráfico.

Yo no quiero que tú me sigas, quiero que explores. Mi objetivo es enseñarte lo que creo y lo que me ha funcionado, y sobre todo animarte para que puedas alcanzar lo antes posible tu propia comprensión y tu crecimiento. Sólo para que lo sepas, probablemente al hablar de este pilar diré algunas cosas que te molestarán o que contradecirán lo que has aprendido a creer. Advertido queda. Pero siguiendo la pauta que te he venido dando hasta el momento, toma lo que te parezca bien y desecha el resto.

Éste es en realidad el consejo del Dalai Lama: sigue el camino que te hable, no para entretenerte, sino para seguirlo de verdad y comprometerte, de modo que recibas sus beneficios. Luego desecha el resto. Chico listo.

Todos somos uno

Me gustaría que retrocedieras un poco y leyeras la cita del principio de este pilar. ¿Por qué tendría Rumi —un poeta del siglo XIII, el Shakespeare afgano— unas creencias tan explosivas cuando las

Cruzadas cristianas estaban a la vuelta de la esquina? ¿Cómo tuvo la sensatez de aceptar lo que en aquel entonces era una idea herética: que en el fondo todas las religiones eran iguales?

Creo que Rumi comprendía lo que la ciencia ha demostrado en los ochocientos años desde su nacimiento: que tanto si comparamos nuestras cadenas de ADN como si descubrimos que todo lo que existe es luz en un 99,99999 por ciento, todos somos uno, totalmente iguales y vinculados entre nosotros y con todo lo demás. Independientemente de la raza, la religión o el credo, nadie puede discutir que tenemos más parecidos que diferencias. Decir lo contrario es insostenible. Todos tenemos las mismas necesidades: cuidar de nosotros y de nuestras familias, amarnos, pensar y adorar como nos plazca. Todos merecemos tener cubiertas las necesidades básicas, de modo que podamos descubrir quiénes somos, qué amamos y cuál es nuestra contribución única al planeta. ¿Es que esto no es cierto para todo el mundo?

Yo entiendo las religiones como una forma de cruzar el puente hacia el espíritu, de vincularnos con algo dentro de nosotros mismos que es más grande que nosotros. Hay muchas maneras de acceder al espíritu más plenamente, tanto dentro como fuera, pero sólo hay un destino. Todos los caminos llevan a Roma. Te prometo que nunca te sentirás más vital, vibrante y conectado que cuando lleves una vida inspirada.

A fin de cuentas, ¿qué significa ser espiritual?

¿Qué es la espiritualidad? ¿Es un sistema de creencias? ¿Una forma de vida? ¿Algo que uno investiga, pero que luego abandona al empezar a frecuentar los bares nocturnos? ¿Qué significa ser espiritual?

Quiero que pienses en lo que significa para ti la espiritualidad. ¿Significa ser miembro de una religión determinada? ¿Hacer voluntariado o dar dinero a la beneficencia? El servicio altruista es un camino honorable, y puede llevarte a un terreno más elevado.

Quizá definas tu espiritualidad basándote en tu práctica yóguica, o a lo mejor prefieres estudiar con un gurú o maestro, leer montones de libros, pasear por el bosque o a la orilla del mar. Quizá te guste más hacer el camino solo, contemplando tu experiencia personal mediante un diario o la oración.

La espiritualidad puede ser difícil de definir porque es una experiencia muy personal. Yo considero la espiritualidad como una relación cara a cara que uno tiene con su fuente creativa, y da igual cómo la defina cada uno. Tu fuente creativa es aquel lugar al que dedicas infinita e incansablemente tu corazón, tu mente y tu espíritu. Tu fuente creativa es un pozo que nunca se seca, un lugar de abundancia perenne, es donde tu amor se manifiesta en el mundo físico. Conectarte con tu fuente te permite sentir que formas parte de algo más grande que la rutina cotidiana, e inviertes en ello constantemente, no por lo que quieres recibir, sino por lo que quieres dar.

Por amor a la sencillez, yo llamo Dios a mi fuente creativa, pero tú puedes tener uno entre mil nombres para ese «espíritu que permea todas las cosas». Eso depende de ti. Sin embargo, sí quiero decirte que creo con toda firmeza que puedes ser espiritual sin renunciar a las alegrías de este mundo. Quien te diga que no puedes tener un éxito deslumbrante y ser al mismo tiempo profundamente espiritual es alguien que, lo más seguro, no obtiene muchos resultados en ninguna de las dos áreas. ¿Hay algunos caminos que son más rápidos y eficaces que otros? Claro. Pero, en última instancia, todo está ahí para que tú aprendas y reflexiones. Incluso los más grandes fracasos.

Dios cara a cara

Como seres humanos funcionamos al mismo tiempo en tres niveles existenciales: el espiritual, el mental y el físico. No podemos vivir sólo en un nivel, como por ejemplo concentrarnos en el espiritual a expensas del mental y del físico. Por eso el cambio constante entre estos tres planos es uno de nuestros mayores retos, y también por eso el intento de armonizar esta trinidad nos ofrece una gran oportunidad a aquellos que optamos por la vía integrada. Lo que debemos hacer es empezar a conectar con el poder del plano espiritual de la existencia, sujetándolo a nuestra voluntad, y escuchando al mismo tiempo los deseos de los planos mental y físico. Esto sólo se consigue mediante la disciplina, la iluminación y la comprensión.

No hay manera de conocer el espíritu a menos que uno lo experimente. Puedes leer todos los libros y la información que encuentres sobre Egipto, pero hasta que no vayas y lo veas por ti mismo, no *conocerás* Egipto, sólo *sabrás cosas* de ese país. Una gran diferencia.

En todo el mundo nos agrupamos en torno a nuestras instituciones religiosas para hablar de Dios, con la esperanza de que al hacerlo le conoceremos. Pero muy pocos (si es que hay alguien) tienen una experiencia directa de Dios. Hace unos años leí un estudio en el que se entrevistó a cientos de personas que afirmaban ser religiosas, incluyendo a sacerdotes, y un 95 por ciento de ellas admitió que no había tenido una experiencia directa de Dios. Esto es lamentable: no estamos entendiéndolo bien.

En Occidente hemos dado saltos cuánticos en nuestra tecnología, pero por lo general en el terreno espiritual hemos dado pasos de bebé. La asistencia a las iglesias ha llegado al punto más bajo de su historia. La mayoría de personas no sólo se define como espiritual en vez de religiosa, sino que dice que sigue a su guía interior antes que las recomendaciones de un líder religioso. ¿Qué te dice esto? Creo que la Iglesia (si quieres llamarla así) del futuro será un laboratorio viviente, donde se reunirán ávidos estudiantes en busca de su propia evolución y potencial para crecer y ampliarse empíricamente. Esta espiritualidad del siglo XXI es bastante opuesta al antiguo modelo de «venga, siéntese, escuche y aprenda», que ya ha agotado el valor que tenía para el mundo actual.

Vive por encima y por debajo

Algunas personas dicen que las tradiciones espirituales orientales están más avanzadas en sus técnicas de alcanzar estados alterados de consciencia, pero alaban a Occidente por su dominio del materialismo y del producto interior bruto. Positrón y electrón, partícula y onda. Lo que necesitamos es armonía en ambos mundos, un rechazo del estado dualista que dice «una cosa u otra». Si queremos convertirnos en maestros espirituales plenamente integrados, hemos de vivir por encima y por debajo, en el mundo y más allá de él.

En la física cuántica, cuando se funden los positrones y los electrones, éstos se aniquilan mutuamente y pasan a un nuevo nivel de existencia. Cuando las áreas material y espiritual de tu vida entran en colisión para volverse más armónicas e integradas, tú accedes a un nuevo nivel de vigilia y de consciencia.

Históricamente, existen dos posturas básicas respecto a la espiritualidad: los ascendentes son quienes creen que deben desvincularse del mundo físico (o al menos sacrificar buena parte de él) para llegar al ámbito espiritual; los descendentes creen que es esencial vivir tocando con los pies en el suelo, aceptando y experimentando la vida física al cien por cien. Ahora bien, recuerda la física y cómo nos dice que toda energía es una partícula o una onda. Dicho en pocas palabras, la luz se manifiesta como onda o como partícula; la onda es la energía en su estado potencial puro, y la partícula es el principio de la energía que se está formando. Yo considero que los ascendentes son como las ondas, porque el objetivo de la ascensión es alcanzar el cielo o la iluminación, estados que liberan de las cadenas de la existencia terrena. Por otro lado, los descendentes son aquellos que creen que es esencial vivir pegados al mundo, celebrando, aceptando y armonizando con la Madre Tierra y con todas sus manifestaciones físicas. Éstas son las personas que tienen un pensamiento de partícula.

Por supuesto, estoy generalizando, pero la creencia básica de los ascendentes es que todas las cosas que proporcionan un disfrute físico —como el dinero, la comida, el sexo, el poder— no son espirituales, y por tanto deben entenderse como espejismos, que es lo que son realmente. Las tradiciones ascendentes tienden a suprimir la parte física de la naturaleza, lo cual puede generar todo un ejército de conductas patológicas o, como mínimo, una falta de plenitud. Hacer que la vida sea una onda etérea, está bien durante un tiempo, pero al final los aspectos físicos de la vida vendrán para propinarte un mordisco en las posaderas. Créeme, sé lo que me digo.

Después de vivir con tantas personas y aprender de ellas, he experimentado de primera mano cómo los descendentes creen, en oposición directa a los ascendentes, que vivir en asincronía con los ritmos telúricos es una especie de infierno. He pasado un tiempo con los descendientes de los grandes incas, en los picos más altos de los Andes peruanos; he acampado en las densas selvas amazónicas con pueblos indígenas, compartiendo sus rituales y sus enseñanzas; he hecho *rappel* a mucha profundidad en la tierra y he bajado a profundas y traicioneras cavernas para visitar poderosos lugares energéticos antiguos, y he viajado a los puntos casi ignotos del Pacífico Sur para estudiar, comprender y aplicar algunas de las enseñanzas espirituales originales que siguen vigentes. Los nativos de todos esos lugares lo han invertido todo en la tierra y en sus vínculos con ella. Tienen una sabiduría arraigada en la tierra y muy pragmática.

Por cierto, también he estudiado las tradiciones ascendentes: criado en un hogar protestante, estuve inmerso en enseñanzas cristianas fundamentalistas. Cuando era adolescente, empecé mi estudio del budismo y de las grandes religiones del mundo. Escalé el monte Sinaí y me pasé la noche en la cueva en la que Moisés recibió los Diez Mandamientos. He hecho senderismo por el camino de la Iniciación de la Escuela Mistérica junto al río Nilo (por los siete templos sagrados del Egipto antiguo), y tuve el privilegio de meditar solo entre las zarpas de la Gran Esfinge (meditación seguida de un viaje en solitario a las tres cámaras de la Gran Pirámide de Gizé). Esto no quiere decir, ni mucho menos, que sea el único depositario de la verdad, ni que la tenga del todo; lo que significa es que he estado ampliamente expuesto a las diversas tradiciones del mundo.

Resulta curioso que a menudo los ascendentes acusen de paganismo a los descendentes, pero en este término engloban «a todos los que no piensan como nosotros». Mira a tu alrededor y te darás cuenta de que cada vez son más las personas que se sienten atraídas por las tradiciones en peligro del chamanismo, los nativos americanos y las enseñanzas indígenas, las que aceptan y celebran el viaje y las alegrías físicas de este mundo. En contraste con el estado etéreo de las ondas, el punto en que se centran los descendentes es la partícula. Pero tampoco ahí están del todo las respuestas. El mundo físico puede convertirse en una seducción y en un lugar de escapismo tan fácilmente como un viaje al plano astral. Los dos puntos de vista, partícula y onda, son necesarios y, sin embargo, por sí solos son incompletos.

Por tanto, ésta es la pregunta: ¿qué enfoque —ascendente o descendente— es el correcto?

¿Y la respuesta? ¡Los dos!

El poder del cielo en el cuerpo de la tierra

¿Has pensado alguna vez que las personas que optan por sentarse todo el día a vegetar delante del televisor no son distintas a las que «hacen surf entre las nubes»? Piensa en ello: existe un escapismo espiritual y otro mundanal. Sentarse delante de la tele es escapismo mundanal; no echar raíces en el mundo y flotar por el éter es escapismo espiritual. ¿Sabes una cosa? Ambos son lo mismo, aunque con un paradigma diferente, pero sin embargo ¡tienden a juzgarse mutuamente! El uno arremete contra el materialismo, el dinero y la pereza, mientras que el otro ataca a los seguidores poco realistas de la Nueva Era. Espejito, espejito…

Para hacer realidad tu espiritualidad, debes ser ascendente y descendente. Debes mantener los pies en el suelo, y trabajar con la realidad física, pero al mismo tiempo debes liberar tu espíritu para que vuele. Todas las tradiciones nos dicen que tú, y todo lo que te rodea, procedéis de la misma fuente. Por tanto, ¿no es lógico que todo deba ser sagrado, desde un pino hasta un Porsche? Tú eres un ser espiritual que tiene una experiencia física. Si no estuvieras destinado a experimentar el entorno físico en todo su esplendor, ¿por qué molestarse en formar parte de él?

Debes ser el dueño de la tierra y del cielo para convertirte en el ser espiritual que tienes derecho a ser.

La base de la montaña

Hay que completar el descenso a la materia antes de empezar el ascenso al espíritu.

DION FORTUNE

¿Dónde empieza tu evolución espiritual? Tanto si optas por buscarla en una iglesia, una sinagoga o un *ashram*, como en una clase de yoga o en el bosque, primero debes preparar el templo de tu cuerpo y de tu mente. Paramhansa Yogananda, yogui y gurú que nació en la India a finales del siglo XIX y fue famoso en Norteamérica durante la primera parte del XX, dijo que el 90 por ciento de la batalla espiritual es psicológica. ¿Lo has entendido? Te traduzco: no puedes llegar a Dios si tu mente está lastrada por las tinieblas. Una traducción más exhaustiva: no puedes acceder a Dios hasta que tires toda tu basura.

De muchas maneras, el Pilar Espiritual y el Pilar Físico se superponen en un grado incluso superior que los demás. Según mi experiencia, toda búsqueda de la armonía personal que ha llegado a su meta lleva al buscador/alumno hasta un profundo deseo de una experiencia espiritual. Ya habrás visto esto una y otra vez en las entrevistas que han hecho a esos pocos afortunados que han alcanzado la cima del éxito y aun así se sienten vacíos. Yo a esto le llamo el síndrome de «¿Eso es todo?»

¿Te has dado cuenta de que he dicho «ha llegado a su meta»? No estoy hablando de dejarse caer en una conferencia o en un seminario de fin de semana de vez en cuando, ni de leer un libro sobre desarrollo personal después de padecer alguna crisis transitoria. No, estoy hablando de despertar y anhelar una relación que sea tanto profunda como atemporal, una que, aunque físicamente intangible, sea más potente que cualquier otra, y que no se pueda igualar ni imitar en el mundo físico, pero, sin embargo y curiosamente, influya en todo lo que hay en ese ámbito.

Si deseas evolucionar espiritualmente, primero tendrás que resolver los asuntos terrenales. En muchos casos eso significa buscar un psicoterapeuta cualificado antes de poder avanzar en tu búsqueda espiritual. O también puedes hacer ambas cosas a la vez. Aún no he conocido a un gurú o chamán tradicionales que estén plenamente preparados para combinar la psicoterapia y el crecimiento espiritual como una forma de abordar la evolución espiritual. Sin embargo, eso es lo que el mundo necesita de forma desesperada. De igual manera, tampoco he conocido a un solo profesional de la psicología que sea capaz de ayudarnos a tener una experiencia espiritual. De hecho, muchos de ellos han rechazado y ridiculizado siempre este tipo de experiencias. De nuevo, si tu objetivo es la integración (que es la onda y la partícula del futuro, amigo mío), necesitarás ambas cosas.

El gurú o el maestro espiritual típico tiene poca capacidad para ayudarte a desarrollar el ego/identidad, que son tan necesarios para el desarrollo saludable. Imagina lo que sería construir un rascacielos sin cimientos, y encima esperar que se aguantase firme. Es imposible.

Cuando le piden ayuda para solventar problemas del mundo y de la identidad física, la respuesta típica de un maestro espiritual vendrá a ser: «Sea testigo de ello», «Esté presente» o «Medite». Pero ¿sabe ese maestro espiritual cómo ayudarte a resolver tus problemas familiares (que se han salido de madre) o una infancia pasada en un armario para esconderse de un padre alcohólico? Francamente, podría ser testigo de esos recuerdos o meditar en ellos toda la vida sin lograr superarlos. De hecho, partiendo de lo que sabe sobre la Ley de la Atracción, si concentra toda su energía y atención en ellos, los recuerdos se volverán incluso más poderosos.

Mi amigo Genpo, que es un Roshi de la tradición zen (el máximo maestro zen fuera de Japón), me dijo hace poco: «James, ni te cuento la cantidad de veces que he visto a personas en un *ashram* que usan su práctica de sentado (una expresión zen para la meditación) y, sin embargo, al cabo de veinte o treinta años de práctica diaria, ¡siguen sentadas sobre sus traseros!»

El mero hecho de que tú puedas meditar bien no significa que seas plenamente funcional. No quiere decir que estés integrado ni que puedas dominar cualquier cosa que pretendas alcanzar. Aquí lo esencial es la integración. Tienes que ser capaz de tomar toda esa práctica y cultivar trigo, hacer algo con ella. Pero muchas personas sumidas en la búsqueda espiritual se quedan atascadas en los mundos de lo intangible.

En otras palabras, el mero hecho de que estés comprometido con tu búsqueda espiritual no significa que estés sano o tengas paz, ni que sepas cómo renunciar a las cosas. He conocido a monjes, predicadores y sacerdotes que eran tan inmaduros y poco desarrollados como los chavales a los que conocí en el instituto de secundaria. Me atrevo incluso a decir que algunos tenían problemas mentales, y unos pocos estaban locos desde el punto de vista médico. El hecho de que seas capaz de estar sentado en silencio durante varias horas y de que hagas obras de caridad no significa que no necesites a un buen psicoterapeuta que pueda ayudarte a dejar de abusar de ti mismo con hábitos que te perjudican, hábitos que, de hecho, bien podrían estar recreando tu sufrimiento personal, sea cual sea la fuente.

Aquí es donde la psicoterapia tradicional puede resultar de un valor incalculable para ayudarte a conseguir un sentido saludable de ti mismo. A veces esas sesiones introspectivas son el camino más rápido para llegar al cielo en la tierra. Yo me considero un maestro espiritual, pero al menos un 90 por ciento del trabajo que hago con las personas consiste en la curación y el despertar psicológicos. El terapeuta tradicional tiene muy poca capacidad y, como dijimos, en ocasiones muestra incluso aversión, para ayudar a un individuo a trascender su ego o su identidad aislada permitiéndole acceder a la evolución espiritual. Se necesitan ambos enfoques para alcanzar una espiritualidad integrada.

Contrariamente a lo que se piensa, la psicoterapia y el crecimiento espiritual no sólo *no* están en conflicto el uno con el otro, sino que, de una forma semejante a la ciencia y a la espiritualidad, son por completo interdependientes. Como la onda y la partícula, son dos polos opuestos de la misma danza eterna.

Una luz, una pasión

Sea cual sea nuestra religión o nuestra afiliación espiritual, creo que todos podemos estar de acuerdo en que Jesús fue, como mínimo, un gran maestro. Probablemente ninguna otra persona en toda la historia ha tenido un impacto tan grande y duradero en el mundo..., nadie. En Lucas 11, 34, Jesús dijo: «La lámpara del cuerpo es el ojo: por tanto, cuando tu ojo es bueno, también todo tu cuerpo está lleno de luz; pero cuando tu ojo es maligno, también tu cuerpo está en tinieblas». Traducción: si te centras como un láser en la evolución y en la transformación espirituales, entonces todo tu cuerpo estará lleno de verdad y de poder. Pero si desvías tu atención, no alcanzarás las cotas de la luz. Por favor, recuerda que *todo* en este universo está compuesto de luz. Por consiguiente, cuanta más luz, más de todo, ya sea tangible o intangible. Es emocionante, ¿no? (Un comentario secundario, pero interesante es que la palabra *evil*, «mal» en inglés, cuando se lee al revés es *live*, «vivir». Ser malo es vivir al revés, vivir en las tinieblas, que es lo opuesto de la luz.)

Me gusta esta enseñanza. Nos dice que tú y yo debemos elegir a qué señor vamos a servir. ¿Vamos a funcionar como la mayoría de la gente en el mundo físico y esperar que el espíritu tenga piedad de nosotros y nos eche algún hueso, o vamos a acceder a quiénes somos realmente como seres espirituales y empezar a cocrear los resultados que elijamos en nuestra vida?

¿Qué eliges tú?

¿En qué te concentras especialmente? A menudo conozco a personas que quieren alcanzar sus sueños, pero que no están dispuestas a renunciar a nada para conseguirlo. Esto es un autoengaño. Cuando uno quiere ser grande en un área, está optando por *no serlo* en otra. Quizá cuando te contraten como presentador de programas ya no podrás hacer esos platos caseros para tus hijos. O no podrás ser un virtuoso de la guitarra, porque tu agenda te obligará a viajar mucho. O tampoco construirás esa librería, porque tendrás que acabar un manuscrito. Siempre tendrás que pagar un precio. Siempre hay que hacer un sacrificio. El premio siempre tiene precio, pero, curiosamente, cuando vives la vida que eliges vivir y sigues tu llamada, ese sacrificio no te parecerá realmente un sacrificio, sino más bien un don.

Si tu objetivo es la maestría espiritual, tendrás que dedicarte a ella sin vacilar. Tu trabajo debe ser tu pasión, y tus actos deberán manifestar tu amor. Para conseguir algo que valga la pena, algo magnífico y grande, debes estar dispuesto a cambiar tu vida por ello, a centrarte y a comprometerte tan apasionadamente que nada te aparte de tu camino. Nada ni nadie puede detenerte.

Ahora bien, sé que eso de cambiar tu vida por tu meta suena radical, y lo es. Pero la cruda realidad es que tú ya estás cambiando tu vida por algo, tanto si amas lo que haces como si no. Inspirador o deprimente, el hecho cierto es que pasas más tiempo ganándote la vida que con las personas a las que más quieres, o practicando tus aficiones, yéndote de vacaciones o relajándote. Por eso es tan importante elegir un trabajo digno.

La gente me pregunta a menudo: «¿Qué hace usted para divertirse y pasar su tiempo libre?» Tienen la expectativa no manifiesta de que les presente toda una lista de actividades: hacer senderismo, ir de acampada, ir al cine, esquiar. Pero no. La verdad es que mi trabajo es mi pasión y mi recreo (de re-crear, fíjate en el verdadero sentido de la palabra). No imagino nada más satisfactorio y «re-creador» que meditar, estudiar, leer, aprender, escribir, crear, ayudar y formar a otros, hablar contigo y compartir mi punto de vista. Cuando alguien me pregunta: «¿Cómo le va el trabajo?», puedo responder honestamente: «Es un juego de niños». Mi trabajo es mi oración y mi amor puestos por obra.

Todo ser humano que haya habitado en este mundo ha sentido la necesidad innata de formar parte de algo con sentido, de ser parte de algo más grande que su existencia ordinaria, de contribuir con cierto valor al mundo, de sentir que la vida tiene significado y propósito. Esto también es cierto para ti, tanto si lo sabes como si no.

¿Quieres iluminar el camino al espíritu? Enamórate de alguien o de algo y sigue esa pasión sin apartar la vista de ella. Ésta es la verdadera vibración espiritual. Cuando te enamoras tan completamente que te entregas del todo a algo, es cuando tu corazón está abierto y la consciencia de Cristo y de Buda fluye por tu vida. Da lo mismo lo que sea, pero debes sumergirte en ello y entregarte por entero. Podría ser Jesús, Krishna, una pareja o tu trabajo, pero lo que buscas es ese estado verdaderamente inspirado. Es entonces cuando experimentas tu verdadero don y tu naturaleza divina. Es un estado atemporal en el que el tiempo, literalmente, se detiene.

El maestro acepta la alegría y el sufrimiento

Transitar por un camino iluminado por la inspiración es la verdadera vía del ser espiritual, y descubrir tu propósito único es una parte muy grande del motivo para que tú existas. Sin embargo, no es verdad que una vez que descubras el propósito de tu vida todo será de color de rosa. Seguirás enfrentándote a retos, porque eso es parte de la vida. Como dice Buda: «La luz del sol de mediodía que es la verdad no es para las hojas tiernas». Tú siempre tendrás desafíos, dudas acerca de ti mismo, incertidumbres, fracasos, sufrimientos y también placeres. Pero cuando hayas definido la verdadera dirección de tu vida y te hayas entregado del todo a ella, habrás descubierto el auténtico secreto. No obstante, es un secreto que sólo tú puedes definir.

Nadie dijo que la entrega fuera fácil. En ocasiones, querer comprenderlo todo te aísla del flujo del espíritu. Buena parte de la vida transcurre en los valles, no en las cimas, en las sombras y en el caos de nuestras vidas, sobre todo el crecimiento. Nos expandimos al máximo cuando aceptamos del todo tanto las cumbres como los valles, los retos y las alegrías.

¿Quieres evolucionar espiritualmente? ¡Pues manos a la obra!

Como descendente y como ascendente —es decir, un ser espiritual plenamente integrado—, tú necesitas vivir en el mundo, igual que trabajas sin descanso para trascenderlo. El maestro integrado puede decirte que necesitas cambiar tu dieta o tu ejercicio y puede ayudarte a establecer un plan de administración económica; enviarte a un consejero matrimonial o ayudarte a desprenderte de creencias y emociones que te limitan y obstaculizan tu progreso en todas estas áreas y, de paso, animarte a seguir adelante con la práctica de la meditación. Haz todo esto. Si no, te quedarás enganchado viviendo en las nubes. Cuidado con la araña de cristal del techo.

Por favor, entiéndeme: esto no significa que tengas que convertirte en el equivalente espiritual del ganador de un decatlón. Por amor a la armonía y a la integración, debes prestar atención a todo tu ser.

A menudo recibo comentarios importantes de alumnos que se consideran aspirantes a la espiritualidad, cuando les invito a ponerse a trabajar en algún área de su vida que necesita disciplina y que, incluso, puede ser difícil.

Recuerdo a una mujer que quería profundizar más en los estados alterados de consciencia. Le dije que lo primero que necesitaba era cierto grado de maestría en los estados ordinarios de consciencia. Esto era evidente a juzgar por la ausencia de resultados tangibles en su vida.

¿Su respuesta? «¡Pero es que me gusta más la parte divertida!» Ahí tienes exactamente mi idea.

La pregunta para el genuino estudiante del crecimiento es: ¿qué tiene que pasar para que consideres divertidas las cosas que te fortalecen y te inducen a avanzar en la vida?

Recuerdo haber leído un episodio en la vida del maestro espiritual Adi Da Samraj, antes llamado Bubba Free John, que se acercó por primera vez a su maestro durante sus primeros años de estudio y le preguntó cómo se llegaba a la iluminación. Su maestro respondió enseguida: «Pierde diez kilos y encuentra trabajo. Entonces ven a hablar conmigo». ¡Toma ya!

¿Qué tiene que ver un trabajo con la espiritualidad? Bueno, pues casi todo. A menos que nazcas sin problemas económicos, necesitarás una forma de ganar un sueldo, o nunca alcanzarás las cotas altas de tu potencial. Eso forma parte de pringarse los dedos en la tierra. Si eres un líder espiritual al que le encanta frotar cristales y mirarse el ombligo, ahuecando el sofá y moviendo las sillas de un lado a otro, y sin hacer nada para ganarse la vida y vivir realmente en el mundo, vete a las colinas.

Una vez le pedí a mi maestro don José Luis Ruiz que viniera a uno de mis seminarios para enseñar a algunos de mis alumnos.

—No —repuso él—. Ése no es mi trabajo, es el tuyo. —Y siguió diciendo—: El reto que te planteo es que aportes una cosmología de la consciencia al mundo occidental. El mundo occidental ha perdido su vínculo, y mi trabajo no consiste en esto. Ésa es tu misión.

—¡Caray, Nelly! —dije yo—. ¿Y cómo voy a hacer algo así?

—Tienes que ser del mundo que enseñas, para expresarte en un idioma que ellos entiendan. Si no, no lo reconocerán. Todos somos maestros. Todos tenemos algo único que aportar, y para trascender el mundo debemos formar parte de él. No se puede trascender algo que no se domina. Vuelve a leer esto.

No te equivoques: la materia es tan importante como el espíritu. Haz el trabajo que sea necesario: consigue un empleo, pierde peso, ordena tu casa. Este enfoque integrado te garantiza el dominio en todos los ámbitos.

23

El universo dice sí

Sabes que de los cielos generosos fluye toda la riqueza;
y lo que el hombre da, los dioses lo ofrecen por sus manos.

HOMERO

Todo es bueno

Muchos de mis alumnos luchan con la creencia errónea de que
existe una diferencia entre sus metas materiales y sus objetivos
espirituales. Ésta es una distinción artificial que no te servirá de
nada. Todas las tradiciones espirituales nos dicen que todas las
cosas proceden de Dios. En las tradiciones judeocristiana y musul-
mana (que usan el Antiguo Testamento), el Creador dio un paso
atrás el séptimo día para observar su obra y decidió que «todo era
bueno».

Por consiguiente, ¿dónde no está Dios? ¿Dónde no está el espíritu? ¿Dónde no está la energía?

Lo que remacho una y otra vez a mis alumnos es que todos los
objetivos son espirituales. Por tanto, decir que vas a abandonar el
mundo material para volverte más espiritual no es más que escapismo. De hecho, es una soberana tontería. ¿Cómo puedes medir
si eres más espiritual? No puedes. Lo que sí puedes medir son los
resultados que estás creando en el mundo físico, que no son más
que un reflejo de quién eres. Jesús dijo: «Por sus frutos los cono-
ceréis» (Mateo 7, 15-16). Si tú eres alguien que cree que todos lle-

vamos a Dios dentro y que todo sucede por un motivo, entonces, ¿no es *todo* espiritual?

Echemos un vistazo a la ciencia, por un momento, y a la idea de que todos los objetos sólidos son, en realidad, luz en un 99,99999 por ciento. Este campo de punto cero, o vacío cuántico, es el lugar del que surge toda forma. ¡Envuelve tus neuronas con esto!

A este campo energético yo le llamo Espíritu.

Según esta lógica, todo es espiritual y procede de la misma fuente. Por tanto, en última instancia todos tus objetivos y deseos son espirituales. Esto incluye la meta de volver a ponerse esos tejanos ajustados, convertirse en vicepresidente regional de una empresa e, incluso, encontrar al terapeuta adecuado para que te ofrezca ayuda psicológica.

Así que persigue todos tus objetivos con el mismo entusiasmo, sabiendo que todos son espirituales, y cree que Dios, tu yo superior, el universo, siempre dice «Sí».

Prosperidad o pobreza: ¿qué quiere realmente Dios?

En septiembre de 2006, la revista *Time* publicó un artículo de David Ven Biema y Jeff Chu titulado «¿Quiere usted ser rico? Una controversia santa». El artículo hablaba del debate dentro de círculos protestantes sobre si la voluntad de Dios es que la gente prospere o no. En aquella misma época, el libro *Your Best Life Now*, del ministro pentecostal Joel Osteen, encabezaba las listas de superventas, con una tirada de cuatro millones de ejemplares, y a algunos cristianos fundamentalistas les ofendió la teología que proclama «Dios quiere que usted prospere en todas las facetas de la vida». (En 2000, el superventas *The Prayer of Jabez*, de Bruce Wilkinson, subrayaba también que Dios quiere que seamos ricos.) Los evangélicos, como el escritor de best sellers y pastor Rick Warren, autor de *Una vida con propósito*, consideran que el fundamento mismo de la teología de la prosperidad es ridículo. Se le cita como autor del comentario: «La idea de que Dios quiere que todo el mundo sea rico es absurda».

A pesar de todo, una encuesta de *Time* reveló que un 17 por ciento de los cristianos entrevistados se considera parte activa de esta teología de la prosperidad, mientras que un 61 por ciento cree que Dios quiere que la gente tenga dinero.

Mientras ambos bandos de este debate se tiran piedras bíblicas mutuamente, la pregunta que debemos plantearnos es: «¿Qué punto de vista es el correcto?»

¿Mi respuesta? Los dos tienen razón.

¿Cómo dice?

Dios quiere lo mismo que tú

Al comprender los rudimentos de la consciencia, así como las leyes del universo, creo que Dios quiere lo que *tú* quieres. Ni más, ni menos. La voluntad de Dios es la tuya.

Sigue leyendo un poco más.

James Fowler, autor de *Stages of Faith* y profesor de teología y desarrollo humano en la Universidad Emory, ha realizado exhaustivos estudios sobre nuestros modelos de Dios; en otras palabras, cómo definimos la fuente creativa. Su investigación señala que si bien los textos sagrados dicen que Dios nos creó a su propia imagen, de hecho somos nosotros quienes creamos a Dios *a nuestra imagen*.

¿Te parece radical? Sigue leyendo.

Según Fowler, a medida que crecemos y nos expandimos, también lo hace nuestra opinión de Dios. Un ejemplo claro: compara el Dios del Antiguo Testamento con el del Nuevo Testamento. En el Antiguo Testamento, Dios es vengativo, celoso, temperamental e iracundo. En el Nuevo Testamento, ¿qué hace Dios? Da un giro de ciento ochenta grados y se convierte en un padre amante. ¿Qué sucede? ¿Es que Dios asistió a terapia?

Como ya sabes, estos dos libros se escribieron con una diferencia de cientos de años. Yo imagino que las diferencias no son tanto una descripción de Dios como el producto del grado de consciencia de la humanidad en el momento en que se redactaron.

La obra del doctor Fowler sugiere que a medida que ampliamos nuestra consciencia, nuestro modelo de la fuente creativa se amplía consecuentemente. Algunas personas consideran a Dios temperamental, vengativo y celoso, de manera que piensan: «Será mejor que no me desvíe del camino o me freiré en el infierno». Otros es posible que se pregunten: «¿Por qué voy a querer adorar a un ser que no tiene más control que yo sobre sus emociones?»

Un grado de entendimiento potencialmente más elevado es que el Gran Señor en el Cielo no es más que una proyección de la mente limitada de la humanidad, que intenta comprender lo que nunca podrás entender. Cuando antropomorfizamos a Dios y le atribuimos nuestras maneras de hacer las cosas, lo único que estamos haciendo en realidad es intentar encuadrar lo inefable en una construcción mental expresable. Esto está bien si te hace sentir mejor, pero tener esta mentalidad como si fuera la realidad última me parece bastante infantil y limitado.

¿Qué quiere Dios para ti? Aquello que tú proyectes que quieres. En otras palabras, la voluntad de Dios es la tuya.

Si te estoy pisando un callo, por favor recuerda que todas las grandes tradiciones, incluyendo el hinduismo, el budismo, el judaísmo, el islam y el cristianismo, nos dicen que somos creados a imagen de Dios. Nuestras tradiciones religiosas nos han desencaminado. A menudo nos sentimos tentados a adorar la publicidad (Jesús, Buda, Krishna), en vez del producto (Dios, Consciencia, Espíritu). Necesitamos seguir realmente las enseñanzas de los grandes sabios, que siempre nos han dicho que les imitemos, no que les adoremos.

Tú eres el cocreador de tu realidad

Cuando aceptas que la voluntad de Dios es la tuya, te conviertes en el cocreador de tu universo. Tu universo es lo que haces de él, ni más ni menos. La realidad no está ahí fuera para que la descubras; está ahí dentro para que permitas y elijas. Incluso la ciencia moderna nos demuestra que ahí fuera no hay un ahí fuera. Ya sé que esto contradice nuestra intuición. Permíteme que vuelva a introducir la física cuántica para explicarlo. A ver si recuerdas ese viejo dilema que dice: si un árbol cae en el bosque, pero no hay nadie cerca que lo oiga, ¿produce ruido? Algunos dirían: «¡Por supuesto que sí! No hay manera de que un árbol caiga sin emitir ruido, así que da lo mismo que yo ande cerca para escucharlo o no». Bueno, pues los físicos cuánticos dicen que esas personas están equivocadas.

Los físicos cuánticos sostienen que no existe nada sin un observador, que los sucesos de un entorno dado dependen por completo de qué (o quién) está presente para interactuar con ellos. En la ciencia, esto se llama «el efecto del observador», que según insiste un ganador del premio Nobel, Niels Bohr, significa que no podemos adjudicar una interpretación física a los procesos cuánticos, porque por el mero hecho de observarlos ya los afectamos. David Bohn, colega de Einstein, afirmó: «No se puede separar al observador de lo observado».

En otras palabras, no existe una realidad objetiva; sólo podemos intentar describir lo que percibimos. El árbol no produce ruido cuando cae. El sonido no es más que una serie de vibraciones que mueven los pelillos de tu oído. *Tú* produces el sonido en tu mente. De hecho, *si no hay nadie que lo observe, el árbol no cae nunca*. Piensa en ello. Si tú y el árbol sois una sola cosa, el árbol no estará allí cuando tú no estés. Increíble, ¿eh?

Sí, lo es. En cierta ocasión Deepak Chopra comentó que la física cuántica no es más rara de lo que pensamos: es más rara de lo que *podamos* pensar. Por extraño que parezca, podemos utilizar estas teorías para obtener unos resultados profundos y prácticos en todos los aspectos de nuestras vidas. En la sopa cuántica, el potencial y las posibilidades ilimitadas se funden en una sola posibilidad en el momento en que *elegimos qué observar*. Elegimos nuestra realidad.

Piensa en esto: un neurocirujano llamado Karl Pribram descubrió que nuestros cerebros «leen» la información transformando imágenes ordinarias en patrones de interferencia de onda, que entonces se transfieren a imágenes virtuales como un holograma láser. Como la memoria está distribuida por todas partes, cada porción contiene el todo, y todos los patrones de imágenes ópticas pueden convertirse en el equivalente matemático de un patrón de interferencia.

Así que, en realidad, la holografía sólo es un término cómodo para definir la interferencia de onda. Conocer el mundo es estar en resonancia con él, literalmente estar en su longitud de onda. Dado que nuestros cerebros nos hablan por medio de la interferencia de onda, no podemos observar algo con lo que no estamos en resonancia. Esto quiere decir que, a través de la observación, proyectamos al espacio la imagen virtual de un objeto, mientras transformamos el mundo atemporal y carente de espacio de los patrones de interferencia en el mundo concreto del espacio-tiempo. Dado que de forma constante proyectamos imágenes, nuestro mundo es una creación virtual.

Lo que esto significa para mí es que no vemos los objetos per se, sino sólo su información cuántica, y a partir de ella construimos nuestra imagen/modelo del mundo. Percibir el mundo consiste en sintonizar con el campo de punto cero. En cualquier momento nuestros cerebros están realizando elecciones cuánticas, tomando estados potenciales y convirtiéndolos en una realidad. (¿Quizá después de leer esto tu cerebro ha optado por dolerte?)

La ciencia no es el único campo al que puedes acudir para comprender lo flexible que es la realidad. Las tradiciones místicas siempre han admitido esto. En uno de los numerosos ejemplos, la versión King James del Antiguo Testamento (Proverbios 23, 7) dice: «Pues cual es su pensamiento en su corazón, así es él». En otras palabras, lo que vemos en el reino tangible no es verdaderamente real, sino más bien un efecto (o sensación) de lo que llevamos dentro.

Por tanto, esto es lo que quiero decir al afirmar que creamos nuestro propio universo; en cierto sentido, somos dioses en nuestros propios mundos. Una vez más, tenemos el respaldo de la Biblia. Jesús les respondió: «¿No está escrito en vuestra ley: Yo dije, dioses sois?» (Juan 10, 34) y «Dios está en la reunión de los dioses; en medio de los dioses juzga [...]. Yo dije: Vosotros sois dioses, y todos vosotros hijos del Altísimo» (Salmos 82, 1-6).

Así que contamos con el respaldo de los textos sagrados, además del de la física cuántica; ambos nos dicen que somos creativos, que estamos llenos de energía y que tenemos el poder último sobre todo lo que vemos en nuestras vidas. Tanto según la ciencia como el misticismo, la realidad objetiva no existe, y eso es una tremenda buena noticia. Podemos elaborar nuestra propia realidad, próspera o no, teniendo como nuestra la voluntad de Dios. Tus deseos son órdenes.

Todos somos uno

Nadie puede imponer una agenda a su camino espiritual, pero puedo decirte que ese camino será más fácil cuando dejes de compararte con otros, creando una distinción artificial entre tú y yo, y cuando aceptes que todos somos uno.

Uno de los episodios espirituales más profundos de mi vida llegó de una forma inesperada en el templo de Jnum, en Egipto. Jnum fue uno de los primeros dioses egipcios, y se le consideraba la fuente del río Nilo además del creador del cuerpo humano. Su nombre se traduce literalmente como «constructor». Mientras estaba sentado en el lugar santísimo del templo, aquel punto en el que solía colocarse el altar, pensaba en cómo utilizar aquella energía primigenia que sentía en mi interior para forjar mi propio nuevo comienzo en vísperas de mi cumpleaños. Sentía la energía que me recorría la espina dorsal. Nadaba en aguas profundas.

De repente escuché el sonido de unos pasos que se aproximaban y me imaginé que alguien me iba a pillar tras haberme colado en aquel lugar antiguo, y que me pediría que me fuese. Vi a un musulmán, vestido a la usanza tradicional, que se dirigía adonde yo estaba, mientras me hablaba. No entendí una sola palabra de las que dijo, pero nuestras miradas se encontraron y él se arrodilló delante de mí, extendiendo las manos y diciéndome con un acento áspero: «Ora».

Yo extendí las manos y nos unimos en la respiración yóguica. Las lágrimas rodaron por mis mejillas mientras seguía dominándome la poderosa energía que había sentido unos minutos antes. Estaba unido en oración con un hermano de una tradición religiosa muy distinta a la mía, y al mismo tiempo, más allá de las religiones, éramos simplemente personas, ciudadanos de la raza humana. En aquel momento lo único que quería hacer era unirme con todo el planeta. Lo que sucede arriba sucede abajo.

Al cabo de unos veinte minutos, se puso en pie y me indicó con un gesto que hiciera lo mismo, tras lo cual extendió los brazos invitándome a abrazarle. Y eso hicimos. Fue una metáfora perfecta de la unión entre Oriente y Occidente.

—¿De qué país? —preguntó.

—América —respondí.

—¿Cristiano? —dijo, y luego desechó la pregunta con un movimiento de cabeza—. Da igual. Buen hombre. —Dio un paso atrás, unió las manos ante su pecho, en su postura de oración, hizo una inclinación y se fue. Yo no podría haber generado conscientemente una experiencia más perfecta.

Todos somos uno. En este mundo no existen las partes aisladas. Cuando apreciemos de verdad este hecho, se acabará el terrorismo. Tú y yo sabemos que la atención equivale al amor, y que nos aterrorizamos con nuestra obsesión por los imperios del mal, las alertas rojas y la guerra contra el terror, siguiendo todas y cada una de las noticias de los medios de comunicación a medida que éstos las van vomitando. Debemos cambiar nuestra perspectiva. Cuanto más nos involucremos en la paz, la tranquilidad, la unidad y la armonía, cuanto más nos concentremos en ellas, mayor será la cantidad de estas cosas que disfrutaremos.

Mi búsqueda de la iluminación

«¿Está usted iluminado?» Esta pregunta siempre me desconcierta, y siempre pregunto: «¿Comparado con qué?» ¿Estoy más iluminado de lo que lo estaba hace cinco años? Por supuesto. ¿Estoy tan iluminado ahora como dentro de cinco años? Espero que no. Considero que la iluminación es una capacidad progresiva de despertar y de consciencia, la capacidad de acceder a una cantidad cada vez mayor de energía y de luz. Por mucho que pensemos en la iluminación como en una promesa, nunca debemos olvidar que se trata de un proceso.

En algunas tradiciones chamánicas, sólo hay tres maneras de recibir iluminación. La primera es que nos alcance un rayo y sobrevivir. (Como todo consiste en reunir, condensar y aumentar la energía, entenderás que si te alcanza un rayo tu voltaje se pondría por las nubes.) La segunda es mediante la superación de algunas circunstancias difíciles, del tipo de la muerte y el renacimiento. La tercera es mediante un rito iniciático.

Si yo fuera tú, no me quedaría sentado esperando que me cayera un rayo. Esa experiencia seguro que te pondría los pelos de punta, y tiene que existir un camino mejor.

Durante uno de mis viajes al Amazonas decidí ponerme a prueba sometiéndome a un rito iniciático. Quería probar una poderosa planta psicoactiva, porque pensaba que eso impulsaría mi búsqueda de lo divino. Aquella planta en concreto se llamaba ayahuasca —también se conoce como «la soga del muerto», porque daba al buscador la experiencia de morir y de resucitar—. Le dije al chamán: «Quiero una dosis alta».

Desperté en medio de un mar de consciencia sin recordar en absoluto haber tomado aquella pócima. No tenía ni idea de cuánto tiempo había pasado, ni siquiera de qué hora era. No tenía contacto alguno con mi cuerpo físico, y no me acordaba de quién era. Formulé la pregunta «¿Quién eres?», y escuché: «Yo soy». Eso era. ¡Oh, Dios mío! «¿Dónde estás?», dije. «Estoy aquí», fue la única respuesta. Miré alrededor, pero no era yo. Estaba en el momento de la creación.

Dije: «De acuerdo, vamos a crear un cuerpo», pero me dio la sensación de que iba a tardar muchísimo tiempo en hacerlo, eones en realidad, aunque en aquel lugar el tiempo no tuviera sentido, lo cual me parecía bien. En aquel espacio tampoco estaba vinculado a nada.

Unas horas más tarde, cuando me desperté en el suelo de la selva, ¡debo decir que me alivió constatar que mi cuerpo seguía intacto! ¡Había visto a Dios! En realidad, ¡era Dios!

Pero cuando volví a mi hogar en Estados Unidos, toda mi vida volvió a caer en el infierno. Fue entonces cuando se inundó mi casa en Las Vegas. El coche se estropeó. Mi negocio volvía a estar contra las cuerdas. Había vuelto de Brasil pisando nubes, pensando «Ya lo tengo todo controlado». Pero una vez que descubres que eres Dios, ¿qué haces? El universo me dijo: «Muy bien, quieres ser Dios y jugar a ser James, ¿no? Entonces deja que ponga patas arriba tu mundo, a ver hasta qué punto te pareces a Dios».

Yo había vivido el «yo soy». ¡Eh!, era genial, ¿no? Así que tenía que experimentar el «yo no soy». Eso no era tan estupendo. ¿Sabes lo que aprendí? Que todo forma parte de la Ley de la Dualidad. Si tú tienes extremos, debes tenerlos a ambos lados, arriba y abajo. Yo ya no quiero tener extremos. Quiero ser armónico, transitar por el Camino Medio, como lo llama Buda. La voluntad de Dios es el equilibrio. (Una vez más, no confundamos equilibrio con estasis. La estasis es un estancamiento, mientras que la armonía es activa y dinámica. Vivir en equilibrio es el resultado constante y la recalibración hacia la vía media.)

Por supuesto, el camino que tú debes seguir es el tuyo propio. Espero que, habiendo probado los extremos, pienses también en el sendero medio e integrado.

Agota tu ego

Cuando te esfuerzas por obtener y alcanzar niveles superiores de despertar y de consciencia, uno de los primeros obstáculos es la batalla para trascender el ego.

Recuerda que tu ego no es nada más que la identidad que has creado para ti mismo. La especie humana tiene necesidad de coherencia. El ego lucha contra la expansión espiritual y es tolerante... hasta cierto punto. Sin embargo, cuando la fuerza divina (o tu yo superior) ha sido lo bastante paciente, a menudo aprovechará para expandirse a costa del yo finito. El ego, al que le gusta lo conocido, suele no aprovechar la oportunidad. Dado que siente que no tiene el control, intentará que el plan se quede en nada. La inmortalidad es el único objetivo del ego, y lo expresa como el temor a la muerte. Sólo cuando puede obtener muchos tesoros físicos —quizás una cuenta bancaria más nutrida, más galardones— el ego se siente poderoso. «Tengo el control —se dice—. ¡Soy invencible!» Pero acechando bajo la superficie se encuentra la insidiosa promesa de la inmortalidad. Fue en la época en que mi ego James se sentía invencible y la fuerza Dios me encontró y me llamó cuando tuve mi lección de humildad tras volver de Brasil. ¡Toma experiencia religiosa!

En Occidente, la única manera de trascender de verdad el ego consiste en fortalecerlo, expresarlo plenamente en la vida y luego agotarlo. En otras palabras, si no te apetece mucho pasarte los próximos veinte o treinta años en un monasterio, entonces dedícate a tus absurdos jueguecitos de ego y llévalos al límite, hasta que los superes y puedas seguir adelante. Míralo desde este punto de vista: si realmente se te da muy bien ganar dinero, componer música, ser filántropo, ser padre, lo que sea, entonces hazlo, y además con entusiasmo. Aporta a todo lo que haces alegría, bienestar y armonía, y juega hasta el final. Como le pasa a un niño con un juguete nuevo, al cabo de un tiempo este camino llegará a su final, y empezarás a buscar algo nuevo.

Ése es un momento definitorio, el momento de darse cuenta de que ha llegado la hora de transformarse, profundizar, apostar fuerte. Cuando tu llamado futuro toque en tu puerta, o bien avanzarás con fe y poder, o bien retrocederás con miedo. Tú has agotado lo viejo, y sólo si lo dejas a un lado aceptarás lo nuevo. El apóstol Pablo dijo: «Cuando era un niño, hablaba como niño, entendía como niño, pensaba como niño; pero cuando me hice hombre, dejé las cosas de niño» (Primera Corintios 13, 11). Había superado el camino viejo, conocido, y estaba listo para avanzar por uno más ancho.

Hubo una vez en que pensé que yo era un maestro especial y elegido, y lo dejé atrás, agotando en el proceso a muchos que me rodeaban. Al final me di cuenta de que iba a tardar toda la vida en jugar a ser el creador de mi propio universo, por no mencionar lo de ser el creador del universo de otros. Lo dejé a un lado y superé buena parte de mi propia *jamesraynía*. Ahora sé que sólo soy un hombre que intenta hacer lo que pueda para aprender, amar y crecer. Ahora me concentro en esa meta, y mientras pueda hacerlo y compartir valor con otras personas, estaré en el camino correcto. En zen dicen que la mente ordinaria es la mente zen. Todos somos especiales, y tenemos dones espirituales únicos que aportar a los demás.

Renacer consiste en morir a la versión/idea más pequeña de nuestra persona: la muerte del ego. Por favor, recuerda que el término *ego* es «yo» en latín, de modo que tu ego no es nada más que la identidad personal que te has construido.

Uno nunca se deshace por completo del ego, porque entonces no podría funcionar en un entorno social. He conocido a muchos presuntos seres iluminados, y todos tienen un ego/una personalidad. Tu ego/personalidad es el modo en que te desenvuelves. Tendrás que seguir jugando hasta que lo superes. Por eso continuó incordiándote para que descubras qué es lo que te inspira. Es tan espiritual que una persona desempeñe plenamente su papel de padre o madre, y se entregue a él, como que alguien enseñe principios espirituales. Michael Jordan afirmó que se dedicó al baloncesto porque creía que ése era el motivo por el que estaba en este mundo. ¡Eso es espiritual! Es lo que ya comentamos antes: debes encontrar algo que ames realmente y entonces fusionarte con ello. Esto es lo que en Oriente llaman yoga bhakti, el sendero del amor y de la devoción.

Sin embargo, hay un momento cada día en el que abandonar la pequeña identidad del ego es tan sencillo como respirar o, más bien, dormir. Cuando tu mente consciente se va a dormir, tú te fundes con Dios, a menudo convirtiéndote en un rey, un centauro, un unicornio, o quizás en una versión ligeramente distinta de ti mismo. Durante la hora de los sueños la fachada ego/identidad que has construido se tambalea, y eso cuando no se viene abajo directamente. Podríamos definirlo como una especie de muerte, ¿no? Piensa que trascender tus limitaciones físicas y experimentar una pequeña muerte del ego cada noche es una especie de fallecimiento. Después tú renaces cada mañana; si lo deseas, es algo semejante a un nacimiento virginal.

Sé que no solemos pensar en el sueño como si fuera una especie de muerte, pero si logras asimilar que la muerte es la desaparición de la fachada o de los muros que has construido a tu alrededor, entonces la idea empieza a tener sentido.

La ciencia nos dice que todo aquello que parece sólido en realidad no lo es. Somete cualquier cosa a un microscopio potente y verás que no es más que un campo energético con cierto índice de vibración. Siguiendo con esta idea, si todo es lo mismo, hablando en términos energéticos, los límites que imponemos a la sustancia universal única (tú, yo, ellos, mi coche, mi dinero) puede ser verdad *en la realidad* (la tercera dimensión), pero *realmente* (el entorno del espíritu o del campo de punto cero) es una ilusión. Por tanto, la vida es el proceso de colocar fronteras artificiales e identidades únicas en la sustancia universal única.

De la misma manera, la muerte es la supresión de esas fronteras artificiales. Por tanto, cada vez que sales de ti mismo, experimentas una especie de pequeña muerte.

Sin embargo, todo ese tiempo pasado en el éter no significa que estés totalmente iluminado…, al menos, no todavía.

Cumbres y abismos

Una vez oí decir a Ram Dass: «Si crees estar realmente iluminado, ve a pasar un fin de semana con tus padres». Creo que esto es divertido, porque por mucho que trabajo en mí mismo, mis padres aún logran hacerme perder los nervios cuando hacen referencias a mi infancia…, ¡y eso que quiero mucho a mis padres! El viaje hacia la iluminación es largo y constante; nunca se acaba. Algunos dicen que tiene lugar mediante una cegadora epifanía. Quizá sea así. Pero, en mi caso, es una experiencia de cumbres y abismos, subidas y bajadas. Típicamente, experimento un regusto de lo que es la unidad y el poder, seguido de una caída donde pierdo todo sentido de ambas cosas.

Cuando inicies tu viaje interior, debes pasar por muchos sufrimientos y debes comprenderte a fondo. La energía que fluya hacia ti puede agotarte. Recuerdo una ocasión en la que estuve sumido en un estado profundamente alterado cuando tuve un momento de inspiración, una descarga divina. En ese momento profundo, cuando eché la vista atrás y contemplé mi vida pasada, me di cuenta de que, aunque a menudo había tenido la sensación de que el mundo se me venía encima y de que era seguro que el impacto allá abajo me aplastaría como a un sello, de hecho, *siempre* había caído en una red de seguridad, a menudo en el último segundo.

El mensaje que recibió mi consciencia fue: «James, siempre has estado guiado, protegido y amado». En aquel momento derramé unas cuantas lágrimas y me di cuenta de que aquélla era la verdad absoluta y que, pasara lo que pasara, siempre lo sería.

Esto es cierto para todos y cada uno de nosotros. Da lo mismo las veces que tropecemos en el camino hacia el espíritu, y las ocasiones en que aparentemente lo hemos arruinado todo: nunca estamos solos. *A Course in Miracles* afirma: «Si supiera quién camina a su lado en todo momento a lo largo del camino que ha elegido, nunca volvería a sentir miedo». Yo tengo mi propia variante: «Si supieras quién eres tú realmente, nunca sentirías miedo». Debes saber en tu corazón lo siguiente (por favor, repite conmigo):

Soy un aventurero de la vida. Soy la juventud eterna. He venido desde los valles previos del ayer y he llegado a las alturas vigorizantes del hoy. Soy el viajero sempiterno que transita por el milagro del descubrimiento de mí mismo, del desarrollo infinito. Siempre estoy guiado, protegido y amado.

La sensación de abandono

En mayo de 2005 hice un peregrinaje al monte Sinaí. Me sentía espiritualmente agotado. Había estado dos veces a punto de entrar en bancarrota; había perdido mi relación sentimental más larga e íntima, y una vez más luchaba por mantener mi negocio a flote después de trece años.

Estaba tocando fondo. Recuerdo que llegué al valle llamado Wadi Mukattab, un lugar en apariencia árido y dejado de la mano de Dios, y vi las antiguas letras hebreas talladas en las rocas. Pregunté a mi guía beduino qué significaban, y me dijo que eran los llamamientos que un pueblo abandonado elevaba a su Dios. Literalmente sentía el sufrimiento en el aire. Mientras todos mis retos caían sobre mí como un aluvión, en aquel instante, me arrodillé en la ardiente arena del desierto y lloré.

Sabía que mi intención era ayudar al mundo, *sabía* que mi corazón era bueno, *sabía* que lo que tenía que compartir era único y útil. Así que ¿por qué no funcionaba nunca? ¿Por qué tantas cimas y abismos?

Durante diez días recorrí con mi guía beduino el desierto del Sinaí, atravesando el paisaje abrasador y seco, y sintiendo que podía identificarme con cómo se habían sentido los hijos de Israel cuando abandonaron Egipto. *Por fin* tenían libertad, y podían dirigirse a la Tierra Prometida, ¡y acabaron perdidos durante cuarenta años en el puñetero desierto!

Algunos judíos ortodoxos te dirán que el Antiguo Testamento no se debe tomar literalmente. El número cuatro, en la numerología sagrada, es el número del plano físico del trabajo y de la manifestación. El cero es el infinito. Dicho en pocas palabras, el número cuarenta significa la realización de un trabajo arduo durante muchísimo tiempo. La verdad es que sentía que me había esforzado mucho durante mucho tiempo para encontrar la Tierra Prometida (mi visión y objetivo), pero que, una vez más, la había dejado escapar entre los dedos. Estaba perdido. Estaba a un paso de tirar la toalla.

¿Quizás era el momento de dejarlo correr? ¿Quizá después de todo no tenía que llegar a las masas? ¿A lo mejor ya había ayudado a todas las personas a las que se suponía que debía ayudar?

Me pasé la noche en la cueva de Moisés, donde, según creen muchas personas, recibió los Diez Mandamientos. Fui el único visitante durante toda la noche, aterido por el frío de la cumbre montañosa, y todo lo cerca que podía de la diminuta llama de una vela. Ahí es donde lo entendí todo, donde las últimas piezas de la *Armonía en la Riqueza* y el material sobre física cuántica que había estudiado durante más de diez años tomaron forma y se convirtieron en una rápida anotación en mi diario.

Ascendí al monte como un hombre atribulado y casi derrotado; descendí nuevo de trinca, renacido e inspirado. Dado que lo que me importa son los resultados, me resulta fascinante que fuese justo después de volver a casa cuando se publicó *El secreto*, y cuando mi carrera se disparó. Al cabo de un año me pidieron que apareciera varias veces en *The Oprah Winfrey Show* y en *Larry King Live*. Aparentemente, llevaba trece años regando el suelo improductivo y había estado a punto de dejarlo correr, ¡pero al final estaba brotando el bambú!

Podría darte todas las garantías del mundo, pero seguramente tú aún tendrás noches oscuras en el camino del espíritu y te sentirás perdido y solo.

Tendrás buena compañía. En su nuevo libro *Ven, sé mi luz: las cartas privadas de la Santa de Calcuta*, el escritor Brian Kolodiejchuk revela por primera vez que la Madre Teresa vivió una lucha de fe personal e inmensa. Por increíble que parezca, la monja más entregada de nuestros tiempos admitió, en cartas que envió a varios confidentes, que se había pasado casi cincuenta años sin sentir en absoluto la presencia de Dios, un hecho que, comprensiblemente, ocultó a un mundo enamorado de su supuesta vinculación con la Deidad. ¿Lo has entendido? Esta santa futura escribió que sentía aridez, oscuridad, soledad y tortura al creer que su Señor y Salvador la había abandonado. La Madre Teresa describía su alma como un bloque de hielo. Aunque algunos utilizarán estas chocantes confesiones para argüir que la religión no consigue satisfacer nuestro anhelo sincero de mantener una relación genuina con lo divino, otros se sentirán aliviados al ver que alguien del calibre de esa mujer y con el fuerte compromiso que sostuvo toda su vida con su obra se sintió como una hipócrita y cuestionó la existencia de Dios.

Le garantizo que las tradiciones esotéricas saben que todo estudiante serio experimenta esto en algún momento de su vida. Muchas tradiciones hablan de la «noche oscura del alma» como parada obligatoria en el viaje hacia el descubrimiento del yo último e infinito. Esto forma parte del viaje, amigo mío, y basándome en mi experiencia, la única manera de dejarlo atrás es atravesándolo. Como dijo Buda: «La iluminación no es más que la desilusión progresiva».

A medida que te vayas desilusionando con aquellas cosas que antes considerabas sagradas y ciertas —desde lo espiritual a lo mundano—, las desgastarás y las abandonarás. A medida que vayas perdiendo lastre, llegarás a lo que el zen define como «la mente del principiante»: la curiosidad, la maravilla y el asombro que posee respecto a todo y todos. Con la mente del principiante, podrás abarcar todas las cosas como gloriosas y sorprendentes, hallando incontables budas (que significa «el iluminado») en cada grano de arena, hoja de hierba, pila de dinero y cuenta corriente vacía. Creo que esto fue lo que quiso decir Jesús cuando afirmó: «Si no os volvéis y os hacéis como niños, no entraréis en el reino de los cielos» (Mateo 18, 3).

Cuando tropieces, compadécete un poco. Así es como aprendiste a caminar, dando un paso vacilante tras otro. Empieza de nuevo. Debes saber que todo lo que sucede ahora mismo forma parte de un plan superior que tiene lugar de forma perfecta para tu propio crecimiento, desarrollo y mejora personales. El aficionado espera y desea; el maestro sabe. Cuando le preguntaron «¿Cree usted en Dios?», Carl Jung respondió: «No creo, sé». *¡El conocimiento es el verdadero poder!*

La fe es acción

Recuerdo que una vez escuché a mi padre contar en la iglesia una anécdota sobre un niño pequeño, más o menos como era yo en aquella época, que se despertó llorando debido a una pesadilla y llamó a voces a su madre. Ésta vino a consolarle y le dijo: «Venga, cariño, no tengas miedo. Dios está siempre contigo».

El niño inocente la miró y le dijo: «Sí, mamá, sé que Dios está conmigo, pero necesito a alguien a quien abrazar». Nosotros somos quienes tenemos las manos y los pies para realizar la Gran Obra en este mundo.

Esto me recuerda otra historia: había una vez un pequeño pueblo que tenía un pedrusco enorme y muy feo en el centro de la plaza mayor. Llevaba años allí plantado, y todo el mundo lo aborrecía. Uno de los habitantes decidió hacer algo al respecto, de modo que trabajó, picó, sudó, cargó, trasladó y removió las piedras, de forma que convirtió el lugar en un hermoso jardín de rocas. El pueblo se mostró agradecido por aquella transformación.

Un día, pasaba por allí un turista y vio a aquel hombre trabajando en el jardín de rocas. Se detuvo y le dijo:

—Joven, Dios les ha bendecido con este hermoso jardín.

—Tiene usted razón, señor —repuso el muchacho—. ¡Pero tenía que haber visto su aspecto cuando lo tenía para Él solo!

En nuestro mundo, los resultados son fruto de nuestra forma física. La única manera en que Dios nos puede permitir experimentar toda la plenitud de esta vida es llevándonos a trabajar a lo grande, comprender que somos cocreadores de nuestra realidad, de nuestros resultados. Somos causa y efecto. Somos el efecto de la gran fuente creativa, pero también la causa de nuestros propios resultados. El maestro integrado entiende que debe estudiar y dominar ambos extremos divinos para acceder a la verdad y al poder. La iluminación cósmica se alcanza en la armonía e integración de los dos pilares: el del Creador, por un lado, y el de la Creación, por otro.

Si lees la antigua cábala, descubrirás la idea de que el hombre necesita a Dios, pero Dios también necesita al hombre.

Una vez más, creo que nuestros actos van destinados a llevarnos a todas las glorias que Dios puso en este mundo. Una de las cosas que leí en el libro de Kolodiejchuk sobre la Madre Teresa me dejó atónito. En 1951 la santa escribió: «Quiero [...] beber sólo de Su cáliz del dolor». Las mayúsculas del adverbio aparecen en el original.

Yo no conocí a la Madre Teresa, y no pretendo comprender la verdad de su experiencia. No debato su razonamiento de querer experimentar parte de la oscuridad y el sufrimiento que tuvo Jesús en este mundo, ni creo que hubiera cambiado su camino por ningún motivo. Sin embargo, sí creo que, santa o no, la vida de la Madre Teresa se sometió primariamente a las mismas leyes que tú y yo obedecemos: aquello en lo que nos concentremos se expande, y nuestros deseos son órdenes.

Te pregunto: cuando pones tu fe por obra, ¿te concentras en el sufrimiento o en la alegría? ¿Prestas atención a lo que estás pidiendo? Los pensamientos de tu mente y de tu corazón, las palabras que salen de tu boca, son oraciones. Cada palabra es un conjuro. Tus palabras son truenos, y tu palabra es la ley. Así de poderoso eres. No sé cuál es tu caso, pero yo sólo quiero beber del cáliz de la alegría. Sabiendo que la vida tendrá sus subidas y sus bajadas en el mundo físico, la experiencia que tenga de ella es exclusivamente mía. Tus deseos son órdenes.

24

Respondiendo a las plegarias

La oración es el espíritu
que dice la verdad a la Verdad.

PHILIP JAMES BAILEY

Hacia un mayor despertar

Mientras crecía en la iglesia en la que predicaba mi padre, a menudo escuché estas palabras de Mateo 7, 7: «Buscad, y hallaréis; llamad, y se os abrirá». Pide y te será dado; entonces me sonaban bien, y ahora incluso mejor. Pero ¿cómo se busca, se llama, se pide? Quiero compartir contigo algunas de las herramientas que empleo para avanzar hacia un mayor despertar. Me ayudan a concentrar mi atención y hacen realidad mis oraciones.

La meditación: la verdadera oración

La genuina oración no consiste en arrodillarse y suplicar; eso no es más que el ruido de tus articulaciones. La verdadera oración es el control coherente de la dirección de los pensamientos, sentimientos y actos. Ten en cuenta que todo pensamiento es una oración, y eso se aplica también a la meditación. La oración no es algo que haces, sino algo que *eres*.

La meditación consiste en algo más que estar sentado en un cojín. Es también la práctica de dirigir y controlar la atención constantemente. No sirve de nada sentarse en un cojín (o en el sofá, ya puestos) y sosegar la mente, sólo para ponerse en pie y temblar de miedo y de incertidumbre cuando llega la factura de la Visa.

El apóstol Pablo, de la tradición cristiana, nos exhortaba: «Orad sin cesar» (1 Tesalonicenses 5, 17). Cuando era niño y escuché esto por primera vez, pensé: «¡Madre mía! ¿Y entonces cómo se supone que voy a hacer todo lo demás?» Desde entonces he aprendido que uno no puede hacer otra cosa que la que Él nos invita a hacer. Tus oraciones y meditaciones son tus pensamientos, sentimientos y actos constantes y, sean buenos o malos, no cesan nunca.

Einstein dijo: «La intuición no visita una mente que no esté preparada». Cuando descubrió la teoría de la relatividad, le vino como un relámpago de intuición, pero sólo después de haber estudiado y meditado durante años en los grandes misterios de la física. Esta preparación le permitió observar cosas que a una mente no preparada se le habrían pasado por alto. El consejo que te doy es que te prepares. La mejor manera de saber cómo hacerlo es mediante el estudio, la práctica y la meditación tradicional. Con suerte, algunas de las técnicas que voy a compartir contigo serán un poco más prácticas que otras que quizá ya hayas probado.

Los experimentos han demostrado que los meditadores experimentados tienen más actividad en el lóbulo frontal izquierdo de su cerebro, que es la parte más asociada con las emociones positivas como la felicidad, la alegría y el contentamiento. Estos descubrimientos conllevan que la felicidad es algo que podemos cultivar de forma deliberada por medio del entrenamiento mental. Además, la investigación demuestra que los meditadores habituales integran los dos hemisferios cerebrales y, por tanto, pueden aprovecharse de lo que se ha dado en llamar pensamiento cerebral completo. Así que no sólo serás más feliz, sino también más inteligente y creativo.

Yo empiezo cada día meditando. En mis meditaciones hago algunas cosas concretas: no sólo centro mi vibración energética, sino que también fijo los objetivos del día y el modo en que voy a crearlos, de forma que es una excelente manera de iniciar la jornada. En el mejor de los casos posibles, medito una hora y luego practico yoga, porque he estado sentado todo ese tiempo y tengo que mover el cuerpo antes de ir al gimnasio.

Varias décadas de meditación me han ayudado a concentrar mi atención y a aportar mucha serenidad y calma a mi vida. El otro día estaba hablando con mi director de operaciones, discutiendo cómo es posible que yo pueda hacer en un día más cosas de las que mucha gente hace en un mes. El principal motivo es que tengo una concentración increíble. Cuando me siento a hacer algo, soy como un láser, y da lo mismo lo que pase alrededor de mí o las distracciones que puedan presentarse. Es una técnica muy poderosa y práctica. Sé que tú quieres ser un creador poderoso en el mundo físico, así que conseguir tener este dominio de tus pensamientos te aportará una enorme ventaja en esta vida.

Cuando puedas controlar tus pensamientos de una forma tan poderosa, las cosas que pasen no podrán conmocionarte. Yo puedo estar en medio de una tormenta de actividad en el despacho, y en el ojo del huracán pienso: «Muy bien, ¿qué tiene esto de bueno?, ¿cómo puedo manejarlo?, ¿cómo podríamos hacer algo de una manera distinta?»

Además, la meditación posee múltiples beneficios terapéuticos demostrados. Después de ejercitar intensamente un músculo, ¿qué debes hacer? Dejarlo descansar. La mente no es diferente. Una forma que tiene de reposar es pasando a una vibración inferior por medio del sueño. La meditación induce esa misma vibración inferior. Se ha demostrado que veinte minutos de meditación profunda equivalen a dos horas de sueño. Resulta impresionante, y es una buena manera de invertir veinte minutos.

La meditación también reduce el estrés. La investigación sobre la longevidad demuestra que las personas que tienen menos estrés en su vida disfrutan de una presión sanguínea menos elevada, y viven vidas más largas y fructíferas. También tienen mejor aspecto físico y envejecen más lentamente, de modo que si la practicas te beneficiarás en muchos niveles.

Concentrar la atención te ofrece interesantes capacidades para abordar las circunstancias del mundo real. Esta fuerza interior está disponible para todo el mundo; sólo hace falta saber qué hay que hacer.

Cómo empezar

Aquí tienes un consejo importante: por amor de Dios, ¡no medites en la cama!

«Cuando medito, siempre me duermo», me dice la gente una y otra vez. No es broma. La capacidad de permanecer despierto sólo llega con la práctica. Tu cama está hecha para dormir, así que si intentas meditar en ella, tendrás una experiencia distorsionada. En muchos sentidos eres un ser que responde a los estímulos, y lo que nos ha enseñado la psicología conductista es que, cuando se hacen determinadas cosas repetidamente, se programa el subconsciente para que caiga en conductas concretas: «¡Hombre, otra vez lo mismo!» El hecho de meterse en la cama le dice que es hora de dormir o quizá de... Bueno, da igual.

Mientras estés fuera de la cama, podrás emplear ese dato de la psicología conductista para reforzar tu técnica. Cuando medites, si optas por sentarte siempre en el mismo sitio y en la misma postura, automáticamente te concederás una ventaja. En el nivel físico, tu cuerpo conocerá la rutina, y en el metafísico, si puedes mantener impoluto el lugar donde medites (lo cual puede resultar difícil si tienes niños o gatos), construirás un campo de vibración energética (un campo morfogenético o mórfico) en ese espacio. Esto te facilitará mucho meditar, porque el espacio estará dispuesto. Por eso mi sala de meditación está cerrada con llave, y mi asistenta nunca entra en ella; bueno, ni mi asistenta ni nadie. Me resulta muy sencillo despegar en cuanto me siento en mi silla, porque eso es lo único que he hecho siempre en ese espacio.

No todo el mundo vive solo ni puede hacer esto, pero te animo a averiguar si hay algún lugar reducido en tu casa —no hace falta que sea mayor que una silla— que puedas reservar sólo para esta actividad. Resulta contraproducente que tu práctica de la meditación sea una rutina pesada o una fuente de frustración. Por tanto, hagas lo que hagas, asegúrate de pasártelo bien con esta práctica; la vida debe ser alegre, y Dios está en todas partes, incluso en el caos. Por ejemplo, algunas de mis mejores experiencias meditativas han tenido lugar en un casino cerca de mi casa en Las Vegas. Anteriormente, yo pensaba que era maravilloso experimentar esos niveles tan elevados de unidad y de no dualidad en mi sala de meditación, pero como siempre digo: es muy fácil ser Buda en un sillón.

Sabía que si lograba alcanzar esos mismos estados meditativos en un casino estaría en el camino correcto. Por tanto, en numerosas ocasiones me acerqué y me senté a meditar ante una máquina tragaperras. No es que la gente me molestara intencionadamente, pero reían, hablaban, maldecían su suerte, expelían humo de cigarrillo y chocaban conmigo. Yo sabía, sin lugar a dudas, que ya no estaba en Kansas. Pero seguí insistiendo con mi práctica, lo cual resultó asombroso dado que en mi vida cotidiana no aguanto que la gente me eche humo a la cara. ¿Sabes qué me enseñó? Si uno es capaz de encontrar la paz en ese espacio, podrá encontrarla casi en todas partes. Da lo mismo qué sea lo que tu entorno de trabajo, tu pareja, tu hipoteca o tu casero pongan en tu camino, la verdad es que la paz se encuentra en nuestro interior.

Existen cuatro categorías de meditación que me gustaría comentar:

1) La meditación de concentración/visualización.
2) Escuchar o contemplar.
3) La trascendencia estática.
4) La trascendencia cinética.

Si no tienes mucha experiencia, te sugiero que las pruebes en este orden.

1) **La meditación de concentración/meditación**
La meditación de la vela. La concentración acostumbra a los pensamientos a avanzar en una dirección controlada. Siéntate en una habitación en penumbra mientras fijas la vista en una vela encendida. Tu objetivo consiste en convertirte en la llama. Es interesante descubrir que, una vez que domines esta técnica, verás que puedes controlar la llama, hacer que brille con más o menos fuerza, que parpadee o que baile con tus pensamientos. Si esto te suena a camelo, recuerda que tú y la llama no sois más que energía; es decir, sois lo mismo. Todas las fronteras son ilusorias. Todo es energía.

Juego de nubes. Ésta es otra técnica de meditación que se hace con los ojos abiertos; es muy divertida, y muchas personas la hacen con sus hijos sin ser conscientes de ello. Túmbate de espaldas en el patio trasero y practica agujeros en las nubes con tu mente. Es bastante fácil hacerlo una vez que aprendes a concentrarte, porque las nubes son muy etéreas. Esto enseñará a tus hijos, a una edad temprana, lo poderosos que son realmente y cómo sus pensamientos son impulsos energéticos. Es un buen recordatorio también para ti, así que sal fuera y pruébelo. Visualiza un agujero y mantente muy concentrado hasta que aparezca. ¡Y aparecerá!

Las meditaciones guiadas. Hay CD muy útiles creados especialmente para los occidentales que a menudo tenemos problemas para hilvanar el hilo de nuestros pensamientos. Funcionan entreteniendo la mente consciente, dándole algo que escuchar y visualizar, y ayudándola a concentrarse en una dirección determinada. Puedes visitar mi página web www.harmonicwealthbook.com y elegir entre varios ❶; probablemente el más popular es un conjunto de seis CD, titulado *Collapse the World,* que contiene diversas visualizaciones guiadas y que ayuda a los oyentes a colapsar las funciones de onda de las que ya hemos hablado y a optar por observar nuevas partículas de las ondas ilimitadas de posibilidad en el campo de punto cero. Tú eliges el mundo que deseas crear y te desprendes de todo aquello que no quieres.

La meditación del reloj de pared. Siéntate con los ojos cerrados y visualiza este reloj con todo detalle: la madera suave, de acabados perfectos, el péndulo que oscila, el sonido, todas las campanadas. La idea es llegar al punto en que puedas ver sin problemas ese reloj con tu mente. Entonces, cuando ya hayas conseguido una gran disciplina, podrás abrir los ojos y verlo y oírlo de verdad, no tan claramente como la mesa que tienes delante, pero estará allí. Puedes usar esta visualización con cualquier objeto físico. A mí me gusta el reloj de pared, pero puedes emplear cualquier cosa que tengas esperanzas de crear en tu vida: un coche nuevo, la casa de tus sueños, lo que sea. Pero asegúrate de verlo vívidamente y de añadir todos los componentes sensoriales; has de poder escucharlo, sentirlo, olerlo, etc.

La meditación de la cuenta atrás. Con los ojos cerrados, siéntate y cuenta mentalmente hacia atrás desde 100. Has de visualizar los números y decirte (a ti mismo): cien, noventa y nueve, noventa y ocho, noventa y siete, etc. Esto te enseña a concentrar la mente, pero también te sume en un trance que te permite acceder a un estado alterado. Si descubres que empezar en cien es demasiado difícil, cuenta a partir de diez o de veinte. Ten paciencia contigo mismo. Parece más fácil de lo que es, pero la recompensa vale la pena.

Elige tus pensamientos. La última técnica de visualización que te propongo es la de entrenarte para tener un solo pensamiento y concentrarte para no dejar que te pase por la mente ningún otro. Por ejemplo, si quieres escribir un libro, cierra los ojos y mantén fija la atención en el proceso físico de escribirlo. Piensa en cómo vas a gestionar todos los aspectos del proceso: tomar notas, realizar la investigación, redactar un esquema, escribir un capítulo, sostener el manuscrito concluido, encontrar un agente, venderlo, etc. Sigue el proceso hasta la lista de libros más vendidos, de la A a la Z. Asegúrate de mantener el pensamiento en presente, y llévalo a una conclusión positiva, a pesar de todos los pensamientos negativos que puedan infiltrarse durante la meditación.

Lograr mantener ese pensamiento durante un minuto es una gran victoria. El objetivo último es poder mantenerlo durante media hora.

2) Escuchar o contemplar

Ésta es la meditación oriental tradicional, la práctica zen sentada. En contraste con la visualización, uno no intenta controlar o dirigir los pensamientos, sino que se limita a observarlos. Hemos de prestarles atención y observar o escuchar lo que pasa en nuestra cabeza. No juzgues tus pensamientos ni te apegues a ellos; esto es todo un reto, dado que te asaltarán todo tipo de pensamientos y sentimientos. Deberían resultarte curiosos de observar, pero no permitas que te enganchen. En el mismo minuto en que tires por el camino de «Vale, vamos a pensar en ello», habrás dejado de observar.

¿Cuál es la meta de esta técnica? Escuchar la guía divina y reconocer que tú eres mucho más que tus pensamientos. Empezarás a darte cuenta de que no eres el pensador.

Cuando estás inmerso hasta tal punto en algo, a menudo no puedes observarlo. Un pez no sabe que está en el agua; no nos detenemos a ser conscientes del oxígeno que respiramos, pero en el mismo instante en que nos lo quitan se vuelve realmente importante, ¿a que sí? Lo curioso es que tú tienes pensamientos, pero no son tus pensamientos. En el instante en que te das cuenta de que estás furioso, ya no lo estás: estás advirtiendo tu ira, lo cual es bueno. El hecho de darte cuenta de algo automáticamente nos aleja de *vivirlo*. Cuando lo ves, no lo eres.

Ya que pensamos en esto, si no puedes controlar tus pensamientos, ¿quién piensa realmente? Tienes que formularte la pregunta (que en realidad es un enigma interesante) «¿Estás pensando o estás siendo pensado?» La respuesta es que, hasta que no logres concentrar tu mente, no pensarás, sino que más bien te pensarán. Tú eres un ser reactivo, un autómata que funciona basándote en el capricho de las circunstancias externas. Tu programación, colectiva o individual, es la que te dirige, lo cual ayuda a muchas personas a abrir los ojos a esta realidad. ¿Y a ti?

Este tipo de meditación es muy complicado, y aunque yo hace mucho tiempo que la practico, durante años no sentí otra cosa que frustración y fracaso. Me pasaba horas y horas sentado en mi apartamento, que olía a orina de gato, y no llegaba a ninguna parte, porque no había aprendido a controlar a ese cachorrito que es mi mente consciente. Y tardé años en aprender. Me sentía un fracasado porque no tenía una experiencia trascendental, estilo Buda. Por eso recomiendo que los aprendices empiecen primero con las meditaciones de visualización. Es muy probable que obtengan resultados con mayor rapidez. Aunque algunas oraciones no son más que crujido de rodillas, sin concentración, este tipo de meditación sentada podría suponer una pérdida de tiempo para tus posaderas.

Algunos no estarán dispuestos a llegar tan lejos, y no pasa nada. Todo depende de tu sendero kármico en esta vida. Para muchas personas, aprender a controlar y a responsabilizarse de su vida física (en las meditaciones de concentración) es el éxito espiritual más grande de toda su vida, y yo les aplaudo. Salir del ámbito del victimismo y empezar a controlar tu destino, aceptando la responsabilidad que eso conlleva, es todo un éxito. Por eso dije que para LeBron James hacer un mate es tan espiritual como lo es para mí la meditación. Todo el mundo tiene dones distintos para obtener experiencias diferentes.

¿Cómo saber si ya estás listo para dar este paso? Consulta ese mecanismo de *biofeedback* que son tus resultados. Si logras concentrar la atención en tu vida cotidiana hasta el punto de poder elegir tus emociones y crear resultados en tu mundo, entonces vives una vida muy funcional y competente. Esto no quiere decir que tengas que ser millonario, pero si ni siquiera consigues ir tranquilo a trabajar debido a factores de tu entorno, o si no logras llegar a la meta de tener un coche nuevo, un sueldo determinado o perder una serie de kilos, entonces es que aún no has descendido del todo a la materia en cuestión, y necesitas una mayor integración, algo que las meditaciones de concentración pueden contribuir a darte.

3) La trascendencia estática

Éste es un punto al que muy pocas personas llegan, porque trascender el parloteo de la mente conlleva años de práctica. Los yoguis son famosos por alcanzar este estado; pero la mayoría de ellos han necesitado al menos veinte años de práctica. Este estado trascendental, en el que uno va más allá del pensamiento, no es un objetivo realista para la mayoría de personas. Pero no te obceques en el tipo de meditación que practiques. Lo cierto es que todo es meditación. Todo depende de en qué meditas.

El yogui Maharishi Mahesh popularizó la MT (meditación trascendental), o meditación con un mantra, que es un sonido con base energética (como *Om* o *Aum*, que según los yoguis es el sonido básico del mundo). He jugado con mantras, pero sólo en los últimos días de mi práctica de la meditación. Un mantra mantiene la mente concentrada, de modo que en el nivel mundano tú concentras la mente y, en el metafísico, obtienes la vibración del mantra, que altera la de tu cuerpo. Una de las mejores experiencias que he tenido en los últimos años fue estar sentado rodeado de unas doscientas personas salmodiando *Om* durante toda una hora. Fue impresionante, debido a la vibración y a la cohesión de la multitud.

4) La trascendencia cinética

Esta técnica conlleva ser capaz de entrar en un estado trascendental en cualquier momento, pero ¡buena suerte si quieres quedarte en él o trabajar sin salir del mismo! Cualquiera que te diga que eso es posible no está en sus cabales. Gracias a Dios, hay otros grandes pensadores que me respaldan en este sentido, como Ken Wilber y mi amigo Genpo Roshi. Para funcionar en este mundo, tienes que tener alguna parte de tu personalidad que sea dual.

A menudo se me acercan los asistentes a mis seminarios y me dicen: «Soy un perdedor porque no practico. Veo la tele y me hincho de comida basura». ¡Estupendo!, digo yo. Mi entusiasmo se debe a que la única manera de saber que uno se ha desviado del camino es *que uno esté* en un camino. Éste no es el caso de todo el mundo. El hecho de que tú te des cuenta de que has tropezado es una afirmación de que sigues un camino, así que anímate, felicítate e introduce los ajustes pertinentes.

Quiero dejar bien claro que no pretendo estar plenamente iluminado. Sin embargo, sí que tengo la capacidad de permitir, en ocasiones, que mi cuerpo se mueva mientras mi mente permanece en un lugar trascendente. A veces puedo desconectar mis pensamientos. Si alguna vez, durante un taller, ve que me detengo cuando estoy trabajando con alguien, lo que pasa es que estoy entrando en un estado en el que me unifico con esa persona y extraigo algún dato sobre su infancia o su vida. Puede que piensen que les leo la mente, pero en realidad no soy yo. Yo ya no estoy en mi mente. Ya no hay ningún James. Pero después de treinta años de práctica, aún hay momentos en los que no puedo acceder a ese estado. No me limito a sentarme y entrar en la divinidad cada vez que medito. En realidad, no creo que nadie pueda hacerlo, al menos no alguien que sea tremendamente funcional como ser humano integrado en una sociedad. Quizás un tipo sentado en una cueva pueda hacerlo, pero si tú diriges un negocio y tienes relaciones personales, eso no es algo que puedas hacer de forma habitual. Todos hemos de tener expectativas realistas sobre cómo funcionamos en este cuerpo.

El yoga

El yoga es una práctica meditativa. Es un bloque cohesionado de estudio y práctica, como lo es el tantra, que consiste en mucho más que sexo. En Occidente hacemos yoga con música rock y subimos la temperatura para sudar y eliminar calorías, y eso nos produce escalofríos de placer (o más bien, dado el caso, ramalazos de calor), pero no es el objetivo del yoga originario.

Existe todo tipo de yogas, pero el que encaja mejor con este libro, como ya dije antes, es el *bhakti* yoga, el yoga de la adoración. ¿Cómo descubre uno su sendero espiritual? El *bhakti* yoga es un camino excelente. Una vez más, se trata de descubrir algo que ames y sumergirte en ello hasta tal punto que te fundas con ese objeto. Eso es un estado trascendente. El objeto de tu adoración puede ser Buda, Jesús, tu pareja, tu trabajo…; da lo mismo, lo importante es que te enamores por completo. Si es el baloncesto, tú ya no juegas, *eres* el juego. Ése es un estado espiritual y alterado. Cuando eliges algo que amas completamente, las líneas de demarcación se desdibujan y tú y tu objetivo sois una sola cosa. Tú emerges completamente en un todo unificado. Si contemplas algo el tiempo suficiente, con la intensidad necesaria, lo encontrarás todo.

Por la mañana practico posturas del *hatha* yoga. Forma parte de mi práctica espiritual, pero para mí es algo más que una práctica física. Esta técnica, desarrollada en el siglo xv, es una forma de purificar físicamente el cuerpo, preparándolo para largos periodos de meditación. Es fácil que encuentres en tu ciudad centros donde impartan este estilo de yoga.

La reflexión sobre uno mismo

Ya hemos comentado bastantes cosas respecto a la espiritualidad; hagamos una pausa y centrémonos de nuevo en ti. Quiero que cojas tu bloc de notas y respondas por escrito a las siguientes preguntas. Este inventario rápido te proporcionará visiones sobre la armonía y la integración que tienes en el Pilar Espiritual de tu vida, así como sobre las cosas que aún tienes que trabajar.

- ¿Me apercibo regularmente de cómo otras personas, la naturaleza o yo mismo/a reflejo algo mágico y milagroso?
- ¿Me identifico más como un ser espiritual conectado con todas las cosas, o soy del tipo de persona que excluye de su vida a la gente y a las cosas?
- ¿Me siento vinculado con el universo? ¿Formo parte de algo más grande que yo?
- ¿Me tomo un tiempo para ser yo mismo y buscar el espíritu?
- ¿Descubro el bien y a Dios en todas las circunstancias de la vida, incluso en las más difíciles?
- ¿Comparto mi espiritualidad única con otros? ¿Forma mi espiritualidad una parte central de mi vida?
- ¿Fijo siempre objetivos más grandes y osados para poner a prueba mi grado de desarrollo espiritual y mi capacidad creativa?
- ¿Soy capaz de recorrer mi propio camino, de dirigir mi vida, sin sentirme una víctima de las circunstancias o el juguete del condicionamiento cultural?
- ¿Qué disciplinas espirituales me contentan más? ¿Cuándo y cómo, concretamente, practicaré más de ellas?

¿Cómo te has sentido al contestar a estas preguntas? ¿Te resultó sencillo o te exigieron unos momentos de reflexión? No pasa nada si no estás seguro de en qué punto de tu espiritualidad o de tus disciplinas te encuentras. Es posible que los conceptos de este capítulo luchen por encontrar un lugar en tu mente, entre otras doctrinas. Date tiempo para dejar que las cosas se asienten. Ten la mente abierta y confía en esa voz o sentimiento que te dice qué es lo correcto para ti.

La fusión de cielo y tierra: el gozo ilimitado

Al final de nuestro vagabundeo sólo se halla el anhelo
del alma por volver a Dios.

RAM DASS

Repito que cada camino es diferente, cada sendero es perfecto; todos los objetivos son espirituales. Me apasiona participar en el juego y estar integrado, porque tú puedes sentarte en tu sofá y pasarte el día haciendo el Buda, y en el mismo momento en que elijas un objetivo tangible y empieces a avanzar en tu dirección, te darás cuenta de hasta qué punto no eres Buda. Así es como realmente se prueba la evolución espiritual: cuando la persona evoluciona, en realidad no supone ninguna diferencia que tenga éxito o fracase. Todo está bien. Y es realmente bueno cuando se participa del todo en esa evolución espiritual y, sin embargo, se mantiene despegado. En otras palabras, haz lo que hagas por hacerlo, no por los resultados que vayas a obtener.

La tradición tibetana dice que somos bendecidos *porque tenemos todos los números para fracasar.* Tenemos que luchar con la biología física y con la potencialidad espiritual. Por lo general, nos dejamos seducir por el mundo tangible, aun disponiendo de la facultad para la iluminación. Piensa en lo complejo que eres. Tienes un cerebro que es, literalmente, como el cerebro de un reptil, que remata su columna vertebral. Además tienes el cerebro de un caballo paleomamífero (una herencia de los mamíferos inferiores), junto con el neocórtex, y además tienes ángeles y demonios —que tienen funciones e intenciones distintas— que intentan realizarse como tales. Y tenemos todas esas cosas apretujadas en un pequeño espacio de nuestros cuerpos, lo cual hace de ellos áreas de aprendizaje maravillosas y, al mismo tiempo, un caos con todas las posibilidades del mundo para fracasar. Según algunas tradiciones esotéricas, hay almas y almas que hacen cola para entrar ahí, porque es la fiesta más impresionante del universo: aprender, crecer y evolucionar en la gran experiencia humana. Nuestros retos son un don ¡porque nos ayudan a crecer!

Mi consejo es que vayas a tu interior mientras aceptas el mundo exterior, que tengas un pie en cada mundo (admite y emplea el inmenso poder del entorno espiritual, y además aborda cualquier problema en el nivel en el que parezca haberse originado). Abarca al creador y a lo creado; domina el mundo cuántico además del newtoniano. Cuando te concentres en los resultados que deseas (tu prototipo espiritual), tendrás que controlar todos tus recursos mentales, emocionales y físicos para respaldarlos, sin permitir jamás que te distraigan lo que te parecen otras causas presentes en tu vida. Debes saber que tú, y sólo tú, eres una causa en este mundo. Al principio y al final de cada día, tú creas tu mundo, todo lo que ves, saboreas, tocas y oyes. Piensa en lo que quieres, y luego trabaja con entusiasmo en todos los niveles para crearlo.

Y en todo momento, recuerda que estás guiado, protegido y amado.

Mi amiga Nicole Brandon trabajaba con los acróbatas de Beijing. Mientras se preparaba para colgarse de un trapecio a diez metros del suelo, para balancearse en el vacío, su mente se aceleraba y sentía un nudo en el estómago. Cuando sujetó el primer peldaño de la escala para iniciar la subida, el trapecista que la iba a coger en el aire le gritó: «¡No me busques, no intentes alcanzarme! Soy el receptor, yo te cogeré. Tu trabajo consiste en balancearte y soltarte».

Lo único que tienes que hacer es balancearte en el juego de la vida... y luego dejarte ir. Esto es precisamente lo que te dicen Dios y el universo, siempre y para siempre, sin cesar.

Un llamamiento a la acción

Sólo hay una pregunta a la que debes responder: ¿vas a aceptar lo que te corresponde por derecho?

Todo depende de ti

La mayoría de personas abandona esta vida sintiendo el dolor más intenso que puede experimentar un ser humano: los remordimientos. Cuando vuelven la vista atrás para contemplar sus vidas, dicen, ahora que ya es demasiado tarde: «¡Dios mío, podría haber hecho algo grande! Tuve la oportunidad, pero me faltó coraje».

No dejes que ése sea tu caso.

Hace más de dos mil años, Buda dijo que en ocasiones uno está tan condicionado para creer una mentira que cuando la verdad llama a su puerta no le abre. Esta afirmación, ¿es menos cierta hoy día? No. Sin embargo, vivimos en el momento más emocionante de nuestra historia mundial, un momento en que la ciencia demuestra con exactitud cómo somos cocreadores de nuestra realidad. En este libro hemos desglosado la ciencia, y ahora depende de ti comprender plenamente todo aquello que eres capaz de producir y de vivir.

Déjame que te pregunte: ¿qué tiene que pasar para que liberes tu potencial y vivas de acuerdo con tus posibilidades?

Siempre resulta más fácil no hacer nada, mantener el status quo, al menos a corto plazo. Las personas negativas tienen miedo de lo que no entienden. Aunque el estado de cosas pueda parecerte familiar y cómodo *ahora*, a largo plazo provoca remordimientos. El status quo produce muerte. Mientras Carlos Santana envejecía, siguió creciendo y adaptó su música para que resultase atractiva a una nueva generación. Si se hubiera quedado atrincherado en el status quo, aún estaría tocando *Black Magic Woman* en algún bar mohoso. Pero como siguió el ritmo de los tiempos y se puso a la altura de algunos de los mejores cantantes de la nueva era, las generaciones más jóvenes conocen su obra. Cuando le preguntan por qué introdujo tantos cambios en su música, dice: «La predecibilidad es la muerte».

Hemos dado pasos de gigante en nuestra tecnología, pero pasos de bebé en nuestra comprensión espiritual. Lo que parece nuevo en este mundo, en realidad, no lo es en absoluto. La electricidad siempre estuvo ahí; la capacidad de flotar y volar estuvo presente en todo momento. La física cuántica, Internet, la tecnología de los teléfonos móviles y los microondas también estaban ahí. Sólo teníamos que abrir nuestras mentes lo suficiente como para acceder a ese conocimiento. Repasa la historia y descubrirás que todas las transformaciones profundas, que todo crecimiento, empiezan con un cambio de consciencia.

Nadie que haya sido normal ha hecho historia. De hecho, la historia está llena de ejemplos de aquellos que fueron en contra del pensamiento colectivo y acabaron siendo ridiculizados por ello, y algunos, incluso, ejecutados. Galileo, Giordano Bruno, Jesús, el biofísico Fritz-Albert Popp, todos fueron parias que se convirtieron en héroes. Así es la vida. Ésta es la naturaleza del crecimiento y de la expansión.

Lo cierto es que tú tienes tanto poder para cambiar el mundo como cualquiera de esas lumbreras. Tu luz es igual de intensa. Tus emociones, sentimientos y tu atención tienen un efecto directo sobre el mundo que te rodea; crean tus ondas de oferta e influyen en las ondas eco de tu llamado futuro. Tienes la oportunidad de participar en el universo que elijas. Y mucho más.

¿Qué estás creando?

Todo lo que hay en tu universo es luz en un 99,99999 por ciento. Tú eres un 99,99999 por ciento de luz. ¿Te das cuenta de tu poder?

Influyes directamente sobre la sustancia del universo, incluso trascendiendo el tiempo y el espacio. Piensa en esto un buen rato. Las consecuencias son innumerables. Como ya hemos dicho muchas veces, todo lo que existe, desde un pino a un Porsche, pasando por un palacio, está formado por energía, hecho de luz. Las energías que provocan la guerra son las mismas que traen la paz. El dolor o el placer, la pobreza o la prosperidad; todo está compuesto de la misma sustancia energética y luminosa de nuestro universo. Tú afectas a todas las cosas, sin excepción.

Harold Saxon Burr, fisiólogo de Yale, demostró que toda entidad viva transmite y recibe fotones lumínicos. Éste es su hallazgo más impresionante: *el grado de consciencia* de la entidad determina el grado de transmisión y de recepción. Cuanto mayor es el grado de consciencia, mayores son la transmisión y la recepción. Dicho en términos sencillos: tú creces y tu influencia también, tanto individual como globalmente.

Hemos vuelto a la premisa original, ¿no es cierto? Cuanto más creces, más ganas. La expansión lo es todo; es la única alternativa que existe.

Mis amigos del HeartMath Institute descubrieron que las personas que experimentan constantemente lo que podemos definir como emociones negativas —ira, miedo, preocupación, frustración, autocompasión— alteran su ADN, haciendo que se contraiga. Cuando eso sucede, ¿qué crees que le pasa a su potencial? Que muere. Por el contrario, cuando alguien experimenta lo que definiríamos típicamente como emociones positivas, como el amor, la gratitud, el aprecio, la alegría, la plenitud y la abundancia, su ADN empieza a relajarse y a desenrollarse. Cuando eso pasa, ¿qué crees que ocurre con su potencial latente? Que despierta.

Lo que te estoy diciendo es que, a medida que te vas abriendo y experimentas más alegría y poder en tu vida (tu estado natural), recibes alternativamente más luz, y por tanto te conviertes en más de lo que se supone que debes ser.

Todas y cada una de las cosas que haces con tu cuerpo tienen un efecto bioquímico que altera tu frecuencia de vibración, la cual, a su vez, afecta a la sustancia de que está hecho el universo. Profundo, ¿eh? Cuando ahora reflexionas sobre ello, cada pensamiento, sentimiento y emoción que tienes introduce un cambio bioquímico en tu organismo que no sólo afecta a tu ADN, sino a la esencia de la realidad. Por tanto, la pregunta es: ¿qué creas en tu vida?, ¿qué estás creando para el mundo?

La ciencia moderna nos demuestra ahora, capa tras capa, que tú ya has sido el cocreador de toda tu vida. Tengo una pregunta audaz y estimulante que te pido que medites: ¿vas a seguir creando con el piloto subconsciente puesto, rehusando aceptar lo que todas las grandes tradiciones espirituales y la ciencia moderna nos dicen, como lamentablemente hacen muchas personas? ¿O vas a crecer y a convertirte en un cocreador consciente? Porque la verdad llama a tu puerta.

Tú eres más que eso

Que nunca puedan decir de ti que estuviste rodeado de cambios, que las señales de los tiempos eran muy evidentes y que, a pesar de ello, seguiste durmiendo.

Considera esto un llamado a actuar. Quiero que te unas a mí en esta nueva era, una era en la que los pensadores adelantados como tú y yo empecemos a colaborar en la redefinición de lo que significa ser verdaderamente rico y estar realizado como persona; redefinamos juntos lo que *de verdad* significa ser un ser vivo espiritual en un mundo físico. Estar plenamente en el mundo, pero sin *ser* del mundo. Como dice don José Luis: «Puedes participar en el juego, pero no te lo creas».

En cierta ocasión, en una entrevista, John Lennon afirmó: «Desde el primer día que mis amigos y yo tocamos juntos como The Beatles *supimos* que éramos el mejor grupo del mundo [...]. Sólo esperábamos que el resto del mundo se diera cuenta».

Tu futuro y tu destino te aguardan pacientemente. ¿Oyes su llamada? Tu llamado futuro te insta: «¡Vamos! ¡Hagámoslo! Eres mucho más de aquello con lo que te contentas. Eres mucho más de lo que piensas».

«Pero, James —puede que pienses—, para algunos es fácil, pero para mí no. No tengo la formación necesaria para alcanzar mis sueños.»

Lo entiendo. Tú eres más que eso.

«Pero es que tuve una infancia espantosa.»

Tú eres más que eso.

«Tengo tantas deudas que ni siquiera puedo imaginar la luz al final de este túnel.»

Entiendo tus circunstancias. Tú eres más que eso.

«Soy demasiado mayor.»

Más que eso.

«Soy demasiado joven; mi sexo, mi raza, mi etnia no son la correcta.»

Más. Que. Eso. Tú eres eterno, hermoso, pleno, vasto, antiguo, poderoso, sabio, y estás hecho a la imagen y semejanza de todo lo que existe. ¿Quieres encontrar una forma de replicar a esto? Ponme a prueba.

Muy bien. ¿Y si me respondes: «James, ahora mismo mi vida goza de una tremenda riqueza en todas las áreas»?

Enhorabuena. Te lo digo en serio. Tú también eres más que eso. De hecho, da lo mismo lo rico, exitoso y realizado que puedas pensar que eres o no eres en este instante: ni siquiera has arañado la superficie de tu potencial.

Enterrado en lo más hondo de tu ser hay una chispa de grandeza, una chispa que espera que la aviven para convertirse en una llama de pasión y de éxitos ilimitados. La llama no está fuera de ti, sino muy dentro de tu alma. Todo está ahí para ti, amigo mío, y siempre lo ha estado. Dios, tu yo superior, el genio si quieres, está aguardando pacientemente, pensando: «Me pregunto si se despertará hoy. ¿Será hoy cuando crezca y salga de su zona de comodidad?»

Tu futuro está esperando que lo alcances. Vívelo desde el resultado. ¡Sé ahora mismo tu futuro!

La promesa de una vida más grande

Tienes muchas cosas en las que pensar. Acabas de exponerte por primera vez a buena parte de la magia que me gustaría compartir contigo, una transmisión fiel de algunas de las mejores cosas que, para entenderlas, me han exigido años y años de estudio, búsqueda, formación, lectura y la tutoría de algunos de los grandes. Te las ofrezco sabiendo que esta información puede ahorrarte tiempo, sufrimientos y luchas. Te las ofrezco con la esperanza de que actúes como un vendaval poderoso para que avives esa chispa vacilante que llevas dentro. No puedo llevarte hasta allí. Sólo puedo enseñarte la puerta: tú tienes que estar dispuesto a cruzarla.

No sé tú, pero siempre que escucho una gran pieza musical, sobre todo si pertenece a un estilo que no conozco, me siento como electrificado, emocionado e inseguro. Siento algo, pero no estoy seguro de qué es. Tengo que escucharla varias veces para entender por qué me emociona. Es posible que no capte esa armonía sutil o esa progresión tan agradable de los acordes hasta la cuarta o quinta vez que la escuche.

A lo mejor tú has tenido la misma experiencia al leer este libro. Una parte te emocionó, otra te hizo sentir incómodo, otra la entendiste con claridad, otra te sumió en la confusión. Todo esto es positivo. Cuando estableces récords, nunca te sientes cómodo del todo; sólo te sientes bien cuando repites cosas. Detente y reflexiona: ¿qué partes del libro han despertado ecos en tu interior? ¿Qué parte te motivó? Echa un vistazo de cerca a esos momentos en que exclamaste «¡Ajá!», porque esos fogonazos visionarios son de oro puro. Ahora dedica unos instantes a pensar en qué te hizo sentir confuso, qué te enfadó, qué experimentaste como un reto, qué te hizo decir: «¡Venga ya, imposible!» ¿Sabes por qué? Porque eso es una veta de titanio. Recuerda, no digo cosas fáciles. Alcanzar la Armonía en la Riqueza no es fácil. Aunque es posible que las respuestas sean sencillas, ponerlas en práctica, vivirlas, raras veces lo es. Tienes que vivir en contra de la norma condicionada. Es posible que muchas de las personas que conoces no te entiendan, al menos a corto plazo. El viaje será alegre y emocionante, pero abrir un nuevo camino nunca es la ruta más cómoda que seguir. Todo consiste en crecer para ganar, para cumplir la promesa del poder que llevas dentro, para poder desplazarte con elegancia por una vida más grande.

Éste no es un libro que puedas leer una vez y archivarlo. Es un libro al que espero recurras una y otra vez en busca de inspiración, educación, motivación. Es un recurso para crear tus visiones y llevarlas a la práctica, un manual para tu vida última. Mi objetivo es que consigas tres de tres —alinear tus pensamientos, sentimientos y actos— para alcanzar la Armonía en la Riqueza en los Cinco Pilares: el Económico, el Relacional, el Mental, el Físico y el Espiritual. Cuando lo hagas, amigo mío, siéntate y mira cómo llegan los milagros.

Vivir desde los resultados

Considera que tus pensamientos son el sistema de dirección de tu vida. Si pasas tan sólo diez minutos al día repasando alguna idea de este libro, verás cambios impresionantes en tu vida. El poder de estas páginas se aliará con el poder de tu mente y el del universo vibrante en el que todos vivimos. ¿Qué harás luego para alimentar esa hermosa mente que tienes, para elevar tus pensamientos al siguiente nivel cuántico? Aunque tú y yo sabemos que los pensamientos no son la ecuación completa, sí son el punto de partida. Los pensamientos, buenos y malos, te orientan en la dirección de los resultados que elijas. Controla tus pensamientos y dirigirás tu vida hacia donde quieras.

Hablemos ahora de tus sentimientos. Son las vibraciones de tu cuerpo, el matrimonio entre los pensamientos y las emociones.

Ahora que sabes que el universo es una enorme máquina que dice sí, y que tanto lo bueno como lo malo o lo indiferente suscitan un sí como respuesta, ¿te emociona pensarlo? Ahora que te das cuenta de que has tenido éxito al crear exactamente el punto en que te encuentras ahora mismo, ¿te sientes poderoso, motivado, confiado? Ahora que entiendes que tienes la capacidad de aprovechar la Ley de la Atracción, además de otras leyes de este universo, para cumplir todos los deseos de tu vida, ¿sientes que tus baterías se han cargado del todo? Aférrate a esos sentimientos; ámalos, aliméntalos y permite que te induzcan a hacer cosas audaces, valientes.

Sí, hacer cosas. Tienes que trabajar en ello, serlo, ir a por todas. A esto le llamo «vivir desde los resultados». Tú debes pensar, sentir y actuar valientemente *desde* el resultado que pretendes crear en tu vida, no enfocándote hacia él. No hacerlo así es el motivo de que la mayoría de personas no alcance ni una fracción de su capacidad. La distinción es sutil, y al mismo tiempo muy poderosa. Piensa en ello: si trabajas *hacia* un resultado, el sentimiento energético que emites es que aún no lo has alcanzado. Tus deseos son órdenes. Si piensas, sientes y actúas *desde* el resultado, la energía que envías al universo es que ya lo tienes. Tus deseos son órdenes. Creo que éste es el motivo de que Jesús afirmara: «No juzguéis según las apariencias» (Juan 7, 24). Las apariencias nos mantienen concentrados en lo que existe, en lugar de en aquello que, quizá, surgirá dentro de tan sólo unos instantes.

Cuando tomas un complemento vitamínico, ¿verdad que no percibes cambios radicales en tu salud de inmediato? No, tienes tomarlos durante algún tiempo, cada día, y en la dosis correcta. Tampoco se empieza un entrenamiento con la esperanza de ganar el campeonato de natación de la semana siguiente. Una acción se fundamenta en la anterior, y así se van obteniendo resultados. Te animo a recuperar toda la sabiduría que puedas (este libro, seminarios, conferencias, CD, otros recursos educativos, lo que te sirva) para crecer, expandirte y atraer la Armonía en la Riqueza que es tu destino. Sumerge sin cesar tus pensamientos y sentimientos en las energías que te hacen vivir desde los resultados. Controla el centro de tu atención y cambiarás y controlarás tu vida. Lo que resta es que te conviertas en el verdadero alumno, en el maestro que reclama tu destino.

¡Qué momento más emocionante para vivirlo, un momento al que futuras generaciones mirarán y dirán: «Eran los que habíamos estado esperando. Fueron quienes lo resolvieron todo»!

Me encanta la frase del mitólogo Joseph Campbell: «La gran pregunta es si va usted a decir un "sí" entusiasta a su aventura».

Tú puedes cambiar el mundo

Aunque hemos explorado una gran cantidad de información sobre cómo capacitar tu vida, también tienes dentro el poder de cambiar el mundo, impactar en la generación presente y en las futuras. Hablamos del premio Nobel Karl Pribram, cuya investigación demuestra que el mundo en que vivimos es una proyección nuestra; esto es cierto tanto individual como colectivamente. Hoy día muchos pensadores científicos pioneros están convencidos de que nuestro mundo es un holograma, una proyección holográfica de nuestra propia consciencia colectiva. Hay dos cosas que hacen de éste un concepto de lo más emocionante: 1) En un holograma, el todo está contenido en cada una de las partes; esto es cierto incluso al nivel microscópico. Si un haz de luz pasa por la porción más diminuta de una película holográfica, proyectará la imagen completa. 2) Introducir un cambio, por pequeño que sea, en un holograma altera toda la proyección holográfica. En consecuencia, la imagen se altera por completo.

Ervin Laszlo, el gran pensador y teórico de sistemas, afirma: «Todo lo que sucede en un lugar sucede también en otros; todo lo que sucedió en un momento sucederá también en todo momento posterior. Nada es "local", nada está limitado al donde y cuando sucede».

Acabas de explorar algunas de las mayores mentes de nuestro mundo. Si aunque sólo una fracción de lo que estos pensadores creen y consideran cierto lo es en realidad, las consecuencias transforman toda la vida. Actualmente existen en nuestro mundo más de seis mil millones de manifestaciones distintas de la especie humana, pero sin embargo de cada individuo sólo existe un ejemplar. En otras palabras, todo lo que haces para mejorar tu vida y tu mundo mejora también los míos. Quiero darte las gracias por ello. Por el contrario, cada vez que optas por limitar y discapacitar tu vida, limitas y discapacitas al mundo entero.

Cristo dijo: «Si fuera levantado de la tierra, a todos atraeré a mí mismo» (Juan 12, 32). ¡Qué responsabilidad tenemos tú y yo, y qué oportunidad!

Sólo aquellos dispuestos a arriesgarse a ir demasiado lejos pueden descubrir lo lejos que pueden ir.

T. S. ELIOT

Adiós y... hola

¡Que tengas un buen viaje! Eso es lo que *farewell* significa en el idioma sajón antiguo. No te equivoques: tú y yo estamos metidos en un viaje, amigo mío, y en él nos encontraremos una y otra vez en la página, en persona, mediante la magia de la tecnología o por algún medio todavía desconocido que está ahí fuera, esperando que lo alcancemos. Cada final es un nuevo principio: causa y efecto, efecto y causa. Cada vez te diré hola y adiós, y te pediré que recuerdes esta verdad:

Tú eres más grande de lo que puedas imaginar. Puedes hacer algo grande. Ésta es tu oportunidad. ¿Estás dispuesto a ir muy lejos para descubrir hasta dónde puedes llegar? El coraje ya lo tienes; ahora es el momento.

Ve a tu interior, ve al exterior y cambia el mundo. Todo empieza en ti, todo empieza en mí. Hagámoslo juntos.

Tú eres aquel al que el mundo ha estado esperando.